U0532687

方少伟——译

ムガル帝国から英領インドへ 14

后浪

从莫卧儿帝国到英属印度

[日] 佐藤正哲 中里成章 水岛司 著

民主与建设出版社
·北京·

© 民主与建设出版社，2023

图书在版编目（CIP）数据

从莫卧儿帝国到英属印度 /（日）佐藤正哲,（日）中里成章,（日）水岛司著；方少伟译 . -- 北京：民主与建设出版社，2023.3
ISBN 978-7-5139-4093-1

Ⅰ.①从… Ⅱ.①佐… ②中… ③水… ④方… Ⅲ.①印度—古代史 Ⅳ.① K351.2

中国国家版本馆 CIP 数据核字（2023）第 019876 号

SEKAI NO REKISHI 14-MUGARU TEIKOKU KARA EIRYO INDO E
BY Masanori SATO, Nariaki NAKAZATO, and Tsukasa MIZUSHIMA
Copyright © 1998 Masanori SATO, Nariaki NAKAZATO, and Tsukasa MIZUSHIMA
Original Japanese edition published by CHUOKORON-SHINSHA, INC.
All rights reserved.
Chinese (in Simplified character only) translation copyright©2023 by Ginkgo (Beijing) Book Co., Ltd.
Chinese (in Simplified character only) translation rights arranged with CHUOKORON-SHINSHA, INC.through Bardon-Chinese Media Agency, Taipei.
中文简体版权归属于银杏树下（北京）图书有限责任公司。

版权登记号：01-2023-1635

从莫卧儿帝国到英属印度
CONG MOWOERDIGUO DAO YINGSHUYINDU

著　者	［日］佐藤正哲　中里成章　水岛司		
译　者	方少伟		
出版统筹	吴兴元	责任编辑	王　颂
特约编辑	王小平	营销推广	ONEBOOK
封面设计	墨白空间·杨阳		
出版发行	民主与建设出版社有限责任公司		
电　话	（010）59417747　59419778		
社　址	北京市海淀区西三环中路 10 号望海楼 E 座 7 层		
邮　编	100142		
印　刷	天津中印联印务有限公司		
版　次	2023 年 3 月第 1 版		
印　次	2023 年 5 月第 1 次印刷		
开　本	889 毫米 ×1194 毫米　1/32		
印　张	15.75		
字　数	314 千字		
书　号	ISBN 978-7-5139-4093-1		
定　价	68.00 元		

注：如有印、装质量问题，请与出版社联系。

目　录

第一部　穆斯林王权的建立与发展

第一章　经受考验的民族与宗教 / 3
　　伊斯兰教的渗透：抵抗与接纳 / 3
　　穆斯林军事集团的行动 / 11
　　"奴隶"建立的王朝："奴隶王朝" / 17
　　突厥混血贵族的革命：卡尔吉王朝 / 29
　　建立印度—伊斯兰帝国的梦想与挫折：图格鲁克王朝 / 41
　　苏丹争立：从赛义德王朝到洛迪王朝 / 56
　　德里诸王朝时期的文化与社会 / 62

第二章　竭力实现统一的梦想与野心 / 70
　　"帖木儿—蒙古王朝"势力的消长 / 70
　　"印度—蒙古王朝" / 84
　　在阿克巴皇帝的遗产中：莫卧儿帝国的发展 / 101

第三章　实现统一的铁之意志与帝国解体的危机 / 116
　　帝国衰落的序曲：奥朗则布皇帝 / 116
　　忠诚与贡献的背后：拉吉普特的野心付诸东流 / 134
　　莫卧儿帝国的遗产：文化与社会 / 149

第二部 英属印度的形成

第四章 英国在印度的扩张 / 161
　　印度社会与殖民统治 / 161
　　葡萄牙在印度洋的扩张 / 169
　　英国的扩张 / 176

第五章 印度的殖民地化 / 187
　　地方的时代 / 187
　　卡纳蒂克与孟加拉 / 191
　　马拉塔和锡克 / 206
　　殖民地统治体系 / 215

第六章 城市生活 / 224
　　城市的变化 / 224
　　殖民地城市加尔各答 / 234

第七章 农村社会及其变动 / 240
　　殖民地化之前的农村社会 / 240
　　农村社会的内部结构 / 248
　　农业的商业化及其影响 / 254
　　新型土地制度的引入 / 256

第八章 中产阶级与女性 / 266
　　所谓中产阶级 / 267
　　宗教、社会改革运动 / 272
　　女性与"女性问题" / 281
　　穆斯林的动向 / 292

第九章 "大起义"与殖民地统治体系的重组 / 297
  起义的历史 / 298
  "大起义" / 304
  殖民地统治体系的重组 / 313

第三部　南印度史的舞台

开演 / 323

第十章　祈祷：朱罗时代 / 325

第十一章　磨砺：毗奢耶那伽罗时代 / 350

第十二章　耽溺：纳亚克时代 / 375

第十三章　崩塌：殖民地化时代 / 399

第十四章　剖解：殖民地时代 / 421

参考文献 / 433

大事记年表 / 461

莫卧儿时代晚期喀布尔省后续情况 / 486

近世印度的历史叙述 / 492

后记 / 499

第一部

穆斯林王权的建立与发展

第一章 经受考验的民族与宗教

伊斯兰教的渗透：抵抗与接纳

拉姆德夫寺与拉姆沙·皮尔

在德里西南约 600 千米，靠近拉贾斯坦邦西部边界的印度大沙漠（塔尔沙漠）中，有一座叫拉姆德夫拉（Ramdevra）的村庄，位于绿洲城市贾沙梅尔（Jaisalmer）以东 100 千米。每年八月末九月初的雨季——或者说是当地人期待下雨的季节（即使实际降雨量很小），该村会在拉姆德夫（Ramdev）寺举办祭祀活动，以及包括祭祀活动在内为期十天的集市（mela），并因此时的热闹氛围而闻名。

巴基斯坦独立之前，信德地区的卡拉奇、特达（Thatta），旁遮普南部的木尔坦（Multan）等地的商人会来到这里交易马匹、骆驼和公牛等商品。但在今天，国界线妨碍了交流，商人、前往寺庙的朝圣者和到访集市的人群仅仅来自拉贾斯坦以及邻近诸邦。

这座村庄及寺庙的名称来自建造村庄的拉姆德夫（一说是他出生在这座村庄）。他是德里的托马拉（Tomara）王朝（印度教）末代国王阿难伽·帕拉（Anangpal，约殁于1170年）的后裔阿杰马勒（Ajmal）之子。在王族为乔汉（Chauhan）王朝（即乔哈马纳王朝，Chahamana）所灭后，阿难伽·帕拉的后裔搬到了这一带居住。阿杰马勒也是其中一员，但他在很长时间里都没有子嗣。据说是神怜悯信仰虔诚的阿杰马勒，才将拉姆德夫赐给了他（1458年）。

拉姆德夫很小就因显露出圣人迹象而闻名。据说，有五位皮尔（pir，伊斯兰教神秘主义的圣人）听到这一传言后，为了证实他是否是真正的圣人，特地从麦加赶来。拉姆德夫向他们献上食物和牛奶，但他们声称忘了带自己的餐具，拒绝食用。看到他们的表现，拉姆德夫随即施展奇迹，迅速从麦加取来了他们的餐具，让他们深受震动，心服口服。

拉姆德夫长眠在这座印度教寺庙之内，在墓旁担任守墓人的婆罗门（印度的僧侣阶级）则会祝福前来参拜的人。拉姆德夫的墓旁也有其他墓，似乎是其家人和门徒的墓，而寺院内还设有大量的坟墓。一般来说印度教徒并不造墓，但据说因为拉姆德夫活埋了自己，信奉他的拉姆德夫派信徒从此开始埋葬遗体。而且，值得注意的是，他们的墓的造型和穆斯林墓的造型几乎一致，难以区别。

萨提亚·皮尔

与此相对，穆斯林并不把这座寺庙叫作拉姆德夫寺，而是用伊斯兰教圣人拉姆沙[Ramsha，又叫拉姆沙·皮尔（Ramsha Pir）]的名字称呼它。穆斯林认为这座寺庙内的拉姆德夫墓实际上是1458年将自己活埋的伊斯兰教圣人拉姆沙的墓。由此，其周围的墓便成了他的家人及门徒的墓，院内的墓也成了穆斯林的墓。1458年，对印度教徒来说是拉姆德夫诞生的年份，对穆斯林来说则是拉姆沙下葬的年份，不过两位圣人在活埋这一点上则具有共通性。

对印度教徒来说他的名字是拉姆德夫，对穆斯林来说他的名字是拉姆沙，这是一位一人分饰两角的圣人，而前面提到的寺庙祭祀，就是对他的墓地进行参拜和朝圣。圣人生前施展治疗、奇迹等事迹成为传说，得到夸饰，于是，无论是穆斯林还是印度教徒，都出于治愈疾病和疗愈伤口、避开厄运、求子等希冀"降福"的目的来这里参拜。

这种伊斯兰教的圣人崇拜在北印度农村中通常称为"萨提亚·皮尔"（Satya Pir，意为"真正的圣人"或"绝不会说谎的圣人"崇拜）。将伊斯兰教圣人当作印度教或耆那教寺庙守护圣人来加以崇拜的现象，广泛存在于印度各地，当然各地的叫法有所差别。伊斯兰教本来禁止"偶像"崇拜，不过透过穆斯林的"圣人崇拜"或"墓地崇拜"现象，也可以看到伊斯兰教在印度的发展状况。

伊斯兰教徒中，有被称作"苏菲"的神秘主义修行者。

随着伊斯兰教的扩张，他们从西亚来到印度西北，在城市及其周围建造了称作哈纳卡（khanqah）的活动中心和屋舍进行修行，并将这种活动传播到了偏僻的农村。除了对穆斯林，他们也会对印度教徒用浅显的语言宣讲对真主的信仰，全力追求与真主合一，把由此产生的奇迹归为真主的恩宠。这种观念与宣讲对神绝对皈依并期待其恩宠的印度教巴克提（Bhakti）信仰（见后文）有相通之处，而他们的活动也直接或间接地对印度民众改信伊斯兰教产生了重要影响。

穆斯林王权的务实政策

在拉贾斯坦西南部一个叫作贾洛尔（Jalor）的城市里，有一座曾由索纳加拉（Sonagara）王朝（1182—1311）掌控的巨大山堡。山堡城门巧妙地隐藏了起来，在山脚无法看到。只有爬到山腰，城门才会出现在眼前。1298年，伊斯兰教卡尔吉（Khalji）王朝（1290—1320）的苏丹阿拉丁·穆罕默德（Alauddin Muhammad）请求以这座城堡为根据地的拉吉普特（Rajput，印度的武士阶级）国王甘哈达德（Kanhadade，1292—1311年在位）允许其军队穿过领土以远征古吉拉特（Gujarat）。国王做出如下回复予以拒绝：

阁下的军队在远征途中一直掠夺村庄、俘获人口、凌辱妇女、迫害婆罗门、屠宰母牛。这是与我们印度教徒的准则（dharma）相违背的，因此，无法同意阁下的请求。

苏丹军队于是通过别的路径征服了古吉拉特。可是，在返程路上，接近甘哈达德国王的领地时，"新穆斯林"（归顺卡尔吉王朝，改信伊斯兰教的蒙古士兵）部队因为战利品的分配问题发动了叛乱，其中一部分人向甘哈达德国王求救。国王立即出兵相助，夺取了苏丹军的战利品。得知情报的苏丹没有将怒气撒向甘哈达德国王，而是撒向了住在德里郊外的叛军妻儿：他当着母亲的面残杀孩子，并将女性变成奴隶。

这一幕过于惨烈，身为穆斯林的宫廷史官巴拉尼（Barani）为此谴责将军努斯拉特·汗（Nusrat Khan），声称是因为他在叛乱中失去弟弟，才抱着复仇之心怂恿苏丹做出如此残酷的事。但与此同时，他也写道："男人们的罪让他们的妻儿偿还，这是前所未有的制度，成了一个开端。"（《菲鲁兹王朝史》，*Tarikh-i-Firuz Shahi*）如此一来，责难的矛头指向的就不是将军，而是苏丹了。

大多数叛军逃向了乔汉王朝普里特维拉贾（Prithviraj）三世的后裔所控制的伦滕波尔城（Ranthambore），但苏丹用计攻克了城池，将他们屠杀殆尽。苏丹没有对甘哈达德国王实施惩罚。从后者此后还在苏丹宫廷侍奉这一事实来看，苏丹可能是因为他前来朝贡，就赦免了他的反叛举动。但对于身为拉吉普特、自尊心甚高的甘哈达德国王及其嫡子维拉马德（Viramade）王子来说，前往苏丹宫廷侍奉的行为本身以及在宫廷里受到的待遇，都是屈辱性的。他们拒绝在德里做人质，逃回了贾洛尔城。苏丹对甘哈达德国王的再三反叛勃然大怒，于1310年包围该城。次年，包括妇女子嗣在内，国王及王族成员、家臣全部"殉难"。

贾洛尔城陷落之年（或第二年），甘哈达德国王的弟弟马尔迪奥（Maldeo）受苏丹指派前去掌管位于该城东南200千米的庞大的奇陶尔（Chittor）要塞。这一使命本由苏丹之子希兹里·汗（Khizr Khan）负责，但由于人心未定，而索纳加拉家族在当地颇有影响力，于是马尔迪奥取代他承担了这一任务，掌管此地长达七年。

关于贾洛尔之战，有人认为马尔迪奥站在苏丹一方，也有人认为他支持的是兄长甘哈达德。考虑到阿拉丁苏丹生性多疑，以行为"残忍"知名，马尔迪奥会得到任用不太可能是因为他在贾洛尔城陷落时投降了（并得到赦免），更可能是因为他早已开始为苏丹效力，攻城之时也站在苏丹一方。不过，如果真是"投降后被赦免"的话，则可以认为苏丹并非只是"残暴"之人，他也会采取政治利用的手段。顺带一提，后来的图格鲁克（Tughluq）王朝苏丹同样让马尔迪奥的嫡子掌控着奇陶尔。

一般来说，针对用武力予以反抗的印度教势力，穆斯林王权会依照"以眼还眼，以牙还牙"的原则使用武力将其消灭；至于俘虏，则迫使其改信伊斯兰教，并变为奴隶。但是，即使是印度教徒，如果最初就降服并宣誓臣属的话，是不会让他们改变信仰的，而是如前文所述，会确保其既有的地位和领地，并让他们为穆斯林王权统治服务。

这种务实政策的由来，可以追溯到711—713年阿拉伯军队对信德地区到木尔坦之间区域的征服。当时，他们已比照

"有经者"（即齐米①）犹太教徒和基督教徒来对待当地的印度教徒和佛教徒。也就是说，异教徒在信仰自由和生命、财产安全上得到保障。作为回报，他们则需要缴纳吉兹亚（jizya，人头税）。但是，即使会征收吉兹亚，也多半出于德里苏丹（国王）的一时兴起，实际上真正征收的情况很少。当然，正如后文所述，从制度上废除将俘虏变作奴隶的做法以及对吉兹亚的征收，已是莫卧儿帝国第三代皇帝阿克巴治下的事了。

共存与自我变革的考验

人数较少的穆斯林征服集团要在印度统治占压倒性多数的非穆斯林人口并站稳脚跟，就不可能对非穆斯林严格实施伊斯兰教教法（Sharia）。与此同时，穆斯林统治集团也不得不在这一过程中进行自我变革，以消除集团内部因为地域、民族不同而产生的歧视，并克服对印度穆斯林（从印度教改信伊斯兰教者）的政治、社会性歧视。于是，"信伊斯兰教者皆同胞"的伊斯兰教教理，不仅在穆斯林中，也在与压倒性多数的非穆斯林的关系中，在种姓制的应对方式上，其真正价值遭遇了试探。

与之相对，面对历史上无数次入侵以及移居的异族及其文化，印度文化用同化和吸收的方式显示了它的"宽容"。但是，这种优越感在面临空前强大的伊斯兰教扩张时，经受了巨大考验。拉吉普特军队在和被他们鄙视为蔑戾车（mleccha，

---

① 译者注：齐米（dhimmi），源自阿拉伯语，意为"被保护的"，指在伊斯兰政权下受到保护的非穆斯林。本书脚注如无特别说明，均为译者注。

夷狄）的穆斯林军队作战中节节败北，不断"殉难"。为此，印度教徒不得不开始探索新的"宽容"精神。

以贾洛尔之战为题材，后人在1455年和1704年分别创作了两部叙事诗，《甘哈达德王纪事》（*Kanhadade Prabandha*）和《索纳加拉家族维拉马德王子事迹》（*Viramade Sonigara Ri Vata*）。《维拉马德王子事迹》作者不详，但其主角是《甘哈达德王纪事》的主角甘哈达德王的王子维拉马德。

传说苏丹之女爱上了以英勇著称的维拉马德王子，在收到战死于贾洛尔之战的王子的头颅后自投于恒河。《维拉马德王子事迹》对这一传说加以改编，将贾洛尔之战的起因归为王子与苏丹之女的罗曼史。故事中，公主在王子自杀后，把他的头颅抱在胸前奔入火中，践行了萨蒂①（Sati，殉死），以印度教徒身份在死后与王子结为夫妻。该作品原文为拉贾斯坦语，英译本收入原文和印地语译文，改题为"践行萨蒂的穆斯林公主"，副标题则为"印度教徒和穆斯林融合的历史性罗曼史"。

相较之下，更具重要性的则是原文用古拉贾斯坦语和古古吉拉特语（两者作为语言尚未分离）写成的《甘哈达德王纪事》。作者是比沙纳加尔城（Bishangarh，贾洛尔附近？）名为帕德马纳巴（Padmanabha）的婆罗门，据说他是应甘哈达德的五世孙阿卡伊拉吉（Akhairaj）之邀而着手创作的。阿卡伊拉吉统治何方领土不得而知，但索纳加拉家族已经失去了贾洛尔城，之后也未夺回该城，因此可以肯定他不是贾洛尔的国王。

---

① 指妻子在丈夫死后（一般是葬礼上）自焚殉夫以表达忠贞的习俗。

这部叙事诗讲述了贾洛尔国王甘哈达德及其家族、家臣和士兵们为了保卫自己的信仰和土地英勇战斗并捐躯,以及王妃、家臣的女眷们,甚至还有工匠们为了守护信仰和贞洁而践行乔哈尔(Jauhar,净化死亡的仪式),为王家献身的故事。同时,作品在对穆斯林军队不人道行为的叙述上则有所节制,今人只能在描写印度教徒一侧的战斗与死亡中略见端倪。

"新穆斯林"的叛乱和甘哈达德国王的进攻导致了大量穆斯林战死,而叙事诗对他们的父母、妻子和家人的悲伤表达了同情。按照英译者巴特纳格尔(Bhatnagar)的解读,当时全然没有穆斯林史籍会去设想印度教徒的悲鸣与痛苦,就此而言,这部叙事诗在印度—伊斯兰史上具有划时代的意义。诗文以"祝愿充满体贴和温柔的爱与善意充满人间!祝愿所有人的理想和愿望都能够实现!"收尾。这里所预设的前提是,所有人在成为印度教徒和穆斯林之前,首先是作为人而存在的。顺带一提,诗中也描写到苏丹因维拉马德王子之死而感到悲伤的"有人性的"一面。

穆斯林军事集团的行动

北印度史主角拉吉普特的悲剧

在北印度,穆斯林王权建立以前的 7 世纪下半叶到 13 世纪初通常被称为"拉吉普特(诸)王朝时代"。这个名称来自这一时期从北印度到德干地区之间兴起和衰落的王朝,它们大小各异,数量众多,但都称作"拉吉普特"。英勇抵抗穆斯林军队入侵的普腊蒂哈腊（Pratihara）王朝和乔汉王朝就是颇具代表性的拉吉普特王朝。

拉吉普特一词是"拉者普特拉"（raja-putra，意为王子）的讹音，这个词语在7世纪下半叶之后开始流行。这些王朝的国王们将自己的出身追溯到传说中的王族——日族、月族和火族，自称是肩负保卫印度教及人民职责（即"武士精神"，ksatra dharma）的刹帝利（武士阶级）正统后裔拉吉普特，以此构建王权的合法性。他们之中，有在5—6世纪进入印度的中亚民族以及在印度教社会周围居住的部落民族；就其起源而言，则既有本地的也有外来的。

起源各不相同的诸王朝均自称拉吉普特，编入传说中的36姓（或氏族），并建立谱系，互相通婚，遵守共同的祭祀仪式，由此成为单一的种姓集团。山崎利男认为，整个过程发生在11—13世纪拉吉普特人的故乡拉贾斯坦。据研究，其背景是这些势力在与穆斯林的战斗中激发了他们的"武士精神"，而且由于在和被他们鄙视为蔑戾车的突厥穆斯林军事集团的战斗中节节败退，婆罗门感到了危机，开始强调拉吉普特人是印度教徒的保卫者。

据说拉吉普特诸王国会战败，是因为在标榜自己家系和出身的正统性上毫不让步的拉吉普特性格妨碍了他们组成联盟。与此同时，婆罗门自己也没有发挥促成联盟的作用，只是一味渲染穆斯林军队的嚣张和残暴，煽动拉吉普特去战斗，进行一些零星抵抗，这使得战败更加不可避免。他们声称"殉难"是保护印度教信仰、独立与自由、名誉和贞洁免受侵害的行为，是印度教徒的美德。这种过度强调印度教信仰和印度教徒血统纯洁的思想，其实是婆罗门为了在印度教精神世界中维持自己的权威提出的。

拉吉普特人推崇尚武精神，对名誉极为重视。在战场上，他们追求单枪匹马战斗的美名，但即使存在以一敌十的强手，这种作战方式在中亚依靠快速骑兵的集团战法面前也只是落后于时代的战术。败于骑兵战的拉吉普特人为此退守城池，而这一做法只会让"殉难"不断重演。从结果来看，他们在认识和应对北方的"共同敌人"上表现消极，对"印度的危机"也缺乏自觉，反而为穆斯林王权对北印度的控制开辟了道路。

"加兹尼的马哈茂德"

962 年，时任萨曼王朝（874—999）呼罗珊总督的突厥人阿尔普特勤（Alp-Tegin）趁萨曼王朝衰落之际，夺取阿富汗的加兹尼地区，开创了加兹尼王朝。阿尔普特勤死后，其奴隶兼女婿苏布克特勤（Sabuktigin）平息乱局，于 977 年即位。他和他的儿子"加兹尼的马哈茂德"（Mahmud of Ghazni，998—1030 年在位）不仅深度介入中亚纷争，还与受穆斯林诸势力挤压只能退守旁遮普地区的印度—夏希（Hindu Shahi）王朝不断发生边界冲突。

拉吉普特诸王朝在北印度分立对抗的政治、军事局势，为马哈茂德对北印度的入侵提供了便利，其远征多达十七次。他自称"偶像破坏者"，发动旨在传播伊斯兰教、打败异教徒和促使人们改信伊斯兰教的"圣战"，但其真实目的是得到印度的金银财宝、奴隶和战象，将掠夺的财富用来支持自己在中亚获取霸权地位的战争，同时也用来将加兹尼的都城建成学术与文化中心。在他的军队中，以及其子兼继承人马苏德（Mas'ud）麾下，都有印度教徒将领。马苏德还设有印度教徒部队，并把他们投入到了中亚的作战中。

马哈茂德消灭了木尔坦的卡拉米塔派（与伊斯兰教什叶派相近的教派）王国和旁遮普的印度—夏希王朝，吞并了它们的领土，却并未打算在印度这片地区确立长期统治。相反，他进行了彻底的杀戮、破坏和掠夺，从旁遮普到北印度，乃至印度中部、西海岸的主要寺庙和城市，都成为其攻击的目标。1018年，普腊蒂哈腊王朝首都卡瑙季（Kannauj）被占领、洗劫，该王朝不久后也走向灭亡。1025年，神庙城市索姆纳特（Somnath）遭到突袭，包括婆罗门在内超过5万人被杀害，无数青年男女作为奴隶被带到了加兹尼。

据估计，马哈茂德远征印度所抓获的奴隶总数达到75万，加兹尼的奴隶市场据说也充斥着印度人。他的残暴、野蛮行为都是奉"伊斯兰"之名，在北印度人民心中留下了难以愈合的伤痕，后者由此对伊斯兰教始终抱有不信任和恐惧。这对伊斯兰教徒来说，也是不幸之事。

但马哈茂德也因在加兹尼聚集文人学者，为其提供保护而知名。其中就有创作了《列王纪》（*Shahnameh*）的伊朗伟大民族诗人菲尔多西（Ferdowsi）。但是，马哈茂德并没有因为这部作品而尊敬他，也不理解和欣赏他的创作。考虑到马哈茂德执着于金银财宝的强烈物欲，可以认为他"所聚集"的文人学者及其作品,都是作为"收藏品"来装饰加兹尼,以夸示其收藏欲和权力的。

以旁遮普为桥头堡的穆斯林势力

1030年,"加兹尼的马哈茂德"去世,部分由于后继者的不称职,加兹尼王朝仅在十年后便开始瓦解。加兹尼王朝本来就是靠强大的军事力量、掠夺来的财富以及掌控这一切的杰出军事领导人三者共同支撑起来的,只要欠缺了其中任何一个条件,就会迅速失去平衡,和所有缺乏生产性基础的王朝一样,迅速走向衰落。

在1040年败给塞尔柱人之后,王国失去了西部国土,一直以来被迫服从的突厥和阿富汗豪族们开始在各地谋求独立,其中就有后来建立古尔(Ghor)王朝的古尔伊朗系(?)豪族。古尔王朝开始统治阿富汗后,加兹尼王朝势力遭到驱逐,并在马哈茂德去世约125年后迁都拉合尔(Lahore),统治区域只剩旁遮普地区。加兹尼王朝在旁遮普苟延残喘,成为后来穆斯林军事集团入侵北印度的踏板,其历史意义颇为重大。

但是,在中亚兴起的塞尔柱王朝和花剌子模(Khwarazm)王国对阿富汗豪族的动向产生了巨大影响。古尔王朝主要关注中亚局势,旁遮普加兹尼王朝则主要关注阿富汗,都不重视印度。这使得与加兹尼王朝接壤的乔汉王朝等拉吉普特诸王认为,虽然旁遮普已被占领,但这也只是普通的边境冲突,于是沉迷于互相争斗,最终导致了印度历史的巨变。

"古尔的穆罕默德"及"奴隶"武将

古尔王朝最初从属于加兹尼王朝，但趁着加兹尼王朝衰落之际渐渐扩大了势力，在这一过程中，两方王族之间不断重复着"血的复仇"。1173年，古尔王朝苏丹吉亚斯丁·穆罕默德（Ghiyath al-Din Muhammad）在占领加兹尼后，自己却留在古尔，防备花剌子模王国的威胁，同时派弟弟希哈布丁·穆罕默德［Shihab ad-Din Muhammad，后来称为穆伊兹丁（Mu'izz ad-Din）或"古尔的穆罕默德"］统治加兹尼，并委任他征服旁遮普的加兹尼王朝残存势力，入侵北印度。

希哈布丁在1186年灭亡旁遮普加兹尼王朝，为入侵北印度准备好了跳板，并在1192年的第二次塔拉因［Tarain，紧邻珀丁达（Bhatinda）南部的村庄］之战中击败了乔汉王朝的普里特维拉贾三世，占领了首都德里和阿杰梅尔（Ajmer）。他任命出身奴隶的杰出武将艾巴克（Aibak）负责统管这片被征服地区，但德里—阿杰梅尔地区不久就爆发了反抗穆斯林统治的叛乱，艾巴克以此为契机接管这片地区，将德里变作古尔王朝印度属地事实上的首都。

从北印度出发对中印度的征服，是由艾巴克等奴隶出身的武将分头进行的。艾巴克从1202年到次年攻击了本德尔坎德（Bundelkhand）的昌德拉（Chandela）王朝，占领了都城卡林贾尔（Kalinjar）、克久拉霍（Khajuraho）等地。但值得注意的是，占领克久拉霍的穆斯林军队没有破坏这里著名的神庙和雕刻。可以看到，与受复仇怒火驱使或需要炫耀伊斯兰教力量之时不同，虽然面对的是异教徒的"偶像"，他们当时并未施以不必要的破坏。

与之相对，着手征服印度东部的穆罕默德·巴赫蒂亚尔·卡尔吉（Muhammad Bakhtiyar Khalji）则在1202—1203年间破坏了佛教在印度的最后据点——飞行寺（Odantapuri）、那烂陀寺（Nalanda）、超戒寺（Vikramashila）等寺庙和大学，杀害了大量僧人。幸存下来的僧人逃到了邻近诸国，印度佛教作为教团而开展的活动也就此终结。

此外，在征服过程中，与穆罕默德·巴赫蒂亚尔·卡尔吉同族的卡尔吉突厥人开始在比哈尔（Bihar）到孟加拉之间的地区定居，这个地方一直到莫卧儿皇帝阿克巴的时代之前都是未从中央政权独立，但只在名义上服从的"问题邦"。这个地方在印巴分治之后成为东巴基斯坦，即现在的孟加拉国，其穆斯林人口的出现则可以追溯到这一时期。

"奴隶"建立的王朝："奴隶王朝"

穆伊兹丁之死及"继承计划"

苏丹穆伊兹丁自1196年起与花剌子模王国交战而陷入守势，最终在1205年败北。此时，出现了他已死的谣言，于是旁遮普各地爆发了叛乱。他迅速前往印度，与受召前来的武将艾巴克的军队会合，两人共同镇压了叛乱。苏丹与返回德里的艾巴克分别后，在1206年返回加兹尼途中被暗杀于印度河畔。

对北印度的征服是在穆伊兹丁的领导下，由杰出且忠诚的奴隶武将们明确彼此的分工和任务，互相分担和协助而完成的。他们的忠诚和相互协助以苏丹本人的存在为前提，一旦苏丹在没有直系继承人也没有指定继承人的情况下突然死亡，他们就会陷入互相嫉妒、反目成仇的敌对关系中。获得古尔王朝苏丹称号的是控制着古尔地区的穆伊兹丁之侄吉亚斯丁·马哈茂德（Ghiyath al-Din Mahmud），古尔王朝的印度属地则由三名奴隶出身的有力武将各自划地独立。他们分别是得知苏丹死讯后立即占领加兹尼和旁遮普部分地区并自称古尔王朝印度属地统治者的塔吉丁·耶尔德兹（Taj al-Din Yildoz），乌奇（Uch，旁遮普南部城市）和木尔坦的总督纳西尔丁·卡巴查（Nasir ad-Din Qabacha），以及以河间地带（Doab）[①]为中心且控制了旁遮普部分地区的艾巴克。

有人推测穆伊兹丁指定了奴隶出身的武将艾巴克作为自己的继承人。据说在苏丹生前，他的宠臣趁他心情愉悦时询问他死后领土继承的问题，苏丹回答道："其他的君主只有一两个儿子，我自己的话，能继承我领土的儿子——那些突厥奴隶，有几千人。"而且，上文提到的这三位有力奴隶武将互相之间也有姻亲关系，艾巴克娶了耶尔德兹的女儿为妻，自己的女儿则嫁给了卡巴查，另外，卡巴查的另一名妻子则是耶尔德兹的女儿。根据伊斯兰法律，奴隶在没有主人的同意和许可下是不可以结婚的，因此可以认为他们的婚姻关系是苏丹有意安排的。可能穆伊兹丁想要做出的安排是：将苏丹之位传给艾巴克，然后让耶尔德兹和卡巴查作为奴隶贵族辅佐他。

---

① 河间地带（Doab）在印度和巴基斯坦指两条汇合河流之间的土地，尤指恒河和亚穆纳河之间的区域。

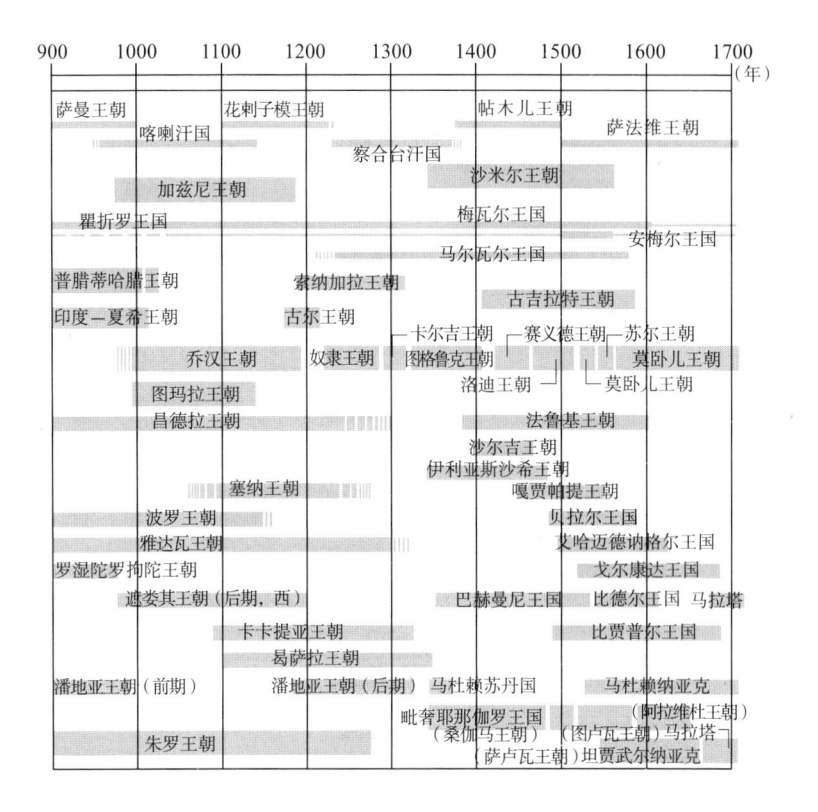

"奴隶"苏丹诞生

1206年6月，穆伊兹丁去世三个多月后，艾巴克在突厥贵族和武将的请求下登上了苏丹之位，尽管没有得到耶尔德兹的同意。此时正在防备花剌子模王国入侵的古尔苏丹吉亚斯丁·马哈茂德为了牵制耶尔德兹以保证后方不受其攻击，同时为了让艾巴克在非常时期能够报之以帮助，便任命其为统治古尔王朝印度属地的苏丹，赐予他马利克（malik，意为贵族）的地位。从此，北印度与阿富汗的古尔王朝分离，建都于德里的"奴隶王朝"〔1206—1290，又称玉里伯里（Ilbari）王朝〕诞生了。

"奴隶王朝"以及之后的卡尔吉王朝、图格鲁克王朝、赛义德（Sayyid）王朝和洛迪（Lodi）王朝，其君主皆自称苏丹，所以他们的王朝被称为"德里的苏丹统治体系"（Delhi Sultanate），在日本则译作"德里诸王朝"（或"德里—苏丹王朝"）。五个王朝之中，前四个为突厥穆斯林所建（也有说法认为萨义德王朝是阿拉伯人建立的），最后一个为阿富汗穆斯林所建。

苏丹是伊斯兰世界最高精神权威哈里发（Khalifah）向特定地区的统治者（国王）授予的世俗统治者称号，但哈里发和德里的苏丹之间完全没有统治—从属关系，他们只是为了巩固自己王位的权威擅自使用了苏丹的称号。

奴隶王朝世系

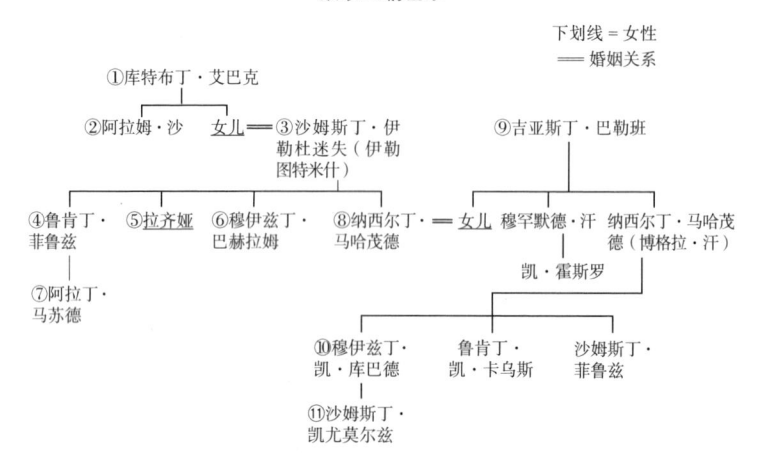

下划线＝女性
══ 婚姻关系

①库特布丁·艾巴克
②阿拉姆·沙　　女儿═③沙姆斯丁·伊勒杜迷失（伊勒图特米什）　　⑨吉亚斯丁·巴勒班
④鲁肯丁·菲鲁兹　⑤拉齐娅　⑥穆伊兹丁·巴赫拉姆　⑧纳西尔丁·马哈茂德═女儿　穆罕默德·汗　纳西尔丁·马哈茂德（博格拉·汗）
⑦阿拉丁·马苏德　　　　　　　　　　　　　　凯·霍斯罗
⑩穆伊兹丁·凯·库巴德　　鲁肯丁·凯·卡乌斯　　沙姆斯丁·菲鲁兹
⑪沙姆斯丁·凯尤莫尔兹

所谓"奴隶王朝"

伊斯兰世界扩大到中亚后,最早从 8 世纪开始,突厥青年奴隶开始担任国王和贵族的护卫、边境岗哨等职位,其勇敢和忠诚从此广为人知,9 世纪时已作为军人在阿拉伯世界得到广泛任用。他们经由奴隶商人之手为苏丹和贵族所购,接受马术、弓术乃至读写之类的教育。如果其忠诚勤勉和才干得到苏丹或贵族的认可,他们就可以经由护卫长、马厩长官等职位,当上军事统帅,其中甚至也有成为苏丹的人。同时期埃及的马穆鲁克王朝(Mamluk 在阿拉伯语中意为"被占有者")也是突厥军事奴隶建立的王朝,乃至加兹尼王朝也同样如此。

"奴隶王朝"的开创者艾巴克在少年时代被人从突厥斯坦的父母身边拐走,几经转卖成了"古尔的穆罕默德"的奴隶。第三任苏丹伊勒杜迷失(Iletmish)(伊勒图特米什,Iltutmish)本是突厥玉里伯里部酋长的儿子,但因为聪明伶俐、容貌端正,受到兄弟和从兄弟的嫉妒,被卖为奴隶,也是几经转手,最后被艾巴克买下。第九任苏丹巴勒班(Balban)虽然与伊勒杜迷失没有直接的血缘关系,但同样是玉里伯里贵族出身,青年时代被蒙古军抓获,卖给伊勒杜迷失做了奴隶。

该王朝的十一位苏丹包括艾巴克及其儿子,伊勒杜迷失及其儿子、女儿和孙子,巴勒班及其孙子和曾孙,王朝由彼此没有血缘关系的三个原"奴隶"开创者建立的三个子王朝组成。但是,除了"奴隶王朝"的开创者艾巴克在成为苏丹后才获得奴隶解放令,其他两人在成为苏丹之前就已经解除了奴隶身份，而且其他苏丹的子孙都是自由人，因此，严格来说"奴隶王朝"的名字并不合适。"奴隶"这个词很容易让人联想到古希腊、古罗马时代的奴隶，相较之下，称为"德里的马穆鲁克王朝"会更为妥当。

"德里苏丹国"巩固根基

艾巴克在1206年继承苏丹之位时，他统治下的疆域只有从恒河平原河间地带部分地区到旁遮普的所谓谷仓地带，以及信德、拉贾斯坦的部分地区。其后，艾巴克夺取了耶尔德兹控制的旁遮普的部分地区，他认为将印度与阿富汗分离乃是当务之急，因为耶尔德兹背后还有觊觎加兹尼的强国花剌子模，这样做是为了不给其侵略印度留下借口。艾巴克将大本营移到拉合尔，在短暂四年的统治中，他为解决印度西北部的这个问题耗尽了心血。

1210年艾巴克去世后，拉合尔的贵族拥立其子阿拉姆·沙（Aram Shah）为苏丹，德里的贵族则不予承认，拥立了艾巴克的前奴隶和女婿，时任布道恩（Budaun）总督的伊勒杜迷失为苏丹。后者击败了前来进攻德里的阿拉姆·沙军队，就任为第三代苏丹。伊勒杜迷失即位后暂时向前辈武将耶尔德兹和卡巴查表示了低姿态，以赢取时间，并趁机先后镇压了不承认其统治的艾巴克派、穆伊兹丁派贵族以及一部分相关印度教徒所掀起的反叛。

此外，伊勒杜迷失为树立苏丹权威，不得不压制拥立他为苏丹的"同侪"贵族的力量，并扶持能支持他的新贵族、高官。他创立了对自己誓死忠诚和绝对服从的"四十人（家族）组成的突厥奴隶（军事）贵族"，任命他们为高官，力图确立苏丹权威，强化其权力基础。但在他死后，这些人垄断了高官职位，成为王位操控者而任意地废立苏丹。

伊勒杜迷失的最大功绩是拒绝了因遭受蒙古军队攻击而亡国的花剌子模太子札兰丁·明布尔努（Jalal ad-Din Mingburnu）的避难请求，避开了蒙古军队入侵的危险。伊勒杜迷失不让虚弱的德里苏丹国卷入中亚政治纷争的政策判断是明智的。他在1215年消灭了耶尔德兹，在1228年消灭了卡巴查，巩固了德里苏丹国的疆域。

奴隶王朝的"迷你吕后"

伊勒杜迷失的长子去世后，他寄予厚望的继承人不是怠惰又沉迷于放荡行为的次子鲁肯丁·菲鲁兹（Rukn-ud-Din Firuz），而是长女拉齐娅（Razia）。她在父亲伊勒杜迷失远征时经常被委以代理统治之任，显示出了卓越的才能。但是，贵族、高官和廷臣们拥立的是菲鲁兹。这部分是出于他母亲沙·图尔坎（Shah Turkan）的活动和收买，但更重要的是，他们能够任意摆布菲鲁兹，而且向女苏丹俯首称臣会让他们感到屈辱。

菲鲁兹的无能很快暴露，他的母亲则以他的名义发布敕令，滥用权力。她本来是突厥奴隶出身，靠计谋讨好伊勒杜迷失，被封为妃子。在此过程中，她对伊勒杜迷失的嫔妃们抱有嫉妒之心，有时也会遭到她们的欺凌，等到她成为妃子后，想必还会受到她们的嫉妒和暗地中伤。图尔坎在获得权力之后，便伺机对她们施以报复，将她们投入监狱，还处死了部分人，可以说是汉高祖的皇后吕后的"迷你版"。但是，图尔坎和菲鲁兹将菲鲁兹的异母弟库特布丁（Qutb al-Din）弄瞎并将其杀害后，政府高官开始与他们敌对，地方总督则公然开始叛乱。图尔坎进而打算把拉齐娅投入监狱，但没有成功。地方总督们的军队包围了德里，在混乱之中，拉齐娅和部分廷臣及贵族在德里市民的协助下相继抓获了沙·图尔坎和菲鲁兹，母子一起被处以死刑。菲鲁兹仅仅当了七个月的苏丹。

女苏丹拉齐娅

拉齐娅就任苏丹（1236年）后，并未得到布道恩、木尔坦和拉合尔等地强大地方总督的支持。其权力基础本来就很脆弱，她还是"女性"，因此她的统治充满了艰难险阻。下引扎卡利亚（Zakariya）的《拉齐娅：印度的女王》的一个片段，戏剧性地描绘了她向质疑自己"女性"身份的宰相（尼扎姆·穆勒克，Nizam al-Mulk）强调其统治者身份，一步也不退让的女王形象。

某一天，宰相回忆起往事，对女王说道："陛下，在您尊贵的父王在位的时候，您是不会像现在这样在大众面前贸然现身的，而是会用薄纱巾遮住尊贵的面容。"

"那是因为，父王在位的时候我不是统治者啊，"拉齐娅回答道，"我现在可不能与我的臣民之间有任何隔阁。我必须让他们知道我是他们的保护者，我不能向他们关闭我的大门。我的女性身份在这里怎么就成了问题？我和人们在一起时，我并不是女人，而是他们的管理者、保护者。""陛下，诚如您所说。但是，陛下是女性，如果他们经常见到陛下，最终是会意识到这个事实的。""宰相，您为何要作此曲解呢？您和我说话的时候，也是这么想的吗？"拉齐娅问道。

"抓住要害让宰相狼狈不堪的"拉齐娅无疑是杰出的统治者，她在高官职位的分配和地方总督的选择上特别用心，力图强化苏丹的权力。她起用阿比西尼亚（Abyssinia）[①]人贾拉鲁丁·雅库特（Jamal-ud-Din Yaqut）为亲信，其用意应当就是消除突厥奴隶贵族对权力的垄断。她会采取分化敌对贵族等手段，有很高的政治悟性；她会自己指挥军队参加战斗，作为将军她很有才能，作为士兵也很勇敢。她常常像男人一样着装，骑着马在人群中穿行，因此对于抱着"隔离女性"这种传统思想的人，特别是对于贵族和高官们来说，她的行为是"极不体面"的，无法容忍的。

在这种对女性偏见根基深厚的社会中，让女性下台的常用手段就是散布她和亲信之间"不检点"的流言，让她威严扫地。最终，不能忍受有强大苏丹存在以及要对女性俯首称臣的突厥贵族们使用计谋在1240年暗杀了她的亲信雅库特，第一

[①] 现在的埃塞俄比亚。

位也是最后一位女性苏丹随即被赶下台，遭到杀害。

"四十人的突厥奴隶贵族"及巴勒班

拉齐娅的下台确立了突厥贵族对伊勒杜迷失子孙的优势地位和胜利。"四十人"的领袖巴勒班将苏丹变成傀儡，并在1249年将自己的女儿嫁给伊勒杜迷失的第四子即苏丹纳西尔丁·马哈茂德（Nasir-ud-Din Mahmud），进一步巩固了自己对实权的掌控。

巴勒班成为副苏丹后，其把持权力的行为引起了廷臣们的不满，一个名叫伊马杜丁·拉伊汉（Imad-ud-Din Raihan）的印度—穆斯林顺着苏丹的意向，在1253年发动宫廷政变，罢黜了巴勒班和他的弟弟。但是，巴勒班及其同盟贵族的联军在第二年进逼德里，苏丹不得不流放了宰相拉伊汉及其支持者，让巴勒班官复原职。苏丹没有可以继位的儿子，有说法认为苏丹本人也是被巴勒班下毒杀害的。

1266年巴勒班成为新的苏丹，对他来说最为重要的事情是保卫年轻的"印度—突厥人国家"免受印度教徒的攻击和蒙古军队的入侵。为此，有必要打造出强大的苏丹权力。巴勒班对苏丹之位的看法类似于某种程度的君权神授论，他为了强调苏丹的不可侵犯性和神圣性，便将自己的谱系追溯到古代中亚突厥传说中的英雄阿夫拉西阿卜（Afrasiab），并用波斯神话传说中俾什达迪（Pishdadi）王朝的建立者凯尤莫尔兹（Keyumars）以及凯扬（Kayani）王朝最初三代国王凯·库巴德（Kay Kawad）、凯·卡乌斯（Kay Kavus）和凯·霍斯罗

（Kay Khosrow）的名字为自己的曾孙和孙辈命名，以增加威严，自己在行为举止上也摆出一副严肃、煞有介事的姿态。宫廷礼仪采用了波斯式，其仪节参照塞尔柱王朝和花剌子模王国，向苏丹致意时需要下跪行礼。而且从中亚和西亚逃亡而来的统治者和贵族们也不能例外，这更加增强了苏丹的权威和威严。

巴勒班决不允许自己的权威受到挑战，无论是印度教徒还是穆斯林，凡是叛乱者都会被处以极刑。通过让间谍实行互不知情的相互监视，以及对民间，特别是担任官职者动向的严密监视，他建立了遍布全国的间谍网，对高官、贵族的疏忽和过失的惩罚也十分严苛，毫无慈悲可言。镇压孟加拉叛乱不力的奥德（Oudh）总督就因为让苏丹威信大失而遭到问责，其首级被挂在阿约提亚城（Ayodhya）的城门上，而殴打仆人致其死亡的布道恩总督则被处以公开执行的鞭刑。

"纯种突厥人"统治集团的危机

巴勒班为了削弱"四十人"突厥军事贵族的力量，一方面起用年轻的突厥奴隶贵族对他们予以牵制，另一方面则像处置布道恩的总督一样寻找他们的过失来施以处分，甚至对自己的亲属也毫不宽赦。但是，正是巴勒班这一试图让苏丹权力绝对化和世袭化的政策，促成他的王朝及支撑其王朝的突厥统治集团的权力基础瓦解崩塌。

他和突厥贵族们以出身高贵且是北印度穆斯林王国的建立者而自负。他们垄断官职，不仅蔑视非突厥出身的穆斯林，还奉行将出身卑贱的印度—穆斯林排除在外的极端突厥中心主义，特别是玉里伯里部突厥中心主义。但是，突厥人统治的国家，本来是以突厥人的不断迁入为前提的，而在蒙古人对中亚的进攻下，突厥人从突厥斯坦向印度流入的行动业已告终。

而且，这种"突厥人国家"，实际上从一开始就是由非玉里伯里部突厥人和非突厥穆斯林诸民族集团共同构成的，不可能只靠玉里伯里部"纯种突厥人"统治集团来支配这个国家。此外，因为蒙古军队入侵而被逐出中亚以及因为巴格达陷落而到德里寻求避难的统治者、贵族和士兵数量众多，穆斯林诸民族之间的通婚已经非常普遍。虽然拉伊汉的"宫廷革命"失败了，但这也表明了印度—穆斯林已经壮大到可以参与权力斗争的程度，"纯种突厥人"贵族统治的"突厥人国家"业已缺乏现实意义。

军事制度与财政改革

奴隶王朝早期的苏丹们从印度教的国王们那里得到了庞大的战利品和贡赋，不用为财源操心。但是，到了巴勒班时代，财源不足的情况开始变得严峻，为了应对蒙古军队而采取的边境防御、镇压国内各地的叛乱，有必要维持强大的军事力量并确保其财源。这一部分的预算从财政部门的管辖下独立了出来，军事大臣中才干杰出的伊马德穆尔克［Imad-ul-Mulk，宫廷诗人阿米尔·库斯洛（Amir Khusrow）的外祖父］被任命为负责人，针对苏丹直接指挥的军队，在招募、补充、补给、装备、训练、军马烙印等方面实施了改革，以提高军纪、强化军队。其中，之所以推行在军马身上烙印的制度，是因为贵族、高官负有随时维持一定数量马匹的义务。通过烙印，可以表明军马的不同归属，防止他们不履行义务。但这一措施实施起来并不容易，它在制度上得到确立要等到后来莫卧儿的阿克巴在位时期，后者最终能镇压贵族的"大叛乱"，一大原因就在于引入了这个制度。

另外，作为增加财源的一步，政府对德里王权经济基础——河间地带实施了土地调查，力图提高俸禄授予和土地税征收的效率。自艾巴克以来，官兵被授予土地和村庄以作为俸禄，并拥有可世袭的所有权，到巴勒班时开始收回土地，代之以现金俸禄和年金。但是，地方总督等贵族、高官为应对各地叛乱，掌握着同族士兵组成的大军，要对他们的封地（Iqta'）进行改换无疑是极为困难的。巴勒班对此也束手无策，这一措施的制度化要等到莫卧儿时代才得以实现。

突厥混血贵族的革命：卡尔吉王朝

被蔑视的卡尔吉突厥人

巴勒班遗言让长孙凯·霍斯罗继承苏丹之位，但遭到众人的无视，其次孙——17岁的凯·库巴德被拥立为苏丹。他在宠臣的影响下渐渐沉迷于酒色，最终半身不遂。突厥贵族们拥立他的3岁幼子凯尤莫尔兹为苏丹，并打算暗杀其强劲对手——卡尔吉部领袖贾拉鲁丁·菲鲁兹（Jalal-ud-Din Firuz），消灭他的势力。但计划泄露，最终凯·库巴德被杀，贾拉鲁丁夺取了苏丹之位，卡尔吉王朝（1290—1320）由此诞生。

卡尔吉突厥人从突厥斯坦移居阿富汗已有数百年之久，在此期间与阿富汗人通婚，接纳了他们的习惯与风俗，因此玉里伯里突厥人将他们视作阿富汗人，看不起他们。贾拉鲁丁最初为巴勒班效力，担任过苏丹的卫队长，后来成为萨马纳（Samana）总督，并因为击退了蒙古军队的入侵而英名远播，被任命为凯·库巴德身边的军事大臣。

新苏丹虽然有辉煌的军事履历，但已是70岁高龄，缺乏霸气与威严。而且在玉里伯里突厥人的长期统治下，已经习惯了由他们担任苏丹的贵族和德里市民对这位篡夺苏丹之位的"阿富汗人"也抱有强烈的愤慨。贾拉鲁丁十分清楚自己不受欢迎，政变成功后没有进入德里，而是在凯·库巴德尚在建设中的郊外的基卢加里宫（Kilughari）即位，并将此处作为首都。一年后，他才进入德里城区。

卡尔吉"青年军官"的不满

苏丹贾拉鲁丁依照他的性格，奉行完全宽容的政策，即使面对叛乱也极力避免流血事件的发生。因发动叛乱被捕的马利克·查朱（Malik Chajju）是巴勒班之侄，也是巴勒班家族唯一的幸存者。苏丹将他送到旁遮普，交由当地总督监视。这一政策也适用于在德里周围出没，从事盗窃和杀人的强盗，被捕的一千名强盗被用船送至孟加拉，以不再从事强盗行为、不得返回原地为条件得到了释放。

这些原"强盗"之后的命运不得而知，若是对他们的

"重新做人"没有后续措施的话,就不能保证他们不会再走上犯罪的道路。如果说苏丹的宽容只是为了满足自己的良心,那么如此不负责任的统治者确实是前所未有的。对于孟加拉人民来说,这只会带来困扰。贵族们则因为苏丹出于"懦弱",仅仅将强盗流放到孟加拉,无法对他们施加惩罚而蔑视苏丹。

贾拉鲁丁温和的姿态和宽容的政策在血气方刚、野心勃勃的卡尔吉"青年军官"看来,只意味着苏丹已变得老朽胆小。对于以"卡尔吉革命"主力自视的他们来说,担任苏丹的贾拉鲁丁向旧体制的贵族们做了妥协,自己分享到的"革命"果实未免太少。这时巧妙利用这种不满以实现自己野心的,则是苏丹的侄子兼女婿阿拉丁·穆罕默德·卡尔吉。

靠"德干财富"成为苏丹

阿拉丁为了缓和卡尔吉"青年军官"们的不满,获得他们的支持,便从苏丹那里得到许可,远征马尔瓦(Malwa)地区,占领了比尔萨[Bhilsa,印度中央邦城市,又名维迪沙(Vidisha)],在获得丰厚战利品之后凯旋。他在比尔萨获悉雅达瓦(Yadava)王朝积攒了巨额财富,班师后对此念念不忘,于是在1296年向苏丹谎称要去征服钱德里(Chanderi),转而占领了雅达瓦王朝的都城德瓦吉里[Devagiri,后来的道拉塔巴德(Daulatabad)],得到了较之比尔萨所获数量更为庞大的金银财宝。

他计划远征返回后谋杀苏丹,并事先与协助刺杀苏丹的心腹约定,赐予他们高官厚禄,然后用了三个月的时间向德里缓慢进军。途中，他利用充裕的"德干财富"募集军队，用投石机向沿途居民抛撒小额金银钱币以收买人心，同时等待德里贵族的倒戈，等到德里军队不攻自溃后才入城，并在同年即苏丹位。

不过，阿拉丁猜疑心极重，1298年他大败入侵旁遮普的十万蒙古大军后威信大增，于是便利用这个机会肃清了前苏丹的贵族，因为他认为被收买倒戈的人的忠诚不可信任。另外，正如本章开篇所述，在同一年远征古吉拉特的归途中，苏丹军中的"新穆斯林"（归顺并改信伊斯兰教的蒙古人）对战利品分配不满，发动了叛乱，震怒的苏丹屠杀了新穆斯林居住在德里郊区的孩子，他们的妻女则被变作奴隶。一部分叛军逃进了拉吉普特人的伦滕波尔城寻求庇护，苏丹则对该城维持了长达一年的包围，并促使前来议和的拉吉普特宰相兰马尔（Ranmal）叛变，攻陷了城池，但之后又以背叛主人的人不可信任为由将其处死。

防止叛乱与暗杀的策略

阿拉丁在远征伦滕波尔城时险些遭遇暗杀而侥幸逃脱，虽然当时进行了镇压，但又需要直面德里以外地区的叛乱。于是他一返回德里，就对贵族和高官乃至平民的活动与日常生活采取了严格管制和监视的政策。间谍网得到扩充、强化，包括叛乱在内的种种犯罪则将受到严惩。

由于饮酒活动往往会变成宴会，宴会又会成为阴谋的温床，结果除了饮酒，酒类的制造、贩卖也遭到了禁止。但是，他自己却不能严守这一规定，最后为了饮酒而不得不允许酿酒活动。至于贵族的交游集会，以及贵族间未经苏丹许可的通婚，也以可能会形成危害国家的集团为由而被禁止。

此外，他认为只要人们忙于为生计奔波，就没有时间去考虑反抗和叛乱，于是命令税吏尽可能收取重税，让人们没有剩余的财富和时间。重税不仅针对印度教徒，也针对穆斯林。他还收回了赐予穆斯林神职人员和有功者的土地，并停止发放年金。印度教徒的场合则更为严格，授予胡特［khut，即后来被称为柴明达尔（zamindar）的豪族、地主以及包税人］、乔杜里（chowdhury，县长）、穆卡丹（muqaddam，村长）等世袭征税人的种种免税特权都遭到撤销，他们被要求和农民一样课税。

土地税的征收达到了毛产出的二分之一，农民占大多数的印度教徒在这一重压之下只能痛苦呻吟。阿拉丁利用村书记（patwari）的记录，对每个农民所拥有的土地展开调查，他是最先实施土地税核定和征收的苏丹。虽然施行的程度和地域范围有限，但这一方法为后来苏尔（Sur）王朝的舍尔·沙（Sher Shah）、莫卧儿王朝的阿克巴设计征税制度提供了范本。

常备军的维持与市场管制

1303年，入侵的蒙古军一口气将战线推进到德里郊区，让正在进攻奇陶尔的阿拉丁胆战心寒，为此他将不负责边境防御、随时可以自由调动的军队调回首都驻防，以求大幅增加兵力。他还重新调整军队的组织，编制士兵名册，引入军马烙印制度以防止不法行为，并用现金取代土地作为俸禄。从此德里的苏丹首次拥有了常备军，据说其中包括了骑兵475000人。考虑到还有步兵存在，这自然会对国家财政造成沉重负担，其财源很难保障。对农民征收的土地税已到极限，没有增税的余地，因而无法向士兵支付很高的军饷。

苏丹想出的对策是统管包括生活必需品在内的物资价格、管制市场、统管商人和商业。包括国库物资储藏和流出在内，物资流通、供给乃至运输的协调，法定价格和利润率的确定，交易人的登记，等等，都要在市场监督官和间谍网的严密监视和处罚下进行，不合法的盈利自不必说，囤积和惜售行为也会遭到严惩。不过，据说这一系列政策仅在德里及其周边，以及地方的一些城市得到落实。

蒙古军队的入侵及其影响

蒙古军队对印度西北部的入侵，始于奴隶王朝伊勒杜迷失在位时，到图格鲁克王朝的穆罕默德·本·图格鲁克在位时结束。这虽然只是始于1218年的成吉思汗西征和蒙古帝国扩张的一部分，却对印度历任苏丹的统治及其政策造成了巨大影响。据说成吉思汗之所以发动西征，是因为他向花剌子模王国派遣的商队在花剌子模苏丹摩诃末（Muhammad）的指示下，全员被害于讹答剌城（Otrar），货物也被没收，甚至前来质询真相的使者也遭到侮辱杀害，作为报复，西征由是发端。现在也有人认为成吉思汗早在"讹答剌事件"之前就已经开始准备西征了，因此花剌子模王国杀害真实身份为"侦察敌情的间谍"的蒙古商队的做法，是为保卫国家而理所当然采取的行动（见杉山正明《蒙古帝国的兴亡》上册）。

无论真相如何，成吉思汗迅速征服了花剌子模王国，在1220年底将苏丹摩诃末赶到了里海的小岛上使其穷困而死，其嫡长子明布尔努则被追击到了印度。如前所述，苏丹伊勒杜迷失郑重拒绝了他的避难请求，他随后逃向了伊朗，最后在1231年死于库尔德人之手。成吉思汗在1225年返回本国，一路上对不花剌（Bukhara）、撒马尔罕、巴里黑（Balkh，即巴尔赫）等中亚绿洲城市进行了彻底破坏。这一地区被交给了他的次子察合台汗，察合台汗国由此形成。

为了应对蒙古军队，就需要扩军，这一方面促使苏丹采取措施确保其财源，另一方面也使苏丹权力和统治的强化变得必要，成为苏丹专制统治形成的一个重要原因。奴隶王朝的巴勒班舍弃了此前历任苏丹所奉行的无论西北领土如何损失也要避免与蒙古军队冲突的消极政策，转而采取与蒙古军队对抗、保卫领土的积极政策。他所推行的边境防御及其强化政策为后世的苏丹所承袭，特别是在阿拉丁·卡尔吉时得到了很大的发展。

在此之前，蒙古军队只是侵略西北边境城市，对首都德里造成压力，但到了卡尔吉王朝时期，他们开始以占领德里为目标。阿拉丁·卡尔吉在位时，蒙古军队频频入侵，尤其是1303年的入侵一度将阿拉丁逼至绝境。此外，1327年（以及1328年）蒙古军队的入侵甚至深入到了图格鲁克王朝的心脏地带，让穆罕默德·本·图格鲁克手足无措，但这基本上已是侵印蒙古军队的强弩之末了。14世纪下半叶主宰中亚的则是突厥人帖木儿（Timur），他对印度的入侵导致了图格鲁克王朝的灭亡。

远征南印度

为了让如此大规模的军事力量维持严明军纪和强大战斗力，就有必要经常动员军队投入征服战争，凭借掠夺和分配战利品提高士气，并在实战中磨炼战法。与此同时，为了支付如此庞大的军费，也有必要展开征服战争。对于德里的王权来说，拉贾斯坦的拉吉普特诸国原本是最为棘手的障碍，当下则除了贾洛尔的索纳加拉王国，其余各国已基本征服殆尽。蒙古军队的入侵也因为中亚政局变化在阿拉丁尚在位的1308年收尾，卡尔吉王朝军队入侵南印度的时机已然成熟。

1307年，奴隶出身，从印度教改信伊斯兰教的宰相马利克·卡富尔（Malik Kafur）担任统帅，降伏了停止交纳贡赋、出现独立迹象的雅达瓦王朝，令其重新成为朝贡国，并将其作为入侵德干作战的基地。随后，卡富尔又在1310年迫使卡卡提亚（Kakatiya）王朝称臣纳贡，并以赔偿的形式索取了大象300头、马7000匹以及1000头骆驼满载的巨额金银财宝。这些赔偿金运到德里花费了整整80天。次年，卡富尔进攻曷萨拉（Hoysala）王朝的都城多拉萨穆德拉［Dorasamudra，班加罗尔以西30千米，今哈勒比杜（Halebeedu）］，迫使其投降并获得了巨额赔偿。接着又入侵了位于半岛南端，以马巴尔（Maabar）之名为人所知的潘地亚（Pandya）王朝的领土，洗劫破坏了其首都马杜赖（Madurai）以及当地寺庙，然后建造了清真寺。卡富尔在这次远征中得到了 312 头大象、20000 匹马、2750 磅（约 1247 千克）黄金以及其他数量巨大的战利品，据说此前还从未有人将如此众多的财富带回德里。

卡富尔在这次远征中获得的大量阿拉伯马在北印度也受到了追捧。马可·波罗的《东方见闻录》①（爱宕松男译注）对富庶的南印度诸国为购买阿拉伯马不惜重金的情况作了如下描述：

> 这个王国（马巴尔——作者注）并不产马。因此每年通过税收得到的金钱即使不是全部，也有相当大一部分被国王用于购买马匹……霍尔木兹（Hormuz）、凯斯（Kais）、佐法尔（Dhofar）、希赫尔（Shihr）、亚丁（Aden）的商人们——他们的故乡随处都可看到各种马匹——会购买最好的马匹，载入海船，带给这位国王及其兄弟辈的其余四位国王。商人们对每匹马要价黄金五百萨吉（saggi）左右，相当于银币一百马克（mark）以上。即便如此，国王每年仍然会购买两千余匹马，四个兄弟国王的购买量也与之相当。但是一年之后各国王拥有的马就只剩一百匹了。之所以如此，是因为当地没有兽医，当地人也不擅长照看马匹，马匹因而不断死亡。但这对来这个王国售卖马匹的商人们来说，国王的马就

---

① 即中译《马可·波罗游记》。

这么死去反而是他们所期望的事,因此谁也不会带兽医来,也不允许兽医前来。

对"印度—穆斯林帝国"的探索

阿拉丁虽然做不到他所自称的"亚历山大第二(Sikander-us-sani)",但他的确将德干诸王国纳入了朝贡体系,让德里苏丹国的版图拓至极盛。虽然厉行专制统治,但他前所未有地起用大量印度—穆斯林,排除乌理玛(Ulema,伊斯兰教神学家)对政治的干预。税的制定和征收方面,虽然采取了掠夺性的高税率,但也算在相对合理的税收制度下进行的,并未借助暴力施行无限制而恣意的掠夺。统管物价、管制市场、为了应对饥荒而建设灌溉设施和设置谷仓,乃至严格管理地方世袭征税人,都表明他不仅想为维持庞大常备军保持财源,也试图将国家治理的基础建立在合理的制度和措施上。

阿拉丁在统治中积极起用印度—穆斯林,为"印度—突厥人国家"向"印度—穆斯林帝国"的转型确立了方向。不过,他控制德干诸王国的目的则是掠夺其财富,每年收取贡赋,这是单方面的统治,与让诸王国各有分工、从中寻求共存之道的"帝国体系"相差甚远。但客观而论,可以认为他的统治已经让德里苏丹国在"印度化"的方向上迈出了脚步。

辜负期望的穆巴拉克

1316年,阿拉丁去世,宰相卡富尔让阿拉丁6岁的儿子希哈布丁·奥马尔(Shihabuddin Omar)继任苏丹,自己摄政执掌大权。卡富尔为了根除阿拉丁的家族，试图弄瞎阿拉丁已入狱的三子穆巴拉克（Mubarak），但他反而遭到刺杀。此时离苏丹去世不过35天。17岁的穆巴拉克在摄政两个月后，废黜了奥马尔，并将其弄瞎，自己登上了苏丹之位。其即位得到了贵族和人民的欢迎和期待，他也顺应期待，赦免、释放囚犯，废除对市场的管制与统管，将被没收的土地归还正当的主人，减轻土地税和其他税收，得到了人们的拥护。

但是，因为严格的管制和法律在毫无准备的情况下突然遭到废止，社会上缺乏秩序，人们的生活也流于安逸，出现了道德滑坡。特别是苏丹从即位开始就沉迷于美色，廷臣们也纷纷效仿，而且他还任命侍奉他左右的库斯洛（Khusro）为宰相，负责管理行政，朝政为此大坏，各地叛乱频发。不过，阿拉丁留下的得力干将和强大的军事力量仍然健在，因此德瓦吉里的叛乱受到镇压，德干诸王国的独立举动也被制止。

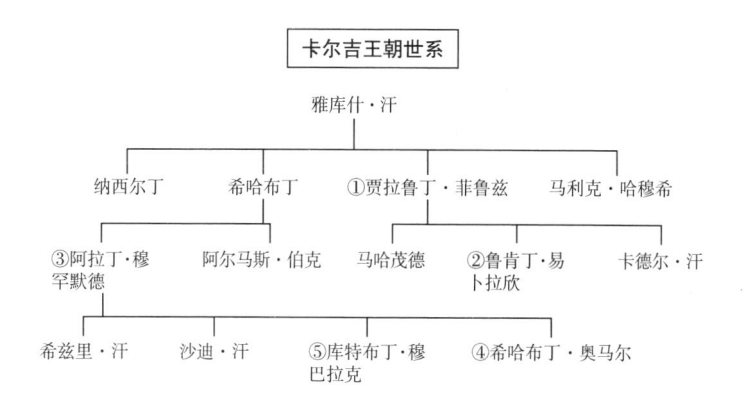

卡尔吉王朝世系

雅库什·汗
├─ 纳西尔丁
│   └─ ③阿拉丁·穆罕默德
│   ├─ 希兹里·汗
│   └─ 沙迪·汗
├─ 希哈布丁
│   └─ 阿尔马斯·伯克
├─ ①贾拉鲁丁·菲鲁兹
│   ├─ 马哈茂德
│   └─ ②鲁肯丁·易卜拉欣
│   ├─ ⑤库特布丁·穆巴拉克
│   └─ ④希哈布丁·奥马尔
└─ 马利克·哈穆希
    └─ 卡德尔·汗

篡夺苏丹之位的印度—穆斯林

宰相库斯洛是印度—穆斯林，据说他出身于古吉拉特地区的巴拉度（Baradu，牧羊的种姓）。在被廷臣发现他有在德干建立独立王国的野心后，库斯洛便暗杀了对他信任不疑的苏丹穆巴拉克，并杀害了后者的五个兄弟（其中三人已被弄瞎），从此断绝了阿拉丁家族和卡尔吉王朝复兴的机会。1320年他以纳西尔丁·库斯洛·沙（Nasiruddin Khusrau Shah）之名登上了苏丹之位。他向贵族和高官们保证他们可以留在原来的位置，除了敌对的若干贵族遭到杀害，其余大部分则被他用钱和官位收买。

但是，旁遮普的迪帕普尔（Dipalpur）总督加齐·马利克·图格鲁克（Ghazi Malik Tughluq）声称要"复兴"遭到这个印度教出身的苏丹所"贬低"的伊斯兰教，号召西北诸省的总督和德里的贵族组成反库斯洛同盟。不过，做出积极回应的只有乌奇的总督和少数乌理玛，大部分贵族和高官没有任何反馈。著名的苏菲派圣人谢赫·尼扎姆丁·奥利亚（Sheikh Nizamuddin Auliya）还从库斯洛处得到大量布施，于是以宗教权威的身份为其统治提供支持；萨马纳总督也打算阻止马利克·图格鲁克的进军。图格鲁克几乎是凭自身实力打败了库斯洛，后者的统治不到五个月就宣布告终。

建立印度-伊斯兰帝国的梦想与挫折：图格鲁克王朝

吉亚斯丁，奠定农业政策的基础

马利克·图格鲁克在阿拉丁家族的追悼会上，得到出席的贵族、高官和乌理玛的一致拥戴，于是在 1320 年以吉亚斯丁·图格鲁克·沙（Ghiyath al-Din Tughluq Shah）之名即位。他和卡尔吉一样是"混血"突厥贵族，父亲是巴勒班的奴隶，母亲则出自旁遮普的印度教家庭。他所主张的"伊斯兰复兴"，虽然是权宜之计，却能够将穆斯林贵族们团结在一起，由此可见以突厥人为中心的民族歧视尚有残存，同时吉亚斯丁对自己的出身也稍感自卑。

因为阿拉丁对农民的课税过于沉重，其后继者着手修正。据推测，吉亚斯丁即位时，土地税按阿拉丁以前的标准征收，占产出的五分之一[①]。他则将土地税定在产出的三分之一到五分之一之间，这种课税方法以实际产量为基础决定征收的份额，是一种分成制。同时，由于遽然增税以及约定好最高征税额后将征税权交给承包人的包税制经常会导致过度征收从而破坏农民的生活，因此遭到禁止。因为土地税收入的增加依靠耕地面积的扩大，吉亚斯丁又奖励增加耕种和开垦荒地的做法，并推动了灌溉设施、运河、桥梁和道路等基础设施的建设。他在位时间不到四年半，因此还来不及看到农业政策的具体落实及其成效，但因其为后来的穆斯林王权所施行的农业政策奠定

[①] 原文作"五分之一"，疑为"三分之一"。今姑从原文译出。

了基础，其历史意义相当重要。

穆罕默德·本·图格鲁克的野心

吉亚斯丁因为建筑物倒塌而死亡，但据说其实是乌鲁格·汗（Ulugh Khan）王子（后来的穆罕默德·本·图格鲁克）将他的死伪装成事故，巧妙地实现了弑父。对于即位苏丹的穆罕默德·本·图格鲁克，后世之人不免会困惑于他到底"是天才还是疯子""是不走运的理想主义者还是嗜血的暴君"，但当时到访印度的伊本·白图泰（Ibn Battuta）在所著《三大陆周游记》①（前嶋信次译）中将这位苏丹描述为"谦逊、公正，同情穷人，展示出深不可测的度量，但又特别热衷于让人流血"，对他充满复杂性和矛盾的性格做了详细刻画。

穆罕默德·本·图格鲁克以苏丹阿拉丁为榜样，同样不满足于征服印度次大陆，怀有征服外国的野心和远大计划。有说法认为他在河间地带实施的增税和各种"试验"，就在为此做准备。即位后不久，他在1326年命令各省制作并上交土地税的收支账簿，同时将河间地带包括房屋税和放牧税在内的土地税提高了5%—10%。土地税的税率总计将近50%，而这一强行实施的征税，又正好与当时刚刚开始且持续了三年之久的饥荒同步，使得农民陷入悲惨的境地，其激烈抵抗也遭到了残酷镇压。

---

① 中译本为《伊本·白图泰游记》，伊本·白图泰（Ibn Battuta, 1304—1377）是摩洛哥旅行家，到访过许多穆斯林和非穆斯林国家。

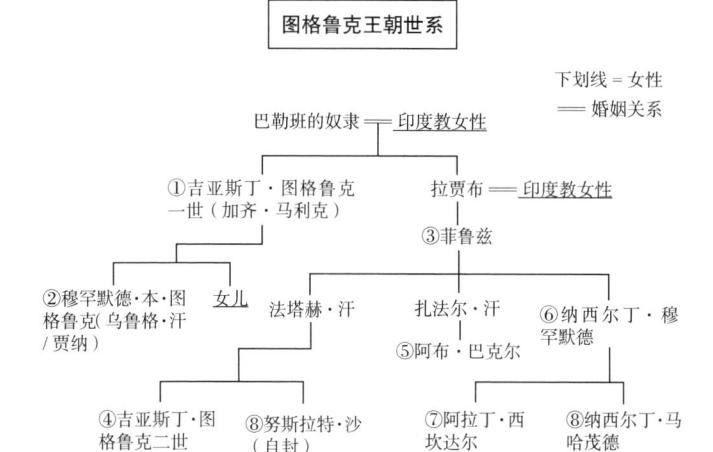

```
                    ┌─────────────────┐
                    │  图格鲁克王朝世系  │
                    └─────────────────┘
                                              下划线 = 女性
                                              ══ 婚姻关系
              巴勒班的奴隶 ══ 印度教女性
        ┌──────────┴──────────┐
    ①吉亚斯丁·图格鲁克          拉贾布 ══ 印度教女性
       一世（加齐·马利克）              │
        ┌──────┴──────┐           ③菲鲁兹
   ②穆罕默德·本·图    女儿              ┌──────┬──────────┐
   格鲁克（乌鲁格·汗   │          法塔赫·汗  扎法尔·汗  ⑥纳西尔丁·穆
   /贾纳）             │                    ⑤阿布·巴克尔   罕默德
                       │
        ┌──────────────┤
   ④吉亚斯丁·图    ⑧努斯拉特·沙      ⑦阿拉丁·西   ⑧纳西尔丁·马
   格鲁克二世       （自封）          坎达尔        哈茂德
```

理想破灭的苏丹

穆罕默德·本·图格鲁克的"试验"和计划包括：（1）在德干地区的德瓦吉里建造新都道拉塔巴德（Daulatabad），并试图在1327—1330年间将德里全体市民强制搬迁至此处；（2）从迁都明确已呈败局的1329年起到次年前后，铸造与金银货币等面额的铜币作为名义货币，并试行流通，以充当远征呼罗珊的财源，但该措施令国库出现很大损失；（3）尽管如此，他仍然拟订了大举远征呼罗珊的计划，招募了370000骑兵并提前支付了一年的军饷，但计划最终无法实行，次年即1332年放弃计划，解散了军队；（4）为了解决计划失败以及饥荒、疫情和叛乱频发所造成的财政危机，在1341年到1344年间设立了"农业部"，招募耕农参加国家主导的开垦项目，如在河间地带建立了约100平方千米的大型国营农场；等等。

穆罕默德·本·图格鲁克提出的各种计划和政策，虽然都以失败告终，却表明了他是一位博学多才、热衷创新的人物。总的来说，他失败的主要原因在于他缺乏将计划和政策贯彻到底的耐心，生性反复无常，喜欢半途而废、另起炉灶。而且，这些计划本身相当粗糙，他在设立支撑计划实施的部门、组建机构、培养人员方面也怠于措意，缺乏对实施情况的细致调查和冷静判断。

不过，客观来说，这一系列的计划和政策——除了不切实际的远征呼罗珊计划——表明了一种施政方向，即国家不再依靠战争和征服来掠夺财富和收取贡赋以保障财源，而是致力于通过一定的制度和措施对人们劳动成果的一部分（尽管税率有大有小）实施合乎理性的征收。在这些创想和倾向之中，可以看到穆斯林王权在印度逐渐扎根过程中所呈现的面貌。

"印度—穆斯林"的崛起

穆罕默德·本·图格鲁克在位时期，印度—穆斯林获得高位、担任高官已不再是稀奇之事。"突厥混血贵族"本来受到中亚出身的穆斯林蔑视，而在连续两个由这些混血贵族所缔造的王朝的统治下，穆斯林之间存在的刻板印象逐渐淡化，针对印度—穆斯林的排斥也变少了。同时，随着领土扩大到德干地区，穆斯林王权为统治这一广大领土需要更多的贵族、高官和普通文武官僚，也对这一趋势有所推动。

而且，苏丹穆罕默德·本·图格鲁克还在更广范围内，贯彻落实了卡尔吉王朝苏丹阿拉丁所实行的官员任用措施，不问起用之人的家族、血缘和社会背景，只以对苏丹本人的忠诚和能力为标准，因此很多印度—穆斯林得以升迁高位、担任高官。与此同时，既然印度—穆斯林出身的人才已足以供应统治阶级，可以推想他们的人口在卡尔吉王朝以及图格鲁克王朝时期增幅甚著。

自穆斯林王权建立以来，印度—穆斯林以其作为印度教徒或改信伊斯兰教的穆斯林的身份，拥有着辅佐政权的丰富政治经验和管理知识。印度—穆斯林的政治分量在不断增强，图格鲁克王朝乃至德里苏丹国整体的统治与存续，都离不开他们的协助，到阿拉丁·卡尔吉统治后期，对印度教徒的任用也显著增加。

印度—穆斯林"贵族"亦是同欲相趋

苏丹穆罕默德·本·图格鲁克去世时，担任副宰相的卡瓦马勒穆鲁克·马克布勒（Qawam al-Mulk Maqbul）是卡卡提亚王朝特伦甘纳（Telingana）地区的婆罗门贵族出身，卡卡提亚王朝灭亡后他被送往德里，在为穆罕默德·本·图格鲁克效力时改信了伊斯兰教。他的聪明与诚实得到了苏丹的认可，虽然不会读写，但他相继担任了木尔坦等三个省的总督，并最终当上副宰相。到继任苏丹菲鲁兹·沙·图格鲁克（Firuz Shah Tughlaq）在位时，他升任宰相。苏丹对其极为信任，自己不在德里时还会委任他全权代理。据说苏丹往往一有事就将政务交与他的宰相处置，还经常将后者称作"德里真正的国王"。马克布勒特别强调国家的根基和政权的安定在于财政。正如下文所述，菲鲁兹非常热衷于推进运河和灌溉设施等公共事业的建设，以至于被称为"灌溉苏丹"，而其智囊应当就是马克布勒。马克布勒致力于让苏丹的金库能为税金所充盈，地方税收出现逋欠时则会严厉处罚地方税吏。

尽管如此，马克布勒也不免染上流行于当时贵族之间的贪污、好色等恶行。苏丹的金库得到充裕的同时，他也在中饱私囊。贪污和维持成群的妻妾之间互为因果，形成恶性循环，而他的妻妾中有来自从拜占庭帝国到中国的各国各族女性，达两千人之多，可以说是国际化的"后宫"。虽然他幸运地没有在公私生活上留下破绽，以七十余岁的高龄善终，但接任其宰相职位的儿子则不得不为他欠下的债买单。

此外，正如后文所述，苏丹菲鲁兹重新征收吉兹亚，针对印度教徒实施了一系列"倒退"政策，但与此同时，"灌溉苏丹"所推进公共事业的"福利"还是惠及了农民占多数的印度教徒。穆罕默德·本·图格鲁克在位时开始出现印度教高官，如德干地方省份出身的副宰相和古尔伯加（Gulbarga）省总督等人。菲鲁兹在位时，一度还有三名拉吉普特豪族同时跻身于宫廷之中，而穆斯林在宫中进行礼拜时也有印度教徒出席观礼。历史的趋势和现实的要求让印度—穆斯林变得不可或缺，无视印度教徒只会使统治难以为继。

德干地区的丧失

1323年，穆罕默德·本·图格鲁克（当时还是乌鲁格·汗王子）灭亡了卡卡提亚王朝，继续向南推进到半岛南端，征服了潘地亚王朝都城马杜赖，并在这片以马巴尔之名而为人所知的地区建立了穆斯林统治据点。从此，除克什米尔、拉贾斯坦、奥里萨（Orissa）和马拉巴尔（Malabar）海岸等一部分地区外，图格鲁克王朝的统治已延伸至几乎整个印度。但是，统治如此庞大的国家是非常困难的，势必会让各地总督所掌握的权力增大，因此他们的举动受到严密监视，稍有过失就会遭到严惩。特别是叛乱的贵族、高官，会受到残酷的刑罚。苏丹的堂弟，担任萨加尔（Sagar，德干地区古尔伯加以南83千米）总督的格尔沙普（Garshasp）在1326年发动叛乱，失败后被捕，处以活剥之刑。但如此残酷的刑罚也没能平息苏丹的怒气，他将格尔沙普的肉混入米中，烹调之后送给其妻子儿女，并用稻草塞满人皮，送到各个主要城市游街。

宗教家如果不服从苏丹，也不能免于惩罚。圣人谢赫·希哈布丁（Sheikh Shihabuddin）指责苏丹是暴君，表示不愿意侍奉暴君，于是苏丹用锁链捆住他，两周内不给他提供饮水和食物。据说即便如此谢赫也不愿收回前言，到第14天向他提供食物时他仍拒绝进食，苏丹因此按住他的身体，用钳子强行撬开他的嘴，将食物灌入嘴中。

苏丹基于忠诚和能力任用总督和高官，其中有卡尔吉王朝以来的贵族、外来的穆斯林、阿富汗人、印度—穆斯林、印度教徒等，其族群、社会背景多种多样。因此在苏丹挑选人才时，人们都竞相对苏丹表达忠诚，从而大大有益于图格鲁克这个国家的维持。但是，这一切是靠苏丹的强烈个性及其强有力的统治才得以有效运作的，这一强有力的统治一旦衰退，族群、社会背景的不同反而会带来负面后果，人们的竞争意识将使彼此之间的互不信任和对立变得表面化。而且，苏丹的严厉统治以及他所推行的酷刑和严罚，也让人们愤慨不已，心中早已燃起对苏丹的不满和反抗之火。1334年马杜赖总督独立亦即马杜赖苏丹国（Madurai Sultanate）建立一事，就是在这一背景下发生的。

马杜赖叛乱成功，为德干地区的前王族和旧臣以及印度教徒反抗图格鲁克王朝地方官的掠夺及其反印度教政策提供了勇气，被迫改信伊斯兰教的坎皮里（Kampili）王族后裔哈里哈拉（Harihara）和布卡（Bukka）兄弟就在1336年于栋格珀德拉（Tungabhadra）河南岸的故土上建立了印度教王国毗奢耶那伽罗（Vijayanagar）。毗奢耶那伽罗王国在1346年吞并曷萨拉王朝，又在1370年灭亡马杜赖的苏丹国，一跃成为南印度的强大势力。

德里苏丹国全盛时期结束

马杜赖苏丹国的建立，宣告了自阿拉丁·卡尔吉以来德里苏丹国全盛时期的结束。看到图格鲁克王朝苏丹权力衰落后，地方官们几乎每年都在各地发起叛乱。在镇压叛乱上耗尽心力的穆罕默德·本·图格鲁克，将平定叛乱的最后一丝希望寄托在哈里发的权威之上，虽然后者的历史使命早已告终。穆罕默德从硬币上削去自己的名字，换上了寄居在开罗的阿拔斯王朝哈里发的后裔之名，并在1344年收到了他从哈里发处求来的苏丹委任状。

1345年，以阿富汗出身者为主的低级贵族（Amiran-i-sada）在古吉拉特发动叛乱。从征税和军事方面来说，这些低级贵族对于地方统治是必不可少的,但穆罕默德的严厉统治和地方官的恶政逐渐将他们逼向叛乱。穆罕默德为扑灭蜂拥而起的叛乱而转战各地,在1351年战死在信德地区的特达(Thatta)附近。经过这次叛乱,以阿拉丁·哈桑·巴赫曼·沙(Ala-ud-Din Hasan Bahman Shah)为第一任苏丹的巴赫曼尼(Bahmani)王国得以诞生,于1347年建都古尔伯加。

以穆罕默德为"反面教材"的菲鲁兹

穆罕默德去世后,他的堂弟(叔父之子)菲鲁兹得到当时军营中的贵族和乌理玛的推举,在1351年以苏丹菲鲁兹·沙之名即位。菲鲁兹目睹穆罕默德强有力的统治因其性格和政策而土崩瓦解,认识到统治的要义并不在于使用暴力,而在于得到人们的信赖,于是将堂兄视为反面教材。因此,菲鲁兹用以下措施表明了他虽然是穆罕默德的后继者,但彼此之间的统治方式并不一样:

(1)命令官吏统计穆罕默德为救济饥荒从国库放贷时的借款人,以及前宰相和卓·贾汉(Khwaja Jahan)发起征兵等行动时所用款项的收款人,然后免除了这一巨大金额的偿还;
(2)废除伊斯兰教法没有规定而引发众怒的税种,包括房屋税、放牧税以及二十四种杂税等;(3)不再施行会对身体造成损伤的残酷刑罚和拷问,对犯人进行大赦,同时针对穆罕默德在位时被判死刑以及身体受损者,向其子孙支付赔偿金;
(4)将穆罕默德接受自乌理玛等人从而成为国有土地的旧赠地(村庄与土地),归还给原主或其子孙。

"比起大炮，黄油优先"

这些措施无疑会招致国库枯竭和财源不足，但从菲鲁兹的一系列行动和政策来看，他或许认为这一问题可以通过避免征服战争并且大幅压缩财政支出以及修建灌溉设施、扩大耕地以增加农业生产力来解决。在当时的社会中，阿拉丁·卡尔吉所确立的饥荒应对措施被当作建设性的遗产得到继承。菲鲁兹生活在叛乱和饥荒时代，他会认为苏丹的义务在于提高人们的物质生活水平而非战争与征服，倒也并非不可思议的事。

后世史家则认为菲鲁兹缺乏军事才能，作为统治者既无能又怠惰。虽然他缺乏军事才能是事实，但他是无能统治者的评价，至少从其统治前半期来看是不正确的。他所发起的远征只有6次，最后一次是1362—1363年对特达的第二次讨伐，而这些远征都发生在统治的前半期。在这一时期，菲鲁兹积极推行灌溉设施的建设，绝非无能或怠惰的统治者。远征次数少，则是为了尽可能减少军事开支，而且他也不愿意让穆斯林流血。或者更准确地说，他本来就讨厌战争。

印度的"灌溉之父"

菲鲁兹认为农业生产力的提高和商业贸易的发展是民生安定的关键，于是在经常发生饥荒的东旁遮普和德里地区修建了5条灌溉用运河，开垦了大量耕地。其中拉吉瓦（Rajwaha）运河和乌鲁格·哈尼（Ulugh-khani）运河尤其重要，菲鲁兹在1354年所建的希萨尔·菲鲁扎城（Hisar-Firuza）南接亚穆纳河（Yamuna），北部则与萨特莱杰河（Satluj）相连，将东旁遮普到德里的广大区域变成了耕地。莫卧儿皇帝世代将这片区域当作重要的王室领地，可见其重要性。

此外，菲鲁兹还建造了50座灌溉用的水坝、30座蓄水池，开凿了150口供灌溉和行人使用的水井。并且，仅在河间地带就有52个拓荒点得到开发。菲鲁兹拥有大量果园，德里附近就达到1200座，将水果送到市场出售则可以为国库带来大量收入。

菲鲁兹在作为"灌溉苏丹"的同时，也是印度历史上不多见的公共设施建设者。他建造了大量的城市、村庄、宫殿（离宫）、清真寺、陵墓、学校（madrasah）、医院、旅馆、公共水井、公共浴场、桥梁，等等，还推行了大量的修缮工程。灌溉耕地的扩大与农业的发展，税收的减轻与物品税的废除，大型基础设施建设所带来的大量雇佣工以及工匠和工种的多样化，还有收入的增加，促成了民众购买力的上升，都为这个王朝带来了经济上的繁荣。

课税的减轻与吉兹亚的重新征收

菲鲁兹认为穆罕默德·本·图格鲁克统治崩溃的根本原因是他疏远了乌理玛，不在他们的劝诫下推行统治，无视伊斯兰教法收取重税，又施行残酷的刑罚。另外，菲鲁兹任命的土地税核定官和卓·希沙姆丁·朱奈德（Khwaja Hisamuddin Junaid）通过实地走访，对全国土地税进行调查后，在报告时向菲鲁兹建议降低国家征税的份额，这也让菲鲁兹确信自己的判断是对的。

他规定，对印度教徒等非伊斯兰教农民所征收的土地税

（kharaj）为产出的五分之一到二分之一，对穆斯林农民所征收的土地税（ushr）则为产出的十分之一。至于国有灌溉设施灌溉的土地，因为伊斯兰教法没有做出规定，经乌理玛认可后，他将其产出的十分之一作为灌溉税来征收。物品税则因为在伊斯兰教法中没有规定而被废除，再加上前述的房屋税、放牧税以及各种杂税的废除，这一切极大减轻了农民的负担。但是，他向非穆斯林征收吉兹亚，一直以来可以免税的婆罗门现在也不再能例外，这使包括婆罗门在内的印度教徒产生了深深的怨恨。

对印度教徒的迫害

他最受非难的行为，是在1380年，因为震怒于卡蒂哈尔的印度教豪族卡尔库（Kharku）杀害布道恩总督赛义德兄弟，于是屠杀了该地居民以及卡尔库逃亡路线上所有村庄的居民，五年后又以搜查为由下令对该地居民进行屠杀和掠夺。此外，他在远征孟加拉后的归途中亵渎普里（Puri）的扎格纳特寺（Jagannath）和纳加阔特（Nagarkot）的贾瓦拉穆基（Jwalamukhi）神庙，还破坏神像，将劝诱穆斯林女性改信印度教的婆罗门处以火刑。

卡蒂哈尔的屠杀发生在菲鲁兹70岁之后，此时他的长子、次子都已相继离世，屠杀很可能是这位老人对政治丧失兴趣后感情迸发的结果。其迫害范围并不仅限于印度教徒，也包括逊尼派之外的什叶派以及其他派别伊斯兰教徒，不难发现其身后存在来自乌理玛方面的影响力。与此同时，由拉吉普特母亲所生而产生的自卑感，应该也是促使他迫害印度教徒的原因之一。对于在乌理玛面前感到自己出身不利的菲鲁兹来说,迫害印度教徒正是证明自己伊斯兰信仰的机会。

晚年的菲鲁兹

菲鲁兹在1370年失去了从即位开始就一直担任宰相的股肱之臣马克布勒,又在1374年相继失去了本来最为期待的长子法塔赫·汗(Fatah Khan)以及次子扎法尔·汗(Zafar Khan)。苏丹沉浸在悲痛之中无法自拔,丧失了对朝政的兴趣,官僚体系随即迅速失去了向心力,长时间太平造成的纪律松弛与责任心缺乏导致官员的不正之风和贪腐愈演愈烈。他所拥有的奴隶多达16万,其中大部分人都在干涉中央和地方的统治,介入乌理玛以及国家行政,妨碍其正常运作。其中,高官的腐败尤为严重,军事大臣伊马德穆尔克·巴希尔(Imad al-Mulk Bashir)一手把持了菲鲁兹治下人事任命和封地授予事务的推荐与介绍,据说他靠收取贿赂积累的财富相当于国家两年的收入。

菲鲁兹之前,向贵族、高官乃至士兵授予封地的做法已遭到禁止或限制,菲鲁兹则重新推行这一政策,于是这些人对封地和官职的占有变得长期化、世袭化。这不仅使省总督得以自立,瓦解了图格鲁克王朝统治的根基,也是促成德里苏丹国分崩离析的元凶。此外,军人的世袭化,再加上负责点检兵马的官员的腐化,也决定性地削弱了图格鲁克王朝的军事力量。一般认为,他还在统治后期重新实施了包税制,让地方总督承包自己的管辖地,使用国家权力进行征税,这又给农民带来了破坏性的影响。

"印度—穆斯林帝国"的挫折与希望

穆罕默德·本·图格鲁克吞并了德干的两个王国，重新收紧了卡尔吉"帝国"松弛的缰绳，最终却无力构建一个"印度—穆斯林帝国"。穆罕默德的"帝国"由赤裸裸的暴力实现统一并由穆斯林进行统治，因此并不是一个整合了不同民族与宗教集团，能为他们提供和保障共存空间的体系。

不过，印度—穆斯林已经成为颇有实力、不容忽视的统治阶级，这是卡尔吉王朝以来推行德里苏丹国"印度化"的自然结果。在图格鲁克王朝的苏丹们进一步推动下，这一进程俨然已不容逆转。虽然菲鲁兹统治时期出现了些许"倒退"现象，但并不构成足以阻止这一进程的力量。

身体中流淌着浓厚印度血液的苏丹相继出现，忤逆苏丹后向印度教国王们寻求庇护的穆斯林贵族、高官以及在穆斯林宫廷担任高官和封疆大吏的印度（拉吉普特）豪族也不断涌现，类似现象都是这一进程的一部分。此外，图格鲁克王朝灭亡前后还涌现出林林总总的穆斯林地方王朝和拉吉普特王朝，在这类地方统治的发展过程中这一进程将体现得更为明确，并成为一股洪流注入莫卧儿王朝。

帖木儿入侵

菲鲁兹死后，图格鲁克王朝进入统治末期（1388—1412），其子纳西尔丁·穆罕默德及孙子五人，在贵族、奴隶们的支持下，相继成为苏丹。图格鲁克王朝最后的苏丹纳西尔丁·马哈茂德与僭称苏丹的堂兄努斯拉特·沙（Nusrat Shah）

发生争执，他们不顾统治责任的权力斗争削弱了中央的控制力，导致地方总督独立、相互争斗，也导致了河间地带拉吉普特人的叛乱。

1398年，为了得到传说中的"印度财富"，帖木儿以印度穆斯林王权姑息异教徒的偶像崇拜应严加惩治为由，从撒马尔罕出征。他于当年12月17日在德里郊外与苏丹马哈茂德的军队作战，一举击溃了贪图安逸的德里军队，并于次日占领德里。开战之前，宿营地中的十万印度教俘虏已被绑上手脚遭到屠杀，德里也在帖木儿的破坏与掠夺下沦为屠宰场。

次年1月1日，帖木儿带着丰厚的战利品和大量俘虏离开德里，返回撒马尔罕。俘虏之中，有大量精挑细选出来的工匠、手艺人，他们被派到撒马尔罕著名的"星期五清真寺"的施工营地。帖木儿军队在返回时和进军时一样，尽情掠夺和破坏，以致德里堆积成山的尸体污染空气，暴发了瘟疫。德里及其周边粮食短缺进而带来饥荒，当地人口因此剧减。

图格鲁克王朝的灭亡

苏丹马哈茂德既没有在旁遮普迎击帖木儿军队的勇气，也没有保卫国家的气概，在德里郊外受到挫败后他就逃向古吉拉特总督处，随后又投奔马尔瓦总督。可以说，其祖父菲鲁兹实行的军人世袭化制度彻底削弱了德里的军事力量，为此欠下的债则由他来承担。

在所向披靡的帖木儿军队阵前还敢迎面而上的，是想要保卫家乡的各地拉吉普特豪族。当然，他们最终都被击溃，但无论是在帖木儿方的进军途中还是班师途中，他们都不惧牺牲，不断来袭。过去的德里苏丹们击退了蒙古军队，保卫了印度，但这位图格鲁克王朝的苏丹已经失去"德里苏丹"的资格，下一朝代赛义德王朝的希兹里·汗（Khizr Khan）也沦为帖木儿的代理人。实际上，"德里苏丹国"此时已名存实亡。

帖木儿离去三个月后，藏身河间地带的努斯拉特·沙在德里现身。但在1401年，马哈茂德的宰相马鲁·汗·洛迪（Mallu Khan Lodi）放逐了他，并请回了马哈茂德。1412年马哈茂德去世，图格鲁克王朝灭亡，德里贵族们选出军事大臣道拉特·汗·洛迪（Daulat Khan Lodi）担任苏丹。1414年初，德里被旁遮普的希兹里·汗包围，道拉特·汗投降，赛义德王朝建立。

苏丹争立：从赛义德王朝到洛迪王朝

帖木儿的代理人希兹里·汗

希兹里·汗很清楚自己的权威来自帖木儿的支持，因此他并不自称苏丹，而是满足于"安拉旗帜"（Rayat-i-Ala）的称号。他在位的最初三年，让众人在宣讲呼图白（khutbah，礼拜时的宣讲）时只需提及统治者沙哈鲁（Shah Rukh，帖木儿的第四子）的名字，货币则沿用尚在流通的图格鲁克王朝货币。他既没有过去"德里苏丹国"的威信，也缺乏实力，虽然以先知穆罕默德子孙自居而号称"赛义德"①，但这并不可信。

但是，希兹里·汗的统治公正、贤明，他向德里人民和宗教相关人士给予援助和施舍，为德里的复兴而做出了努力。尽管他只能控制以德里为半径320千米的地区，但"控制了德里的人，就支配了（北）印度"的帝国理念仍然残存，江布尔（Jaunpur）的沙尔吉（Sharqi）王朝从东边，古吉拉特王朝从西边，还有马尔瓦尔王国从南边也在常年窥伺德里，不能掉以轻心。对于不断发动叛乱的小豪族们，如果不使用武力威胁就无法使他们纳贡；实施高压的话，又会导致盟友叛离。对这一状况无可奈何的希兹里·汗为此殚精竭虑，在1422年逝去。

第一个阿富汗人王朝：洛迪王朝的建立

希兹里·汗之子穆巴拉克·沙（Mubarak Shah）自继承父业起就以苏丹自居，并命令在宣讲呼图白时要提到自己的名字。货币方面则仿效父亲，在其统治的前八年使用图格鲁克王朝的货币，此后则开始发行刻有自己名字的货币。他致力于阻止喀布尔的帖木儿王朝副总督入侵印度，力图保全从父亲那里继承来的领土。但是，他在内政上无法压制派系斗争，结果在1434年被与印度教贵族联手的印度—穆斯林宰相萨尔瓦穆尔克（Sarvar-ul-Mulk）暗杀。

---

① 赛义德（Sayyid）是伊斯兰教尊称，为阿拉伯语，原意为"君主"或"主人"，指先知穆罕默德外孙哈桑·本·阿里（Hasan ibn Ali）和侯赛因·本·阿里（Husayn ibn Ali）的后裔，有时也特指侯赛因·本·阿里（Husayn ibn Ali）的后裔。他们都是先知穆罕默德的女儿法蒂玛（Fatimah）与女婿阿里（Ali）的儿子。

赛义德王朝世系

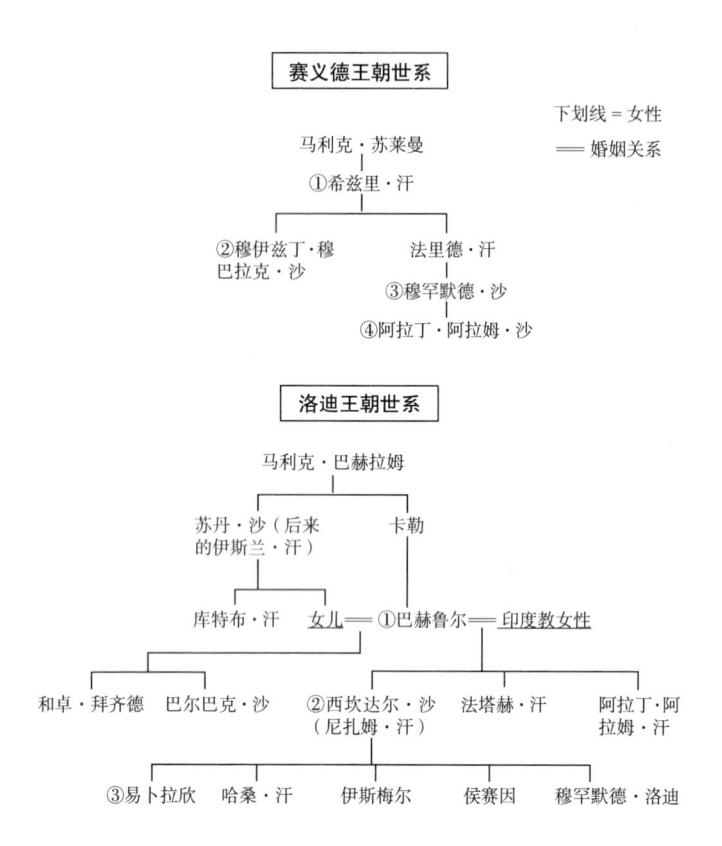

```
                马利克·苏莱曼
                    │
                ①希兹里·汗
                    │
        ┌───────────┴───────────┐
    ②穆伊兹丁·穆           法里德·汗
    巴拉克·沙                  │
                        ③穆罕默德·沙
                              │
                        ④阿拉丁·阿拉姆·沙
```

下划线 = 女性
══ 婚姻关系

洛迪王朝世系

```
                    马利克·巴赫拉姆
                          │
          ┌───────────────┴──────────────┐
      苏丹·沙（后来                    卡勒
      的伊斯兰·汗）                      │
          │                              │
   ┌──────┼──────┐              ┌────────┼────────┐
  库特布·汗  女儿══①巴赫鲁尔══印度教女性
          │                              │
  ┌───────┼───────┐         ┌────────────┼────────────┐
 和卓·拜齐德 巴尔巴克·沙  ②西坎达尔·沙  法塔赫·汗  阿拉丁·阿
                          （尼扎姆·汗）              拉姆·汗
                                │
              ┌─────────┬───────┼────────┬─────────┐
          ③易卜拉欣  哈桑·汗  伊斯梅尔  侯赛因   穆罕默德·洛迪
```

即位苏丹的穆巴拉克之侄穆罕默德·沙（Muhammad Shah）虽然除掉了萨尔瓦穆尔克，断绝了宰相觊觎苏丹之位的野心，但他在解除宰相的危机后，随即沉迷于放纵。下一任苏丹阿拉丁·阿拉姆·沙（Alauddin Alam Shah）则在与宰相哈米德·汗（Hamid Khan）的权力斗争中失败，退隐布道恩。从上一任苏丹的时代就开始参与德里政争的旁遮普总督巴赫鲁尔·洛迪（Bahlul Lodi）则将宰相投入监狱并杀害，在1451年即位为洛迪王朝的第一任苏丹。

阿富汗贵族的部族平等

苏丹巴赫鲁尔很重视阿富汗贵族传统上具有的平等、独立观念，常常对他们礼敬有加，因而成功地笼络了阿富汗贵族，同时这种态度也将拉吉普特的豪族吸引到他身边来。他在 1479 年击败了第二次入侵德里的沙尔吉王朝苏丹侯赛因，将他赶到孟加拉，吞并了他的领土。

下一任苏丹西坎达尔（Sikandar）和所有拥有印度教母亲的苏丹一样，是一名虔诚的穆斯林，他持续迫害印度教徒、破坏他们的寺庙和神像。不过，这与其说是为了证明他的伊斯兰信仰，不如说是因为那个时代的穆斯林中出现了偶像崇拜的倾向和习惯，同时还存在伊斯兰文化与印度教文化融合或折中的倾向，据说西坎达尔的做法正是出于对此予以阻止和警告的考虑。

他同样关注物价的变动，致力于安定民生，比如应对 1495 年的饥荒。虽然洛迪王朝的苏丹权力有所强化，威信见涨，不过，与拉吉普特人交恶，授予神职人员乃至贵族、高官赠地或封地，最终导致了洛迪王朝的崩溃。另外，西坎达尔还以阿格拉（Agra）系政治、军事要地为由，将首都从德里迁都于此。

西坎达尔死后，阿富汗贵族们推举其长子易卜拉欣（Ibrahim）为德里苏丹，后者以弟弟的叛乱为契机，不断加强苏丹的专制权力，只要对贵族们的言行举止感到丝毫不信任，就会全然不顾真相地施加镇压。因此，贵族们有了叛离之心，再加上担惊受怕，于是接连不断发动叛乱。

易卜拉欣的叔父和洛迪贵族来到喀布尔拜访日后的莫卧儿皇帝巴布尔（Babur），寻求协助以推翻易卜拉欣。不过，巴布尔也在一直关注印度局势，于1526年自行入侵印度，在帕尼帕特（Panipat）战役中击败易卜拉欣，洛迪王朝由此瓦解。

穆斯林地方王朝的发展：架设通往莫卧儿帝国的桥梁

15世纪初，在图格鲁克王朝的废墟上，各省总督自称苏丹而独立，于是出现了大量地方王朝以及拉吉普特的小王朝。其中各个穆斯林地方王朝不仅为伊斯兰教渗透各地做出了贡献，还与拉吉普特豪族或小王朝结盟，乃至援引印度教徒充任朝中贵族，为后来的莫卧儿皇帝阿克巴（Akbar）实行穆斯林与非穆斯林共存的政策打下了基础，发挥了重要的历史作用。

位于贝拿勒斯（Benares）西北部的江布尔王国（沙尔吉王朝），是图格鲁克王朝的苏丹纳西尔丁·穆罕默德的宰相马利克·萨瓦尔（Malik Sarwar）建立的王朝，他在获赐"东方统治者"（Malik-us-Sharq）的称号并前往镇压东部诸省叛乱后，随即在江布尔宣布独立。其人出身奴隶，是苏丹菲鲁兹的宦官，据说他和他的两位养子，即第二、第三任苏丹都拥有非洲黑人血统。该王国在苏丹易卜拉欣（1402—1440年在位）统治时日趋强盛，与比哈尔地区的拉吉普特豪族结盟进攻了孟加拉的苏丹；还入侵德里，让赛义德王朝的苏丹穆罕默德·沙将公主嫁与自己的儿子，以加强他的威信和地位。在与洛迪王朝的战争中，易卜拉欣常常依赖拉吉普特贵族的协助，但他在1479年败给了洛迪王朝的苏丹巴赫鲁尔，王国自此灭亡。

14世纪末就任马尔瓦省总督的迪拉瓦尔·汗·古尔（Dilawar Khan Ghori）则在达尔［Dhar，后又迁至曼杜（Mandu）］建立了马尔瓦的古尔王朝。其嗣子胡桑·沙（Hoshang Shah，1406—1435年在位）采取宗教宽容政策，拉拢拉吉普特豪族，但在与古吉拉特、德里、江布尔以及巴赫曼尼王国等周边诸国的战争中消耗了国力。到1436年，无能的新苏丹塔吉丁·穆罕默德被贵族马哈茂德·卡尔吉废黜，后者建立了马尔瓦的卡尔吉王朝。到马哈茂德的孙子，即第四任苏丹马哈茂德二世在位时，宫廷中拉吉普特贵族与穆斯林贵族加剧了对主导权的争夺，给了邻国可乘之机，王国于是在1531年为古吉拉特王朝所灭。

1407年，古吉拉特省总督扎法尔·汗（Zafar Khan）自称苏丹穆扎法尔·沙（Sultan Muzaffar Shah）而独立，建立了古吉拉特王朝。他的父亲是从印度教改信伊斯兰教的人。该王朝最强大的统治者是马哈茂德·沙（1458—1511年在位），其在位期间发生的最重大事件则是瓦斯科·达·伽马（Vasco da Gama）在1498年抵达卡利卡特（Calicut）。此后，由于葡萄牙人出现在坎贝（Cambay）等西海岸贸易港口，对港口贸易和安全造成了威胁，因此1508年其属下朱纳格特（Junagadh）总督和埃及—马穆鲁克王朝的联合舰队偷袭并击败了焦尔（Chaul）港（孟买附近）海面上的葡萄牙舰队，但在第二年第乌（Diu）海战中遭到了毁灭性的打击。1510年，葡萄牙从巴赫曼尼王国的后继国家阿迪勒·沙希（Adil Shahi）王朝［即比贾普尔（Bijapur）王国］手中夺取了果阿（Goa），1535年又在第乌建造城堡，开始成为支配西印度、南印度以及印度洋的强大势力。

克什米尔虽然从未受到德里苏丹国的统治，但由于采用突厥雇佣兵，也有来自旁遮普的穆斯林移民，当地受到了伊斯兰教的影响。1339年篡夺王位并建立了沙米尔（Shah Mir）王朝的苏丹沙姆斯丁（Sultan Shams-ud-Din），就是从移民起家而成为宫廷贵族的。马尔瓦南部达布蒂（Tapti）河谷的坎德什（Khandesh）地区，则有菲鲁兹·图格鲁克的总督马利克·拉贾（Malik Raja）独立后所建立的坎德什王国［法鲁基（Faruqi）王朝］。孟加拉地区则有很早就从德里政权中独立出来，维持苏丹统治体制的伊利亚斯·沙希（Ilyas Shahi）王朝和侯赛因·沙希（Hussain Shahi）王朝，它们与法鲁基王朝和奥里萨地区的嘎贾帕提（Gajapati）王朝一直争战不断。此外，拉贾斯坦的拉吉普特诸王国也获得独立，其中有马尔瓦尔（Marwar）王国和梅瓦尔（Mewar）王国，特别是后者，渐渐发展成为威胁德里的强大王朝。

德里诸王朝时期的文化与社会

苏丹们与宏伟建筑

从被称为印度首创穆斯林建筑之人的艾巴克开始，包括伊勒杜迷失和巴勒班在内的早期穆斯林统治者们都留下了著名的建筑物。今天名为库特布（Qutub）清真寺的奎瓦吐勒·伊斯兰（Quwwat-ul-Islam）清真寺（即"伊斯兰之力的清真寺"），就是为纪念艾巴克占领德里而在1195年建造的。此后伊勒杜迷失对其加以扩建，阿拉丁·卡尔吉更是将其规模扩至原来的11倍，但据说营造所用石材是破坏了27座印度教神庙后得到的。

寺内一角耸立着一座名为库特布塔（Qutub Minar）的著名高塔，由艾克巴奠基，伊勒杜迷失建成。菲鲁兹·沙·图格鲁克在位时该塔曾受到雷击，1503年西坎达尔对其予以修复。此外，该塔附近还残存着阿拉丁计划建造但没能完成的阿莱塔（Alai Minar）的巨大地基。

位于拉贾斯坦中心区的阿杰梅尔是四面被丘陵包围的险要之地，艾巴克将其占领后用所毁梵文学院和神庙的石材建造了名为两日半寺（Adhai Din Ka Jhonpra）的大清真寺。艾巴克建造这座清真寺的目的可能在于设置一个控制当地拉吉普特人的据点。

破坏偶像崇拜的印度教神庙，建造清真寺等大型伊斯兰建筑，与其说是出于对伊斯兰教的狂热信仰，不如说是为了尽早并且合算地建好集体礼拜的场所而使用就近的"石材"。当然，相较之下，最为重要的是向异教徒展示穆斯林征服者的胜利和力量这一政治目的。另外，荒松雄认为，洛迪王朝的墓葬建筑在式样和数量上显著增多，这是由于阿富汗人与突厥诸王朝相比，存在不同的权力结构和部族意识；至于图格鲁克王朝后期，特别是菲鲁兹·沙在位时期墓葬建筑增多，则是出于他

"宣扬伊斯兰教的特别政策"。

拒绝"偶像"的穆斯林，主要建造的是清真寺、宫廷建筑和陵墓建筑，但到了图格鲁克王朝时期，特别是"灌溉苏丹"菲鲁兹·沙在位时，出于对民众生活的关注，他推动了大规模公共基础设施的建设，形成了如前所述的德里苏丹国"印度化"大洪流。但是，要等到后来的莫卧儿王朝时期，这一趋势才扩及绘画等艺术领域。

印度—伊斯兰文化的繁荣

"奴隶王朝"的统治者们在建造清真寺、陵墓等建筑时，不得不完全依赖印度的工匠和雕刻家。但到卡尔吉王朝时，印度—穆斯林工匠已经成长起来，据说阿拉丁·卡尔吉拥有包括外来者在内人数达七万之多的建筑工匠和石匠队伍。掌握伊斯兰技术的印度工匠和印度—穆斯林工匠不断增加，清真寺和宫廷建筑的构造、样式以及装饰图案中的印度元素和伊斯兰元素也逐渐开始交织、融合。

此外，蒙古军队征服中亚、攻克巴格达（1258年），导致这些地区出现了大量难民，而巴勒班保护了前来避难的学者和文人，使他的宫廷俨然呈现出伊斯兰文化与学术中心的气象。印度最伟大的波斯语诗人阿米尔·库斯洛，其父亲就是突厥难民，而阿米尔自己最初也是巴勒班的太子穆罕默德汗的宫廷诗人，此后得到从巴勒班到吉亚斯丁·图格鲁克三个王朝的苏丹的赏识。他还是最早使用欣达维语（Hindawi，早期乌尔都语）写诗的穆斯林诗人，这种乌尔都语是在信德西部方言的基础上吸收波斯语和阿拉伯语词汇而发展起来的。

阿米尔·库斯洛还融合了当时的印度音乐和西亚音乐，创造出了新的音乐形式。据说他改良了西亚乐器，发明了西塔琴（Sitar）。苏菲派的圣人，特别是契斯提（Chishti）教派的圣人，认为"正如药可医治身体的病痛，音乐就是医治内心痛苦的药"［谢赫·纳西尔丁（Sheikh Nasirdin）］，因而在实践中积极利用音乐。后来，库斯洛成为纳西尔丁的师傅谢赫·尼扎姆丁·奥利亚（Sheikh Nizamuddin Auliya）的爱徒，但后者在图格鲁克王朝时期受到吉亚斯丁的迫害，菲鲁兹也将音乐逐出宫廷。不过，到了赛义德王朝，尤其是洛迪王朝时期，音乐和学术、文学一样获得了慷慨的保护。

还需要强调的是，由于帖木儿的入侵使得德里一片破败，德里宫廷中的许多文人、贵族逃到各地的穆斯林地方王朝，促成了文化、学术的地方化；与此同时，各王朝也在利用印度教徒施行统治。就此而言，穆斯林地方王朝对印度—伊斯兰文化的繁荣做出了巨大贡献。

巴克提运动的思想与发展

印度教的巴克提思想宣扬通过对神强烈的爱和皈依来获得解脱（救赎）之道，其起源可见于《奥义书》和《薄伽梵歌》，但将其发扬光大的则是南印度毗湿奴派的思想家们。就基本特征而言，这是一种简单而纯粹的信仰，强调将毗湿奴化身的罗摩（Rama）或奎师那（Krishna）当作唯一（或最高）人格神来崇拜。因此这一信仰抨击烦琐的礼仪和苦行、绝食等信仰手段，秉持向所有人开放的平等主义精神。

巴克提运动最早的领袖是12世纪初活跃在南印度的罗摩奴阇（Ramanuja）。同属该派的罗摩难陀（Ramananda）则活跃于15世纪上半叶的北印度，是最伟大的巴克提思想家。他沟通了南北印度的巴克提运动，被认为是开启"中世纪印度宗教文艺复兴"之人。他的弟子中有来自各个种姓的人，其中最著名的弟子之一是出身鞋匠（旧称"不可接触者"）的拉维达斯（Ravidas），后者认为真正的皈依者能在心中见到神明。

他的另一位著名弟子是婆罗门寡妇之子，由穆斯林织工抚养长大的迦比尔（Kabir，1440—1518？）。迦比尔抨击偶像崇拜与种姓制度，是极为激进的社会改革家。迦比尔认为"自己既不是印度教徒也不是穆斯林。神是唯一的，罗摩和安拉并无二致"，宣扬神的同一性，认为印度教的仪式、朝圣、绝食和神像崇拜以及穆斯林的朝圣、绝食、祈祷等宗教传统是形式的、表面的，应当废除。

与迦比尔同时期的柴坦尼亚（Caitanya，1486—1533），则立足于孟加拉的毗湿奴派传统，对其加以全面革新并推广奎师那信仰，其影响甚至远达比哈尔。巴克提信仰和运动，虽然并非伊斯兰教影响下的产物，但其发展过程中受到了苏菲主义（神秘主义）的强烈刺激。另外，巴克提的领袖们为了让民众易于理解，使用了各地方言来传播其思想，对印度各地语言、文学的发展做出了贡献。

在受迦比尔影响的人中，出现了像锡克教的创始人那纳克（Nanak，1469—1539）这样的人，他们进一步推动巴克提信仰与运动,其结果不是对印度教和伊斯兰教的折中,而是对它们的整合与超越,最终创造出了新的神学观念。据说那纳克是用"印度教徒中没有,穆斯林中也没有"的话开始传教的。锡克教从此诞生。锡克教经典《阿底·格兰特》(*Adi Granth*)的开篇是这样记载的:

> 神是唯一的。神是最高的真理、创造者。神没有恐惧也没有憎恨。神无所不在,遍布全世界,超越生死。你们受神恩惠,当礼拜神。在时间诞生之前真理就已存在,时间开始流逝后,神成为真理。神如今更是真理的存在,真理将永远闪耀。

但另一方面,他们被各种既有宗教的信徒视作异端,备受排斥。而且,对于这种伴随着社会改革的宗教运动,婆罗门和乌理玛理所当然会察觉其危险性,对他们及其弟子的举动保持警戒,怀有敌意。他们还受到国家权力的压制。据说迦比尔就被洛迪王朝的苏丹西坎达尔(1489—1517年在位)逐出了贝拿勒斯。锡克教则因为后来的古鲁(Guru,教主)被贾汉吉尔(Jahangir)皇帝处决而转变为武装集团。他们只是部分实现了整合印度教和伊斯兰教的使命,反而由于成立了自己的教派,结果增加了新的教派。

另外,否定伊斯兰教的形式、律法主义,主张通过清贫的生活完成与神合一的苏菲派圣人,的确受到了压制什叶派、以逊尼派为正统的穆斯林王权的各种干扰和迫害,但根据荒松雄对陵墓的研究，他们意外地与政治权力关系颇为密切，其活动经常得到经济上的支持和政治上的保护。总之，苏菲主义在巴克提思想中发现了共鸣，这些圣人的活动直接或间接地对印度教徒改信伊斯兰教起到了重要作用。讽刺的地方就在于，巴克提思想和运动的发展，促成了人们对伊斯兰教的皈依。

伊斯兰教的渗透与种姓制度

伊斯兰教在印度传播、渗透的契机，一是与印度、东南亚、中国进行贸易的伊斯兰教商人、船员等在印度西海岸和孟加拉湾北部的港口城市建造的小规模居住区的发展；二是穆斯林军事集团的反复入侵与征服以及由此确立的穆斯林王权统治及政策；三是在此历史背景下伊斯兰教神职人员，特别是苏菲派圣人的活动。

其中，伊斯兰教对印度西北部的渗透是以穆斯林军事集团的入侵以及加兹尼、古尔等王朝的统治为背景的；或以此为契机，通过伊斯兰教商人、工匠、神职人员和士兵的迁徙与定居形成穆斯林居留地并发展壮大而实现的。另外，印度教王权采用穆斯林雇佣兵或官员之类的做法应当也有促进作用。"古尔的穆罕默德"入侵之前，加哈达瓦拉（Gahadavala）王朝的都城卡瑙季和贝拿勒斯等北印度的核心区域河间地带早在12世纪中叶就已出现穆斯林的居留地和居住区。

另外，印度教徒向伊斯兰教的皈依，无论是出于政治权力的强制（据说只有较少部分属于这种情况），还是出于自愿，都显示出伊斯兰教对印度社会的直接渗透。在穆斯林军事集团的入侵和征服过程中，既有针对抵制和反抗穆斯林王权的人所实施的惩罚性改宗，也有印度教徒成为奴隶后的改宗，出于与穆斯林统治集团有政治或经济利害关系的改宗，还有遭受种姓歧视的底层人民的改宗。

穆罕默德·哈比卜（Muhammad Habib）认为，13世纪在北印度确立的穆斯林王权的统治及其对城市的占领，使居住在城市城墙外的底层人民得以进入城墙内，数量较少的穆斯林军队得以从中补充兵力，由此打破了刹帝利阶级对军事力量的垄断，"信伊斯兰者皆同胞"的伊斯兰教平等思想使受到种姓歧视的底层人民中出现了大量改宗者，种姓制度由此遭到削弱。确实，穆斯林王权的确立使中亚、西亚的人员及文化制度交流变得频繁，新技术的传播和新职业的引入促进了人们对伊斯兰教的改宗，这些无疑对传统社会与经济造成了冲击。

但是，正如荒松雄和长岛弘所述，这类改宗只发生在与之有利害关系的工商业当中的一部分群体中，而穆斯林王权为了统治也会利用种姓制度，不仅加以保留，还会根据民族、出生地的不同而进行种姓式的划分。而且，虽然婆罗门们仅能在印度教地方小王朝维持权威，但这反而强化了他们的统治，巩固了种姓制度。另外，虽然巴克提运动对种姓制度有所"修正"（长岛弘），但正如那纳克的锡克教所示，教团在发展过程中也会蜕变，出现种姓式的结构。豪族或地主改宗，会带动其统治下的整个村庄或共同体改宗，此前的社会关系则会在改宗之后继续保存，即使宗教或派别有所改变，社会结构也会基本保持原样。

第二章　竭力实现统一的梦想与野心

"帖木儿-蒙古王朝"势力的消长

厌恶蒙古人和印度斯坦的莫卧儿王朝建立者

莫卧儿王朝的建立者巴布尔在《巴布尔回忆录》(*Baburnama*，以下简称《回忆录》)中提到：

> 印度斯坦（北印度平原）是一个缺乏魅力的地方。这里的人其貌不扬，他们之间没有相互拜访的社交活动。他们没有才能和包容力，也不懂礼仪。手工技艺和做工也不考虑式样、匀称性、制作方法和品质。市场里没有好的马和狗，没有葡萄、甜瓜等上乘水果，没有冰块或凉水，也没有好的面包和其他烹制食物，没有热水浴场和学校，也没有蜡烛、火炬和烛台。

他不喜欢他所征服的北印度，因此，依照其遗言，他的遗体在1544年左右被运回喀布尔。阿富汗高地长满他所喜爱的甜瓜，也有冰凉溪水潺潺流过，对他来说正是安息的好地方。不过，虽然印度斯坦可谓一无所有，但还是可以举出少许尚可称道的优点：国土广大，金银众多，雨季凉爽，各种行业的工匠数不胜数。

巴布尔是帖木儿的五世孙，1483年出生于中亚费尔干纳（Fergana）地区的安集延（Andizhan，今位于乌兹别克斯坦）。他的父亲是当地的统治者乌马尔·谢赫·米尔扎（Umar Sheikh Mirza），母亲是成吉思汗次子察合台的后裔羽奴思·汗（Yunus Khan）的女儿。因此，他从父亲那里继承了突厥人的血统，从母亲那里继承了蒙古人的血统。另外，虽然蒙古人（"莫卧儿"是"蒙古"的阿拉伯语讹音）为巴布尔的王朝效力，做出了巨大的贡献，但他仍然蔑视蒙古人，极不情愿被人叫作蒙古人。

莫卧儿帝国的第五任皇帝沙贾汗从1638年开工建造，耗时约十年，于1648年建成沙贾汉纳巴德（Shahjahanabad，意为沙贾汗的城市），即现在的旧德里。当地东倚亚穆纳河而设的王宫（因用红砂岩建成而以红堡之名为人所熟知）中，在觐见大厅（Diwan-i-khas）的方形横栏上，刻有如下波斯语诗句：

如果地上有天堂，那就是这里，这里，这里。

沙贾汉的母亲是第四任皇帝贾汉吉尔（Jahangir）的拉吉普特妃子，而贾汉吉尔也是阿克巴皇帝的拉吉普特妃子所生，沙贾汉身上印度人的血统就占了四分之三。巴布尔之后约一个世纪，沙贾汉在北印度一隅的阿格拉修建了泰姬陵，以安葬他的爱妃慕塔芝·玛哈（Mumtaz Mahal），还建造了如地上天国般的德里王宫。偏偏是在巴布尔所厌恶的印度斯坦，又偏偏是以莫卧儿（蒙古）为名的王朝得到了存续和发展，这可以说是历史的讽刺了。

巴布尔入侵前夜的印度局势

12 岁就失去父亲的巴布尔不断与伯父、堂兄们争夺领地，又与乌兹别克人［昔班尼（Shaybanid）王朝］围绕撒马尔罕的支配问题而角逐中亚霸权，结果落败，1504 年逃到阿富汗。占领阿富汗的喀布尔后，巴布尔并未借助哈里发权威而自号"苏丹"，他采用的是"帕迪沙"（Padshah，意为"皇帝""国王"），后来的莫卧儿皇帝都沿用这个称号，这显示出其志在建设世俗国家。1512 年，他得到萨法维（Safavid）王朝波斯军队的支援，准备夺回不花剌，但在吉日杜万（Gijduvon）之战中，主力波斯军队败给了昔班尼王朝的军队。1514 年，波斯国王伊斯玛仪（Shah Ismail，1501—1524 年在位）在查尔迪兰（Chaldiran，今位于亚美尼亚）的战斗中惨败于奥斯曼帝国萨利姆一世（Salim I）之手。巴布尔意识到再无可能以阿富汗为阵地来收复撒马尔罕后，转而考虑征服印度。

巴布尔在其《回忆录》中提到，16 世纪初印度的强大王朝有洛迪王朝、古吉拉特王朝、马尔瓦的卡尔吉王朝、德干的巴赫曼尼王国、孟加拉的侯赛因·沙王朝五个穆斯林王朝，还有拉贾斯坦的梅瓦尔王国和德干的毗奢耶那伽罗王国两个异教（即印度教）王朝。另外，1490年，比贾普尔王国（阿迪勒·沙希王朝）、贝拉尔（Berar）王国［伊玛德·沙希（Imad Shahi）王朝］和艾哈迈德讷格尔（Ahmednager）王国［尼扎姆·沙希（Nizam Shahi）王朝］从巴赫曼尼王国独立；1512年，戈尔康达（Golcanda）王国［库特布·沙希（Qutb Shahi）王朝］建立；1527年，巴赫曼尼王国末代苏丹从事实上已独立的比德尔（Bidar）王国［巴里德·沙希（Barid Shahi）王朝］出逃，巴赫曼尼王国名实俱亡。

消灭洛迪王朝

1525年11月巴布尔从喀布尔出发，开始第四次（根据他自己的说法则是第五次）远征印度。次年（1526年）4月，巴布尔发现帕尼帕特地势有利后，迅速占领该地并排兵布阵，防备洛迪王朝苏丹易卜拉欣麾下的阿富汗军队来袭。此时，其长子胡马雍（Humayun）率军自巴达赫尚（Badakhshan）赶来，加入巴布尔军，同时又有从洛迪王朝叛投而来的士兵，巴布尔的军力增至两万五千有余，其主力则是在中亚战事中历经磨炼的强大骑兵。

巴布尔在敌军阵前放置了七百余辆大车，每两辆车用生皮做的绳子相连，在它们之间预留了一些可以供百余名骑兵并排出击的间隔，大车背后则筑有配备炮兵和火枪队的垛墙作为防御。如此一来，他凭借将骑兵、火枪队和炮兵有机结合起来的战法，巧妙引诱苏丹的骑兵靠近，再用大炮打乱队列让战象狂奔，然后派己方的骑兵将其击溃。军力数倍于巴布尔的洛迪军队在战场上抛下了包括苏丹在内据说多达三万人的尸体后溃散，巴布尔随即占领了德里和阿格拉。

梅瓦尔国王桑格拉姆·辛格［Sangram Singh，通常称为拉纳·桑伽（Rana Sangram）］也参与了这场战斗。他素来有志于在北印度扩大自己的支配范围，似乎很认可从南北两侧夹击易卜拉欣的做法。但巴布尔在《回忆录》中批评桑伽违约，说由于桑伽没有参加帕尼帕特之战，他不得不独自作战。

为战斗而生的拉吉普特国王

拉纳·桑伽的梅瓦尔王族本属于印度古老的拉吉普特世系，据说其谱系可追溯到7世纪。围绕首都奇陶尔的巨大城堡而开展的多次攻防战与北印度的历史密不可分，从中也可看到拉吉普特人引以为傲的勇武传统是如何形成的。因此，奇陶尔城堡不仅是梅瓦尔王族的所有物，对自尊心很高的拉吉普特人来说，也是他们勇武的象征。

卡尔吉王朝的苏丹阿拉丁在1303年攻打奇陶尔，经七个月的抵抗后，包括妇女儿童在内的拉吉普特人全部殉难。另外，马利克·穆罕默德·贾亚西（Malik Muhammad Jayasi）创作的叙事诗《帕德玛瓦蒂》（Padmavat，1540年）将苏丹攻打奇陶尔的动机归为苏丹爱上了国王拉坦·辛格（Ratan Singh）的美丽王妃帕德米尼（Padmini）。虽然这不是历史事实，但其主题则采自颂扬拉吉普特英雄主义和女性贞洁的"帕德米尼传说"，在当地广为传颂。

拉纳·桑伽所统治的区域从拉贾斯坦南部延伸到东部，甚至南抵马尔瓦地区，他在与洛迪王朝、马尔瓦的王朝和古吉拉特王朝的苏丹们交战时经常取得胜利，甚至一度俘虏过马尔瓦的苏丹。桑伽可谓天生的拉吉普特人，仿佛就是为了其名字所意味着的"战斗"（Sangram）而生的国王。据说他在与弟弟的争斗中单目失明，在与洛迪王朝苏丹的战斗中失去了一只手，炮弹还让他的一只脚行动不便，全身上下的刀枪伤痕八十余处。

击败桑伽的"印度军"

拉纳·桑伽可能认为与巴布尔联手打倒洛迪王朝的苏丹易卜拉欣之后，巴布尔会夺得战利品就班师喀布尔，因此似乎并未认真对待与巴布尔的合作。不过，巴布尔的王国在北印度一隅成立一事到底意义重大，如果不把巴布尔逐出印度斯坦，桑伽就无法实现对北印度的统治。同样，对于巴布尔来说，为了巩固对占领地的统治并在印度斯坦扩大版图，就不可避免地要与在西面威胁其统治的梅瓦尔国王对决。

1527年，在与拉纳·桑伽这位异教徒的强大军队作战前，为了鼓动因炎热和思乡而厌战的官兵，巴布尔宣誓戒除自己最喜爱的酒，将金银杯子打碎分给穷人和圣人，还将酒缸敲碎，以示自己绝不反悔的决心，并以圣战（jihad）为名，向人们宣扬这次作战的大义名分。桑伽在巴耶纳（Bayana，阿格拉西南75千米）击败巴布尔的先遣部队，于是开始疏忽大意，巴布尔则趁机在坎瓦（Khanwa，阿格拉以西48千米）构筑阵地，采用了和击败易卜拉欣时同样的战法。

两军确切的兵力不得而知，巴布尔军此时大概有两万到两万五千的骑兵，与之相对，桑伽一方则是包括步兵在内人数多达十余万的大军。桑伽指挥的"印度军"是由各地拉吉普特王侯部队的联合军、梅瓦特〔Mewat，拉贾斯坦东北部的阿尔瓦尔（Alwat）附近〕的印度－穆斯林豪族哈桑·汗的部队，以及马哈茂德·汗·洛迪（苏丹易卜拉欣·洛迪之弟）所率阿富汗部队共同组成的混成部队。巴布尔卓越的指挥才能、火炮的强大威力以及优秀的骑兵不仅弥补了兵力的劣势，还压制了以只对直属主君效忠的拉吉普特人为核心的混成部队。

被箭射中，身负重伤的桑伽早早脱离了战线，哈桑·汗以及许多拉吉普特王侯则战死沙场。好不容易突围的马哈茂德·汗·洛迪逃向比哈尔地区，从此下定决心打倒巴布尔的王朝。次年即1528年初，拉纳·桑伽得知巴布尔包围了桑伽的盟友迈地尼·拉伊（Medini Rai）所守卫的金代里（Chanderi）城后前去救援，却在卡尔皮（Kalpi）附近被不愿意继续战斗的家臣暗杀，金代里城于是陷落。桑伽其实已不具备救援的力量，即使不被暗杀也将战死。或许，他就是想死在战场上。

坎瓦之战击碎了桑伽统治北印度的野心，不仅对梅瓦尔王国，也对北印度的拉吉普特势力构成沉重打击，使其再也无法恢复元气。这是拉吉普特王侯最后一次组织联合军队作战，后来的拉吉普特王侯不是与穆斯林军队单独作战，就是未经一战便向穆斯林军队投降。另外，45年后，巴布尔、桑伽各自的孙子——皇帝阿克巴与梅瓦尔王国普拉塔普（Pratap）国王之间展开了对决，但普拉塔普已无力召集拉吉普特王侯组织联合军队，正如下文所述，从安梅尔（斋浦尔）国王劝其向阿克巴皇帝投降的态度来看，莫卧儿帝国与梅瓦尔王国之间实力的差距已十分明显。

身兼文化人的帝王巴布尔

在巴布尔皇帝（1526—1530年在位）忙于与拉纳·桑伽作战、攻打金代里期间，阿富汗势力得以从洛迪王朝瓦解后的混乱中恢复元气，扩张到了河间地带，威胁着巴布尔的统治。1528年巴布尔将其击退，次年4月又向东部发起远征，在比哈尔地区击败了成为阿富汗势力领袖的马哈茂德·汗·洛迪，将其驱逐至孟加拉。此时马哈茂德麾下的舍尔·汗（Sher Khan，后来的苏尔王朝国王舍尔·沙）也放弃贝拿勒斯而出逃。追击阿富汗军的巴布尔皇帝在同年5月击败孟加拉军队，与孟加拉统治者苏丹努斯拉特·沙（Sultan Nusrat Shah）达成了和解，从此确立了其对印度斯坦的支配。

不过，无暇放纵与休息的战斗人生，以及北印度夏天的酷暑损害了他强健的身体，次年（1530年）12月26日，巴布尔皇帝在阿格拉结束了他波澜起伏的48年生涯。据说他的死是因为他为了挽救病重的儿子胡马雍而向真主祈祷愿意以己代之，也许是祈祷上达天听，胡马雍奇迹般地康复了，巴布尔皇帝则随后去世。

虽然他是逊尼派穆斯林，但绝非狂热的伊斯兰教信奉者。虽然在战场上有时也会像祖先帖木儿一样残酷无情，但在和平时，他则能以公正之心对待不同的民族和信奉不同宗教的人，是一位以宽容为宗旨的统治者。天生就是军人的巴布尔，靠着钢铁一般坚固的意志和决不屈服的勇气度过了跌宕起伏的一生，而在这背后支撑他的，则是他对人生令人惊叹的乐观主义以及对自然强烈的求知欲。正如其《回忆录》所示，虽然他对印度斯坦人民和社会的观察非常表面，但关于动植物的观察则特别敏锐，其中一例就是对大象的观察，对其栖息地、属性、形态、捕获方式、买卖、价格、用途等都有详细记载。他同时还是诗人，用察合台—突厥语创作的《巴布尔回忆录》就是突厥文学的杰作。

胡马雍皇帝：骨肉相争

巴布尔在去世前指定的继承人是四子之中 23 岁的长子胡马雍。但是，在巴布尔皇帝那游牧传统气息依然浓厚的"帖木儿—蒙古王朝"里，长子继承制还没有作为法律得到确立，除了巴布尔的子孙，包括拥有米尔扎（mirza，王子）称号的帖木儿后裔在内的广义王族都享有继承王位的权利。他们认为征服的土地是大家的共同财产，被分封到各地做统治者是理所当然的事。因此，胡马雍可以说是以"同辈中的第一人"身份而即位的，并不具有父亲巴布尔那样的超凡魅力，因而其地位是很不安稳的。

胡马雍皇帝（1530—1540 年、1555—1556 年在位）遵从

父亲重视兄弟情谊的遗言，将弟弟们等王族成员分封各地，或是让他们继续领有之前的封地。但是，其弟卡姆兰（Kamran）虽然得到了喀布尔、坎大哈（Kandahar）以及西旁遮普，却并不满足，在1532年趁胡马雍远征比哈尔时占领拉合尔，造成既成事实，随后他对木尔坦以及希萨尔·菲鲁扎的要求也得到了认可。卡姆兰一直采取着敌对态度，阿斯卡里（Askari）也难以信任，欣达勒（Hindal）则不偏向任何一方，以这三位弟弟及堂兄弟们为首的王族、贵族们对胡马雍采取阴谋，发起反叛，使财政基础虚弱的胡马雍在军事上也进一步处于弱势。

在此过程中，胡马雍皇帝尽可能排除贵族牵制、强化王权，结果遭到弟弟、贵族们的背叛，成为他在1539年焦萨（Chausa）之战以及次年比尔格拉姆（Bilgram）之战（或称恒河之战）败给舍尔·沙的直接原因。因为战败，胡马雍皇帝被赶下了印度斯坦的王位，经由信德逃向波斯，途中还历经艰难险阻，包括卡姆兰的阻挠、地方领主们的敌意，以及欣达勒和贵族们的背叛，等等。

在比尔格拉姆之战中，胡马雍的重臣白拉姆·汗（Bairam Khan）被捕。从舍尔·沙手中出逃后，他赶到了信德的胡马雍处，并为获得萨法维王朝国王沙·塔赫玛斯普（Shah Tahmasp）的援助而竭尽全力。白拉姆·汗是萨法维王朝建立者沙·伊斯玛仪的家臣，作为使者被派往巴布尔处，后来留在巴布尔身边成了他的家臣，下文会提到他还侍奉了阿克巴皇帝，成为莫卧儿帝国初创期的大功臣。胡马雍所求助的沙·塔赫玛斯普是伊斯玛仪的长子，同时白拉姆·汗在宫廷中应该也有不少旧识。沙·塔赫玛斯普本来犹豫不决，能让其决定伸出援手，自然与白拉姆·汗在宫廷中做的工作有关，而塔赫玛斯普的妹妹塞扎德·苏丹娜（Sehzade Sultana）的进言，以及胡马雍对一些屈辱性条件——接纳什叶派信仰、同意在帝国内推广该派——和种种侮辱的容忍，也发挥了很大作用。

1545年，胡马雍在波斯国王14000骑兵的支援下，从弟弟阿斯卡里手中夺回了坎大哈，并根据与沙·塔赫玛斯普的协定将坎大哈交给波斯，不过很快又夺回该城。因为波斯军队在获得坎大哈的目的达成后，就不再参加胡马雍的战斗，胡马雍不得不占据坎大哈，作为自己的作战基地。胡马雍从这个根据地开始，与统治着喀布尔的弟弟们展开争斗，最终在1551年年底收复喀布尔。欣达勒战死，阿斯卡里则被流放到麦加。胡马雍还在犹豫如何惩罚沦为阶下囚的卡姆兰，但最终顶不住贵族们的压力，在1553年将其刺瞎，流放到麦加，断绝了兄弟间争夺王位的祸根。

苏尔王朝的辉煌

舍尔·沙（1540—1545年在位）将胡马雍逐出印度，在德里建立了继洛迪王朝之后第二个阿富汗人的王朝（即苏尔王朝），其王宫现在以普拉那·奇拉（Purana Qila，意为古代城堡）之名为观光客所熟知。他的祖父易卜拉欣·苏尔因贩马不顺利，带着儿子哈桑从阿富汗迁到旁遮普，侍奉洛迪王朝的地方领主贾马尔·汗（Jamal Khan）。法里德（Farid，舍尔·沙幼时名字）似乎是在1472年（一说1486年）左右出生在这里。因为主人调动到江布尔，哈桑也跟着迁移，在比哈尔获授三处土地作为封地。法里德受命经营这片领地长达二十一年，而在哈桑死后，易卜拉欣·洛迪认可了他对土地的继承。

此后，因为兄弟们争夺封地，法里德转而为南比哈尔的统治者比哈尔·汗·鲁哈尼（Bihar Khan Rohani）效力，并从他那里获得舍尔·汗的称号。1528年主人去世后，他成了南比哈尔实际上的统治者。善于洞察时机的舍尔·汗渐渐将其版图拓至孟加拉，并与古吉拉特王朝苏丹巴哈杜尔·沙（Bahadur Shah）联手，打算将胡马雍逐出印度斯坦。一直警惕着舍尔·汗举动的胡马雍皇帝以孟加拉统治者努斯拉特·沙求援为契机发兵，但他在焦萨和比尔格拉姆的战役中落败。舍尔·汗因焦萨的胜利而开始使用舍尔·沙的称号，建立了苏尔王朝。

舍尔·沙在1545年攻打加林杰尔（Kalinjar）城时，因爆破城墙的火药发生事故而身亡，但他在在位短短五年的时间里建立了一个大王国。他所推行的行政机构整顿、军事制度、征税制度和通货制度的改革，以及道路、驿站制度和旅馆的整备等，虽然与苏丹阿拉丁·卡尔吉诸多改革的内容相比似乎并无新意，但考虑到阿克巴皇帝日后的各种改革都以此为蓝本，舍尔·沙推动这类改革的行动就显得意义重大了。尤其是土地税的核定、课赋及其征收办法、开垦方案等，可以看出他对耕作者的关切，这来源于他在比哈尔经营父亲领地时的经验。

舍尔·沙死后，其次子以伊斯兰·沙（Islam Shah）之名继位。他对阿富汗贵族施以彻底的镇压，推行恐怖统治。他在1554年11月去世后，贵族中郁积已久的不满和愤怒在继承人之争中找到了发泄口，苏尔王朝瞬间瓦解。关注着印度斯坦局势、等待入侵时机的胡马雍在同年年底从喀布尔出发，次年（1555年）2月，几乎兵不血刃地占领了拉合尔。紧接着，同年6月，他在锡尔欣德（Sirhind）与西坎达尔·沙·苏尔激战后将其击败，一举攻入阿格拉，并于7月23日重新夺回已失去十五年的皇帝宝座。

胡马雍的"运数"？

胡马雍返回阿格拉的第二年，因为从德里的图书馆楼梯上跌落而殒命，不过他的复国之梦总算得以实现，不知其人生该说是人如其名的"幸运"（胡马雍在波斯语中意为幸运），还是纵有喜悦也短暂、与名字相反的"不走运"。不过可以认为，他艰难困苦和波澜起伏的人生在很大程度上是他自己的性格造成的。

胡马雍是有魅力、有教养之人，但缺乏政治决断力和军事才能。他的确重新夺回了宝座，不过这不能让他免于统治不称职的指责。在这方面，人们常常提到的是下述轶事。1535年，古吉拉特苏丹巴哈杜尔·沙包围奇陶尔，在城池陷落只是时间问题之时，梅瓦尔国王出于拉吉普特男人的自尊，还在犹豫是否向胡马雍皇帝求援，其母后则代他发出了求救信。但据说胡马雍皇帝声称梅瓦尔王国是异教徒国家，不应向其提供援助，决定对梅瓦尔王国见死不救。

有人认为梅瓦尔王国其实并未请求支援，这一说法当是比较可信的，不过胡马雍在奇陶尔陷落之后的确与巴哈杜尔·沙展开过战斗。当时的古吉拉特王朝因贸易和产业的发展而颇为富庶，在财力支撑下，其军事力量得到强化，得以支配德干的坎德什王国，并在1529年迫使艾哈迈德讷格尔王国和贝拉尔王国的苏丹们承认其宗主权，在1531年灭亡马尔瓦的卡尔吉王朝，成为从南方威胁莫卧儿王朝的存在。此外，巴哈杜尔·沙还为莫卧儿王朝的宿敌，即洛迪王朝的阿拉丁·阿拉姆·汗（苏丹巴赫鲁尔之子）以及反抗莫卧儿皇帝的贵族们提供保护，将他们当作应对莫卧儿帝国的外交筹码。表面看来，两国还维持着友好关系。

但是，胡马雍因两度谋反而下狱的族弟穆罕默德·扎曼·米尔扎（Muhammad Zaman Mirza）在1534年越狱投靠巴哈杜尔·沙，两国关系由此开始变得紧张。在引渡族弟和将其逐出古吉拉特的要求遭到拒绝后，胡马雍于1535年对马尔瓦地区发起了进攻。部分由于巴哈杜尔·沙的大炮专家鲁米·汗（Rumi Khan）的突然叛变，他战胜了巴哈杜尔·沙，一路追击，侵入古吉拉特，并将其占领。胡马雍拒绝了谋臣们"停止继续追击巴哈杜尔·沙，尽量让他行臣下之礼"的建议，没有放缓对逃往第乌向葡萄牙人求援的巴哈杜尔·沙的追击。结果，胡马雍失去了古吉拉特地区。

在得知马尔瓦地区豪族叛乱后，胡马雍不再追击巴哈杜尔·沙，而是前往镇压叛乱，平定后停驻在该地区的首府曼杜，度过了怠惰安逸的数个月，而在返回阿格拉后，也继续过着同样的生活。在此期间，胡马雍的弟弟阿斯卡里受命统治古吉拉特，却没有征税，而是满足于用从巴哈杜尔·沙处夺得的庞大战利品来进行分配，还沉迷于堕落的生活，结果由于支持巴哈杜尔·沙的小豪族阶层广泛发起叛乱，巴哈杜尔·沙也重整旗鼓，导致阿斯卡里被逐出古吉拉特。此外，当胡马雍在曼杜和阿格拉虚度光阴时，舍尔·沙已在东部的孟加拉和比哈尔渐成气候。焦萨和随后的比尔格拉姆之战的落败，以及离开印度的流亡生活，部分也是胡马雍放任弟弟们擅自行动，不听谋臣进言的优柔寡断性格和怠惰生活方式的结果。虽然拒绝谋臣们的进言献策可以彰显皇帝的权威，但如上所述的性格和行动只会造成贵族们的反对和背叛。

"印度-蒙古王朝"

阿克巴皇帝，从暴风雨中出发

阿克巴受胡马雍皇帝之命攻打旁遮普的西坎达尔·沙·苏尔，1556年2月父皇突然死亡的消息刚传来，担任阿克巴辅臣的白拉姆·汗即刻选择迎立他为皇帝。阿克巴当时才13岁。他是在胡马雍逃亡波斯途中，于1542年在信德的欧迈尔果德（Umarkot）出生的。不过说是皇帝，他也不过是仅能统治旁遮普部分地区的名义上的统治者，阿格拉和德里在胡马雍皇帝死后就立即被苏尔王朝苏丹穆罕默德·阿迪勒·沙［穆巴里兹·汗（Mubariz Khan）］的印度教宰相希穆（Hemu）占领，喀布尔则处于其异母弟米尔扎·哈基姆（Mirza Hakim）的控制下，拥有事实上的独立地位。

德里陷落的消息传到身在贾朗达尔（Jalandhar）的阿克巴处时，其大部分亲信和贵族向他建议撤往喀布尔。他们认为少年国王阿克巴的指挥能力令人担忧，若与希穆的强大军队为敌，必然会战败。但是，阿克巴的辅臣白拉姆·汗主战，得到阿克巴的支持，贵族们只好姑且服从。前去夺回德里的阿克巴和莫卧儿军在锡尔欣德与被希穆逐出任职地而逃亡的总督们所率残余部队会合。这些总督是守卫德里、阿格拉和森珀尔（Sambhal）等重要城市的有力将领，其中最具实力和才能的是德里总督塔尔迪·伯克·汗（Tardi Beg Khan）。白拉姆·汗趁着阿克巴外出狩猎，向丢失德里的塔尔迪·伯克追责，将其处死。与希穆的决战在即，而这一做法则明确表示，即使是最有才能的将领也不能免除战败的责任，其目的在于鼓舞莫卧儿军的士气，严肃军纪。同时，对白拉姆·汗来说，也存在除掉逊尼派最强大对手的个人动机。阿克巴勉强接受了这一处置。

1556年11月，帕尼帕特再度成为战场。战况本对莫卧儿军不利，但希穆突然被流矢射中眼睛，陷入昏迷，从象背跌落后被捕。虽然阿克巴不愿杀害受伤者，但在白拉姆·汗的强烈要求下，最终下令将希穆处死。失去总指挥官的希穆军于是溃败四散。阿克巴皇帝随即夺回德里和阿格拉，并继续追击阿富汗军，驱逐了苏尔王朝的三位王位僭称者，永远地断绝了阿富汗王朝复兴的道路。

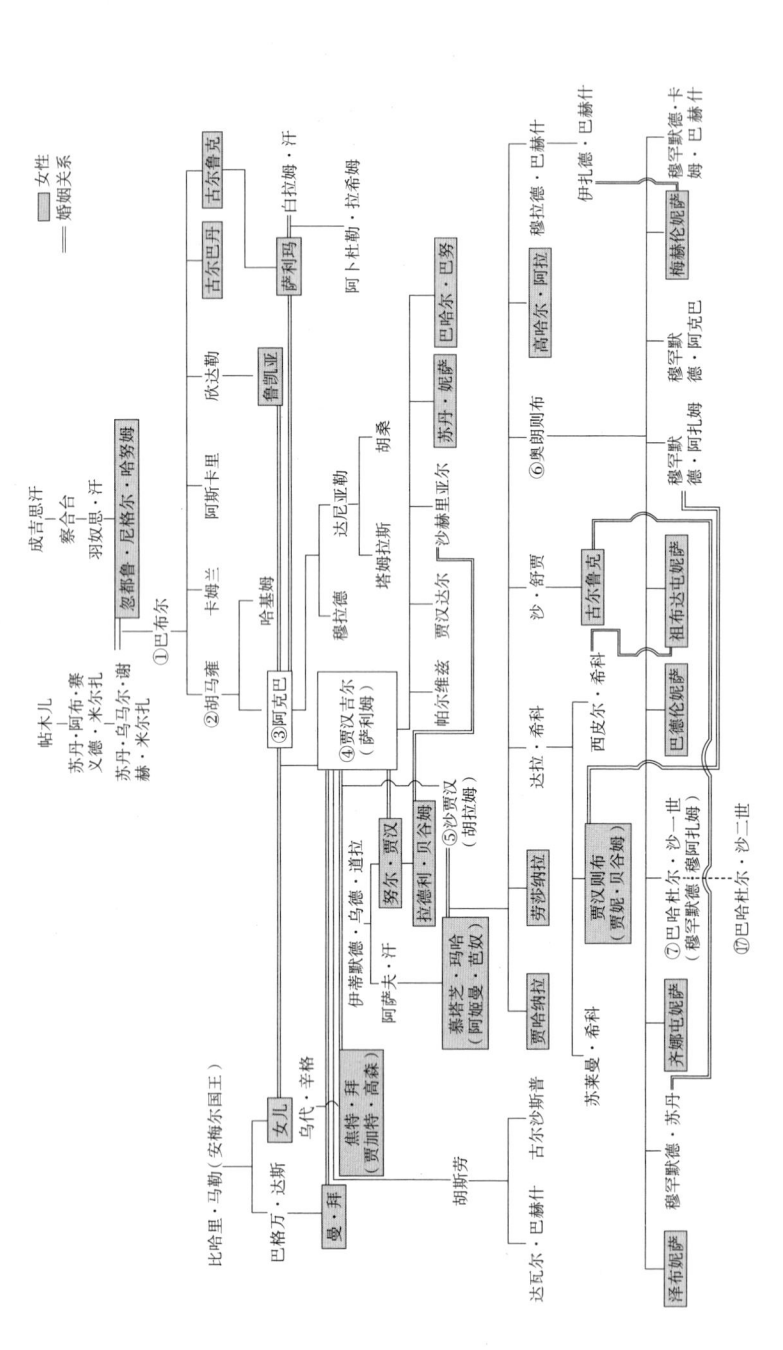

莫卧儿王朝世系

从领班贵族和后宫势力独立

白拉姆·汗侍奉过巴布尔皇帝，又促成胡马雍复辟成功，现在还是拯救阿克巴皇帝（1556—1605年在位）和莫卧儿王朝危机的功臣。他以宰相之尊，进一步巩固权势，并于1557年年底与阿克巴皇帝19岁的表姐萨利玛·贝谷姆（Salima Begum）结婚。当时他应该已有50多岁，少年阿克巴皇帝自然无法拒绝他的要求。1560年，阿克巴皇帝以厌恶白拉姆·汗的母后哈米达（Hamida）和乳母马哈姆·阿纳（Maham Anga）等后宫势力为后援，利用贵族们反感白拉姆·汗任用什叶派的情绪，成功发动了宫廷政变，将他解职，命令他去麦加朝圣。次年（1561年）初，他出发前去朝圣，但在古吉拉特的帕坦（Patan）遭到对他心怀怨恨的阿富汗人的袭击，死于非命。阿克巴皇帝将其遗孀萨利玛娶为妻子，让他的儿子阿卜杜勒·拉希姆（Abdul Rahim）侍奉自己，后者因为功绩突出，在1584年被授予"贵族中的贵族"（Khan-i-Khanan）的称号。

白拉姆·汗本来在阿克巴宫廷中发挥着"领班"贵族的作用，他的失势反而加强了敌对一方，即皇帝乳母马哈姆·阿纳一派对阿克巴的影响力。皇帝难以拒绝她的一些人事安排，如让后者性格恶劣的儿子阿德哈姆·汗（Adham Khan）和以残忍著称的皮尔·穆罕默德（Pir Muhammad）等人担任要职。直到得知他们对已降服的马尔瓦地区统治者巴兹·巴哈杜尔（Baz Bahadur）家族和当地人民的残暴行为后，皇帝才不得不以过分残酷为由，解除了阿德哈姆·汗马尔瓦总督的职务，将其召回中央。继任的皮尔·穆罕默德在残忍行为上更甚于阿德哈姆·汗，迫使巴兹·巴哈杜尔掀起叛旗，皮尔自己前去镇压反而战败，在逃走途中溺死于讷尔默达（Narmada）河，自食恶果。

1562年，阿德哈姆·汗及其同伙闯入宫廷，杀害了宰相。阿克巴起用该宰相的人事安排，本是为了借助其力量来压制阿德哈姆·汗一派，他为此次谋杀感到震怒，当场下令将阿德哈姆·汗处死。当时卧病在床的乳母马哈姆·阿纳得知儿子的死讯不久后就去世。她曾在胡马雍攻打喀布尔城时用身体保护被叔父卡姆兰放在城墙上充当父亲炮弹靶子的幼年阿克巴。阿克巴到底没有忘记这一恩情，在阿德哈姆·汗和他母亲的墓地上建造了壮观的陵墓，以表达对乳母的感激之情。

这些事发生之前的当年1月，阿克巴皇帝在前往阿杰梅尔参拜谢赫·穆因丁·契斯提（Sheikh Moinuddin Chisti）圣墓的途中，接受了等候皇帝到来的安梅尔国王比哈里·马勒（Bihari Mal）的臣属宣誓，接纳了后者将长女嫁给阿克巴皇帝的提议。皇帝在2月初参拜归来途中举行了结婚仪式。安梅尔国王成了拉贾斯坦的拉吉普特人中最先向莫卧儿皇帝称臣的国王。另外，这位安梅尔公主还成了下一任皇帝贾汉吉尔的母亲。

阿克巴皇帝与安梅尔国王结盟并与其公主联姻的做法成为后世莫卧儿皇帝系统性融合拉吉普特人（印度教徒）政策的滥觞，这并非阿克巴皇帝一时兴起的结果。阿克巴皇帝在拉吉普特政策上做出的决断，虽说是在穆斯林王权统治长期以来一步步创造出的环境下才可能实现的，但它同时也挑战了穆斯林王权一直视此为禁忌的做法。阿克巴皇帝所做出的"飞跃"，可以说是"青年"阿克巴皇帝开始独立自主的明确表达，它宣告了皇帝亲政的开始。

莫卧儿—拉吉普特同盟的形成

从1562年安梅尔国王臣服开始到1568年进攻奇陶尔为止，阿克巴皇帝没有对拉贾斯坦的拉吉普特诸王国发起攻击，这可能是因为他正在考虑策略，寻找时机让自尊心甚高的拉吉普特人臣服。最终，他发现能达成其戏剧性策略的办法就是去攻陷奇陶尔要塞和伦滕波尔城。1567年10月末，阿克巴皇帝包围了梅瓦尔王国的奇陶尔，次年2月末将其攻陷。国王乌代·辛格（Udai Singh）逃往位于山区的乌代布尔（Udaipur），继续组织游击战进行抵抗，直到1572年去世，阿克巴皇帝则为守卫奇陶尔与之共命运的两名敌将贾伊马勒（Jaimal）和帕塔（Patta）的英勇与忠诚所感动，在阿格拉城建造了两人的石像。不过，奇陶尔后来被乌代·辛格之子普拉塔普·辛格（Pratap Singh）国王夺回。1569年2月，阿克巴皇帝攻陷了本迪（Bundi）王国的伦滕波尔，将投降的国王苏尔江·哈达（Surjan Hada）纳为臣属，加以厚待。

奇陶尔和伦滕波尔易守难攻，可说是拉吉普特人武勇的象征，其陷落对各地的拉吉普特国王们产生了深远的影响。1569年，加林杰尔国王得知伦滕波尔陷落后，立即开城向阿克巴皇帝投降。1570年，拉贾斯坦的马尔瓦尔〔焦特普尔

（Jodhpur）]、贾沙梅尔（Jaisalmer）等颇具势力的拉吉普特王国也相继臣服，与阿克巴皇帝结成同盟、缔结婚姻关系。

1576年，梅瓦尔国王普拉塔普·辛格在哈尔迪加蒂（Haldighati）之战中败给阿克巴皇帝，受此影响，栋格尔布尔（Dungarpur）等周边的拉吉普特诸王国也在1578年前称臣。除去梅瓦尔王国，阿克巴皇帝已完成对拉贾斯坦的征服。另外，据说在哈尔迪加蒂战之前，阿克巴为了寻求和平解决，曾三次向梅瓦尔王国派遣使者，其中一次是在1573年，由安梅尔国王曼·辛格（Man Singh）担任使节，试图用拉吉普特人之间的情谊劝说普拉塔普国王归降。

人称拉贾斯坦和拉吉普特"百科全书"的《拉贾斯坦年代记》(Annals and antiquities of Rajasthan)的作者托德（Tod）对传说中普拉塔普国王以"头痛"为借口，拒绝与曼·辛格国王进餐，最终走向决裂的"会谈"上双方的"发言"有所演绎，其记载如下：

> 我（普拉塔普国王）无法和将自己妹妹嫁给突厥人（莫卧儿皇帝）而且想必也和他一同进过餐的拉吉普特人（曼·辛格国王）共同进餐。

普拉塔普这一"发言"是说，共同进餐只能在相同种姓成员之间进行，这是种姓制度的规矩。与宗教、种姓相异者进餐的安梅尔王族已经不算拉吉普特，普拉塔普自然无法与这样的人进餐，何况后者还做出了将女儿嫁给异教徒之类的事。对此曼·辛格国王做了如下回答：

> 我们（安梅尔王族）做出牺牲，将自己的姐妹和女儿嫁给突厥人，完全是为了维护阁下（王族）的名誉啊！

最终，曼·辛格作为莫卧儿军的总指挥在哈尔迪加蒂战场上会见了普拉塔普国王。在普拉塔普国王指挥的梅瓦尔军队中，有一名叫哈基姆·汗·苏尔（Hakim Khan Sur）的杰出武将是苏尔王朝后裔，不过梅瓦尔国王在开作战会议时应当没有和这位穆斯林武将一同"进餐"。如前所述，普拉塔普的祖父拉纳·桑伽在与巴布尔作战时，其麾下亦有穆斯林将领，因此这一时代的战争已经不能用穆斯林对战印度教徒之类的简单模式来描述了。甚至是有"印度桂冠"美誉的梅瓦尔王族，在面对穆斯林势力时也已不是铁板一块，尽管年代稍早：普拉塔普继承王位时，对此不满的异母弟和二弟就已相继离开梅瓦尔王国，前去侍奉阿克巴皇帝。

宽容与融合的政策

阿克巴皇帝做出与拉吉普特结盟的决定，并不只是出于与印度教徒、非穆斯林共存的莫卧儿帝国统治方针。这是皇帝超越穆斯林、印度教徒等一切宗教、宗派差别之上，以全民领袖自居而走出的第一步，在印度—伊斯兰史上写下了划时代的一页。同年，将战俘变作奴隶的行为遭到禁止；次年，印度教徒的朝圣税被废除;第三年,吉兹亚也被废除。

这些政策和与拉吉普特人的联盟共同促成了印度教徒与穆斯林的共存与融合。进而保障不同宗教、民族共生的帝国也得以形成,阿克巴成为实至名归的主宰万民的皇帝。此外,禁止童婚、萨蒂和鼓励寡妇再婚等政策也相继推出,可以看出阿克巴皇帝乐意推动社会改革。当然,这终究只是一种一般性的表态,他还是无法禁止其臣下拉吉普特王侯们的嫔妃们对萨蒂的践行。安梅尔国王曼·辛格去世时,他数量众多的嫔妃中有六十位践行了萨蒂,焦特普尔国王贾斯万特·辛格(Jaswant Singh)去世时也有八位王妃这样做。

无论如何,这些宽容与融合的政策,可以说出自阿克巴皇帝富有人情的温和性格,不过在其思考方式的养成过程中产生巨大影响的,则是在印度属于少数派的什叶派宰相白拉姆·汗本人及其偏向什叶派的人事安排,以及由此形成的环境。白拉姆·汗为阿克巴皇帝指派的家庭教师,是出身加兹温(Qazvin,萨法维王朝首都)赛义德家庭的亡命贵族阿卜杜勒·拉蒂夫·加兹维尼(Abdul Latif Qazwini)。他的前任们没有一人教会阿克巴皇帝读书写字,与之相对,他则向阿克巴灌输了"与万民和睦"(Sulh-i kul)的政治理念。莫卧儿王朝最伟大的史学家阿布勒·法兹勒(Abu'l-Fazl)在其大作《阿克巴本纪》(Akbar-nama)中就用这一政治理念解释了阿克巴皇帝的宽容政策。他还写道:"因为阿卜杜勒·拉蒂夫身上没有狂热的一面,他秉持的是宽容精神,因而在印度被非难为什叶派,在波斯被非难为逊尼派。"特别是因为牵涉到一些政策，他在波斯被怀疑为逊尼派后，其家人纷纷被塔赫玛斯普国王投入监狱。出于对人身安全感到担忧，他向胡马雍皇帝寻求避难，但等他进入印度时已经是阿克巴皇帝的时代了。

同样，白拉姆·汗所任命的伊斯兰司法长官（Sadr-i-sadur）是什叶派的谢赫·加代（Shaikh Gadai）。这一官职是从上往下数排在第四位或第五位的高级职位，拥有授予乌理玛封地、赠地，宣判异端死刑的权力。但乌理玛的大多数成员是逊尼派，"异端"的什叶派分子坐上这个位置后，"异端"的判定和封地、赠地的授予都要经由后者"裁决"，这对他们来说是难以忍受的。白拉姆·汗失势的原因之一就在于此。与此同时，随着其庇护者失势，加代也由此落职。

不过，阿克巴皇帝会采取宽容和融合政策，最重要的原因还是在于一种长期的历史经验：无论是中央还是地方层面，莫卧儿王朝之前的穆斯林诸王权都已开始在其政权中尝试起用印度—穆斯林，乃至印度教徒。而且，如下文所述，皇帝本人也具备强烈的好奇心、旺盛的求知欲以及超群的记忆力，他还会通过杰出而多才多艺的侍从进行学习。

"神之宗教"的创建和"九枚宝石"

虽然阿克巴皇帝很早就放弃了学习文字，无法进行读写，但他的好奇心却惊人般强烈，同时他还拥有超群的记忆力。1580—1582年，耶稣会士蒙塞拉特（Monserrate，1536—1600）滞留在都城法塔赫布尔·西格里，成为皇子穆拉德（Murad）的家庭教师，尽管他没能让阿克巴皇帝改信天主教。

他近距离观察了皇帝的为人，在所著《莫卧儿帝国志》（参见清水广一郎、池上岑夫日译本，岩波书店，1984年）[1]中对其做了如下描述：

> 国王（阿克巴皇帝——作者注）对有学识的人厚遇有加。他常常让学者陪伴左右，让他们就哲学上的各种问题以及与宗教、信仰相关的事项当面进行讨论，并让他们讲述历代国王和过去光辉事迹的历史掌故。他有敏锐的判断力和超群的记忆力，能够倾听他人的议论，广泛学习各种事务，获得了充足的知识。如此一来，他不仅弥补了自己不识字的缺陷（他完全不会读写），也借此掌握了如何清楚、明确地表述复杂之事。此外，因为他无论被问到什么问题都能正确且颇得要领地做出回答，不知情的人大概会认为他非但不是文盲，而且还是一位拥有深奥知识和学问的人物。事实也确实如此，正如前述，国王不仅充分发挥了其聪慧才能，他在雄辩方面的才能也与国王的权威和崇高地位相称，远远凌驾于大部分知识渊博的宫廷学者。

---

[1] 日译本《ムガル帝国誌》所收蒙塞拉特文本有两种：(1) H. Hosten (ed.), "Mongolicae Legationis Commentarius," in *Memoirs of the Asiatic Society of Bengal*, vol. III, no. 9 (1914), pp. 513–704; (2) H. Hosten (trans. and ed.), "Relacam do Equebar, rei dos Mogores," in *Journal of the Asiatic Society of Bengal*, vol. VIII, no.9 (1912), pp.185–221.

1575年，他在法塔赫布尔·西格里的宫城内建造了"信仰之殿"（Ibadat Khana），安排每周五晚上在此展开自由的宗教讨论。这一安排也是其好奇心和求知欲使然。1578年10月，一度中断的自由讨论得到重启，逊尼派、什叶派的穆斯林自不用说，婆罗门、耆那教徒、佛教徒、袄教徒、基督教徒、犹太教徒乃至无神论者都汇聚一堂，在这位"莫卧儿的恺撒"议长的主持下开展讨论，侃侃而谈。

但是，自尊心奇高却思维狭隘、顽固不化的正统派伊斯兰教神学家们的论点使阿克巴从内心疏远了伊斯兰教。1582年，他融合各种宗教，创建了可以看作某种自然神论性质的"神之宗教"（Din-i-Ilahi）。虽然据说这一宗教的影响局限在阿克巴皇帝的宫廷内，但他不受伊斯兰教禁锢的自由思考方式以及这种特异的宗教思想，为其宗教政策和帝国统治带来了巨大的影响。

其中，阿克巴皇帝的苏菲派老师、倡议与全民和睦的谢赫·穆巴拉克，皇帝的印度教嫔妃及其亲族，特别是光耀其宫廷的"九枚宝石"（Navaratna），即谢赫·穆巴拉克的两位儿子——人称"阿克巴皇帝的约拿单（Jonathan，《圣经·旧约·撒母耳记》中大卫王的密友）"的历史学家阿布勒·法兹勒和多才多艺的诗人法伊兹（Faizi），人称"阿克巴皇帝的亚里士多德"的拉者·比巴尔（Raja Birbal），安梅尔国王曼·辛格，音乐家坦·森（Tan Sen）等9位苏菲派、印度教近臣也发挥了巨大的影响力。

皇帝权力的强化与专制化

阿克巴皇帝在 1560 年左右开始亲政，其统治开始朝皇帝权力的强化与专制化方向发展，这是为了将部落国家框架下的"帖木儿—蒙古王朝"移植到像印度这样的广阔地域，确立"印度—蒙古王朝"亦即"莫卧儿王朝"并使其延续而不可避免的结果，同时也是巴布尔和胡马雍留待阿克巴去解决的历史任务。

1573 年开始改革的统治制度之一是对军马烙印的落实。贵族封地（札吉尔，jagir）的授予以提供兵役为前提，他们平时就要维持一定数量的兵马，为"镰仓有事"[①]——或者应当说，为"阿格拉有事"时做好准备。不过，事实上贵族们都会尽可能地逃避兵役负担，绞尽脑汁减轻其维持费用，因而所维持的兵马数量常常低于规定数目。贵族们在接到皇帝的出兵命令后，只得慌忙补充缺额兵马，以致征召来的马匹和士兵在战场上往往不堪其用。为了使维持规定数量兵马的要求得到严格遵守，政府官吏会针对负有维持义务的贵族，在其规定数量的军马上打上烙印，以制止其不正当行为，同时确保国家的军事力量。

此外，削减授予贵族、地方总督的封地，扩大帝国的直辖地（khalisa），以及将土地俸禄转换为现金俸禄，也是改革的一部分。另一项改革是对包括贵族封地在内的全国各处土地

[①] 原文为"いざ、鎌倉"。镰仓幕府时期，一旦镰仓有事，各地武士需奔赴镰仓救援，"いざ、鎌倉"后来成为习语，意为"一旦有事"。

进行调查（土地丈量），以确定土地产出。这一系列措施，招致了坐拥特权、以封地为自家领地的贵族们的不满和反抗，若不将他们流放、处刑，各地就会陷入叛乱。乌兹别克贵族和王子们就分别在1564—1567年和1573年发动了叛乱。其中，与孟加拉和比哈尔地区几乎同时爆发的中亚系贵族（突厥人、蒙古人、乌兹别克人等）叛乱得到阿富汗系贵族的支持，发展成为连波斯系贵族也牵涉其中的"大叛乱"（1580—1583），几乎撼动了帝国的根基。

为了镇压这次"大叛乱"，印度-穆斯林以及拉吉普特的大量豪族得到起用，从危机中拯救了阿克巴皇帝。其中，拉吉普特的豪族阶层主要是拉贾斯坦的王侯，他们在16世纪60年代到70年代之间参与到帝国体系中。这两者也被用来削弱占据着帝国权力中枢、拥有特权的中亚系贵族以及融入其中的波斯系贵族的影响力，以帮助阿克巴皇帝实现君主专制的建设。

中央集权体系与分权特点

1580年，阿克巴的帝国，包括喀布尔省在内，已囊括北印度十二省。到其统治末期，通过征服与合并，又加入德干三省（贝拉尔、坎德什、艾哈迈德讷格尔），增至十五省。地方行政的最高长官是皇帝直接任命的两名省总督（subahdar），由直接向皇帝负责的省军事长官（sipah salar）和财政大臣推荐的直接向财政大臣负责的省财务长官（diwan）组成。省军事长官负责维持军队、维护法律和秩序，1586年新设的省财务长官则负责征税和财政，这一安排意在使两者之间互相协助和牵制。

在省（subah）级官府中，省总督之下还配置了负责伊斯兰教法、征兵、俸禄、关税、新闻、情报等的官吏。此外，郡（sarkar）、县（pargana, mahalla）一级也由中央派遣官员负责地方统治，可见莫卧儿帝国的政治体系是高度中央集权的。但是，中央派往县一级的官员若是没有所在地担任世袭官职的县长（chowdhury）、县书记（qanungo）和村长（patel、muqaddam）、村书记（patwari），以及乡村联盟和超越村庄的各类种姓会议首领的协助，就无法对地方实行统治，因而帝国也同时具备分权的特色。

土地税制度

土地调查、产量核定以及征税制度的确立为后述支撑帝国体系的两大支柱——曼萨卜（mansab）制度和札吉尔制度的有效运转奠定了基础。在土地税制度的确立方面，自1563年起已有数次试验，而1573年征服古吉拉特后，阿克巴"九枚宝石"之一的托达尔·马勒（Todar Mal）核定了当地土地税，其方法备受称赞。他在1582年成为财政大臣，相关方案于是推广到了帝国全境。

根据该方案，耕地被分为四个等级：（1）日常耕作的土地（polaj）；（2）为了恢复地力偶尔休耕的土地（parauti）；（3）3—4年未耕作的土地（chachar）；（4）长期未耕作的土地（banjar）。另外，在前两类情况中，土地还会依照地力分为上、中、下三个等级。确定土地税时，将计算出各地三种不同类型土地每一比卡（bigha，约四分之一公顷）产出的平均值，以此为基准得出过去十年的平均产值，再以该平均产值的三分之一作为土地税，原则上是用现金缴纳。

这种方法称为扎布特（zabt）制度（一种定额制），在从旁遮普到河间地带的帝国核心地区以及马尔瓦、古吉拉特等地域普遍得到采用。此外，还有将所获农作物收集到村庄广场、在国家与农民之间进行分配的人称巴台（batai）或加拉巴克什（ghallabaksh）的极为古老的土地税制度（类似于分成制）；通过调查农作物的生长状况、丰年凶年情况而收取预计产出三分之一土地税的坎库特制（kankut，类似于检见制[①]）；在村长的同意下一次性完成评估和征税的那萨克制（nasaq，类似于村庄承包制[②]）。

曼萨卜制度与扎吉尔制度

莫卧儿帝国军事、官僚制度核心的制度，称为曼萨卜达里制度（mansabdari，或曼萨卜制度）、扎吉尔达里制度（jagirdari，或扎吉尔制度），这是在1580年"大叛乱"被镇压之后确立的。所谓"mansabdar"是波斯语"mansab"（官职俸禄、位阶）和"dar"（拥有者）的合成语，也就是指官职俸禄（位阶）的拥有者，dari则是dar的抽象名词形式。

---

① 日本中世、近世时期的一种征税法，即在收获前，由幕府或地方领主遣人核查稻米产出状况、确定当年土地税的制度。
② 原文为"村請け"，是江户时代的征税制度，由村庄负责人代表村庄全体缴纳赋税、组织徭役。

"jagirdari"的jagir，是由波斯语的ja（场所）与动词giriftan（占有）的词干组合而成，可译作封地或职田。曼萨卜制度和札吉尔制度互为表里，曼萨卜表现在经济上就是札吉尔。

曼萨卜授予帝国全体文武官员，以"扎特1000/萨瓦尔500"这样的方式来表示。扎特（zat）是阿拉伯语，意为"（本）人"，其数值表示本人的官位和俸禄。萨瓦尔（sawar）在波斯语中意为"骑兵"，其数值表示此人有义务维持的骑兵数量及其维持费用。也就是说，在刚才这个例子中，其人官位为1000，必须维持的骑兵数量为500。原则上讲，曼萨卜只属于本人，不能世袭。最初，官位最低从10（后为20）开始，通过建立功绩最高可以升至5000（更高的只属于皇族），但1605年安梅尔国王曼·辛格的曼萨卜为7000，可见其上限随着时间变化也有提高的趋势。

另外，原则上帝国官员所受俸禄是得到帝国认可、拥有定额税收的土地。俸禄总额包括了本人和家人的生活费用以及义务维持的兵马的费用，封地（札吉尔）原则上也要频频更换。阿克巴皇帝本来打算用现金而非土地发放俸禄，但面对"大叛乱"，不得不退而求其次，执行以短期更换为核心的土地授予政策。不过，以拉吉普特为主的王侯们由于向帝国臣服，其存续得到认可，他们的"领地"虽然是封地，但没有实施更换原则，而是被视为特殊的封地（watan jagir），因此曼萨卜的拥有权只限于一代的原则不适用于包含这种"封地"的曼萨卜。

皇帝除了授予、没收曼萨卜和札吉尔，也会对之有所增加和削减。特别是，皇帝采用了将札吉尔分于帝国各地后再进行授予的做法，加上封地更换的措施，避免曼萨卜达尔形成对其封地的完全支配，或在封地站稳脚跟。皇帝与曼萨卜达尔之间建立了单独、个人的关系，每个人都争相向皇帝表达忠诚、为帝国做出贡献。凭借这一制度及对其巧妙运用，皇帝实现了对曼萨卜达尔，特别是贵族和高官的控制和管理。随着这一制度的建立，皇帝权力的专制化得以完成，"帖木儿—蒙古王朝"也得以转型为"莫卧儿王朝"（印度—蒙古王朝）。

在阿克巴皇帝的遗产中：莫卧儿帝国的发展

皇子萨利姆与父亲的爱恨

阿克巴向神祈祷，向伊斯兰圣人祈福，无数次踏足伊斯兰圣地，终获一子，即萨利姆（Salim，后来的贾汉吉尔皇帝）。他的名字来自苏菲派圣人谢赫·萨利姆·契斯提，后者还预言了阿克巴后来两个儿子穆拉德和达尼亚勒（Daniyal）的诞生。阿克巴皇帝在这位圣人结庐居住的小村庄西格里建造帝国都城（即后来的法塔赫布尔·西格里），表达了他对圣人的感激之情以及皇子诞生的喜悦。成为父亲的阿克巴还赤足前往阿杰梅尔的和卓·穆因丁·契斯提（Khwaja Moinuddin Chishti）圣墓参拜，为萨利姆的诞生致谢。这位皇子从幼年开始，就得到了他所能得到的最好教育。其首席教师是白拉姆·汗的遗孤，能力出众而多才多艺的阿卜杜勒·拉希姆。

但是，到阿克巴皇帝晚年，"九枚宝石"相继离世，萨利姆则异乎寻常地渴求帝位，还沉迷于饮酒作乐。阿克巴与其关系恶化，陷入进退两难的境地。1599年，萨利姆发动叛乱，自称皇帝，又在1602年让本德拉（Bundela）的豪族比尔·辛格（Bir Singh）杀害了皇帝的"宝石"阿布勒·法兹勒，后者本是前来做调解工作的。这激怒了阿克巴，让阿克巴陷入无尽的悲叹中。皇帝已经失去了因为酒精依赖症而去世的次子，三子也因为酒精依赖症徘徊在生死边缘（1604年去世）。虽然他多次考虑过废黜萨利姆，让萨利姆之子胡斯劳（Khusrau）继位，但这意味着要处死萨利姆。最终，阿克巴在临终前做出了让萨利姆继位的痛苦选择。

顺带一提，虽然阿克巴皇帝拥有众多嫔妃，但他出于健康和家庭和睦的观点，推崇一夫一妻制。这恐怕也是出于阿克巴皇帝自身家庭分崩离析的惨痛经验。他的儿子贾汉吉尔据估计拥有近二十名妃子和三百名妾，沙贾汉皇帝则除了慕塔芝·玛哈（Muntaz Mahal），至少有五名可以确认其名的妃子，此外自然还有众多妾室存在。当时的统治阶级都拥有众多嫔妃，但奥朗则布皇帝则只有嫔妃五到七人，而且他遵照《古兰经》的教导，同一时间内拥有的妻室不超过五人，可以说是比较"遵守律法"了。他的五位妃子一共为他生育了五名子女。

另外，阿克巴禁止莫卧儿王族内的堂表亲婚姻。其实他自己最初的妻子就是叔父欣达勒的女儿鲁凯亚（Ruqaiya），之后娶的重臣白拉姆·汗的遗孀萨利玛，则是姑母古尔鲁克

（Gulrukh）的女儿。虽然他有令禁止，但王族内堂表亲之间的通婚仍有发生，王族的女儿若是不在王族内结婚，就只能终生不婚。这大概是因为和王族外的人结婚常常有其政治目的，而为公主准备嫁妆也是一个问题。

锡克教古鲁（教主）阿周那的处刑

贾汉吉尔皇帝（1605—1627年在位）即位之时，承诺不会向反对自己即位、策划拥立自己儿子胡斯劳的曼·辛格（安梅尔国王，胡斯劳的舅父）和米尔扎·阿齐兹·科卡［Mirza Aziz Koka，号"汗·阿扎姆"（Khan-i-Azam），胡斯劳的岳父］等人复仇，而是寻求与父皇阿克巴的重臣们合作，尽管他们并不喜欢自己。

另外，他废除了使人们备受折磨的各种杂税，并出于对旅客、商人安全与便利的考虑，修建了各种旅馆、水井和清真寺。他发布了十二项告示，要求未经本人允许不可中途打开商人的行李（包裹），禁止生产、贩卖酒和毒品，未经国家许可征税官和札吉尔达尔不得在任职地与当地人通婚，等等，给人们留下了施行善政的印象。据《回忆录》记载，他还让人在阿格拉城以及亚穆纳河对岸竖立石柱，上面悬挂六十个响铃，用纯金链子连接起来，没有得到"公正裁决"的人可以摇响链子，使其申诉上达天听，从而用皇帝的"公正"裁决来修正过去"不公的"判决。

贾汉吉尔即位数月后，胡斯劳掀起叛乱，不过旋即遭到镇压。贾汉吉尔对参与叛乱的贵族施以残酷的惩罚，撕毁了自己即位时作出的承诺。特别是锡克教的第五代古鲁阿周那由于曾向逃亡途中前来求助的胡斯劳提供了数千卢比，于是被按照协助叛乱的"政治"罪名而处死。但是，按照前述《回忆录》的记载，这一处罚应该也和皇帝的宗教考量有关。另外，将阿周那视作殉教者的锡克教徒们团结在下一任教主哈戈宾德（Hargobind）周围，认为"即使是王子，如果身无分文的话，向他施舍当然是宗教性的慈善行为，对此施加惩罚就是'宗教压迫'"，于是推动了教团的武装化，为莫卧儿帝国的前景投下了一片暗云。

拉吉普特政策的转变

成为"莫卧儿—拉吉普特同盟"核心的安梅尔王室以及同族的卡奇瓦哈（Kachhwaha）氏族直到阿克巴皇帝时代之前，还只是微不足道的拉吉普特。不过一旦结成"同盟"，他们身上便洋溢出"忠于君主"的拉吉普特气质，促使他们奔走奋进，与后来才加入同盟的其他拉吉普特王族一同为帝国统治的确立做出了巨大贡献。阿克巴皇帝也对其功绩施以回报，对拉吉普特诸王，特别是最初的"同盟者"，包括安梅尔王室在内的卡奇瓦哈氏族，给予了与其实力不相称的破格待遇和地位。

不过，到贾汉吉尔皇帝时代，帝国的统治从建立期进入稳定期，版图渐渐延伸至德干地区，对拉贾斯坦的拉吉普特人，特别是卡奇瓦哈氏族的豪族阶层过度依赖和倚重的政策开始逐步得到修正。也就是说，将其依赖对象从卡奇瓦哈氏族，转移到拉贾斯坦的其他拉吉普特王室及其同族，乃至喜马偕尔（Himachal）山区、本德尔坎德等其他地区拉吉普特豪族阶层，甚至逐渐减轻对拉吉普特人的依赖和倚重，转而重用拉吉普特以外的印度教徒。于是，随着帝国统治重心的南移，德干地区的马拉塔（Maratha）和婆罗门、穆斯林的豪族阶层，开始以曼萨卜达尔的身份加入帝国体系。

话虽如此，莫卧儿帝国并没有放弃对拉吉普特人，特别是拉贾斯坦的拉吉普特人的依恃，反而进一步加强了与安梅尔、马尔瓦尔（焦特普尔）等特定王室之间的依赖关系。他们的曼萨卜得到增加，成为大曼萨卜达尔。帝国对待拉吉普特人的态度是淘汰曼萨卜达尔中的拉吉普特小豪族阶层，转而依赖能够服从皇帝命令、随时动员大军的大豪族。

梅瓦尔国王的降服与德干问题

对梅瓦尔王国的征讨因为武将们的相互争执与不和而进展缓慢，贾汉吉尔皇帝为此大怒，于是撤下皇子帕尔维兹（Parviz），并派出皇子胡拉姆［Khurram，后来的沙贾汉（Shah Jahan）］。胡拉姆在国王阿玛尔·辛格（Amar Singh）的领土上实施焦土战略，切断国王的补给，将其一步步逼入罗网，最后迫使其在1614年投降。从拉纳·桑伽开始传承了四代的梅瓦尔王国自此丧失独立，但贾汉吉尔皇帝称赞了梅瓦尔国王的英勇传统和抵抗精神，并以不修复作为该精神象征的奇陶尔城堡为条件，允许梅瓦尔国王继续领有包括奇陶尔在内的领土，免除了国王到莫卧儿宫廷侍奉的义务，改由王子代行，并同意梅瓦尔王族的公主们不承担嫁入莫卧儿皇室的义务。

对贾汉吉尔皇帝来说，还有一件悬而未决的事，那就是艾哈迈德讷格尔王国的问题。该国阿比西尼亚出身的宰相马利克·安巴尔（Malik Ambar）不仅挽救了濒临灭亡的王国，还在行政、军事上起用印度教徒，按照托达尔·马勒的方案建立了土地税制度并实现了财政改革，使其国力得以恢复，夺回了王国在阿克巴皇帝时代丧失的旧疆。中世纪德干孕育出的这位宰相是不世出的人才，他在当时凭借以马拉塔（属于印度教徒）士兵为中心的游击战术和巧妙的外交活动，将帝国的武将和军队玩弄于股掌之中。贾汉吉尔皇帝相中了皇子胡拉姆的军事能力和政治手腕，于是在1617年任命他为德干总督，接替帕尔维兹，负责解决这一纷争。其兄长帕尔维兹则从征讨梅瓦尔一事以来，再次遭到撤换。安巴尔在胡拉姆率领强大的莫卧儿军队抵达德干后求和，他从莫卧儿夺回的领土又重新被夺走。

在梅瓦尔王国和德干接连取得的胜利，提高了莫卧儿帝国和皇帝的权威，同时也提高了皇子胡拉姆的威信，皇帝于是赐予他"沙"（国王）的称号。但实际上，莫卧儿帝国的领土与阿克巴去世时相比没有任何扩展，安巴尔在1620年之前又将此时失去的领土尽数夺回。1621年，胡拉姆受命惩戒安巴尔，再次迫使后者投降，让他归还1617年条约缔结后所获取的帝国领土，同时要求他像邻近的比贾普尔王国和戈尔康达王国一样纳贡。这次胜利进一步增加了胡拉姆的威信与荣誉。胡拉姆的光辉业绩当然与他自身的能力有关，但还有一个重要原因在于，他是孙辈中最受祖父阿克巴宠爱的人，与父亲一样接受了最好的教育，还得到继母努尔·贾汉皇后一派的支持。

皇后努尔·贾汉

贾汉吉尔皇帝有数百名嫔妃，但最受皇帝宠爱的，是安梅尔国王巴格万·达斯（Bhagwan Das）之女曼·拜（Man Bai），以及从萨法维王朝波斯逃亡而来的贵族吉亚斯·贝格［Giyath Beg，获授"伊蒂默德道拉"（Itmad-ud-Daulah）[①]的称号］之女弥尔安妮莎［Mehr-un-Nissa，后来的努尔·贾汉（Nur Jahan）］。贾汉吉尔皇帝在《回忆录》中怀着怜惜之情，追忆了为长子胡斯劳的叛乱"不孝"行为而苦恼并于1604年自杀的妃子曼·拜。她的自杀，还含有向自己那些为胡斯劳登基出谋划策的兄弟们表达抗议和劝止的意思。

努尔·贾汉（1577—1645）双亲诞生于前往印度的艰苦而且危险的途中。在父亲为阿克巴皇帝效劳时，她也在宫中接受教育，掌握了宫廷礼节。她本来嫁给了同样来自波斯，后来成为孟加拉军事指挥官的舍尔·阿夫甘（Sher Afgan），但在丈夫因叛乱罪被处死后，她返回宫廷并与贾汉吉尔皇帝相遇，他们在4年后（1611年）结婚。皇帝时年42岁，她则是34岁。关于这桩婚姻，皇帝似乎颇有谋害舍尔·阿夫甘

[①] 意为"邦国之柱"。

的嫌疑，不过这大概只是为努尔·贾汉众多传说和浪漫史润色的一段插曲。

努尔·贾汉对皇帝的体贴俘获了皇帝的心，这种忘我献身式的体贴在同辈中无人能及，传闻皇帝还因为她减少了饮酒量。据说以耿直知名的帝国首屈一指的武将玛哈巴特·汗（Mahabat Khan）曾直言："陛下是否读过对妻子言听计从的古代帝王的历史？"但是，"即使有两百位像玛哈巴特·汗那样的人同时向皇帝谏言，想必也不足以让皇帝改变心意"，当时的某位宫廷史官如此感叹道。

此外，她对行使权力抱有异常的兴趣，从1622年贾汉吉尔开始卧病在床到他去世为止，她一直在代替丈夫掌管国事，用丈夫的名字发布敕令，发行了并列刻有丈夫和自己名字的硬币。她作为帝国实际的统治者行使权力，对自己的家人和亲属授予高位，拉帮结派，独揽大权。

皇子胡拉姆的叛乱

1612年，皇子胡拉姆与努尔·贾汉的侄女，即努尔·贾汉兄长阿萨夫·汗（Asaf Khan）的女儿阿姬曼·芭奴·贝谷姆［Arjumand Banu Begum，后来的慕塔芝·玛哈（Mumtaz Mahal）］结婚。由此一来，可以认为努尔·贾汉的权力更加坚若磐石，皇子胡拉姆继承皇位也获得保障。但是，当她和前夫所生的女儿拉德利·贝谷姆（Ladli Begum）与胡拉姆的弟弟沙赫里亚尔（Shahryar）在1621年结婚后，她与胡拉姆为期十年的政治蜜月期就此终结。

努尔·贾汗盘算让游手好闲的沙赫里亚尔登上帝位以便控制权力,于是从重要的王室领地开始下手,一再夺走胡拉姆的封地,转赐沙赫里亚尔,胡拉姆因而开始筹划叛乱。1622年,由于兼具军事要冲和贸易中转站作用的坎大哈遭到萨法维王朝波斯军队的攻击并被占领,胡拉姆受命救援坎大哈。但是,得知贾汉吉尔健康恶化的胡拉姆拒绝了远征的命令,发动了叛乱。身为皇位继承人,在皇帝驾崩时留在其附近是绝对有必要的。

叛乱最终失败,1626年胡拉姆向贾汉吉尔皇帝谢罪并得到赦免。但是,努尔·贾汉将胡拉姆的长子达拉·希科(Dara Shikoh)和三子奥朗则布(Aurangzeb)扣为人质,又将胡拉姆派往德干。为镇压胡拉姆叛乱而立下大功的猛将玛哈巴特·汗的威信越发高涨,从中嗅到潜在危险的努尔·贾汉对他不合时宜地起了疑心,认为其直接上告皇帝的做法就是叛乱的表现。玛哈巴特·汗此后得到了赦免,但不久后皇帝病情恶化,于1627年在拉合尔近郊去世。

胡拉姆的岳父阿萨夫·汗为了不使帝位空缺,临时将贾汉吉尔皇帝长子胡斯劳的遗孤达瓦尔·巴赫什(Dawar Bakhsh)扶上皇位,以牵制妹妹努尔·贾汉的行动。在此期间,他一方面击败在拉合尔称帝的沙赫里亚尔,另一方面又按照胡拉姆的指示将有可能继承皇位的王族男孩全部杀死或刺瞎。胡拉姆于1628年即位,自号沙贾汉皇帝。他准许努尔·贾汉在拉合尔及其近郊度过余生,并提供28万卢比的年金,她则在拉合尔为丈夫修建陵墓并于1645年去世。

沙贾汉皇帝与皇妃

象征着莫卧儿帝国全盛期的建筑泰姬陵是沙贾汉皇帝的妃子慕塔芝·玛哈（1594—1631）的陵墓，其建造过程中动用了庞大的人力、物力资源，到其完工花费了近18年（一说22年）。见到泰姬陵的人，必定会对皇帝宠爱妃子之深、妃子生前之幸福以及她的美貌浮想联翩。丈夫反抗父亲发动叛乱而失败，从德干一路逃往奥里萨、孟加拉、比哈尔，她都与之共患难，从中不难想象出一个全心全意将感情倾注到丈夫身上，顺从奉献的妻子形象。

在18年间，慕塔芝为丈夫生育了14名子女，最后因产褥热结束了她37岁的生命。14人中，长大成人并留名历史的有4男2女，其中所有的儿子都参加了皇位争夺战，第三子奥朗则布在消灭长兄达拉·希科、次兄沙·舒贾（Shah Shuja）、弟弟穆拉德·巴赫什（Murad Bakhsh）后登上帝位，而另外两个姐妹也在明里暗里卷入这场斗争。

沙贾汉皇帝为这位爱妃建造了泰姬陵，同时还在一夫多妻制的环境中，几乎每年都让同一位妃子为其产子。此外，传闻他在被儿子奥朗则布皇帝幽禁在阿格拉城后，到去世前的8年间，每天都会从小窗眺望泰姬陵，怀念亡妻悲痛欲绝，而且他也长眠于爱妃慕塔芝·玛哈身旁。不过，这一切其实过度强调和美化了他对妻子的"爱情"以及他晚年的悲剧。让妻子每年生子，最后导致其产褥热死亡，这难道不也是出于男人以"爱情"为名的自私吗？虽然奥朗则布为了夺取皇位幽禁父皇、杀害兄弟三人和侄子,被当作"无道"的皇帝,但不要忘记,沙贾汉皇帝也是用同样的方式夺取皇位的。

"宽容与融合"精神的转变

沙贾汉皇帝(1628—1658年在位)的统治以本德尔坎德的拉吉普特人,即本德拉豪族的叛乱拉开序幕。杀害阿克巴皇帝股肱之臣阿布勒·法兹勒的比尔·辛格在贾汉吉尔皇帝即位后被授予3000曼萨卜的职位。其子朱贾尔·辛格(Jujhar Singh)分别在1628—1629年、1634—1635年两度发动叛乱。第一次叛乱获准投降,但在第二次叛乱时,他与长子一同战败而死。朱贾尔·辛格被俘的一个儿子和一个孙子改信了伊斯兰教,拒绝改宗的另外两个儿子则遭到杀害。女眷们被强迫改宗,作为奴隶送入后宫,该地区的印度教寺庙和神像也受到破坏。

在苏菲派主张自由思想的教师门下受教育的沙贾汉皇帝与贾汉吉尔皇帝一样,都承袭了阿克巴皇帝所开创的统治政策,以宽容与融合为基本精神。但是,沙贾汉皇帝无法抗拒逊尼正统派神职人员的影响,逐渐失去了宽容精神。印度教徒与穆斯林女性的婚姻遭到禁止,拥有穆斯林妻子的印度教徒被要求必须做出选择:或是改信伊斯兰教,或是与妻子离婚。皇帝自己也不曾纳印度教国王之女为妃。贾汉吉尔皇帝在与梅瓦尔国王或坎格拉(Kangra)国王交战时,偶尔会破坏印度教神庙和神像,这当然是愤怒驱使下的冲动行为,不过这些行为当中,也具有一种伊斯兰正统派的考量,它们一直作为暗流而存在，可以与沙贾汗皇帝对本德拉叛乱所展现的不宽容姿态联系起来。

攻占坎大哈与远征中亚

1636年，比贾普尔王国和戈尔康达王国承认莫卧儿帝国的宗主权，艾哈迈德讷格尔王国则名实俱亡。1638年，此时沙贾汗暂时从德干事务中抽身，而坎大哈总督阿里·马尔丹·汗（Ali Mardan Khan）背叛了萨法维王朝国王萨非（Safi），转投莫卧儿皇帝，坎大哈再次成为莫卧儿帝国领土。皇帝对此十分欣喜，在1646年中亚乌兹别克统治者之间产生纷争时，立即任命皇子穆拉德·巴赫什和阿里·马尔丹·汗作为指挥官前去占领巴尔赫。穆拉德习惯了怠惰和安逸，无法忍受当地的气候和生活，在没有得到皇帝的许可下就回国了，作为代替，奥朗则布和沙·舒贾两位皇子被派出。不过，这片土地早已不是帖木儿子孙们的故里，他们也成了不受欢迎的"印度人"。

1649年，坎大哈被萨法维王朝波斯军队夺回，同年以及1652年皇子奥朗则布、1653年皇子达拉·希科先后试图收复，但都归于失败。如果说沙贾汗皇帝认为1622年丢失坎大哈责任在于自己发动了叛乱，将其夺回是为了挽回个人名誉的话，为了皇帝一人的名誉耗费金额1亿2000万卢比，牺牲大量人员和牲畜，组织三次毫无所获的远征，便是得不偿失了。同样地，如果说皇帝是出于对祖先故里的乡愁，才推动远征中亚这一毫无成功可能的无谋计划，那只能说他已经丧失统治的资格，不配再做皇帝了。这些远征与战败让习惯太平日子的莫卧儿军队暴露了弱点，使莫卧儿皇帝威信扫地。

帝国的危机悄然而至

虽然沙贾汉皇帝的时代被称为莫卧儿王朝的黄金时代，但这一时期同时也为王朝的没落与帝国的解体埋下了祸根。考虑到曼萨卜达尔对自己的忠诚勤勉与对帝国的贡献，皇帝为了表示统治者的慷慨，倾向于随意提高官职俸禄。此外，为了对德干的穆斯林诸王国开展政治工作并加以征服，他还大量随意地授予曼萨卜，用来收买当地贵族，诱使他们叛投帝国。因为曼萨卜是与封地搭配授予的，封地显著增加，而帝国直辖地的土地税收入占全帝国总土地税收入的比例在沙贾汉时期则降到10%以下。

皇帝为了增加土地税收入，开始开凿、修补和扩建运河，还将一直以来按毛产出三分之一收取的土地税增加到二分之一。不过，因为与曼萨卜配套的封地日渐短缺，作为应对，皇帝调低了曼萨卜达尔的高额收入，要求严格按照官职俸禄维持所对应的规定骑兵数。这不只是为了强化军纪，也是出于财政的考虑。

由于长期太平，官员和军人纪律松弛，腐败渎职横行。皇帝乃至长子达拉·希科自己就从戈尔康达王国和比贾普尔王国收取贿赂和贡品，放缓了对两个王国的进攻，皇子奥朗则布为此咬牙切齿。统治初年德干总督的叛乱，就是因为德干总督在被收买后将帝国领土的一部分让给了艾哈迈德讷格尔王国。

奥朗则布在出征坎大哈再次失败后，于 1653 年第二次受命担任德干总督，目睹了德干治理的危机：官员极尽腐败，不顾政务，帝国领土遭到比贾普尔王国和马拉塔豪族的蚕食，农民受到压迫，导致农业荒废。帝国所属德干地区的土地税收入减少到几乎只有土地税额的四分之一，封地的收入也经常只能达到规定数目的 10%。

奥朗则布在德干得到了两位杰出参谋——穆尔西德·库利·汗（Murshid Quli Khan）和米尔·朱姆拉（Mir Jumla）。凭借他们的计策，德干的政务、军务和财政在短时间内得到显著改善。其中，穆尔西德被任命为德干省的财务长官，他依照各地情况对托达尔·马勒的扎布特制度加以调整，推广到德干的各个地区。米尔·朱姆拉则是拥有钻石矿山，在德干首屈一指的富豪，本来是戈尔康达国王的宰相，如今则前来为奥朗则布效力。据说 1657 年他向沙贾汉皇帝献上的产自戈尔康达王国的巨大钻石，就是此后历经诸多统治者之手，其中一部分最终成为英国女王王冠装饰的"库稀努尔"（kohinur）。皇子奥朗则布后来能够在皇位继承斗争中取胜，正是因为背后有德干的这些人力、物力作为基础。但总体而言，坎大哈夺回作战、远征中亚、建造泰姬陵和沙贾汉纳巴德等行动，花费了庞大的资金，将阿克巴皇帝的遗产消耗殆尽，对帝国财政造成了沉重负担。

另外，沙贾汉在位期间，德干的艾哈迈德讷格尔王国被纳入帝国（1633 年）。这是由于其宰相马利克·安巴尔的不肖之子法特·汗（Fateh Khan）在继承父业后，屈服于莫卧儿帝国的贿赂,打开了都城道拉塔巴德的大门。此外,早已日薄西山的德干印度教王国毗奢耶那伽罗,其都城京吉[Gingee,或作森吉(Senji)]在1649年被比贾普尔王国攻占,王国由是灭亡。

第三章　实现统一的铁之意志与帝国解体的危机

帝国衰落的序曲：奥朗则布皇帝

皇位继承战争与奥朗则布

1657年9月，沙贾汉皇帝病倒在床，让长子达拉·希科代行皇帝职务，指定他为继承人。他是沙贾汉皇帝最中意的儿子，获授旁遮普省总督一职，但被允许将省务管理交给部下，自己与沙贾汉一同住在阿格拉。不久后沙贾汉病重，皇帝驾崩的谣言四起，达拉的弟弟沙·舒贾和幼弟穆拉德·巴赫什分别在各自的总督任职地孟加拉和古吉拉特称帝，与担任德干省总督的二哥奥朗则布互通款曲。奥朗则布极为狡猾，与弟弟穆拉德约定好共同参加皇位继承战争并在胜利后分享帝国，将后者推到前台，自己一方面装作对皇位毫不关心，一方面又通过身在阿格拉的姐姐劳莎纳拉（Roshanara）获取宫廷的各种情报。

奥朗则布皇帝即位后不久，在德里逗留的法国医生兼旅行家贝尼耶（F. Bernier）在所著游记《莫卧儿帝国志》[①]（参见关美奈子日译本，岩波文库，1993年）中讲述了这次皇位继承战争的性质：

> 我并不打算声称奥朗则布是无辜的，不过我想请求读者，在将这个人认定为罪人之前，考虑一下这个国家不幸的传统。在这里，关于王位的继承，并没有像我国一样存在长子优先的良法，继承权始终是悬置未定的，需要最为强大、最为幸运的人去征服、去猎取，与此同时，所有出生时因其身份成为王子的人，都要面临残酷的命运，置身于必须二选一的困境：为了保护自己的性命和权力，或是消灭其他所有王子，活着胜出然后登上皇位，或是为了保护其他王子的性命和权力，让自己遭受毁灭……

同时，贝尼耶还将"守口如瓶，奸险狡猾，尽其所能隐藏内心，长期声称愿意抛下一切而成为法基尔（fakir，即穷

[①] 日译本底本为：François Bernier, *Voyages de François Bernier, Docteur en Médecine de la Faculté de Montpellier, contenant la description des États du Grand Mogol, de l'Hindoustan, du Royaume de Kachemire etc. Où il est traitté des Richesses, des Forces, de la Justice, et des causes principales de la décadence des États de l'Asie, et de plusieurs évenements considérables. Et où l'on voit comment l'or et l'argent après avoir circulé dans le monde passent dans l'Hindoustan d'où ils ne reviennent plus* (Amsterdam, Paul Marret, 1699).

人）和德尔维希（dervish，即苦修者），自己对王位毫无兴趣，只想在祈祷和修行中安静度过一生"，最终却获得皇位的奥朗则布评价为"不世出的伟大天才、大政治家和大帝"。

屠杀兄弟与赎罪

沙贾汉奇迹般地康复了，然而对达拉·希科都抱有嫉妒之心的三位弟弟打算使用武力除掉长兄，他们动员军队，开始了已成为莫卧儿皇室传统的皇位争夺战。1658年2月，达拉派出的军队在其长子苏莱曼·希科（Sulaiman Shikoh）和安梅尔（斋浦尔）国王贾伊·辛格（Jai Singh）指挥下，在贝拿勒斯附近击败了沙·舒贾，将其驱逐到孟加拉。但是，达拉同年4月在达尔马特［Dharmat，乌贾因（Ujjain）西南22千米］，以及同年5月在萨穆加尔（Samugarh，阿格拉以东16千米）与奥朗则布和穆拉德联军的交战中落败，随即逃亡。同年6月，经过微不足道的抵抗后，阿格拉城陷落，沙贾汉皇帝投降。

占领阿格拉的奥朗则布将父亲沙贾汉下狱，自己于1658年7月在德里自号"阿拉姆吉尔"（Alamgir，意为世界的统治者），登上皇位。另外，在即位前的6月，他唤来协助自己作战的弟弟穆拉德共进晚餐，并在他酩酊大醉的时候将其逮捕。然后在第二年，他将在信德抓获的长兄达拉送去德里市区游街，对他施以宗教审判，同年以叛教的罪名将其斩首。达拉的首级在被洗净后，送至奥朗则布处，奥朗则布在确认是达拉本人后，命令次日将其遗骸置于象背之上，拉到德里市区各个街巷示众。但据威尼斯人尼古拉奥·马努奇（Niccolao Manucci）表示，仅仅处死达拉并没有让皇帝感到满足，他还用残忍的手段对溺爱达拉、蔑视自己的父亲沙贾汉施加报复。马努奇在皇位继承战争中担任达拉的炮兵队长，达拉失败后转投安梅尔国王贾伊·辛格，在莫卧儿社会生活了60年之久。其著作《莫卧儿史》（Storia do Mogor）记载，奥朗则布甚至将达拉的首级装在箱子中，当作"皇帝给父亲的礼物"送给沙贾汉，并让人在餐桌上打开箱子。

《达拉·希科》的作者卡农戈（Qanungo）认为，从奥朗则布的性格来看，他的确有可能做出这种残忍的行为，但同时期史料中并没有记载这样的"复仇"事件，因此缺少依据将其视为历史事实。另外，按照马努奇的说法，奥朗则布皇帝下令将达拉的身体埋在胡马雍陵，首级则埋葬在泰姬陵。但卡农戈则表示，达拉的首级和身体被合在一起，埋葬于胡马雍陵，这是能与同时期以及后世史料的记录相印证的。

从孟加拉前来打算解救沙贾汉的次兄沙·舒贾也被奥朗则布击败。他逃往阿拉干（Arakan）地区，打算在该地东山再起，但因为做出忘恩负义的行为，在1661年被当地统治者杀害。达拉的长子苏莱曼·希科和他父亲一样遭到他所寻求庇护的对象背叛，在1660年被引渡给奥朗则布皇帝，次年在瓜廖尔（Gwalior）城堡的监狱中被处死，同年穆拉德也在这里被处以死刑。

不过，若要为"残忍的"奥朗则布做些辩护的话，不妨参看以下事实：据说奥朗则布最初是打算处死父亲沙贾汉的，但在自己最宠爱的长女泽布妮萨（Zebunnisa）绝食抗议后，他最终放弃了这一想法。虽然达拉·希科最受敌视，但其次子西皮尔·希科后来得到赦免，并在1673年与皇帝的第四女祖布达屯妮萨（Zubdatunnissa）结婚；达拉之女贾妮·贝谷姆（Jani Begum）被托付给皇帝的姐姐贾哈纳拉（Jahanara），并与皇帝的第三子穆罕默德·阿扎姆（Muhammad Azam）结婚；穆拉德·巴赫什的儿子伊扎德·巴赫什（Izad Bakhsh）则在1672年与皇帝的第五女梅赫伦妮萨（Mihrunnissa）结婚。这多少可以看作皇帝的赎罪之举吧。

逊尼正统派的先锋

奥朗则布皇帝（1658—1707年在位）是一位虔诚的逊尼派穆斯林，他的即位得到伊斯兰正统派神学家们的期待和欢迎，他们正试图恢复伊斯兰教自阿克巴皇帝以来已失落的国家宗教地位。皇帝本人也响应这一期待，抱着将"异教徒之国"（Dar al-Harb）转变为"伊斯兰之国"（Dar al-Islam）的决心登上了皇位。他在统治中严格执行《古兰经》的法律，认为创建"伊斯兰之国"才是穆斯林统治者的义务，才算践行了神的道路。

1659年，奥朗则布下令对已下狱的长兄达拉·希科执行宗教审判，将其自由思想裁定为叛教，对其处以死刑。奥朗则布在消灭政敌的同时，也发布了大量条例，重新建立了遵从《古兰经》教谕的行为准则。硬币上本来刻有卡利马（kalima，信仰宣誓），由于会被异教徒触碰到，现在也被下令停止刻印。皇帝还在大城市中设置了风纪监察官，以管控《古兰经》所禁止的种种行为。宫廷中，源自祆教的波斯历法中的纳吾肉孜节（Nowruz，新年），皇帝在首都期间每天早上到阿格拉城以及德里城的东城墙"站台"上现身并向人们展示"天颜"的约哈罗卡·达尔尚（jharokha darshan），向初次到宫廷侍奉的印度教新国王额头点上祝福印记的提卡（tika）等仪式都遭废除，乃至歌舞音乐、酒和大麻的享用也被禁止。

伊斯兰化的第一步，是排除、肃清任何存在异教起源、具有反伊斯兰性质的偶像崇拜要素，以及异端的宫廷仪式和礼节、非伊斯兰和反伊斯兰的习俗，由此实现伊斯兰式的"净化"、重组，然后再扩及对非穆斯林的管理。具体来说就是对印度教商人和穆斯林商人征收差别性关税，禁止印度教寺庙的建造、重建和修复，禁止印度教祭祀，拆毁印度教寺庙，禁止在公开场合实施印度教教育和具有宗教性质的行为，重新开始征收朝圣税。此外，1669年下达的废毁印度教寺庙令，不仅波及瓦拉纳西（Varanasi）著名的维什瓦纳特（Vishwanath）神庙和马图拉（Mathura）的凯沙夫·德夫（Keshav Dev）神庙，甚至也殃及作为帝国忠实支柱的拉吉普特诸王国，安梅尔王国就有66座寺庙遭到毁坏。

特别是在1679年4月，吉兹亚重新开始征收，虽然这只是一系列针对非穆斯林的迫害政策（对奥朗则布皇帝来说则是伊斯兰教的传布与改宗政策）中的一环，但它同时也带有压轴的意味。吉兹亚的重新征收发生在皇帝即位21年后，由此可见人们对其抵触情绪强烈到何种程度。应该认为，奥朗则布是在慎重考虑了与之建立同盟关系的主要拉吉普特王国的动向后，才实施这一举措的。

拉贾斯坦的拉吉普特三大家族中，强大的安梅尔国王贾伊·辛格已过世——正如后文所述，他由于被怀疑帮助西瓦吉（Shivaji）逃出阿格拉城，为此愤慨而死（1677年）——继位的拉姆·辛格（Ram Singh）国王则没有父亲那样的气量。帝国屈指可数的猛将，即马尔瓦尔王国的贾斯万特·辛格在重新征收吉兹亚6个月前就已经在任职地贾姆鲁德［Jamrud，白沙瓦（Peshawar）以北］去世，王国被并入帝国，国王死后才出生的嫡子［后来的阿吉特·辛格（Ajit Singh）］的继位还成为一个问题。梅瓦尔王国王子贾伊·辛格则遵照奥朗则布的敕令留在宫廷里侍奉，时间长达3个月，吉兹亚的重新征收就是在这段时间里开始执行的。当时，梅瓦尔的国王拉杰·辛格（Raj Singh）是三大家族中最为强大的国王，但其嫡子留在德里，俨然人质，迫使他不敢轻举妄动。

可以说奥朗则布皇帝正是利用拉吉普特三大家族的现状，采取相当于"扣留人质"的手段来重启吉兹亚的征收的。但是，正如下文所述，王子回国不久后，马尔瓦尔独立战争（即"拉吉普特战争"）爆发，梅瓦尔的国王拉杰·辛格也为了印度教的事业，选择加入战争。

"虔诚的"信仰与"清贫的"生活

奥朗则布皇帝的这些政策与他严格遵照《古兰经》教谕起居的生活方式互为表里。皇帝每天的安排是：早上5点起床，在内廷的清真寺做晨祷、诵读《古兰经》；中午与乌理玛、长老、修道僧和少数近侍一起举行祈祷会；日落时做晚祷；宫廷闭门（8点左右）后则与少数近侍一同祈祷；在此之后到睡觉之前的几个小时里进行宗教冥想，其间还会解决公私文件处理、诉状裁决、接受谒见等事。到90岁去世之前，他每天只睡四五个小时。这位每天不得不一个人处理如此庞杂事务的专制君主仿佛超人一般，甚至在战场上也没有改变祈祷的习惯。他不喝酒，厌恶奢华和浪费，在食物和衣服上保持朴素的作风，身边也没有金银餐具。

在奥朗则布皇帝写给幽禁在阿格拉城的父亲沙贾汉的一封信中，他为了说明自身统治的正当性，写下了如下所示的一段：

> 如您所知，神会授予那些对臣民倾注感情，履行保护人民义务之人以统治他们的权力。狼显然无法承担牧羊的工作，没有气魄的人也无疑不能履行统治的伟大义务。统治意味着要保护人民，而不是放纵和享乐。（引自 Bakhtavar Khan, *Mir'at al-'Alam*）

奥朗则布皇帝认为，正是因为自己具备这种"气魄"，所以他才拥有统治国家和社会的资格，而且这种"气魄"的来源正是自己"虔诚的"逊尼派伊斯兰信仰和"严格朴素的"生活作风。因此，他很自然地认为，将自己的信仰和生活状态推广至国家和社会才是"统治"的本意，才是虔诚的逊尼派信徒的义务。

但是，这种态度是身为统治者的大忌，而不仅仅是个人的缺陷。这种反动、保守、歧视兼压迫的政策，使人口占压倒性多数的非穆斯林，乃至伊斯兰教中的"异端"派别在社会上受到蔑视，在经济上、政治上受到歧视和折磨。此外，这种做法不仅给印度教徒和穆斯林的共存制造了裂痕，同时也是对伊斯兰教本身的侮辱。人们开始对穆斯林王权丧失信任和好感，与其他因素一同促成了人们对莫卧儿帝国的叛离、反抗，最终动摇了莫卧儿王权所依赖的根基。

叛乱频仍的北印度

虽然存在这种不宽容的、反动的政策，但是除去锡克教团的抵抗和后述本德尔坎德的拉吉普特人的朱贾尔·辛格（Jujhar Singh）的叛乱，奥朗则布在位最初十年内并没有出现明显的抵抗和叛乱，帝国甚至还在继续扩张领土。1660年，米尔·朱姆拉受命出任孟加拉总督，在他突然去世后，沙伊斯塔·汗（Shaista Khan）则从阿萨姆（Assam）出发远征阿拉干地区，于1666年征服了吉大港。不过就在此时，西北边境的阿富汗各族爆发了将持续十年之久的叛乱，到1674年时事态一度还严峻到皇帝亲自来前线督战的程度。

在此期间，北印度各地民众对帝国官员、军人掠夺和压迫的抵抗升级为对莫卧儿帝国的叛乱。1669年马图拉的贾特（主要从事农业的北印度种姓）农民、1672年旁遮普的萨特纳米（Satnami，印度教改革派其中一派的信徒）农民，乃至本德拉的豪族都先后掀起叛乱。1669年豪族高库拉（Gokla）领导的贾特农民叛乱在次年被镇压，高库拉被杀，其家人被迫改宗伊斯兰教。但是，这类反抗行动仍在继续，1687年拉贾拉姆（Raja Ram）掀起叛乱，之后又有朱拉曼（Churaman）的反抗，奥朗则布皇帝死后还出现了贾特王国巴拉特普尔（Bharatpur）。

与此相对，本德尔坎德的朱贾尔·辛格早在1628—1629年、1634—1635年就发动过叛乱。昌帕特·拉伊（Champat Rai）则承其遗绪，在1639—1642年、1661年继续领导叛乱。他拥立了朱贾尔·辛格的遗孤普里特维拉贾，致力于抵抗实施宗教迫害的莫卧儿人，驱逐由于协助莫卧儿人而成为奥尔奇哈（Orchha，原本属于朱贾尔·辛格）领主的同族叛徒。昌帕特·拉伊死后，其子恰特拉·萨勒（Chhatra Sal）前往安梅尔国王贾伊·辛格处效力，与马拉塔的英雄西瓦吉（马拉塔王国的建立者）相识，并奋起抵抗奥朗则布皇帝的反印度教政策，在本德尔坎德建立了独立王国。

锡克教团的抵抗和拉吉普特的叛乱

在哈戈宾德领导下推进军事化的锡克教团一直在与帝国发生军事冲突。虽然也有尝试让帝国授予古鲁（教主）曼萨卜之类的妥协方案，但因奥朗则布狭隘的伊斯兰化政策及第九代古鲁特格·巴哈杜尔（Tegh Bahadur）的斩首事件（1675年），莫卧儿—锡克关系已经无法修复。下一代古鲁戈宾德·辛格（Gobind Singh）将为神、真理和宗教献出生命的锡克教徒组织命名为哈尔沙（卡尔沙，khalsa），为战士们的名字加上"singh"（狮子）之号，不许他们剃胡须，要求随身备有辅音k开头的五件东西：长发（kesh）、匕首（kirpan）、宽松短裤（kacchera）、梳子（kangha）、手镯（kara），进一步明确了教团的军事化立场。奥朗则布皇帝死后，旁遮普落入了锡克教团的控制。

1678年，拉吉普特武将贾斯万特·辛格在贾姆鲁德去世，奥朗则布以他没有直系子孙为由接管了他的王国马尔瓦尔。次年，贾斯万特·辛格的家臣们将国王死后其妃子所生的王子阿吉特·辛格从皇帝手中夺回，返回了马尔瓦尔（都城焦特普尔），开始了持续三十年之久的游击战。"拉吉普特战争"由此开幕。

皇帝觉察到梅瓦尔国王拉杰·辛格参战的举动后，马上就让部署在梅瓦尔王国周围的莫卧儿军队立即入侵该王国，后者转眼间便占领了王国都城乌代布尔、奇陶尔等主要城市和要塞。不过，靠游击战进行抵抗的梅瓦尔国王拉杰·辛格通过夜袭皇子阿克巴的军队使其遭受重大损失，还切断了莫卧儿军队与作战据点阿杰梅尔之间的联络和补给。皇帝认为皇子阿克巴战败是因为他怠惰无能，对他严厉呵责，将其改派到马尔瓦尔战线。然而对皇子阿克巴来说，这里的战事比梅瓦尔战线更为棘手，虽然有兄长穆阿扎姆〔Muazzam，后来的皇帝巴哈杜尔·沙一世（Bahadur Shah I）] 和阿扎姆协同作战，仍未能取得显著战果。阿克巴再次受到皇帝斥责，被骂作无能，而这份屈辱促使他渐渐趋向于反叛。

拉吉普特一侧则巧妙利用了阿克巴的内心嫌隙，声称奥朗则布对印度教徒与穆斯林融合政策的破坏只会导致莫卧儿帝国的毁灭，向阿克巴提议，如果他能够废黜父皇，自己称帝，为印度教徒和穆斯林的融合而努力，拉吉普特人将会全力以赴为他提供支持。因为谋主梅瓦尔国王拉杰·辛格在1680年突然去世，这一共同行动的实施稍微有所推迟。次年1月，阿克巴发动叛乱，宣布废黜奥朗则布，自己登基成为莫卧儿皇帝。

阿克巴叛乱给奥朗则布皇帝带来打击的同时，也让他在阿杰梅尔的防备变得空虚。但是，阿克巴习惯了怠惰享乐的生活，为此浪费了二十天的时间，错失了攻占阿杰梅尔的最佳时机。帝国军队得到增援，通过情报战扰乱了阿克巴－拉吉普特联军，并攻其不备，击败了联军，后者不得不再次转向游击战。阿克巴认为长此以往也无法突破僵局，便向德干进发以寻求马拉塔的支援，最后亡命波斯。

失去杰出领袖拉杰·辛格的梅瓦尔王国在莫卧儿军队掠夺性、破坏性的焦土战略下变得荒芜，新国王贾伊·辛格为此忧心忡忡，于是向莫卧儿皇帝投降了。不过，马尔瓦尔王国则仍在组织游击战，在此期间还获得本迪（Bundi）王国得力武将的支持，战事于是走向长期化。1707年，在得知奥朗则布皇帝去世后，阿吉特·辛格从莫卧儿帝国手中夺回王国首都焦特普尔,新皇帝巴哈杜尔·沙一世承认阿吉特·辛格为马尔瓦尔国王,和平得以实现。但因为这场战争,莫卧儿皇帝已彻底失去了拉吉普特人的信任。

马拉塔英雄西瓦吉

迫使奥朗则布皇帝深陷德干、瓦解莫卧儿帝国在德干地区的统治的,则是以西瓦吉为中心的马拉塔豪族的活动。马拉塔是居住在马哈拉施特拉(Maharastra)地区的种姓,大部分人以务农为生,其中的豪族阶层曾先后为统治该地的艾哈迈德讷格尔王国(尼扎姆·沙希王朝)、比贾普尔王国(阿迪勒·沙希王朝)等德干的穆斯林王国效力。马拉塔英雄西瓦吉所属的邦斯勒(Bhonsle)家族就是这些豪族之一,其父沙哈吉(Shahaji)最初为艾哈迈德讷格尔王国效力,后来则转投比贾普尔王国。

小豪族西瓦吉从17世纪40年代后期开始夺取比贾普尔王国的城池,劫掠莫卧儿帝国领土,将其领地从浦那(Puna,或作Pune)近郊逐渐拓至西高止(Ghats)山脉沿线的康坎(Konkan)地区。随着统治区域的扩大,他将马拉塔的小豪族阶层纳入旗下,同时也消灭了其他较具实力的马拉塔豪族阶层,确立了邦斯勒家族的统治地位。1659年,他击败了比贾普尔王国军队,1663年又偷袭莫卧儿德干总督沙伊斯塔·汗在浦那的官邸并使其负伤,打击了帝国权威。

不过,1665年成为德干总督的安梅尔国王贾伊·辛格,通过在和战之间周旋的外交妙计,降伏了西瓦吉,并让后者根据同年在布伦特尔签订的条约，开始为莫卧儿帝国效劳。在贾伊·辛格的热切请求和说服下，他于次年出发前往位于阿格拉的宫廷，但奥朗则布对他很冷淡，西瓦吉为此表现激愤，于是触怒了皇帝，被拘禁在阿格拉城堡。三个月后他和长子桑巴吉（Sambhaji）成功出逃，贾伊·辛格由于存在帮助其逃亡的嫌疑，被免除德干总督一职，在召回途中于布尔汉普尔悲愤而死。

1674 年，西瓦吉在赖加尔（Raigarh）城按照吠陀记载的古代仪式，举行了盛大的马拉塔国王即位典礼，宣告马拉塔王国成立，明确表示将对抗奥朗则布皇帝的伊斯兰化政策，以保卫印度教徒的信仰与自由。其思想、行动以及在马哈拉施特拉开展的反莫卧儿的马拉塔运动，受到拉玛达斯（Ramadas）等中世纪德干巴克提运动领袖的影响，西瓦吉就将拉玛达斯视作自己的精神导师。可以说，在早期的马拉塔运动中，这些宗教思想还起到淡化马拉塔豪族阶层利害关系的作用。虽然西瓦吉在 1680 年就去世了，但马拉塔势力已成为一股强大的力量，动摇着莫卧儿帝国在德干的统治。

陷入泥沼的德干战争

1681 年反抗父皇奥朗则布发动叛乱，又和拉吉普特人联手的皇子阿克巴，为了得到马拉塔人的援助，同年在拉吉普特武将杜尔加·达斯（Durga Das）的陪同下向德干进发，得知此事的皇帝担心拉吉普特、马拉塔和阿克巴三方结成同盟，慌忙向德干进军。皇子阿克巴认为即使留在西瓦吉刚刚去世的马拉塔王国也没有发展前景，失望之余，便在1683年流亡波斯。而另一方面，皇帝在去世之前的二十五年间，再也没有回过德里，可见德干的局势严峻到了何种地步。

奥朗则布皇帝从担任德干总督的时候开始，就将"异端"什叶派的两个王国比贾普尔和戈尔康达视作征服对象，认为马拉塔势力之所以能"飞扬跋扈"，是因为背后有这两个王国在出谋划策，他不择手段地使用贿赂、倒戈等方法，分别在1686年和1687年征服了比贾普尔王国和戈尔康达王国，将它们并入帝国。由此，莫卧儿帝国的统治疆域北起阿富汗，南抵半岛尖端附近，实现了帝国历史上的最大版图。此外，1689年，他对西瓦吉的长子和继承人桑巴吉发动突袭，后者及其宰相等主事者二十五人连同妻子儿女被捕，而其妃子和年幼的长子夏胡（Shahu）也被捕。奥朗则布皇帝虐杀了桑巴吉，完成对德干的征服，几乎统一了自阿育王以来的两千年间都处于分裂状态的整个印度。

但是，这也是莫卧儿帝国终结的开始。虽然桑巴吉是一个游手好闲的国王，但他的死反而使马拉塔人团结一致。他们将桑巴吉的异母弟拉贾拉姆拥立为王，在各地发动游击战进行抵抗。拉贾拉姆曾被桑巴吉投入监狱，缺乏作为领袖所必需的知识，但得益于优秀的顾问和武将，人得其位、位得其人，而且拉贾拉姆能用人不疑，因而从1690年代开始，马拉塔人在各地相继打败莫卧儿军队，掌握了战局的主动权。

1700年，拉贾拉姆死后，出现了异母兄弟桑巴吉二世和西瓦吉三世谁来继承王位的问题，后者的母亲塔拉·拜（Tara

Bai）凭借非凡的领导能力和影响力，让 4 岁的西瓦吉三世获得认可，成为马拉塔国王。代替年幼国王掌握实权的母后塔拉·拜靠着强烈的个性、罕见的勇气、优秀的组织能力和统治能力，将拉贾拉姆死后局势不稳的马拉塔王国从危机中拯救出来。对莫卧儿军队来说，与使用游击战术的马拉塔军队作战就如同打地鼠一般永无止境，习惯了安逸的莫卧儿官兵中充满了厌战情绪，士气低落和军饷拖欠不仅导致他们在与马拉塔人作战时落败，还使得他们屈服于贿赂。

奥朗则布皇帝之死

奥朗则布皇帝在晚年承认了自己统治的失败，对于被真主抛弃、"罪孽深重"的自己来世能否得到救赎充满了不安与恐惧，每天都在絮叨陈言、抱怨孤独。在皇帝晚年寄给皇子们的信件（即使不算遗书也近似于遗书）里，全都是这位"活得太久"的老人颓唐尽显、悲痛至极的内容。以下摘录的是皇帝寄给皇子穆罕默德·阿扎姆的遗书的一部分：

> 愿平安常在你和你周围的人身边。朕渐渐老去，身体变弱，四肢也失去力量。朕独自来到这个世界，又像陌生人一样离开这个世界。朕不知道自己是怎样的人，也不知道自己有多大用处。朕的人生没有为真主做出丝毫奉献就逝去了，只能感叹时光流逝。在统治上，朕也没有尽心关怀人民的福祉。
>
> 朕的人生毫无意义地逝去了。虽然真主存在于世，

朕却无法看到。这个世界上没有什么是永恒的，没有能够证明过去的痕迹，也不存在对来世的希望。驱使朕的热情已经散去，朕留下的只有消瘦的骨和皮。

（在德干）我军陷入了混乱，东奔西走。军队没有休憩，就和背离了真主，陷入孤独、混乱且忙碌的朕一样。但是，军队不知道有更为伟大的主人存在。朕只身来到这个世界，将背负着罪恶的果实离去。真主会对我降下什么惩罚，还不得而知。朕虽然希求真主能赐予恩典与慈悲，但因为自己生前的行为，现在只能畏惧不已，不敢深思。

就这样，拥有钢铁般的意志，执着于统一印度和建设"伊斯兰国家"的奥朗则布皇帝，在1707年于艾哈迈德讷格尔结束了90岁的生命。

莫卧儿帝国的衰落

第六代皇帝奥朗则布死后，莫卧儿帝国对地方的统治迅速瘫痪，各地方势力相继独立，地方官不断宣布自立。到了18世纪中叶，帝国沦为只能控制德里周边地区的地方势力。在此期间，八名皇帝先后登场，令人眼花缭乱。从18世纪后期开始，皇帝又成为马拉塔以及英国东印度公司的傀儡，第十七代皇帝巴哈杜尔·沙二世（1837—1858年在位）则在1857年"印度大叛乱"时受到牵连，被逮捕后于次年被流放到缅甸，莫卧儿帝国名实俱亡。

第三章 实现统一的铁之意志与帝国解体的危机

一个帝国的衰落和崩溃的过程，有各种各样的因素参与其间，或为因或为果，但这些因素无疑在相互影响、共同发挥作用，而莫卧儿帝国的衰落和崩溃，也可以找到各种各样的原因。在相关探讨中，伊尔凡·哈比卜（Irfan Habib）的见解是最具概括性和最有逻辑的，也是目前为止最为出色的判断，他从可以称为支撑帝国体系两大基石的曼萨卜制度和札吉尔制度的内生基本矛盾着手，讨论了其与帝国政治、经济、军事体系之间的关联。下面将针对这一点做简单介绍。

伊尔凡·哈比卜在他的《莫卧儿时期印度耕地制度》（*Agrarian System of Mughal India*）中指出，在没有官府严格监视的情况下，曼萨卜达尔从其札吉尔征收的土地税（俸禄）常常有超过规定土地税的倾向。而且札吉尔的持有时长为两到三年，不能确定何时会被更换，在领有时间不确定且都是短期的情况下，曼萨卜达尔在被授予札吉尔获得土地期间会尽其所能地对直接生产者进行掠夺，因此札吉尔制度是一种横征暴敛的制度。而且，随着与曼萨卜搭配的札吉尔开始短缺，掠夺行径也变得日益不加掩盖。这一方面掏空了帝国的财政基础，同时造成了农民的疲敝，引发了豪族、地主和农民阶层的叛乱；另一方面动摇了由曼萨卜达尔提供和维持的帝国军事力量的根基，导致了莫卧儿帝国的崩溃。

笔者基本同意哈比卜的看法。不过，哈比卜的研究是以帝国直辖地，特别是北印度中心地带为对象展开的，而帝国还拥有不能作为置换对象的领地（即瓦坦·札吉尔），同时还存在着帝国各地获得札吉尔的印度教国王们，如延续了数百年的安梅尔（斋浦尔）王族和马尔瓦尔（焦特普尔）王族等拉吉普特诸王族，哈比卜的研究并未谈到他们对莫卧儿帝国的衰落、崩溃有着怎样的影响。如果以他们的活动为关注点，那么关于莫卧儿帝国衰落的诠释，可能会呈现出另一种样貌。接下来笔者就将对这些印度教王国进行考察。

忠诚与贡献的背后：拉吉普特的野心付诸东流

作为地方势力的拉吉普特

在拉贾斯坦，有着连接帝国核心区域和印度西海岸的重要通商、军事远征路线。针对这条路线的控制权，当地的拉吉普特国王们在历史上扮演了相当重要的角色。可以相信，确保这一路线的安全也是阿克巴推行拉吉普特政策的原因之一。在"拉吉普特战争"风起云涌的1687年，莫卧儿军司令官虽然占领了马尔瓦尔的首都焦特普尔，却仍然将经过该地的货物关税的四分之一交给敌方的马尔瓦尔国王，以确保这条路线的安全，可见这条路线的重要性。

除去投降后仍被允许保持"光荣孤立"的梅瓦尔王族，从阿克巴皇帝开始，历代莫卧儿皇帝都与拉贾斯坦大大小小的拉吉普特王族建立了个人层面的主从关系，让他们作为曼萨卜达尔，无论是嫡系、旁系抑或同族，都在同一片土地上竞相为皇帝效忠，为帝国效力。皇帝在准许他们继续拥有"领地"之外，也赐予曼萨卜以及会在全国各地进行更换的札吉尔，并根据他们对帝国的贡献进行增减，借此来管理和控制他们。当然，他们继续拥有的"领地"范围极小，最多3—4个县，也就是数百个村子组成的区域。而且，他们的县和村也被纳入帝国的行政区划中，即使被允许"行政自治"，也需要接受帝国一定的控制。

他们除了是掌握着帝国通商、军事远征路线的重要政治势力，作为印度教武士阶级，他们还是在政治、经济和社会方面有着支配力量的地方豪杰。虽然其领地范围遭到削减，他们仍然是在领地及其周边地带拥有权威和威信，维持着传统社会关系的社会性力量。因此，将他们融入帝国体系，对其行动予以一定约束，并且让他们拥有的军事、经济、政治以及社会性的力量为帝国所用，对帝国的统治来说也是至关重要的。授予曼萨卜和札吉尔正是用来换取其支持和协助的手段。

拉吉普特王权的壮大——曼萨卜和札吉尔

然而，随着对帝国贡献的增加，他们获授了更高的曼萨卜，札吉尔也随之增加。尤其引人注目的是，他们逐渐将帝国所授的需要更换的札吉尔集中在自己的领地周围，而且将其持有长期化，甚至变为瓦坦·札吉尔，以扩大自己的领地。对此，下面将依照甘希亚姆·达特·莎玛（Ghanshyam Datt Sharma）的研究《拉吉普特的政治体系》(*Rajput Polity*)对四代马尔瓦尔国王进行考察。

一般来说，曼萨卜（官职俸禄）以及与其大小对应的札吉尔（封地）在受封的曼萨卜达尔本人死后会被收回，而如果其子在帝国任职，原则上曼萨卜的授予必须从最低的10（后为20）开始。同样，对于拥有领地的拉吉普特国王，在他去世之后，其曼萨卜无法按照原大小被后继的国王继承。不过，由于领地是可以继承的，继任国王在即位时受封曼萨卜的大小，原则上与所赐领地（瓦坦·札吉尔）的大小（土地税额）相对应。也就是说，即使国王在位时因其对帝国的贡献和功劳获得了较高的曼萨卜，在国王去世之后，后继国王即位时被授予（继承）的曼萨卜原则上要减掉（被收回）前任国王在位时增加的部分。要之，原则上讲，继任国王即位时拥有的曼萨卜和前任国王即位时所获曼萨卜是同等大小的。

可是，从历代马尔瓦尔国王曼萨卜的大小来看，如下面的表格所示，后继国王即位时的曼萨卜比前任国王即位时的曼萨卜数值要高，以及虽然后继国王即位时没有原封不动地继承前任国王去世时曼萨卜的数值，但至少有一部分是得到继承的。从乌代·辛格的200开始，到苏尔·辛格的2000，到加杰·辛格的3000，一直到贾斯万特·辛格的4000，后继国王即位时继承的曼萨卜较之前任国王即位时的数值都有所提高。可以认为，这意味着即位时与增加的曼萨卜配套的札吉尔成了领地（瓦坦·札吉尔），被合并到马尔瓦尔国王的领地中。

马尔瓦尔国王及其曼萨卜（扎特）

乌代·辛格（1583—1595年在位）	
即位时的官职俸禄	200
1585年的官职俸禄	1000
去世时的官职俸禄	2500

（续表）

苏尔·辛格（1595—1619年在位）	
即位时的官职俸禄	2000
去世时的官职俸禄	5000
加杰·辛格（1619—1638年在位）	
即位时的官职俸禄	3000
去世时的官职俸禄	5000
贾斯万特·辛格（1638—1678年在位）	
即位时的官职俸禄	4000
去世时的官职俸禄	7000

札吉尔向领地周围集中

授予历代马尔瓦尔国王的札吉尔，具体是如何变成领地的呢？下面的表格记录了以马尔瓦尔王国都城焦特普尔所属的焦特普尔县为首，王国周围九县及其土地税额以及何时授予马尔瓦尔历代国王的。另外，授予马尔瓦尔国王的马尔瓦尔地区（王国及其周围）的札吉尔，只要没有因为得罪皇帝而被收回，在国王在位期间都是被允许持有的。因此，虽然存在需要频频更换札吉尔的规则，但是从这种非常规的札吉尔授予方法来看，莫卧儿帝国对拉吉普特国王们采取的政策是极为宽大的，可以将其称为帝国的"特殊拉吉普特政策"。

乌代·辛格即位时，作为札吉尔授予的只有焦特普尔县，包括锡瓦纳（Siwana）在内的四县则是其在位期间获赐的，其他四县则完全没有被授予。焦特普尔县是王国首都所在的县，毫无疑问是领地的一部分，但从乌代·辛格的曾孙贾斯万特·辛格在该县获赐的土地税额来看，虽然乌代·辛格被授予了焦特普尔县，但只能获得该县三分之一的土地税收入（或者说土地的支配权）。

授予马尔瓦尔国王的土地税额的变迁

单位：达姆（40达姆=1卢比）

国王名 县名	乌代	苏尔	加杰	贾斯万特	
焦特普尔	即位时 5,885,000	即位时 5,885,000	即位时 10,255,000	即位时 14,725,000	死亡时 14,725,000
锡瓦纳	在位中 1,500,000	即位时 1,500,000	即位时 2,500,000	即位时 3,000,000	死亡时 3,000,000
索贾特	在位中 4,000,000	即位时 4,000,000	即位时 6,000,000	即位时 8,000,000	死亡时 8,000,000
博格伦	在位中 560,000	在位中 560,000	即位时 560,000	即位时 800,000	死亡时 800,000
贾伊塔兰	在位中 3,940,297	在位中 3,940,297	在位中 5,000,000	即位时 3,940,297	死亡时 8,000,000
梅尔达		在位中 8,000,000	在位中 12,000,000	即位时 14,000,000	死亡时 14,000,000
帕洛迪		在位中 2,700,000	在位中 2,700,000	在位中 2,700,000	死亡时 2,700,000
贾洛尔		在位中 11,510,827	在位中 11,510,827	在位中 11,510,827	死亡时 11,500,000
桑乔雷		在位中 2,566,673	在位中 2,566,673	在位中 2,566,673	死亡时 2,400,000

继任的苏尔·辛格即位时，作为札吉尔授予的是焦特普尔县、锡瓦纳县和索贾特县（Sojat）三县，后两县是前任国王在位时获授而继承下来的，可以认为已经被领地化。博格

伦（Pokhran）等六县是在苏尔·辛格在位期间被授予的。苏尔·辛格在焦特普尔县所继承的土地税额与前任国王的土地税额完全一致。虽然焦特普尔县的领地大小没有变化，但随着锡瓦纳县和索贾特县成为领地，马尔瓦尔王国的领土逐步扩大。这一点也可以从苏尔·辛格即位时曼萨卜的增加得到印证。另外，虽然锡瓦纳县和索贾特县成为领地，从其孙子贾斯万特·辛格被授予的土地税额来看，锡瓦纳县和索贾特县的收入都是二分之一，苏尔·辛格只能支配两个县的一部分，并没有做到垄断。这种札吉尔授予方式是帝国为防止垄断而精心设计的政策的一部分。

加杰·辛格即位时，被授予的札吉尔除了焦特普尔县等前任国王即位时的三县，还有前任国王在位时获授的博格伦县，该县也成了领地。之后，贾伊塔兰（Jaitaran）等五县则是其在位时被授予的。加杰·辛格的札吉尔引人注目之处在于，他在所领有的焦特普尔县、锡瓦纳县和索贾特县获授的土地税额，相对于前任国王时上升了二分之一到三分之二的程度。虽然这意味着马尔瓦尔王国的领地得到扩大，但与后任国王贾斯万特·辛格在这些县得到的土地税额相比，加杰·辛格对这些县的控制仍然是不完全的。

同样，在贾斯万特·辛格即位时作为札吉尔的六县中，贾伊塔兰县和梅尔达县（Merta）是前任国王在位时被授予的县，可以说已经领地化和世袭化。六县的土地税额都比前任国王被授予的数值高，并与贾斯万特去世时的数值基本等同，因此各个数值应当是各县的总土地税额。由此可以认为，到了贾斯万特·辛格国王这一代，马尔瓦尔国王已实现对这六个县的垄断性支配。另外，贾斯万特在位时被授予的帕洛迪（Phalodi）等三县，全部都是从苏尔·辛格开始到贾斯万特·辛格连续三代在位期间才获授的札吉尔。这表示前任国王去世时它们曾被收回，没有被后任国王继承下来。不过，它们作为札吉尔相继被授予苏尔·辛格等三代国王，和其他县的情况一样，距离成为领地只是一步之遥，可以说实际上已经处于领地化的进程中了。

苏尔·辛格等三代国王在位时这三个县被授予的土地税额数值，虽然都没有出现变化，但贾斯万特·辛格去世时，贾洛尔县和桑乔雷县的土地税额总计减少了177500达姆（dam）。这一削减意味着什么尚不得而知，但从1774年开始到他去世之前，贾斯万特·辛格获准向邻近的纳高尔郡（Nagaur）的两个县每年征收总计6547731达姆的土地税（本表未列入纳高尔郡两县县名及其土地税额）。

舍远求近的札吉尔

那么，札吉尔向领地周围区，也即马尔瓦尔地区的集中与领地化是如何进行的呢？前文已经提到，札吉尔一般来说会被授予到帝国各地，除了获准长期持有的领地（瓦坦·札吉尔），其他都是需要更换的。马尔瓦尔国王获授的札吉尔可以分为包含领地在内的马尔瓦尔地区和马尔瓦尔以外的地区。下面就以贾斯万特·辛格的札吉尔为切入点来进行考察。

贾斯万特·辛格即位时获授的札吉尔为3998万达姆，两年后增加了1000万达姆，但所有的札吉尔都位于马尔瓦尔地区。1645年他在马尔瓦尔地区的札吉尔增加了2万达姆，达到5000万达姆，而在马尔瓦尔以外的地区又获授了1170万达姆。到1654年之前，其在马尔瓦尔地区的札吉尔既未增加也未减少，维持在5000万达姆，但在外地获授的札吉尔在1654年增加到4120万达姆。

不过，1655年，马尔瓦尔地区的札吉尔增加了1200万达姆，但外地的札吉尔反而减少了890万达姆。进而在1657年，马尔瓦尔地区的札吉尔增加了122.5万达姆，与之相对，外地的札吉尔则减少了2002万达姆。这表明，对于马尔瓦尔国王来说，即使是仅有122万达姆的土地税额，只要是马尔瓦尔地区的札吉尔，就算用马尔瓦尔以外地区所获2002万达姆的札

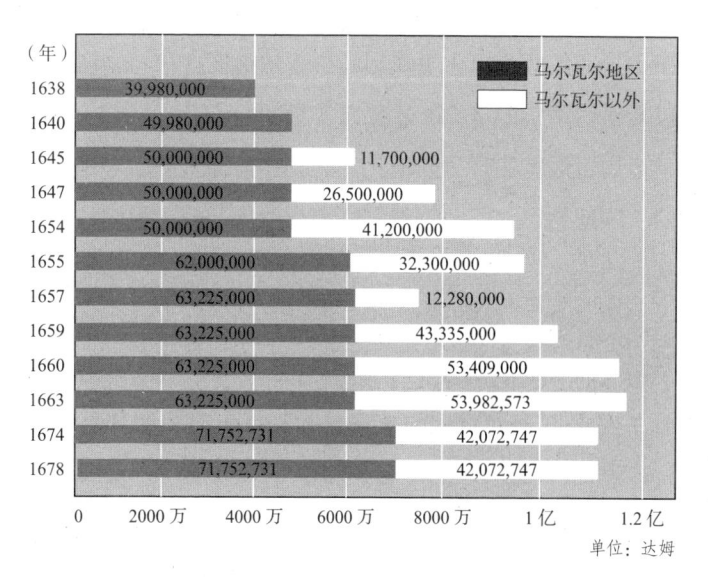

（年）	马尔瓦尔地区	马尔瓦尔以外
1638	39,980,000	
1640	49,980,000	
1645	50,000,000	11,700,000
1647	50,000,000	26,500,000
1654	50,000,000	41,200,000
1655	62,000,000	32,300,000
1657	63,225,000	12,280,000
1659	63,225,000	43,335,000
1660	63,225,000	53,409,000
1663	63,225,000	53,982,573
1674	71,752,731	42,072,747
1678	71,752,731	42,072,747

单位：达姆

贾斯万特·辛格国王（1638—1678年在位）的封地（札吉尔）

吉尔来交换也会毫不惋惜，他对获得领地周围土地的执念可见一斑。

从1657年到1663年，虽然马尔瓦尔地区所获授札吉尔的大小没有变化，但这一期间在外地被授予的札吉尔增加了。不过，1674年马尔瓦尔地区所获授札吉尔增加了约853万达姆，外地的札吉尔则大幅下降，减少了约1191万达姆。这同样显示出马尔瓦尔国王的意志：即使牺牲马尔瓦尔以外地区获授的札吉尔，进行土地税额的不等价交换，也要得到领地周围的札吉尔，集于自家之手。

莫卧儿帝国防止"领地化"的策略

如上文所述，马尔瓦尔国王在领地周围采取的"领地化"方针，是通过从为帝国做出贡献而被追加授予的札吉尔中，将位于边远地区的札吉尔更换到马尔瓦尔地区这种"合法的"手段以及他们踏实的努力，才得以实现的。不过，从安梅尔国王对领地周边地区实现"领地化"的具体情况来看，马尔瓦尔国王的"领地化"并不一定都是靠"合法的"或"稳健的"方法来实现的。

安梅尔王国向德里的皇帝派遣的大使（wakil）在1691年从德里发出了一封信件，请求国王拉姆·辛格做出必要的处置：安梅尔王国附近的栋格县（Tonk）有个叫作沙费·汗（Shafi Khan）的人，他持有札吉尔，向皇帝投诉安梅尔国王的家臣在自己的札吉尔里非法征收土地税；为了调查真相，皇帝已派遣了一个叫作阿希尔·汗（Akir Khan）的官员前来，现在提请国王注意，不要让家臣做出此种行为。

如此看来，拉吉普特国王会妨碍在自己领地周边的帝国领土内获授札吉尔的其他曼萨卜达尔征税，使得后者不再愿意在该国王领地周边的帝国领土上得到札吉尔。这正中国王们的下怀，他们或是从帝国那里以札吉尔的形式，或是从帝国或其他曼萨卜达尔手中以包税地的形式来获得这些土地，并让帝国逐渐认可这些土地的"领地化"。由于国王们对帝国的巨大贡献和对皇帝的忠诚，皇帝在面对他们请求指定地区的札吉尔作为奖赏时，很难断然拒绝。另外，他们还会通过宫廷的人脉做工作，以确保能按他们的要求来赏赐札吉尔，裁决纷争。

面对拉吉普特国王们扩大"领地"的行为以及他们本身势力的壮大，帝国政府也不是一味袖手旁观。札吉尔的更换自不必说，政府还会尽可能不让札吉尔集中在特定区域，而是分散到帝国各地。为防止垄断，政府也不会将整个县都作为札吉尔授予，而是仅授予一部分。此外，政府还会将拉吉普特国王领地周围的帝国领土作为札吉尔授予其他拉吉普特或穆斯林曼萨卜达尔，以形成牵制。

拆分家族也是管理策略之一，该策略以王族内部的权力争斗以及兄弟之间的不和为契机，同时也拿王子们对帝国的贡献当借口。马尔瓦尔王族分出的纳高尔王族，安梅尔王族分出的阿尔瓦尔王族，梅瓦尔王族分出的伯内拉（Banera）家族，本迪王族分出的科塔家族，都作为旁支建立了新的拉吉普特王国。

尽管有这些措施，政府仍然无法阻止各个主要拉吉普特王国的壮大，以致不得不拔出"没收领地"之类的"祖传宝刀"。据说奥朗则布取缔马尔瓦尔王国的理由之一，就是为了解决札吉尔不足的问题，可见拉吉普特国王们对其领地的扩张到了何种地步。但是，"祖传宝刀"毕竟是不可拔出之物，轻易拔出的结果就是与马尔瓦尔王国长达三十年的"拉吉普特战争"。那么，拉吉普特王国究竟是在怎样的王国统治支撑下，才发展得如此强大的呢？

拉吉普特王国的国家构造

被称为拉吉普特三大家族的拉贾斯坦的安梅尔、马尔瓦尔、梅瓦尔，在莫卧儿帝国历史上各自走上了不同的道路，而他们向莫卧儿皇帝臣服的缘由本身也反映出了各国国家构造的不同。安梅尔王族属于领导权由众多王族共享的卡奇瓦哈家族，他们企图通过尽快与莫卧儿帝国结盟来确立自己独立的领导权。至于马尔瓦尔王族，前任国王马尔德夫（Maldev）强化王权的政策导致了贵族们的叛离，这些贵族不支持他指定为嗣君的幼子钱德拉·森（Chandra Sen），而钱德拉·森的兄长们却在为阿克巴皇帝效力，这导致了马尔瓦尔王族的分裂，他们很轻易地便向阿克巴皇帝臣服了。与之相对，梅瓦尔王族在相当程度上克服了这种氏族体系，拥有强大的王权，因此得以与莫卧儿帝国长期交战。

如前所述，拉吉普特王国的国家构造是：由担任国王的拉吉普特各家族（氏族）首领和同族的贵族组成统治集团（也有其他氏族的拉吉普特人参加），对商人、农民、各类工匠、部落民等实行统治。但是，由于建国之初祖先们共同获得、分割和持有土地的传说，贵族们有着国王不过是"同辈中的第一人"的观念，王权受到贵族的掣肘，传统上较为弱小。在受到外敌威胁、产生危机时，他们会团结一致，但等到危险退去，他们又会变为松散的集团，偶尔还有强有力的王族独立出来，建立新的王国。

迷你莫卧儿帝国之路

对于拉吉普特的国王们，莫卧儿皇帝并不关心其国家大小或是门第出身，而是按照他们对皇帝的忠诚和对帝国的贡献来决定曼萨卜和札吉尔的增减。这既能实现对他们的管理和控制，也能破坏他们的同族、氏族体系，结果却促成了拉吉普特王权的强化。另外，随同国王参加帝国军的王子们，其作为继承人的地位也能得到皇帝的默许，在国王选择继承人时排除了贵族介入的余地。

此外，他们作为文武官员与家臣一起参与帝国统治，从中习得帝国的统治制度，并将其引入王国，以充实和改善行政、税收机构和军事制度。其中，通过将帝国的札吉尔制度引入王国内部，贵族们世袭领有的土地——即使只是形式上——变成了出于国王的恩惠而被授予之物，之后更是变成札吉尔，即需要定期更换。这一举意在为他们的同族贵族心中打上主从关系的观念烙印，打破作为后者权力基础的世袭土地控制。

曼萨卜被换成拉贾斯坦语的"莱克"（rekh，本为"放置"之意），这一制度在经过若干修正后得到引入。曼萨卜所包含的扎特（本人）和萨瓦尔（骑兵）则分别改称迪尔（deel，本人）和塔宾达尔（tabindar，仆从）。莱克由本人（和家族）的俸禄及维持一定数量的仆从和马匹所需费用的合计数额来表示，而札吉尔则按照土地税额以及与该数额相称的村庄来授予。

在莫卧儿帝国的这种支配下，拉吉普特诸王国的王权得到帝国的支持，找到了强化领地支配的机会。而将帝国的统治制度巧妙运用于领地经营、强化领地支配的做法，等于是对帝国采取强硬的立场。拉吉普特王权开始将札吉尔集中到领地周围，并将其领地化，导致了拉贾斯坦（即帝国的阿杰梅尔省）的札吉尔不足以及帝国支配的瘫痪。由此，帝国对拉贾斯坦的支配走向了终结。

领地支配与宗教权威

札吉尔是拉吉普特王权在扶持贵族等世俗权力时授予的，与之相对，宫廷婆罗门和国家大寺等宗教权威得到的则是称为乌达克（udak）的捐赠地，通常是以村庄的形式授予的。其内容一般是对应村庄的土地税征收权，但有势力的婆罗门和大寺经常被授予免税和官府人员不得介入的特权，因此后者常常会表现为对土地和人民的支配权。国王们不仅会从贝拿勒斯和古吉拉特地区等地方请来知名的婆罗门，还会越过国界将他们的村庄捐赠给其他拉吉普特王国的知名神庙。

为了躲避奥朗则布皇帝的迫害而从维伦达文（Vrindavan）逃到拉贾斯坦的毗湿奴派瓦拉巴（Vallabha）教团，在得到国王拉杰·辛格的许可后，流亡到梅瓦尔王国，在纳特德瓦拉（Nathdwara）建立了主神庙。该教团发展迅速，他们在从拉贾斯坦到古吉拉特的地域范围内，拥有将同一座神像分而奉之的七座分寺和大量小神庙。拉吉普特的国王们将大量村庄赐给这些寺庙和僧侣，此外，又针对村长和地方小豪族所建立的小神庙以及他们所招来的神庙僧侣，免除了他们捐赠地（duri）的租税，借此为寺庙和僧侣提供维护、扶持的资金。

城市、村庄里有特定种姓（商人或职业集团等）建立的各个种姓寺庙，也有为豪族和乡绅服务的神庙，以及城市和村庄居民平时参拜的神庙，等等。国家对这些神庙及其僧侣一视同仁，施行土地捐赠和免税的政策。村子里也有可以称为导师的精神领袖（gaon guru），国家会授予他免税土地。拉吉普特王权会利用作为人们灵魂和精神支柱的神庙，以及主持神庙仪式、在精神上进行指导的婆罗门等宗教权威，以实现他们对领地的完全支配。

拉吉普特的野心付诸东流

不过，拉吉普特王国领地的扩大是国王和将士们洒下血汗泪水献身帝国换来的赏赐。为阿克巴、贾汉吉尔皇帝效力的安梅尔王族以及同族的二十一位名人中，没有一位是在安梅尔去世的。死亡人数最多的地方是德干（多达九人），后来还有"德干是卡奇瓦哈家族的墓地"的说法，实际上他们也一直在德干安排墓地的修造。

安梅尔城堡和市区位于山谷间，其后方西侧的山岩上，耸立着巨大的要塞斋格尔（Jaigarh），而东部险峻山岩中也有堡垒绵延，它们与历代国王孜孜不倦致力于实现领地扩大的努力一同显示出安梅尔国王梦想有朝一日取代莫卧儿皇帝统治北印度的野心。奥朗则布皇帝死后，安梅尔国王贾伊·辛格二世（1699—1743年在位）在安梅尔以南建造了新城市斋浦尔，并围绕城市修建了高大的外城墙，在控制通过该地的商业通道同时，还招来了工商业从业者。他设想在莫卧儿帝国衰落时，就伺机而动，取而代之。不过。由于马拉塔军队的入侵，加上他死后的王位继承问题还招致马拉塔武将的干涉，其野心最终付诸东流。

至于马尔瓦尔王国，如前所述，其国王贾斯万特·辛格去世前已将王国周围大规模领地化，可以说这正是奥朗则布皇帝肢解马尔瓦尔王国的原因之一。于是，原本已一步步壮大起来的马尔瓦尔王国也因为帝国对王国的肢解以及王国随后在"独立战争"中的重大误判，导致通过对帝国尽忠、惨淡经营积蓄下来的人力物力资源在这场战争中消耗殆尽，称霸北印度的梦想最终化为泡影。

与莫卧儿帝国长期交战后最终投降的梅瓦尔王国，其国王本人不必参军，公主也不必与莫卧儿皇室结亲，至于王族成员的参军从整体来说也是名义性和自愿性更强。因此梅瓦尔王国在整个莫卧儿时代保持了"光荣孤立"，这导致该国在军事、经济、文化方面的倒退。梦想着梅瓦尔王国独立之"荣耀"的国王拉杰·辛格（1652—1680年在位）即位不久后，撕毁与莫卧儿帝国订立的禁令，开始修复奇陶尔城堡，并在没有皇帝许可的情况下，从 2500 名派遣至坎大哈所驻帝国军队处的骑兵中撤回 1500 名，使得与王国与帝国之间的关系紧张起来。

这些"不法行为"导致了帝国军队对梅瓦尔王国的入侵，虽然国王通过谢罪获得了赦免，然而帝位继承战争甫一开始，国王又趁机夺取了王国周围的帝国领地，再次开始修复奇陶尔城堡。国王还建造冠有自己名字的巨大农用人工湖，修复大量的蓄水池，建造大量花园，致力于强化军事力量，努力克服梅瓦尔王国的落后局面。梅瓦尔王国还参加了邻国马尔瓦尔的独立战争，但因为军事力量处于劣势而力不从心，国土大半被莫卧儿军队占领，村庄和田地也因焦土战略而变得荒废。国王在交涉和平时去世，次年（1681 年），嗣君贾伊·辛格投降，叛乱就此平息。此后，梅瓦尔王国再也无法恢复昔日的"辉煌"。顺带一提，与单独媾和的梅瓦尔王国相比，马尔瓦尔王国后来又组织了为期二十六年的游击战争。

莫卧儿帝国的遗产：文化与社会

波斯文学及其影响

波斯文化对印度的影响，始于德里诸王朝时代，到莫卧儿时代蔚为大观。正如巴布尔在《巴布尔回忆录》中所展现出来的深厚修养，从帖木儿王朝的子孙身上可以看到波斯文化的传承。加上阿克巴皇帝的"宽容与融合"政策以及随之实现的"莫卧儿的和平"（Pax Mughalica），在此背景下，波斯文化与印度文化得以融合，孕育出莫卧儿王朝丰富多彩的文学艺术活动。另外，推动波斯文化的影响的，还有如下所述两点原因：其一，莫卧儿王朝以其"宽容姿态"保护、欢迎大量由于萨法维王朝国王狂热的什叶派政策和王权强化政策而被逐出国的波斯贵族和文人，作为结果，他们在印度开展了丰富多彩的活动；其二，历代皇帝的母后和妃子大多出身于萨法维王室和贵族，这种"后宫的影响"也颇为巨大。

说到作为宫廷语言的波斯语在文学方面的表现，可以举出阿米尔·库斯洛以来印度最杰出的诗人——阿克巴的桂冠诗人阿布勒·法伊兹、历史学家阿布勒·法兹勒兄弟。沙贾汗皇帝的长子达拉也通晓波斯语、阿拉伯语和梵文，撰写了苏菲派哲学和穆斯林圣人的传记，他既是翻译了《奥义书》的大学者，也是融合、贯通印度教与伊斯兰教的非凡思想家。奥朗则布皇帝对文学活动漠不关心，而且还反对撰写他那个时代的历史，不过许多重要历史著作正是在其治下写成的。

波斯语还作为官方语言，用于皇帝发往拉吉普特国王等人的诏书以及两者之间的来往文书，甚至还成为拉吉普特的宫廷用语。拉吉普特王国驻莫卧儿宫廷的大使们在发往本国的联络文书中，会同时使用拉贾斯坦语和波斯语，以确保准确性；而在涉及微妙的机密问题时，则使用拉贾斯坦语。波斯语还作为军事、司法、税收领域用语而得到运用，并渐渐渗入平民的词汇中。另外，众所周知，巴基斯坦独立后所规定的国语——乌尔都语——就是在德里诸王朝时代受波斯语和阿拉伯语词汇的影响而发展起来的。以诗歌为中心的乌尔都文学在18世纪中叶的北印度达到鼎盛。

此外，阿克巴的政策也为印地语诗人提供了用武之地。讴歌罗摩信仰的杜勒西达斯（Tulsidas）虽然没能成为阿克巴的知己，但他无愧为这一时期最伟大的诗人之一。至于歌颂奎师那信仰的盲人诗人苏尔达斯（Surdas）也是不逊于前者的重要诗人。这一时期也开始出现穆斯林诗人，宰相白拉姆·汗的儿子阿卜杜勒·拉希姆正是其中一人。印地语诗人继续得到贾汉吉尔、沙贾汉皇帝的庇护，他们的活动还影响到拉吉普特王国的宫廷诗人和史官，对现代印度语言的发展起到了重大推进作用。

肖像画与细密画

虽然伊斯兰教排斥偶像崇拜，对美术、雕刻持否定态度，但帖木儿王朝的统治者们热衷绘画，巴布尔也为画师们提供了保护。莫卧儿美术的代表——莫卧儿王朝绘画就在波斯绘画的影响下，通过抄本插画的形式发扬光大，其类别可以分为描绘皇帝、皇族和贵族等人的肖像画，描绘宫廷生活、列队或行军、战争、狩猎等场景的细密画。莫卧儿王朝绘画的源头可以追溯至胡马雍皇帝流亡时期，他曾接触到两名波斯绘画大师，并将他们带回了印度。阿克巴也和父亲一起从他们那里接受了绘画之类的艺术教育。

阿克巴皇帝建立画室，雇用大量印度教画师，并且任命一位大师担任负责人。其在位期间，印度、波斯风格的绘画得到融合，成为其宽容与融合理念的体现。除了肖像，花鸟树木、动物也成为描绘对象。由于引入了印度的写实手法，绘画内容变得丰富起来。到阿克巴皇帝统治后期，欧洲绘画的影响开始出现，并在贾汉吉尔皇帝时期变得显著起来：人们开始模仿欧洲的绘画、雕刻风格。

贾汉吉尔皇帝对绘画颇具鉴赏力，在统治初期让人绘制了大量细密画，到后期则开始热衷于肖像画。沙贾汉皇帝最初显示出对绘画的关心，但很快就开始垂青于建筑领域。奥朗则布皇帝则站在正统派伊斯兰信仰的立场上，表达了对绘画这种艺术的厌恶，莫卧儿王朝绘画自此开始步入衰退。不过，在17世纪18世纪之交，失去了莫卧儿宫廷保护的画师们在拉吉普特诸王国和旁遮普的山地（Pahar）地区找到了可以投奔的庇护者，并在那里开创了后来称为本迪派之类的拉吉普特诸派或称为帕哈里（Pahari）派的画风。另外，随着帝国的衰落，有才能的画师们也开始前往奥德（Ode）、海得拉巴（Hyderabad）等新近独立的地方王国去寻找赞助者和职位。

歌舞音乐

依照伊斯兰教教法，歌舞音乐"虽然不好也不坏，但不值得奖励"。德里诸王朝时期通常是消极承认其地位，不过阿米尔·库斯洛为印度古典音乐和西亚音乐的融合提供了巨大的贡献，而江布尔的沙尔吉王朝的苏丹们也对此付出了不少努力。除去奥朗则布皇帝，莫卧儿皇帝都是音乐的狂热爱好者，其中阿克巴、贾汉吉尔以及沙贾汉三位皇帝对印度音乐的发展贡献甚巨。

阿克巴极为热爱印度的古典音乐，他自己也是优秀的乐师。1570年，他允许马尔瓦的苏丹巴兹·巴哈杜尔投降，授予他1000曼萨卜，而这次赦免很可能与苏丹是"无与伦比的歌手"有关。当时最杰出的音乐家——阿克巴"九枚宝石"之一的坦森，就是在瓜廖尔国王曼·辛格设立的音乐学校里接受教育的。他开始侍奉阿克巴后不久改宗伊斯兰教，并于1589年葬于瓜廖尔的穆斯林圣地。由于阿克巴的保护和奖励政策，以及从印度内外召请乐师的举措，声乐和器乐领域有了显著进步，印度独特的音乐得以诞生。

贾汉吉尔、沙贾汉两位皇帝同样热衷于歌舞音乐，会定期举行音乐会，后者甚至每天举行音乐会，偶尔也会自己担任乐师亲自参与其间。

奥朗则布皇帝即位之初虽然也听音乐，但最终停止了这一行为，他向乐师发放年金后将其解雇，逐出宫廷。虽然他没有禁止人们享受歌舞音乐，但其举措对于音乐的普及来说是一种巨大的倒退。尽管如此，歌舞音乐毕竟受到人们的喜爱，因而广泛渗透于莫卧儿贵族、拉吉普特王国、莫卧儿地方官的独立王国乃至平民当中。如今满是歌唱与舞蹈的印度娱乐电影，可以说正延续了这一传统。

建筑中的"宽容与融合"

巴布尔在建筑领域颇有见识，据说得到他赞赏的印度斯坦建筑只有瓜廖尔国王曼·辛格父子所建造的少数几座宫殿。相传他自己也建造过众多建筑物，但现存的只有两三座清真寺。胡马雍同样也喜爱建筑，但由于其人生的变幻无常，他无暇建造足以流传后世的建筑。据信是泰姬陵原型的德里胡马雍陵，则是在阿克巴的继母哈吉·贝谷姆（Haji Begum）指导监督下，由迎合她喜好的波斯设计师建造的。位于花园中央的陵墓虽然是波斯式的设计风格，其内部构造却是印度式的。

阿克巴在详细研究现存建筑物的式样后，自己也做过设计，他还经常担任设计师和指导监督。与曼·辛格时代的瓜廖尔城堡极为相似的阿格拉城堡在1573年建成，和同时期的拉合尔城堡一样，都是在阿克巴亲自指导下落成的代表性城堡。阿格拉城堡中有超过500座用红色砂岩建造的宫殿，其中阿克巴时代的建筑如今仅存阿克巴宫（Akbari Mahal）和贾汉吉尔宫（Jahangiri Mahal），而它们甚至还可以充当印度教的神殿。

阿克巴在建筑上最大的成就是京城西格里的建设。为了纪念1572年征服古吉拉特胜利，它被命名为法塔赫布尔（意为胜利之城）·西格里。尽管它在1585年就因供水不足以及环境恶化而被废弃，但从当地残存的贾玛清真寺（Jama Masjid）及其大城门（Buland Darwaza）、五层宫殿等建筑来看，其中反映了阿克巴所标举的融合波斯、印度风格的理想。

莫卧儿建筑之美的完成

相比建筑，贾汉吉尔更关心细密画和花园，他在建筑方面鲜有贡献。位于锡坎德拉的阿克巴陵是由阿克巴设计，在贾汉吉尔管理下完成的，而拉合尔郊区的贾汉吉尔陵则是贾汉吉尔模仿阿克巴陵进行设计，在皇后努尔·贾汉监督下竣工的。不过，皇后努尔·贾汉在阿格拉为她父亲伊蒂默德道拉建造的陵墓则是一座采用繁复装饰的白色大理石建筑，为沙贾汉时代达到巅峰的莫卧儿建筑之美开了先河。

沙贾汉将其祖父阿克巴在阿格拉城堡内修建的红色砂岩建筑悉数破坏，改用白色大理石，建造了觐见大厅等大量建筑。1648年完工的新都城沙贾汉纳巴德内，筑有称为"红堡"的皇宫，其中存放着在1739年被波斯的纳迪尔·沙（Nadir Shah）掠走的孔雀王座，该宝座镶嵌着当时世界上最大的钻石"库稀努尔"。沙贾汉纳巴德附近则有印度境内最大的清真寺——贾玛清真寺，该寺和耗费二十余年、在1653年完工的泰姬陵（位于阿格拉）等建筑都是其在位时期的标志性建筑。

奥朗则布在位时期是整个建筑领域开始衰落的时代。其质朴严格的生活方式使他对建筑采取了消极的态度。他在位时没有修建任何值得一提的建筑，同时代的建筑潮流中也没有涌现出任何新构想、新方向。

莫卧儿的文化传统和阿克巴"精神"的继承

莫卧儿王朝的文化特征，是它将蕴含了帖木儿王朝文化的伊斯兰文化进一步向世俗化的方向推进，通过教养、趣味、性格和宗教倾向各不相同的皇帝们的努力，这一文化在多个领域得到了成长和发展。特别是"宽容与融合"的政策以及"莫卧儿的和平"，为印度内外的人们发挥各种能力提供了平台，丰富了这一文化的内容。信奉伊斯兰正统派信仰的奥朗则布皇帝执行偏狭的伊斯兰化政策，文学和艺术活动的承担者们为此失去了皇帝和贵族的保护，但拉贾斯坦的拉吉普特国王以及奥德、海得拉巴等脱离帝国独立的穆斯林地方宫廷，则为他们准备好了位置，帝国的文化传统由此得到传承。

此外，阿克巴的"宽容与融合"政策及其精神也在18世纪脱离莫卧儿帝国而独立的拉吉普特王国中得到传承。即使到了18世纪，拉吉普特的国王们也和前一个世纪一样，继续将村庄捐赠给阿杰梅尔的和卓·穆因丁·契斯提圣墓以及位于加格隆（Gagron）城堡的圣人米特·沙（Mitthe Shah）的陵墓。特别值得注意的是，在那些应该是穆斯林人口占多数的大城市，虽然莫卧儿帝国的统治已经终结，但曾是帝国官僚的卡迪（qadi，处理穆斯林民事、刑事的法官）和以前一样，继续获授土地作为其职务报酬，而穆斯林也被允许适用于伊斯兰法。在这些举措背后，仍然可以看到"萨蒂亚·皮尔"（Satya Pir）所体现的平民阶层印度教徒与穆斯林共存的历史经验，以及为之提供支持的"宽容精神"。

新时代的萌芽

进入18世纪后，包括拉贾斯坦在内的北印度农村在社会经济层面发生了显著的变化，新村庄得到建设，新城镇（casbah）有所发展，种姓关系等方面也产生了变动。特别是在18世纪下半叶的农村地区，地名中带有"ganj"（意为市场，尤其是指谷物市场）后缀的市场村庄和市场城镇开始出现，迎来了巨大的经济、社会变动。支撑这一变动趋势的则是村长之类的地主、小豪族以及商人阶层。对贵族阶层的独立业已束手无策的拉吉普特王权，现在又不得不同时应对这些变化。19世纪初，拉吉普特诸王国承认了英国东印度公司的宗主权并接受其保护，其直接原因是寻求帮助以免于马拉塔的掠夺和内政干涉，同时也是出于应对上述新动向的考虑。

晚于葡萄牙人一个世纪进入印度的英国东印度公司，在18世纪末成为将东印度和南印度纳入其统治的强大殖民势力。19世纪初，它更是将拉吉普特诸王国置于其保护伞下，随后分别在与马拉塔的三次战争以及与锡克的两次战争中取得胜利，从而征服了北印度。到19世纪中叶，英国已实现对整个印度的支配。《印度的历史》第二卷（大内穗、李素玲、笠原立晃译《印度史》第三卷）[①]的作者斯皮尔已准确地指出，正是因为"英国从印度人那里接受了'统一'的思想"，他们才得以"像莫卧儿一样将整个印度组织起来"，"若是没有莫卧儿，今日也不可能出现统一的印度"。

但是，英国对印度的统一控制是以"分而治之"的殖民地政策为基础，通过突出印度各民族和宗教之间的差异、激化其对立，才得以实现的。第二次世界大战结束后不久，随着印度和巴基斯坦的分治、独立，英国对印度的统治就此收场，不过其统治传统之后又促成孟加拉国从巴基斯坦分裂出来，成为独立国家，导致了印度次大陆国家之间的对立与纷争、民族与宗教之间的对立与冲突等当代问题。但总的来说，这些问题的大部分其实都可以在莫卧儿王权的确立及其统治时期找到历史根源。

---

① 原书为 *A History of India*, vol. 2 (London: Penguin Book Ltd., 1970)，系英国历史学家 T. G. 珀西瓦尔·斯皮尔（T. G. Percival Spear）所著。日译本于1995年由みすず书房出版。

第二部

英属印度的形成

第四章　英国在印度的扩张

印度社会与殖民统治

殖民地城市加尔各答

　　印度世界宽广辽阔，而且深不可测。这里不少地方都拥有悠久的历史和迷人的文化，即使只提规模较大的那些，其数量也不胜枚举。而且，不管是哪一个地区，一旦对它们产生兴趣后，任何人恐怕都难以自拔。

　　笔者的情况也是如此。在恒河流入孟加拉湾时冲刷而成的三角洲，有座漂浮其上的大城市，那就是加尔各答。笔者对它一见钟情，投入对以加尔各答为中心城市的孟加拉地区史研究中。以1979年到1985年近六年的留学生活为开端，笔者开始了往返于印度和日本的生活，至今已有二十年。加尔各答城市的风景和居住在这座城市里的人们的身影，对笔者来说格外亲切。即使是现在，它们每年都会多次出现在梦中，将疲倦于东京繁忙生活的笔者带回印度世界。

对现代日本人来说，提起加尔各答首先想到的可能是特蕾莎修女所服务的那座贫困与绝望的城市。这确实是事实，笔者也从未想过要去否认。不过，应该没有人会因为贫困的印象过于强烈就完全忘记了这座城市还具有诸多面向。

例如，从18世纪中叶开始，到印度和巴基斯坦分治的1947年为止，加尔各答作为英国殖民统治的中枢在印度众多的城市之中拥有极高的重要性。笔者留学时距离印度独立已经过了三十余年，殖民地城市的色彩已经淡化，不过城市里鳞次栉比的砖砌豪华建筑，依然会让人回想起这里曾被称为"宫殿之城"时的繁华。对于专攻殖民地时期社会经济史的笔者来说，加尔各答是最具代表性的殖民地城市之一，正是这点令笔者抱有无尽的兴趣。这里如今挣扎于贫困之中，但作为前殖民地城市也有着辉煌的过去，笔者曾同时注视着这两面，偶尔还会因为其间的巨大落差而陷入眩晕，正是在这种状态中度过了留学生涯。

因为是历史专业的学生，去图书馆是每天的功课，所以和公司雇员不一样，笔者仅在极为狭窄的范围内活动。尽管如此，笔者仍然能感受到这座城市曾经的殖民地气息。例如，为了阅读公务文书方面的史料，就必须前往名为"书记大楼"（Writers' Building）的建筑。这座大楼是1780年建造的砖砌大型建筑，在漫长的英国殖民统治史上留下了深刻的印记。"书记大楼"建造之初，是供东印度公司低级职员"书记"（writer）使用的。同时，为培训从英国到东印度公司就职的职员而设立的学校威廉堡学院（Fort William College）也将这里当作教室。此后，它在19世纪中叶和1880年两度历经大修，成为拥有雄伟外观的建筑，殖民地行政中枢的机关单位就设置在这里。印度独立之后，这里又成为邦政府总部，直至今日。

笔者经常利用的国立图书馆，也是曾被历代印度总督用作宿舍的宫殿般的建筑。使用图书馆的人可以一边眺望建筑南侧的宽敞花园，一边登上宽阔的石质台阶进入目录室，而据说1780年孟加拉总督沃伦·黑斯廷斯（Warren Hastings）曾在紧邻这一台阶的地方与东印度公司的高官进行决斗。从国立图书馆坐两三站巴士，可以看到黑斯廷斯居住过的房子，它基本上保存着原来的样貌。

卡西姆巴扎尔的N家

但令人印象最为深刻的是加尔各答的中上层阶级中仍然有人（尽管是少数）保持着殖民时期的生活方式。能够目睹这些人的日常生活是十分幸运的。

比如有位刚刚步入老年的绅士N先生，他曾经招待过笔者夫妇共进晚餐。这位先生在距离与东京的上野站相当的大型车站有数分钟步行路程的地方，有一座宏伟的宅邸。虽然现在不大能回忆起来，但这座宅邸应该是19世纪20年代的建筑。最先穿过的大厅里悬挂着两盏大吊灯，其中的灯火因为笔者夫妇的来访而点亮。紧邻的房间是台球室，其尽头则是起居室，一旁是N先生的书房。书房的家具、装饰都采用西欧的古典风格。起居室里挂着一幅风格似曾相识的画，询问后得到的答复是瓦尔马的作品。拉贾·拉维·瓦尔马（Raja Ravi Varma, 1848—1906）是印度现代美术史早期代表画家，他学习了欧洲学院派的技法，专门为加尔各答的富裕市民绘制具有华丽构图的油画。

N先生还有一座宽敞的宅邸，位于加尔各答以北，乘坐郊外电车需要五小时才能抵达。这个地方在孟加拉语里称为卡西姆巴扎尔（Kasim Bazar），但同时也以"科西姆巴扎尔"（Cossimbazar）之名出现在殖民时期的英文史料里。科西姆巴扎尔距离以普拉西（Plassey）之战闻名的普拉西不远，在18世纪由于与英国东印度公司的丝绸贸易而成为繁荣的城市。20世纪70年代末，笔者到访这里时，发现还原封不动地保存着欧洲人的墓地。在纯印度式的田园风光中，欧式墓地像被遗弃一样地保存了下来，令人印象深刻。笔者至今还记得，碑铭中有悼念幼童夭折的内容。距离墓地不远处有座巨大洋楼，这里应该就是N先生的家。怀着旅行者的舒畅心情，冒冒失失进入中庭，结果被管理人发现而遭到驱逐。

N先生是坎图·巴布（Cantu Babu）的直系子孙，后者是讲述18世纪孟加拉历史时绕不开的人物。他出生于科西姆巴扎尔的一个小店主之家，属于传统上从事榨油和售油职业的一个叫作特里（Teli）的中等阶层种姓。青年黑斯廷斯到任科西姆巴扎尔后，坎图·巴布获得了他的信任，作为其心腹四处活动，积累了海量财产，并用来投资土地，成为以科西姆巴扎尔为据点的大地主（zamindar）。印度独立之后实施土地改革，大片的地产被政府收回，但 N 先生仍然照原样维持着留存下来的家宅，继续按照大地主的方式生活。在笔者一行与 N 先生会面的大厅里，挂有坎图·巴布以来历代科西姆巴扎尔地主的肖像画，俯视着 N 先生和行为古怪的留学生夫妇闲谈。

如何理解殖民统治

英国在印度的殖民统治从 18 世纪开始，持续了近两个世纪之久，对印度社会各个方面带来了巨大的影响。即使不引述加尔各答和 N 家的例子，这也是无可争辩的事实。但反过来，印度社会发生的重大变化是否都可以归结于英国的殖民统治，就不是能轻易回答的问题了。更准确的看法应该是，即使处于殖民统治之下，印度社会也是按照其特有的方式而变化的。只要意识到印度是拥有长达数千年历史的地区，就可以发现这一点是不言自明的。英国所建立的殖民地统治体系是在印度和英国这两种不同的力量相互碰撞中逐渐形成的。

如果要对这一点稍作展开，那就是：印度社会在莫卧儿帝国统治下获得了相对的安定，但到 17 世纪末，帝国的统治体系开始动摇，迎来了动荡期，印度各地开始以中下层人群为主角，出现面向新时代的萌动。锡克王国和马拉塔联盟则是对这一社会变动起到推波助澜作用的政治力量。与此相对，众所周知，英国从 18 世纪下半叶起，同时推动工业革命和民族国家建设两大事业，开始不断向海外扩张。

从 18 世纪中叶到 19 世纪，印度渐渐转变为殖民地社会，但这一进程也可以视为迎来变革期的印度和处于兴盛期的英国双方力量相互碰撞、相互影响的过程。最终形成的殖民地社会，也最好视为印度社会特有的内在力量与英国施加的外部力量双方相互作用，经过复杂的交融后出现的产物。

以 N 先生一家的历史为例，N 家的成功无疑源自后来当上孟加拉总督的黑斯廷斯的提携，以及他们与英国东印度公司的贸易。因此，坎图·巴布的成功背后显然有英国力量的功劳。但与此同时，也必须将 18 世纪印度社会的特殊背景纳入考量：莫卧儿帝国统治崩溃，社会阶层开始流动，中下层人民的力量得到解放，等等。如果没有这种背景，出身于特里这种中等种姓的人显然无法如此急剧地实现地位的上升。

这种思考方式在今天已完全是常识，特别加以强调反而会让人感到不太自然。但直到上一代人之前，人们未必会采取这种理解。毕竟，要提出这种观点，就必须先从两种迷思中解放出来。

首先是英国对印度的优越感。作为帝国的统治者以及欧洲文明的代言人，英国对印度长期抱持轻蔑的态度。在他们看来，这是一个为迷信成分浓重的宗教、残酷的种姓制度和奇异的风俗习惯所支配的停滞的社会，是各种社会集团对立斗争的、分裂的社会。因此，他们以英国为中心，将殖民统治时期的历史描述为英国对落后的印度进行指导，使其"文明化"的过程。至于印度则是在英国统治所带来的欧洲文明的冲击下，才从长眠中觉醒的、停滞的、被动的社会。在这种视角下，自然无法导出"印度社会将依据自身内在的必然性而发生变化"

的思路。

另一个问题则是印度的民族主义。因为印度的民族运动是旨在推翻英国殖民统治的运动，殖民地时期出现的各种问题常常被归咎于英国的统治。民族主义者针对英国的统治提出了犀利的批判意见，同时却将印度社会视为没有缺陷的存在，脱离真实历史，将其捧上民族主义的神坛。

这两种立场在政治上严格对立，却存在相通之处。这是由于虽然彼此之间路径不同，但它们都没有将印度社会视为殖民统治时期历史发展过程中的当事者，而是将其视为位于"外部"的存在。对英国人来说，印度社会只是指导和统治的对象；对于民族主义者来说，印度社会则只是殖民主义的受害者。

这种固化的框架，随着实证研究的进步以及亚洲各国地位在国际社会上的提升，渐渐发生了改变。本书第二部试图将近年的潮流纳入考虑，从重视印度社会主体性、自律性的立场出发，来探索殖民地社会的形成史。

当然，这种视角无疑也伴随着某种危险。因为对印度社会主体性的强调，会使作为印度统治者的英国的责任变得模糊。走向极端的话，甚至会出现这样的叙事：18世纪英国被卷入印度统治者之间的权力争斗，出于无奈不得不对印度采取殖民统治。在以印度为重心的视角下，研究者会认为"印度统治者的政治斗争是重要的、决定性的因素"，而英国方面作为主体的选择 – 责任问题就被巧妙地隐藏起来。于是，与最近在英国愈演愈烈的怀念英帝国全盛时期的风潮同步，在相关研究中已出现极为幼稚、不负责任的风气。

其实仔细一想，独立后已历经半个世纪的今天，至少在以印度为首的南亚各国，英国殖民统治的遗留问题可以说已不再如从前那般重要了。因为现代南亚堆积如山的各种问题，早已不能归因于殖民统治。

如果说加尔各答的贫困问题已经严峻到需要特蕾莎修女牺牲奉献的地步，其原因与其说在于殖民统治，不如说在于独立后失败的政策。现代南亚受到各种困难的折磨，其中大部分与其说是殖民统治遗产的责任，不如说是独立后历代内阁的责任。至少一小部分愿意认真思考的印度人也是这么考虑的。至于更为激进的人，则将现代问题的根源追溯到民族主义本身的历史之中。他们痛切地领悟到，"现代种种问题是民族主义的失败引起的"。

一言以蔽之，南亚的历史意识已经出现了显著的深化，早期的单一民族主义历史观正在逐渐淡化。南亚这种历史观的变化使研究者得以站在自由的立场上，重新考察殖民统治时期的历史。如果各位读者能够以这一趋势为背景来阅读第二部，笔者将不胜荣幸。

第二部的任务

第二部的主题是探讨殖民地社会前半部分的历史。英国对印度的统治持续近两个世纪，而1857年爆发的土兵（sipahi或sepoy）叛乱前后的时期则是重大的转折点。也就是说，殖民地印度的历史可以以19世纪中叶为分界线，分为前期和后期。接下来要探讨的是前期的历史。简而言之，前期是殖民地社会形成的历史，后期是殖民地社会完全确立和解体的历史。前期的印度社会是前殖民地化时代的色彩还相当浓厚的社会。进入后期之后，则可以清晰地看到与现代南亚相近的社会结构。

应当从什么观点出发来描述殖民地社会形成的历史呢？前文已经阐述了相关理路，也就是采用"殖民地社会是在印度和英国的力量相互作用中产生的"这一见解，侧重于考察印度社会本身的变动。但是，这是历时近百年、缓慢而复杂的过程，而且伴随着巨大的地域差异（毕竟印度足够辽阔）。要在有限的篇幅中以高度浓缩的形式来写作，就无法避免将事态简单化和公式化。谨在此预先向读者诸君交代这一问题的存在。

葡萄牙在印度洋的扩张

印度洋贸易

众所周知，最先抵达印度的欧洲国家不是英国，而是葡萄牙。一直以来，与亚洲的贸易（黎凡特贸易）都要经过红海，葡萄牙则开拓了经由非洲南端好望角的新贸易路线。至少在向印度扩张方面，英国的行动晚于葡萄牙和荷兰。

瓦斯科·达·伽马（1469？—1524）受葡萄牙国王派遣而出航，于1498年5月抵达印度南部马拉巴尔海岸的卡利卡特港。他在前一年7月从里斯本出发，抵达印度耗费了十个月的时间。当然，达·伽马不是凭一己之力横渡印度洋的。他在非洲东岸的马林迪港［Malindi，今肯尼亚的蒙巴萨（Mombasa）以北］雇用了著名的穆斯林领航员伊本·马吉德（Ibn Majid），在后者的带领下，一举横渡印度洋，抵达了卡利卡特。

在达·伽马到达卡利卡特时，有一段脍炙人口的插曲。当时他们被问到"你们来到这么遥远的地方，是为了寻找什么"，而回答则是，"来寻找基督徒和香料"。他们踏上大航海之路的主要目的虽然在于香料贸易之类的经济活动，但与此同时，出海远航也凝聚着他们的宗教热情。

卡利卡特因为是马拉巴尔地区特产胡椒的输出港口而变得繁荣，成为印度洋贸易的中心之一。达·伽马在这里遇到了来自不同国家的各色人群。其中甚至也有说欧洲语言的人。事实上，之所以会出现上述著名对话，就是因为这里有来自突尼斯的穆斯林，通晓西班牙语和热那亚语。卡利卡特是各地商人云集的国际港口，他们都来购买胡椒。达·伽马也被视为这些商人的一员，得到号称"扎莫林"（Zamorin，来自梵文"Samoothiri"，意为海王）的卡利卡特国王的友好款待。

以达·伽马的舰队为先声，葡萄牙人开始在印度活动，而当时印度洋上的国际贸易已十分繁荣。主要的贸易路线从红海和亚丁湾出发，经古吉拉特和马拉巴尔海岸，抵达马六甲，又以马六甲为中转站，向东南亚、中国方向延伸，将印度西岸和东非连接在一起。此外，波斯湾、孟加拉湾的贸易也同样重要。这些贸易路线上有各类商品往来，除了马拉巴尔海岸的胡椒，还包括古吉拉特的棉布和靛青染料、印度东岸科罗曼德尔

（Coromandel）海岸的棉布、孟加拉的棉布和大米、斯里兰卡的宝石和桂皮、波斯湾的丝绸和地毯，以及从中国运往马六甲的丝绸和陶器、瓷器，还有产自印度尼西亚、汇集于马六甲的香料（肉豆蔻、丁香）和胡椒，等等。

在活跃于整个印度洋的商人和船员中，也有印度教徒存在，包括属于巴尼亚（Banya）集团、出身古吉拉特的商人，以及人称切蒂亚尔（Chettiar）、出身科罗曼德尔海岸的商人，等等。但无论如何，发挥重要作用的还是穆斯林商人。他们作为船主、船员以及领航员，支配着印度洋贸易。伊本·马吉德也是这些穆斯林中的一员。

当时的印度洋海域属于公海，任何人都可以自由来往。当然，也存在海盗的威胁，但并不存在当权者宣称对海洋拥有排他性权利并派出海军监视航行船只的情况。至少在商业方面，印度洋存在着惊人的自由空间。这种情况应该与当时印度的当权者们的基本态度相关。他们的注意力集中在陆地的权力斗争上。例如，据说就连著名的莫卧儿第三代皇帝阿克巴（虽然年代稍晚），也是到了30岁才第一次看到大海。莫卧儿军队的主力是威风堂堂的骑兵，帝国并不具备堪称海军的海上力量。

葡萄牙势力所进入的就是这片自古以来就在和平地展开商业竞争的海域。但是，葡萄牙从一开始就不打算遵从这片海域已有的惯例从事贸易活动。他们的目的是"垄断"输往欧洲的香料和胡椒贸易，获取巨额利润。达·伽马航海成功两年后（1500年），出发前往印度的卡布拉尔（Cabral）接到葡萄牙国王诸多不切实际的命令，包括要求卡利卡特国王（扎莫林）将所有基督教信仰的敌人——穆斯林商人驱逐。当然，当时的葡萄牙人并不具备执行这些命令的力量，卡利卡特国王（扎莫林）也没有认真对待卡布拉尔的要求。卡布拉尔对卡利卡特展开了为期两日的炮击。虽然这只是一时的负气行为，但穆斯林商人们知道，印度洋和平贸易的时代结束了。

葡萄牙的海上帝国

葡萄牙的海上帝国时代自此开幕，而为其建设打下基础的是阿方索·阿尔布克尔克（Afonso Albuquerque，1509—1515年任总督）。他在1510年从比贾普尔的穆斯林王国（阿迪勒·沙希王朝）手中夺取了果阿，之后占领了马六甲（1511年）和霍尔木兹（1515年），成功控制了印度洋的要冲。虽说在夺取另一要冲亚丁时遭遇了失败，但在他于果阿去世前的六年间，阿尔布克尔克积极活动，巩固了葡萄牙海上帝国的基础。

此后，葡萄牙继续扩张，到全盛时期，其在亚洲拥有约五十个据点，在印度洋配置了一百艘舰船，势力范围西起非洲东岸的索法拉（Sofala），东至日本长崎，果阿则是这个帝国的首都。

葡萄牙在亚洲的帝国是海洋帝国。它是连接印度洋贸易中转港口的网络，并不统治内陆地区。葡萄牙以海军力量为依托，掌握了印度洋的制海权，在印度洋贸易的重要地点建造要塞作为据点，从已经十分繁荣的印度洋贸易的巨大利益中分取了属于自己的一杯羹。

实现这一目标的手段，首先是垄断欧洲和亚洲之间的贸易。他们以国王及其代理人的名义垄断了香料和胡椒贸易，将货物运往欧洲以获取巨额利润。其次是对在印度洋范围活动的商人施以管制。葡萄牙要求出入印度洋港口的船只必须持有葡萄牙发行的航海许可证（cultus），并对船上的货物征税。不遵守该垄断体制的人，将被处以没收全部财产等严厉惩罚，至于没有航海许可证的船只则会遭到没收。

葡萄牙在印度洋贸易中控制了多大的份额呢？据推测，1500年亚洲出产香料的四分之一流向了葡萄牙。剩下的四分之三则流向了中国。后来，香料对欧洲的出口激增，但也需要考虑到，受贸易刺激，亚洲的生产量也在增长。到了16世纪中叶，经由地中海的香料贸易复兴，葡萄牙的垄断体制便崩溃了。在印度洋贸易的洪流之中通过武力控制部分贸易，攫取其利润，这可以说是葡萄牙"帝国"的真实写照。

这一点对于今人理解葡萄牙对印度历史的影响是相当关键的。莫卧儿帝国就对葡萄牙的活动完全不关心。编年史料中几乎没有留下相关记载。当时的印度统治阶层专心于陆地的统治，几乎不受葡萄牙的影响，他们没有表示出关心也是意料之中的事。受到影响的，仅限于像卡利卡特国王（扎莫林）那样参与海上贸易的印度西海岸小统治者。再考虑到1600年印度约有1亿人口，与之相对葡萄牙不过区区150万人，会有如此结果不足为奇。总之，在印度的历史进程中，无论是葡萄牙"帝国"，还是葡萄牙称为"黄金果阿"的果阿之繁荣，都只具有边缘性的意义。

不过，葡萄牙语则另当别论，即使在帝国解体之后，直到 18 世纪之前的通商用语仍是一种不伦不类的葡萄牙语。据说在普拉西一战成名的克莱武并不懂印度的语言，而是用葡萄牙语指挥军队。和日本一样，印度吸收了大量与日常生活相关的葡萄牙语词汇。如 sabão（肥皂）、armário（橱柜）、câmara（房间）等。另外，葡萄牙人所传播的天主教不仅促成了信徒的皈依，也影响了早已在南印度传开的基督教［据说是圣多马（St. Thomas）创立的叙利亚教派］。此外，拥有葡萄牙血统的族群也从此长期散居在印度各地。

葡萄牙与荷兰

葡萄牙海上帝国全盛期的终结大致是在 1560 年左右。在帝国的西部，经由红海和地中海通往欧洲的胡椒出口得到复兴，葡萄牙的垄断体制被打开了缺口（葡萄牙未能夺取位于亚丁的红海入口）；在东部，苏门答腊的亚齐（Aceh）开始崛起。同时，在印度本土，莫卧儿帝国也登上了历史舞台。然后，二十年之后的 1580 年，葡萄牙被西班牙吞并，葡萄牙人的活动开始从属于西班牙的利益。到 17 世纪，欧洲各国设立的东印度公司开始展开活动。特别是荷兰的活动给葡萄牙带来了巨大打击，导致葡萄牙势力在亚洲不可逆转地走向衰落。在荷兰和英国的进攻下，葡萄牙相继丧失了霍尔木兹、马六甲、科钦（Cochin）、锡兰等重要据点，到了 1666 年，葡萄牙缩为只拥有果阿、第乌等九个据点的弱小势力。

欧洲各国从 16 世纪末开始尝试参与繁荣的印度贸易。自

17世纪初起，它们依靠之前积攒的经验，分别成立了自己的东印度公司。英国于1600年底成立了"伦敦东印度公司"（以下称为英国东印度公司），荷兰于1602年成立了"联合东印度公司"（以下称为荷兰东印度公司）。法国和丹麦也分别在1604年和1616年成立了东印度公司。不过，此时的法国东印度公司是一个短命公司，只存续到1609年。

这些东印度公司中最为重要的是荷兰东印度公司。该公司规模巨大（资本为英国东印度公司的十倍），较之葡萄牙帝国和英国东印度公司，组织建设也更为完善。荷兰依靠优秀的军事力量、组织水平和经济实力轻易赶超了葡萄牙，获得了香料和胡椒的贸易支配权。荷兰人以这两种商品的主要产地东南亚为主要活动舞台，将爪哇岛的巴达维亚［旧称加卡特拉（Jacatra）］设为经营东印度的根据地，确立了远比葡萄牙彻底的垄断体制。

但如果只是这样的话，荷兰的统治不过是比葡萄牙的统治更高效一些而已。但是荷兰采用了和葡萄牙完全不一样的方式来统治亚洲。葡萄牙满足于控制中转港口组成的网络，亦即控制点和线；与之相对，荷兰控制了内陆地区的人和土地，亦即控制了面，直接掌握香料以及其他热带作物的生产。关于荷兰对香料群岛和爪哇岛的殖民统治，因为超出了本书的范围，恕不在此赘述，但这两个地区的事态发展，预示了不久后将在印度发生的种种事件。

英国的扩张

从东南亚到印度

17世纪初，当英国闯入荷兰和葡萄牙的势力范围，试图在印度洋贸易上站稳脚跟时，它在军事力量和经济实力上远不及荷兰。因此可以说，英国从一开始就不太可能在荷兰全力经营的东南亚获得据点。英国与荷兰反复开战、停战，结果被赶出当时贸易利润最为丰厚的东南亚地区。著名的"安汶大屠杀"（Amboina Massacre）[①]也无非是一系列错综复杂事件中的一环而已。

英国不得不到当时在印度洋贸易中还处于次要地位的印度寻找活动空间。英国开始参与印度洋贸易时，很幸运地碰上了莫卧儿帝国的鼎盛时期。这一鼎盛时期从阿克巴晚年开始，中间经过贾汉吉尔、沙贾汉的统治，一直延续到奥朗则布在位的时代。帝国的统治在一定程度上确立了安定的秩序，堪称"莫卧儿的和平"。莫卧儿帝国遵从印度洋的传统，对于外国商人也表现出宽容态度，允许他们进行相对自由的贸易活动，但不允许欧洲人实行贸易垄断之类的行为。虽然阴谋和小纠纷常有发生，但在"莫卧儿的和平"统治之下，欧洲商人们无论如何也只能和平共存。是否能在印度取得成功并不取决于欧洲商人之间的力量对比，而是取决于能否与莫卧儿宫廷构建良好关系，获得莫卧儿宫廷的庇护。正是出于这些原因，葡萄牙

[①] 原注：1623年在香料群岛中的安汶岛上，荷兰当局拷打并杀害英国商馆人员10人的事件。这引发英国退出香料群岛。

人、荷兰人、英国人、法国人、丹麦人才能够在莫卧儿帝国继续从事各式各样的贸易活动。对于在东南亚败退的英国而言，这种状况可以说为它在印度立足提供了可能。

英国东印度公司的活动

如上文所述，英国先于其他欧洲国家建立了东印度公司。该公司是特许贸易公司，根据1600年12月31日由伊丽莎白一世签发的特许状，以十五年为限，该公司获得了在好望角到麦哲伦海峡之间的地域从事排他性贸易的权利。但该公司的活动与荷兰东印度公司并不相同，并没有走上相对稳定的发展途径。例如，英国东印度公司早期投入印度贸易中的资金不仅远远少于荷兰，还无力筹集到荷兰那种规模的资金。

1657年，由于克伦威尔的改革，公司的组织结构改换为现代的股份公司制，到王政复辟（1660年）后，公司与王室的关系得到强化，英国在印度的贸易终于开始走向繁荣。但光荣革命（1688年）终结了斯图亚特王朝的统治，公司丧失了王权的后盾，经营状态再度陷入混乱。最终，公司在1698年分裂，反对派强制组建了新公司——"英国东印度公司"。到1702年，旧"伦敦东印度公司"才与新的"英国东印度公司"合并，建立"联合东印度公司"（正式名称为"英格兰商人与东印度贸易的联合公司"）。正是这个"联合东印度公司"，与印度、中国开展了大规模贸易，并实现了对印度领土的支配。

不过，英国东印度公司最先关注的并不是与印度的贸易，而是与香料群岛的贸易。第一次航海（1601—1603）和第二次航海（1604—1606）的目的地不是印度，而是亚齐、万丹（Banten）和香料群岛。当时还是香料、胡椒贸易比较重要，而且更重要的是，当时英国正与西班牙、葡萄牙交战，船只靠近印度的话有遭受葡萄牙攻击的危险。

第三次航海时，公司确立了新的方向：在前往万丹途中，尝试在亚丁和苏拉特（Surat）开辟贸易关系，为此威廉·霍金斯（？—1613）[1]被选为负责人。霍金斯携有英国国王詹姆士一世致莫卧儿皇帝阿克巴的亲笔信。霍金斯在苏拉特的达布蒂（Tapti）河河口下锚的时间是1608年8月。此时阿克巴已经去世，但英国似乎并不知情。

苏拉特是堪称莫卧儿帝国海洋门户的重要港口。有陌生外国人抵达的消息很快传到管辖古吉拉特地区港口的官员耳中。霍金斯假装是詹姆士国王派遣的"大使"，次年在阿格拉成功与贾汉吉尔皇帝会面。霍金斯能够使用突厥语。据说贾汉吉尔皇帝对此极为满意，很高兴地用突厥语询问西方的情况。得到贾汉吉尔喜爱的霍金斯从此被列入莫卧儿贵族的一员，与皇帝赐予的亚美尼亚女性结婚，过上了与伊斯兰教徒无异的生活。顺带一提，这位女性在霍金斯回国时与他同行，来到了英国。霍金斯在旅行途中去世，该女性则在伦敦与一位英国船长结了婚。之后，这对夫妇打算开辟新事业，重返阿格拉，但没有成功。船长与托马斯·罗伊一行人一道返回英国，此后又前往香料群岛，但在"安汶大屠杀"中遇害。该女性则似乎一直

---

[1] 原注：前半生情况不明。有人认为他是约翰·霍金斯侄子的船员，也有人认为他是黎凡特商人。

留在阿格拉，结束了波澜起伏的一生。

霍金斯为了获得皇帝准许在苏拉特开设英国商馆的敕令，做了相当多的工作。但是，葡萄牙人伙同莫卧儿贵族展开反对活动，宫廷中占上风的看法是：若允许与英国开展贸易，将会导致与葡萄牙的友好关系破裂。最终，在1611年，没有达到目的的霍金斯不得不离开阿格拉。更为不幸的是，他乘坐的船上疾病蔓延，霍金斯自己也在爱尔兰海岸去世。

霍金斯的"冒险"结束后，英国继续致力于与莫卧儿帝国建立通商关系。他们采取的撒手锏则是封锁位于红海入口的巴布·曼达尔海峡这种强硬手段。红海是苏拉特的主要贸易目的地之一，也是每年前往麦加朝圣时需要通过的地方。这一措施足以让苏拉特商人陷入恐慌。得知海峡被封锁的苏拉特当局立即转变态度，在欢迎英国船只的同时，也采取了认可英国在苏拉特从事贸易之权利的政策（1612年）。

但这一政策转向激怒了葡萄牙。葡萄牙从果阿派出强大舰队，向英国船只挑战。但他们在苏拉特外海的海战中败北，在遭受了巨大损失后撤出。认识到英国占有优势的莫卧儿皇帝立即发布敕令，确认了英国已由苏拉特地方当局认可的权利，还允许英国东印度公司在苏拉特开设永久性商馆（1613年）。

商馆网络的形成

于是，英国东印度公司在成立的第十三年终于在当时的印度洋贸易中心苏拉特建立了商馆。但是，这是靠武力抢夺才赢取的成果。在莫卧儿帝国一方，人们私下里一直在怀疑，为了与英国微不足道的贸易就牺牲与葡萄牙的贸易是否合适。英国在印度依然处于不太安定的状态中。这一问题只能通过与莫卧儿帝国的外交交涉，从政治层面予以解决。

为了与莫卧儿帝国缔结通商条约，英国国王詹姆士一世在1615年任命托马斯·罗伊（1581？—1644）[①]为大使——这次是真正的大使——前往印度。但是，莫卧儿帝国并不存在依照条约进行贸易的思维方式，结果条约未能成功缔结，不过罗伊赢得了贾汉吉尔皇帝以及后来成为沙贾汉皇帝的王子的信任，获得了英国人眼中的重要权利，奠定了英国在印度活动的基础，得以不负使命地踏上归国之途（1619年）。

托马斯·罗伊的使团在印度停留时，英国已经在阿格拉、艾哈迈达巴德（Ahmedabad）、布罗奇（Bharuch）开设了商馆，建立了以苏拉特为中心的商馆网络。苏拉特的商馆长（chief factor）在这些商馆之外，还管辖着红海、波斯湾地区的贸易，被称为总裁（president）。总裁的管辖范围则称为管区（presidency）。从而为日后英国东印度公司在西印度的发展奠定了基础。不过遗憾的是，因为篇幅所限，这里无法详述相关历史的后续情况了。

粗略浏览东印度公司的发展历程可以发现，公司继西印度之后又到印度东侧的科罗曼德尔海岸建立了据点。英国人先在默苏利珀德姆（Machilipatnam）设立商馆，然后将商馆网络扩大到阿马冈［Armagaon，马德拉斯（Madras）以北的

[①] 原注：英国外交家。1621—1628年担任驻奥斯曼土耳其大使，活跃于欧洲外交领域。

城市］等城市。阿马冈作为英国第一个要塞化的据点而闻名。但是，当时主要商品棉布的产地位于更南的地区，英国是在与印度教统治者交涉后，才成功获得了葡萄牙据点圣多美（São Tomé）北侧海岸的土地（1639年）。这是英国首次在印度获得土地。这里本是不毛之地，但英国人随即着手建设要塞，并以"圣乔治"（St. George）为名。以该要塞为中心而发展起来的城市便是马德拉斯［今金奈（Chennai）］。作为马德拉斯管区的中心城市（即管区城市，presidency town），这里发展迅速，在被加尔各答赶超前，一直是英国在印度最大的据点。

在位于孟加拉湾内侧的孟加拉地区，英国在胡格利（Hooghly）、卡西姆巴扎尔等地设置了商馆。胡格利是当时孟加拉贸易的中心，是荷兰等国也设有据点的重要城市。不过，英国人因为发动对莫卧儿帝国的战争，触怒了奥朗则布皇帝。在被后者赶出胡格利后，英国人不得不将据点移往该城以南卫生状况不佳的地方（1690年）。他们在当地建起来的城市就是加尔各答。英国为了获得建设要塞的许可，不断与孟加拉的省督（nawab）交涉。许可最终获批后，威廉要塞得以落成（建设于1696—1702年）。加尔各答自此成为孟加拉管区的管区城市，凌驾于胡格利、卡西姆巴扎尔等老牌都市之上，发展为孟加拉地区的中心城市。

与马德拉斯和加尔各答相比，孟买的发展较为缓慢。孟买原是葡萄牙领地。查理二世与葡萄牙公主结婚时，孟买作为嫁妆的一部分被转让给了英国（1661年）。不过，要到1687

年，西印度的管区城市才从苏拉特改为孟买。孟买港直面外海，不适合为当时的帆船提供停泊地，而且西高止山脉还切断了它与腹地的联系，因而与加尔各答和马德拉斯相较，孟买在很长时间里都望尘莫及。

如此一来，到了17世纪末，英国增加了在印度的据点，完成了由孟加拉、马德拉斯和孟买三个"管区"组成的行政系统建设。但必须注意的是，此时的英国只是在用各种方式获取城市建设用地，尚未拥有可以称之为领土的土地。

印度洋贸易的结构转换与英国

总体而言，可以认为从16世纪到17世纪前期，葡萄牙、荷兰、英国等欧洲诸国基本是为了向欧洲输入香料和胡椒才从事印度洋贸易的。因此从地理上看，亚洲最为重要的地区是香料群岛（以及出产香料的马拉巴尔海岸、苏门答腊等）。像荷兰东印度公司，即使到了1650年，它从东印度进口的货物仍有三分之二是香料和胡椒。

欧洲各国当时面临的问题，是应当准备什么等价物来交换香料和胡椒。最为合适的方法自然是在出发的船只上装载欧洲物产，运至印度洋销售，用所得货款购买香料和胡椒，装载到返程船只上运回。但是，当时欧洲能够出口的只有毛织品或铅、铁之类的金属，就算把它们当作商品，也难以想象在亚洲能有销路。于是就只剩下将银币一类的贵金属直接运往印度洋这一种方法了。实际上，欧洲各国正是这么做的。幸运的是，从16世纪开始，新大陆和日本提供了大量的白银。这些白银就通过欧洲船只运往印度洋。

但当时还存在另一个问题。东南亚还没有被货币经济完全渗透，白银并不一定是获取香料和胡椒的最佳媒介。欧洲各国不得不去准备可以与香料、胡椒进行物物交换的商品。这种商品就是印度生产的棉布。无论是葡萄牙人还是荷兰东印度公司，都用运来的白银在印度购买棉布，将棉布运往香料群岛等地，换取香料和胡椒。荷兰主要在科罗曼德尔海岸设置商馆，就是因为这一带是棉布的一大产区。荷兰人也将科罗曼德尔海岸称作"马鲁古群岛（Maluku Islands，即香料群岛）的左腕"。

因此印度洋贸易出现了极其复杂的结构。首先是连接新大陆、日本、欧洲与印度及中国的世界性白银流通；往下一个层级，有印度洋、欧洲之间的香料贸易（东印度贸易）；再往下一层，则有印度洋内部，即印度与东南亚之间棉布与香料、胡椒的交易（"地方贸易"）。虽然东印度公司是享有贸易垄断权的公司，但该垄断权能有效发挥作用的地方，是位于中间层级的东印度贸易，而最底层的"地方贸易"（亚洲内部的贸易，如印度、东南亚之间，或印度、中国之间的贸易）实际上仍为非官方的欧洲商人（私人贸易商人、地方贸易商人）和亚洲商人留有一定的活动空间。

到17世纪后半期，这种印度洋贸易的结构出现了显著的变化。一直以来作为购买香料和胡椒媒介的棉布，开始在欧洲打开销路。英国东印度公司因为被逐出香料群岛，一开始就已在印度棉布的生意上积极行动，但1621年从印度输出的棉布也只有 12 万反[1]。而到了 1664 年，出口额达到了 27 万反，20 年后更是超过了 170 万反。至于荷兰东印度公司，虽然他们对向欧洲出口棉布本不热心，但从 17 世纪 60 年代末开始，他们的棉布出口也开始飞速增长。

众所周知，如洪水般从印度涌来的棉布在欧洲引发了巨大问题。英国的纺织业者开展了大规模反对印度棉布进口的运动，即"印花布论争"（calico debate）。结果，英国对进口的棉布征收 10% 的从价税[2]。但这并不能平息反对运动，事态甚至发展到了伦敦纺织业者发起暴动的地步。在此压力下，英国议会制定了禁止使用和穿戴印花布以及其他数种东方出产纺织品的法律[3]。这种措施虽然是暂时性的，但起到了抑制棉布输入英国的效果。与此同时，这也成为东印度公司将目光转向中国的契机。

最先接纳印度棉布的应该是低收入阶层，毕竟棉布最为廉价。其产地大体而言有三处，分别是印度西部的古吉拉特、东侧的科罗曼德尔海岸以及孟加拉。古吉拉特专注于廉价棉布的生产，科罗曼德尔海岸和孟加拉则主要生产中端和高端产品［印度印花布（chintz）和平纹细布］。据英国进口统计数据可知，早期进口多为古吉拉特的廉价棉布。后来科罗曼德尔生产的印度印花布和孟加拉的平纹细布的进口也有所增加。这表明印度棉布作为廉价服装原料得到了低收入阶层的欢迎。此后，

---

[1] 反，布匹的面积单位，一反宽约 34 厘米，长 10 米。
[2] 原注：1685 年出台，是在原有普通关税上追加的税。
[3] 原注：即 1700 年的《印花布进口禁止法》。1720 年也制定了同样的法律。

印度棉布成为时尚（即"印度热"），开始在中上层阶级普及。

但另一方面，棉布是如何生产的呢？它们是由从属于诸如坦蒂（Tanti）之类的专门种姓的织工，用传统工艺按手工业的方式生产的。他们生产的纺织品极为精致，让欧洲人感到震惊，而他们使用的织机却极为简陋。其中虽然也有在王公贵族的作坊工作的人，但大部分都居住在农村。当然，其中也有独立进行生产的人，但他们通常较为贫穷，在从事生产之前，他们一般会先接受纺织品商人的预付金。从纺织品商人的角度来看，要让织工在固定日期前生产特定种类的纺织品，就必须准备好预付金。也就是说，他们实行的是预付生产。

如上所述，17世纪的印度洋贸易发生了大幅转变，向欧洲出口的主要商品从香料和胡椒转变为棉布，主要出口品产地则从东南亚移往印度。荷兰在其中的分量随之减轻，被崛起的英国取代。同属欧洲的另一强国法国则在柯尔贝尔（Colbert）的领导下重建了东印度公司（1664年），开始进军印度。关于这一方面的内容将在下一章阐述。

印度洋贸易对欧洲各国之间的力量对比和欧洲人的生活产生了巨大影响。在欧洲历史中，在谈及重商主义，或是价格革命、商业革命，乃至世界体系的形成等内容时，其讨论背景除了新大陆，还有与之并列的印度洋地区。不过，将欧洲的历史图景原样投射到印度是否合适，还需要慎重考虑。毋庸置疑的是，白银的流入会促成经济的活跃，棉布出口也能改善棉布商人以及（一定程度上讲）织工的生活。但整体而言，印度洋贸易对印度的意义仍然是边缘性的。要等到18世纪下半叶之后，与欧洲产生联系带来的影响才会在印度体现出其真正意义。

另外，除了棉布，印度重要的出口商品还有靛蓝、硝石以及生丝。优质的靛蓝出产于西印度的艾哈迈达巴德、阿格拉地区。印度出口的靛蓝在一段时间内压倒了欧洲出产的靛蓝（即菘蓝，woad）。但从 17 世纪末起，西印度群岛出产的靛蓝崛起，印度靛蓝开始减少输出，最后停止出口。硝石较重，且不会变质，普遍用作帆船的压舱物（ballast），并随着欧洲军事工业的扩张而逐渐增加出口量。生丝则产自孟加拉的卡西姆巴扎尔周边以及北孟加拉。1650 年左右生丝出口开始增加，与法国、意大利和波斯生产的生丝一同在欧洲得到广泛使用。

第五章　印度的殖民地化

地方的时代

莫卧儿帝国的解体与地方的时代

1707年2月奥朗则布皇帝在德干的艾哈迈德讷格尔去世之时，谁也不会想到，皇帝的驾崩也预示着莫卧儿帝国之死。奥朗则布甫一去世，莫卧儿帝国式的继承人之争便一如既往地开始了。皇子之间爆发了战争，迅速从喀布尔回国的穆阿扎姆成为最后的胜利者，登上皇位，号称巴哈杜尔·沙（一世，1707—1712年在位）。到此为止，皇位继承过程与过往并无区别。但是，巴哈杜尔·沙一世去世后，皇位就不再稳定，在穆罕默德·沙（1719—1748年在位）即位前的7年间，已有4代皇帝相继登上帝位，令人眼花缭乱。奥朗则布皇帝晚年已经出现裂痕的莫卧儿帝国，就在政治混乱之中渐渐解体。

最先对莫卧儿帝国丧失信心的是宰相阿萨夫·贾[①]（Asaf Jah，1671—1748）。他尝试对面临危机的莫卧儿帝国实施行政改革，但没有成功，于是在马拉塔联盟宰相巴吉·拉奥（Baji Rao）的帮助下，在德干建立了事实上的独立国家（1724年）。这个国家一般称为尼扎姆领地，首都设置在海得拉巴。此前，莫卧儿帝国有能力和野心的军人和政治家会聚集在皇帝所在的德里开展权力斗争。但该事件反转了这一方向，表明了实权人物开始以地方为志向。这是显示莫卧儿帝国丧失向心力的标志性事件。

在阿萨夫·贾独立当年被任命为阿瓦德（Awadh）省督的萨阿达特·汗（Saadat Khan，？—1739），也在事实上脱离了德里，独立掌握政权，甚至在1727年公然违背皇帝的命令。阿瓦德的首都设在法扎巴德（Faizabad），后迁往勒克瑙（Lucknow）。至于孟加拉，此时的省督是穆尔希德·库里·汗（Murshid Quli Khan，？—1727）。这位行政官人生经历颇为有趣，他出生于婆罗门家庭，但很小的时候就被卖给莫卧儿帝国的穆斯林高官，作为养子抚养，还在波斯接受了教育。虽然他一直将所征收的税金送往德里，但孟加拉的内政已与莫卧儿帝国中央的意志脱离关系，保持着独立的运作。其首都为穆尔希达巴德（Murshidabad）。孟加拉政权自18世纪40年代之后还大幅削减了上交给德里的税金。

以上三个政权，形式上还在承认莫卧儿皇帝的权威，没

[①] 原注：突厥裔军人、政治家。兼事诗歌创作，享有"尼扎姆·穆勒克"（Nizamul Mulk）的称号，意为"王国的行政官"。"尼扎姆"（即行政官）是德干总督的简称。

有表现出篡夺帝位的举动。不过，它们的行政已独立于莫卧儿帝国运作，而且最重要的是，其统治权是父子世袭的，可以说事实上的新王朝正在形成。

莫卧儿帝国相继遭受德干、阿瓦德和孟加拉等重要地区背叛，就此沦为只能统治德里周边地区的地方政权。仿佛是看穿了莫卧儿帝国的窘态，外部势力也随之开始入侵。推翻了波斯萨法维王朝的纳迪尔·沙乘势扩张到印度斯坦。莫卧儿帝国军队在卡尔纳尔（Karnal，帕尼帕特以北城市）展开迎击，却被纳迪尔·沙的军队击溃，战斗以莫卧儿帝国惨败告终（1739年）。纳迪尔·沙占领和掠夺了德里，带着包括"孔雀王座"在内的大量战利品撤回。此事可以说让莫卧儿皇帝的权威一落千丈。

顺带一提，从奥朗则布皇帝在位的后半段开始，莫卧儿帝国外部就已出现挑战其统治的势力，而且力量不断增强。在马拉塔联盟，巴拉吉·维什瓦纳特（Balaji Vishwanath，？—1720）就任宰相（peshwa）一职（1713年），为联盟带来了新的活力。锡克教则在古鲁戈宾德·辛格的带领下施行了改革，巩固了教团组织（1699年）。与莫卧儿帝国力量衰落成对比的是，他们随后在旁遮普不断扩大势力，在18世纪末建立了锡克王国。另外，虽然年代上稍晚，南印度的海德尔·阿里（Haider Ali）在1761年篡夺了迈索尔王国的王位，王国在其子蒂普苏丹（Tipu Sultan）在位时期成为匹敌马拉塔联盟的强大势力。

由此，18世纪的印度进入了各地较具实力的政权竞相割据的时代。在这些政权中,有从莫卧儿帝国分离出来的"继承国家",也有与莫卧儿帝国毫无关系的独立政权。但这些政权具有共同点,即位于长期以来远离权力中枢德里的地区,执行与各地本土密切联系的政策,专心发展国力。在怀念莫卧儿帝国全盛时期的宫廷史官眼中,帝国解体之后的印度无疑进入了"黑暗时代",而在趁着帝国解体将印度殖民地化的英国看来,则是进入了"分裂时代"。确实,与莫卧儿帝国或是英国建立的印度帝国的威仪相比,18世纪的地方政权看起来只是小规模的、不起眼的存在。但是,近来的研究中开始流行这样的看法:印度的18世纪(更准确地说,是17世纪下半叶到18世纪)不仅不是"黑暗时代",反而是充满活力的时代,而且在这些地方政权统治下出现了重要的变化。正如下文将会依次介绍的那样,18世纪其实更适合称为"地方的时代"。

在印度刚刚进入大致如上所述的状况时,英国东印度公司无论是在印度还是在英国国内,都已巩固了其发展的基础(参看上一章)。在印度,加尔各答、马德拉斯和孟买已经要塞化、根据地化,而在英国国内本已一分为二的公司则再次合并,组成"联合东印度公司"。公司对印度的态度也前所未有地强硬起来。但是,相对于包括马拉塔王国在内的印度地方政权,他们还不具备决定性的优势。在相互斗争以夺取主导权的权力政治旋涡中,英国不过是参战的一员而已。这将带来怎样的结果,人们在一开始完全无从得知。事实上,当时的英国人既无意追随莫卧儿帝国脚步以建立殖民帝国,也不具备相应的实力。

不过，当英国在卡纳蒂克（Carnatic）战争中取得有利进展，在普拉西也轻易取得意想不到的胜利，还在当时印度最为富庶的孟加拉地区掌握霸权后，情况就大不一样了。英国东印度公司在印度次大陆成了足以与马拉塔联盟和海得拉巴的尼扎姆匹敌的一大势力。此后，英国自然不再满足于在孟加拉之类的某一地区做统治者，而是开始为在全印度建立统治权而不断征战。从印度史发展的角度来看，可以认为这种殖民地化也带有抑制（前文所述的）地方发展、重建帝国秩序的意味。但与此同时，也不妨认为正是因为有地方发展的基础，英国才得以顺利地缔造殖民帝国。

下文拟考察英国将印度殖民地化的过程。不过，殖民地化的过程极为复杂，无法对此做出全面描述。因此笔者决定将叙述集中在两点上。首先是回顾英法两国在南印度卡纳蒂克开展的对抗。随后则介绍代表性的"继承国家"，即最早被殖民地化的孟加拉省督政权，探讨其殖民地化的过程。笔者相信，在比较详细地了解了殖民地化的印度方面的情况后，就不难掌握印度殖民地化的本质了。最后，笔者还将简单谈及马拉塔联盟和锡克王国。

卡纳蒂克与孟加拉

法国在印度的扩张

法国船只第一次出现在印度洋是在16世纪20年代。鲁昂（Rouen）商人的船只在这时抵达了马拉巴尔海岸。但此后法国在印度迟迟没有进展，其东印度公司的设立也晚于英国和荷兰。1604年，亨利四世尝试设立，结果未能长期维持，到了17世纪下半叶，公司才正式建立起来。在此期间，法国在马达加斯加岛建立了据点，并以该岛为中心，与波斯、印度乃至东南亚展开贸易。到了1664年，"东印度公司"（以下称为法国东印度公司）终于在柯尔贝尔的领导下得到确立。

法国东印度公司在1674年从比贾普尔统治者手中购入了位于科罗曼德尔海岸的本地治里（Pondicherry）的土地。此后法国将该地要塞化，作为其在印度的首府。法国还在孟加拉的金德讷格尔（Chandannagar）、科罗曼德尔海岸的默苏利珀德姆等地设置了商馆，并通过占领印度洋上的毛里求斯等手段，渐渐巩固了在印度的立足点。

不过，在起初五十年左右的时间里，公司经营欠佳。1723年实施改革后，公司终于做好了正式开展印度贸易的准备。但在此之后，尽管法国东印度公司在印度贸易方面颇有进展，其出口额也仅仅达到英国东印度公司的一半（1740年的数据）。法国东印度公司是能与英国比肩的欧洲强国的国有企业，但说到实力，无论是在贸易额上，还是在进入印度的时间上，它都远远落后于英国东印度公司。

卡纳蒂克战争与印度的统治阶层

法国东印度公司会与英国东印度公司开战，起因是遥远的欧洲所发生的战事，即奥地利王位继承战争（1740—1748）。这场战争在分别以英国和法国为首的两个敌对阵营之间展开。

两国在海外都有殖民地，因此战争升级，超越了欧洲的范围。开战的消息传到印度时，约瑟夫·弗朗索瓦·杜普莱克斯（Joseph Francois Dupleix，1697—1763）[1]刚刚就任本地治里地方长官。他并不希望发生战争，但1746年还是爆发了海战。[2]战争开始时，杜普莱克斯率领的法军在战略上胜过英军，取得了攻占马德拉斯的大战绩。虽然第一次卡纳蒂克战争随着欧洲母国展开的奥地利王位继承战争的终结而结束，但此战大大提升了法国在南印度的威信（马德拉斯则在战后归还英国）。

总而言之，第一次卡纳蒂克战争只不过是欧洲战争在印度战场的延续，而且这场战争主要是在海上进行，与南印度的统治者们完全无关。唯一的例外是战事发生地的统治者卡纳蒂克省督，但其介入也只是形式上的。毕竟，省督麾下装备落后的军队，已在战斗中被接受了欧式训练的法国雇佣兵打败。当时的实情大概就是，省督即使想插手也无能为力。欧式军队占有优势的事实，对英国此后正式开始征服印度来说具有重大意义，但这一点则是在第一次卡纳蒂克战争中发生的这一起小冲突中，才首次以实战的形式得到证实的。

不过，第二次卡纳蒂克战争爆发时，局势已发生根本性变化。当时对印度政治有巨大影响力的海得拉巴的尼扎姆阿萨

---

[1] 原注：其父为东印度公司董事。借助父亲之力，他在1720年获得了本地治里的职位。自是晋升顺利，曾在金德讷格尔等地任职，后担任法国驻印度商馆总监督、本地治里地方长官（1741—1754年在任）。

[2] 原注：1746—1748年第一次卡纳蒂克战争。"卡纳蒂克"一词是指南印度东高止山脉东侧部分。

夫·贾去世了（1748年）。在他死后，发生了继承人之争，这成为招致南印度政治混乱的祸端。与此同时，杜普莱克斯继续与英国东印度公司保持对抗，进一步加强了法国在南印度的影响力。

随着阿萨夫·贾这位镇石般的领袖的辞世，南印度统治者们之间的利害冲突也顿时表面化。英法对此加以利用，图谋扩大势力。在这些因素的相互交错缠绕中，最终爆发了第二次卡纳蒂克战争（1749—1754）。与第一次卡纳蒂克战争意义不同的是，第二次卡纳蒂克战争可以说成为后续数次战争的原型。如果说第一次卡纳蒂克战争证实了欧式军队的优势（尽管并非蓄意而为），具有军事上的重要性，那么第二次卡纳蒂克战争则标志着欧洲势力首次正式介入印度国内政治，具有政治上的重要性。

这场战争的起因是海得拉巴尼扎姆的继承人问题，以及围绕卡纳蒂克省督人选的纷争。英国东印度公司和杜普莱克斯领导的法国东印度公司为了将对自己有利的人选安排到这个重要位置产生了争执。此外，南印度的统治阶层也在争取英国或法国的支持，以期让自己在权力斗争中处于有利地位。从这些复杂情况中胜出的是法国的杜普莱克斯。他成功地在这两个位置上安插了自己的傀儡。这意味着德干和南印度成了法国的势力范围。英国东印度公司对此感到危机，发动了战争，即第二次卡纳蒂克战争。印度统治阶层之间的权力斗争如今在不知不觉中变成英法之间的斗争，两国都站到了台前。

在这场战争中，与法国的杜普莱克斯对阵的是英国的罗伯特·克莱武（Robert Clive，1725—1774）[1]。他因为在这次战事中表现出的军事才能而一举成名。另外，关于这场战争还有一点较为知名，即当时双方母国政府之间并未处于战争状态，东印度公司其实是根据当地情况擅自发动战争的。无论如何，法国东印度公司总公司因为担心杜普莱克斯独断推行在南印度谋求霸权的举动，于是罢免了杜普莱克斯，战事就此告终（1754）。

此战之后，法国维持了在海得拉巴的特殊地位，还保住了战争中获得的北萨尔卡尔（Northern Sarkars）地区（马德拉斯与奥里萨之间海岸部分的地方），但丧失了卡纳蒂克。就南印度英法力量对比而言，法国一度占据优势，经过这场战争后，优势开始向英国一方倾斜。对于印度来说，这场战争为英法傀儡占据印度关键位置的做法开了先河，因而这场战争的结果具有重要意义。此战之后仅仅三年，便爆发了普拉西战争。通往普拉西的道路，可以说正是由第二次卡纳蒂克战争开辟的。

此后，欧洲爆发了七年战争（1756—1763），与之相应，英法两家东印度公司再一次以南印度为舞台展开了战斗（即第三次卡纳蒂克战争，1757—1761）。这次战争中，本地治里被占领，法国尝到了彻底败北的滋味。英法之间此后还发生过若干争斗，但可以认为经过这场战争后，英法对抗的时代就已基

---

[1] 原注：19岁时成为东印度公司书记，开始在马德拉斯任职。后取得普拉西战役胜利等杰出功绩，两度担任孟加拉总督（1758—1760，1765—1767）。1774年11月，在位于伦敦伯克利广场的家中自杀。葬于威斯敏斯特教堂。

本告终。关于法国败退的原因，从19世纪开始就有诸多讨论。此处想指出两点原因：一是母国提供的支援不足（除了物质上的支援，也包含错误地解聘杜普莱克斯这种政治上的支援不足），换言之，即母国的国力存在差距；二是海军实力存在巨大差距，也即两国在印度的根基存在差距。

孟加拉省督的政权

现在让我们先回到18世纪初。1700年，受奥朗则布皇帝派遣，穆尔希德·库里·汗以财政大臣的身份到任孟加拉。1717年，他升任省督，在1727年去世前约四分之一个世纪的时间里，实际掌握着孟加拉的政权。前文已述，在此期间，他从莫卧儿帝国独立的倾向也在不断增强。在他死后，其位由女婿继承，此后又传给女婿的儿子。但孟加拉统治权的世袭到此为止，因为阿利瓦迪·汗（Alivardi Khan）篡夺了省督的位子（1740—1756年在位）。

奥朗则布皇帝死后，印度进入了政治动荡期，各地战争和宫廷政变频发，如前文所述的南印度的形势。但从穆尔希德·库里·汗到阿利瓦迪·汗在位的约半个世纪里，孟加拉维持了相对稳定的状态。虽然18世纪40年代马拉塔联盟军队曾连番入侵，造成混乱，甚至将战线推进到首都穆尔希达巴德近郊。不过到1751年，孟加拉以支付岁币120万卢比为条件，最终与马拉塔联盟达成协定，总算渡过了难关。

棉布对欧洲出口的飞速增长以及农业的繁荣，正是得益于这种政治稳定，其奠基者则是穆尔希德·库里·汗。下面不妨看看其统治的特色。

穆尔希德·库里·汗是奥朗则布皇帝晚年寄予厚望而派遣到孟加拉的人物。由于与德干的马拉塔王国交战，皇帝不得不花费了大量开支。为了解救陷入危机的帝国财政，这位有才干的行政官被派到帝国当时最为富庶的省份之一——孟加拉。因此，穆尔希德·库里·汗办事最为用心的方面自然就是孟加拉的财政改革和税收增加。这些举措又关系到他所开创的"继承国家"的财政基础的确立。

当时在印度国库收入中占绝大部分比重的是土地税。因此若要推进财政改革，就必须先从土地制度改革着手。穆尔希德·库里·汗正是由于针对土地制度的问题出台了大胆政策，试图全面转变莫卧儿帝国的传统制度而知名。

穆尔希德·库里·汗改革之前，孟加拉的土地是作为封地授予莫卧儿帝国的贵族、军人和高官的。他把这些封地的所有者（札吉尔达尔）改封到奥里萨，而将孟加拉的土地变为省督政府直辖地（khalisah）。此后，他（至少在一定范围内）开展了土地调查，并以此为依据对整个孟加拉的土地税额予以核定修正。这是1582年以来首次对土地税实行核定，其意义颇为重大，甚至为后世（包括英国殖民地政府时期在内）对土地税额的确定提供了基准。对于回收到政府手中的土地，穆尔希德·库里·汗随后将其中约三成留在政府名下（意在强化政府财政），剩下的则实行包税制。

通常来说，包税人会从穆尔希达巴德等地的大银行家处贷款以获得现金，用于担保征税权。在他们中，名为贾加特·赛特（Jagat Seth）的马尔瓦尔商人最为知名。据说在阿利瓦迪·汗成为省督之前，孟加拉省督每年都要将520万卢比上交给德里的莫卧儿皇帝。其中一部分用实物白银上交，但大部分时候使用的是汇票（hundi）。这是由于孟加拉与北印度之间商业交易频繁，存在将两处连接在一起的商人和放贷人网络，使得人们能按这种方式缴税。操作这种汇票缴税的则是贾加特·赛特这样的银行家。通过包税、缴税，以及随时都在进行的贷款等手段，商人、放贷人深入地方政权内部，成为18世纪印度普遍存在的特色（关于商人、放贷人在农业生产方面的作用参看第七章）。商人、放贷人在全印度的网络并未因莫卧儿帝国解体而受到太大影响，反而得到了发展。

包税人向称为"柴明达尔"的孟加拉地方领主阶层（参看第七章）征收土地税。这一时期，大部分的孟加拉农民用白银交纳地租，地方领主阶层只要能保证从农民手中收到地租，就不难向包税人支付税款。但向农民收租并不总是一帆风顺，再加上其他原因，包税人和柴明达尔之间难免会发生摩擦。相应地，穆尔希德·库里·汗也在积极推进柴明达尔的置换。他让拥护自己的人成为柴明达尔，以便稳定地方统治。出于这两个原因，在穆尔希德·库里·汗的时代，延续已久的柴明达尔再次遭遇轮换，其阶层构成发生了巨大变化。

之所以会对穆尔希德·库里·汗的土地制度改革做详细说明，是因为它与殖民地化后英国引入的土地制度有着密切关联。英国引入的土地制度就有相当大一部分来自穆尔希德·库里·汗的改革。英国起初也尝试推行包税制便是受其影响，但其影响并不止于此。除了包税制，改革涉及面相当广泛，包括通过废止莫卧儿式旧制度、核定土地税额和整顿柴明达尔以确立对地方的统治等。

下面再来看看穆尔希德·库里·汗统治的另外两个特色。首先是与印度教徒的关系。他的政府以积极起用印度教徒而闻名。尽管被起用的人主要是婆罗门、拜迪亚（Baidya，医生种姓）、卡雅斯塔（Kayastha，书记种姓）等高种姓者，但也有更低种姓的人存在。穆尔希德·库里·汗进而还让印度教徒进入了高级官吏行列。虽然这一时期孟加拉印度教徒和穆斯林的人口比例并不清楚，但可以确定的是，到1871—1872年第一次展开国情调查之前，人们普遍认为印度教徒的数量占多数（但后来证明，实际上穆斯林的人数稍多一些）。在这种情况下，想要稳定地方政权，明智的选择显然就是起用印度教徒。可以认为这反映了在帝国秩序崩溃、社会开始流动的背景下，地方政权为谋求立足并与相似政权竞争，致力于超越宗教差异，统合本地居民。这一时期的孟加拉知识分子自然也是懂波斯语的。总的来说，这一时代的潮流就是融合（syncretic）倾向在日趋强化。这种趋势绝不仅限于孟加拉，包括北印度也同样如此。

其次是孟加拉省督与东印度公司的关系。两者之间围绕"自由通关券"（dustuck）问题，存在着严重纷争。在这时的孟加拉，省督和柴明达尔有权对通过自己统治区域的商品征收关税。但从商人的角度来看，这是非常令人反感的事。因此东印度公司从很早开始就在寻求免除关税的权利。

英国东印度公司拥有自由通关特权的历史，可以追溯到1651年。在这一年，他们以一次付清年费3000卢比为条件获得了自由通关特权。从17世纪中叶英国在印度贸易的规模来看，这一数额应当是合理的。但是，英国印度贸易后来得到了飞跃发展，英国并未相应地增额。不仅如此，他们还在1717年成功得到了莫卧儿皇帝批准3000卢比年费的敕令（farman）。更为恶劣的是，不仅东印度公司在使用"自由通关券"，东印度公司的职员以个人身份从事贸易时也在挪用"自由通关券"，还大量转卖给印度商人。不难想象，对于想要重建地方政权、巩固财政基础的省督来说，这是一个很严重的问题。加上孟加拉工商业和国际贸易的繁荣程度，情况就显得更为严峻了。省督不断向英国施加压力，但英国东印度公司只是在受到督促时才缴纳罚金，结果一直维持着这种不正常的状态，直到孟加拉被英国殖民地化为止。

普拉西战役

阿利瓦迪·汗在1756年4月去世。自此之后到普拉西战役（1757年6月23日）之前，孟加拉的事态发展极为迅速，仿佛疾风骤雨，最终升级为战事，迎来了惨烈的结局。但是，如果不考虑事件的戏剧性发展方式，普拉西战役与第二次卡纳蒂克战争并不存在根本性的差别。只需稍事回顾事件梗概，便可明白这一点。

阿利瓦迪·汗没有直系后嗣。因此他指定了外孙西拉杰·达乌拉（Siraj ud-Daulah）作为继承人。后者是20岁上下的年轻人。西拉杰虽然平安无事地登上了省督的位置，但在舞台背后，关系到继承者之争的阴谋正汹涌展开。与此同时，卡纳蒂克战争后登上印度政治前台的英国和法国，因为预计到七年战争的爆发，也正专注于战备工作。在普拉西战役之前一年左右的时间里，无论是印度方面还是英法方面，都处于极度紧张的状态。

在历经一番复杂事态后，英国东印度公司得出判断：西拉杰·达乌拉亲法，应当将他从省督的位置上撤下。此外，穆尔希达巴德的大银行家贾加特·赛特等较具实力的印度人也阴谋将阿利瓦迪·汗的姐夫米尔·贾法尔（Mir Jafar，1691—1765，1757—1760 年、1763—1765 年在位）推上省督位置。东印度公司与米尔·贾法尔缔结了密约（以"条约"的形式）。克莱武保证让米尔·贾法尔登上省督之位，作为回报，米尔·贾法尔将承认东印度公司在孟加拉拥有的所有特权，并约定向东印度公司支付巨额款项。据推算，普拉西战役胜利后，米尔·贾法尔实际向东印度公司的员工和军人"个人"支付的金额超过了 125 万英镑。仅仅克莱武一人就获得了 23.4 万英镑以及价值 3 万英镑的札吉尔。

普拉西是位于加尔各答以北、卡西姆巴扎尔附近的村庄，省督的军队驻扎在附近。为了对其发起攻击，克莱武从加尔各答出师。战事在西拉杰·达乌拉率领的孟加拉省督军和克莱武率领的英军之间爆发。孟加拉省督军约有 5 万，英军为 2400 人（其中印度雇佣军 1500 人）。省督军中有法国人组成的炮兵队，还有米尔·贾法尔的军队。战斗则以极为简单的方式结束。先是英法的炮兵队互相炮击，炮击结束后，英军小股部队发起突袭，省督军开始溃败。米尔·贾法尔的军队则完全没有行动的迹象。

总之，普拉西战役虽名为战役，但完全不见勇武之举。更贴切的说法当是宫廷政变。另外，银行家贾加特·赛特在舞台背后发挥了重要作用，是今人在管窥那个时代时不可错过的一段插曲。无论如何，米尔·贾法尔成了孟加拉省督，西拉杰·达乌拉则在四天后被捕，遭到处决。

布克萨尔战役

孟加拉的实权人物在推举与克莱武缔结密约的米尔·贾法尔成为省督时，可能单纯地以为，只要不断牵制英国东印度公司的力量，就能够回到阿利瓦迪·汗统治时代的状态。但不久后，现实证明了他们的考虑是错误的。孟加拉的政治实权完全落入东印度公司手中。据说米尔·贾法尔自己也因为只能按照英国人的意图行事而愤恨不已，但他已经无能为力。1760年，英国人以米尔·贾法尔与荷兰人勾结策划反英阴谋的罪名将其罢免，让他的女婿米尔·卡西姆（Mir Qasim，？—1777，1760—1763年在位）接任省督之位。

但米尔·卡西姆在顺从英国的同时，也开始在英国已确立统治的孟加拉之外的地方探索建立独立政权的道路。他收复了比哈尔，将首都从穆尔希达巴德迁往蒙吉尔〔Monghyr或Munger，位于巴特那（Patna）以东、恒河河畔〕，并且着手组建欧式军队。但推进这一政策需要庞大财源，于是他将目光转向关税收入。这意味着要和以自由通关权作后盾、在孟加拉享受着无限制"自由贸易"的英国的利益发生正面冲突。两者之间的严重对立在1763年升级为战争。然而，米尔·卡西姆的新式军队被东印度公司的军队不费吹灰之力击败，他自己也逃到阿瓦德省督舒贾·道拉（Shuja-ud-Daula，1731—1775）处避难。自主建立独立国家的一次宝贵尝试就这样流产了。

另外，莫卧儿皇帝沙·阿拉姆二世（Shah Alam II，第十五代皇帝，1759—1806年在位）频频在北印度发起军事行动，也曾向孟加拉派兵。皇帝与舒贾·道拉、米尔·卡西姆合流，三人开始协力推进对英战备。随后发生的便是布克萨尔战役[①]。关于参与这场战役的军力，据说三方同盟一侧有4万到6万人，东印度公司一侧则有7000人。战斗在9点左右打响，约在正午结束。三方联军惨败。

这场战役的重要之处在于莫卧儿皇帝和莫卧儿帝国继承国家的两位领导人向英国东印度公司军队发起正面挑战并遭遇了失败。可以认为英国在普拉西战役中靠着政变这种不正当手段所获得的霸权，通过布克萨尔战役变得不可动摇。印度由此正式开始殖民地化。

迪瓦尼

英国东印度公司赢得布克萨尔战役后，提出了由自己任

[①] 原注：发生在1764年。布克萨尔（Buxar）位于巴特那和贝拿勒斯中间。

命孟加拉省督及其大臣的方针（1765）。此外，此前是由孟加拉省督进行征税，然后将其中一部分以各种名目支付给东印度公司；现在则发生反转，由东印度公司进行征税，将其一部分划给孟加拉省督作为政府的运营费用。省督的大部分军队被解散，东印度公司的军队则被部署到整个孟加拉。简而言之，现在形成了省督政府徒有其表，实权则由英国掌握的"二元统治"体系。

在这一系列措施中，最重要的是有关征税权移交的事项。东印度公司代表克莱武和莫卧儿皇帝沙·阿拉姆在1765年8月12日于安拉阿巴德缔结条约，这一举措也得到确认。

根据该条约，莫卧儿皇帝将孟加拉、比哈尔、奥里萨的"迪瓦尼"（diwani）授予东印度公司。"迪瓦尼"是指财政大臣所拥有的职权。在莫卧儿的制度之中，财政大臣是与掌管军事、警察、刑事案件的福季达尔（faujdar）同样重要的职位，拥有征税、向国库输送税金、民事和财政裁判等多方面的权限。现在，东印度公司获得了这项覆盖孟加拉、比哈尔和奥里萨的权利。要尽到财政大臣的职责，就必须有效地支配人口和土地。也就是说，东印度公司借着获授"迪瓦尼"的迂回形式，实际上获得了孟加拉、比哈尔和奥里萨的"领土"。也正因此，通常认为英国对印度领土的统治就始于"迪瓦尼"的获取。依照条约，莫卧儿皇帝则获得了260万卢比。

另外值得一提的是，这份条约也可以解释为确认了东印度公司以财政大臣的身份成为莫卧儿皇帝家臣的事实。这自然只是法律上的虚构，不必为此受到拘束，但纯粹就其形式而言，英国在印度的统治权确实不具有无可挑剔的法律依据。要到武力镇压土兵叛乱、逼迫在德里靠着年金生活的莫卧儿皇帝退位时，这个问题才获得解决（1858）。当然，这又会引起家臣是否可以让皇帝退位的争论。

孟加拉殖民地化的原因

关于印度被殖民地化的原因，历来众说纷纭。现在，我们将问题限定在上文详细介绍过的孟加拉来探讨殖民地化的原因。

大部分研究者一致同意的是军事实力上的差距。欧洲以装备火枪的步兵为中坚，其战术已十分发达，而且金属铸造技术的进步也使得高质量大炮和枪械的制造成为可能。在此方面，孟加拉可以说是比较落后了。穆尔希德·库里·汗将省督的常备军削减到两千骑兵、四千步兵，可见孟加拉确实存在轻视军事的倾向。米尔·卡西姆对组建欧式军队的尝试则为时已晚。与热心引进欧洲军事技术的马拉塔联盟、迈索尔王国和锡克王国相比，孟加拉的表现正体现了它的特色。另外，还需要考虑海军力量的问题。身处马德拉斯的克莱武能够驰援孟加拉，正是因为有强大的海军力量存在。

其次是统治阶层内部的分裂。所谓分裂，换言之就是政治整合度不足的表现，这可能和地方政权建立时日尚浅有关。18世纪是莫卧儿帝国持续了近两百年的政治秩序崩塌、地方政权探索新的政治整合方式的时代。统治者的权威尚未确立，统治阶层之间的秩序尚未巩固。这与正在向民族国家整合的英国大相径庭。

第三是继承国家的财政基础问题。例如孟加拉省督，即使在穆尔希德·库里·汗改革之后，税收来源的大部分仍是土地税。毕竟，在英国东印度公司"自由通关权"的阻碍下，对繁荣工商业的征税以及在征税基础上实现的统一管理是无法实现的。从孟加拉的遭遇可以看出，这个问题对于建立不久的地方政权来说是很严重的。或许可以认为，正是不平衡的财政结构扭曲了地方政权的发展，削弱了它的力量。

马拉塔和锡克

马拉塔联盟

上文详细讨论了印度最早被殖民地化的孟加拉的情况。接下来将对马拉塔联盟和锡克王国稍加介绍，它们此时都已建立了强大的政权。

马拉塔王国是由西瓦吉·邦斯勒（1630—1680）建立的政权。虽然"马拉塔"一词，现在是作为种姓名在使用，但其起源并不古老。在中世纪的德干地区，轮番登场了若干个穆斯林王国。居住在德干、属于农民种姓［如昆比（Kunbi）］或畜牧种姓的人们为这些王国当兵效力，作为回报，他们获赐土地，同时逐渐形成了共同意识。据说，正是这群人后来开始自称属于马拉塔种姓。此外，共同的语言马拉地语、共同的宗教巴克提信仰所产生的凝聚力也是种姓意识形成的重要原因。马拉塔王国的中坚就是由属于马拉塔种姓的农民、战士及其领袖构成的。西瓦吉本人自然是马拉塔的一员，他召集了较具实力的马拉塔家族，以浦那地区为中心建立了马拉塔王国（1674年正式即位）。在西瓦吉的王国中，除了马拉塔人，还有担任顾问的婆罗门以及充当军人的穆斯林。该王国因为与莫卧儿帝国交战、让晚年的奥朗则布皇帝疲于奔命而知名。

马拉塔王国在进入18世纪后，西瓦吉直系后裔的国王力量衰落，宰相代之掌握了实权。确立这一独特政体的是巴吉·拉奥一世（1700—1740，1720—1740年在任）。在弱冠之年就任宰相的巴吉·拉奥看穿了莫卧儿帝国业已衰退的事实，积极地发动了多次远征。马拉塔军队的主力是轻骑兵，他们将莫卧儿在各地的重装部队打得人仰马翻。巴吉·拉奥还起用年轻一代将领，派他们去远征。以古吉拉特的盖克沃尔（Gaikwar）家族和马尔瓦的霍尔卡（Holkar）家族为代表的马拉塔人则发展为被征服土地的统治者。巴吉·拉奥本人出身于吉特巴万婆罗门（Chitpavan Brahmin）世系，这一群体曾一直为德干的穆斯林王国提供中下层官吏，他也因此大量起用其中的成员。从而，吉特巴万婆罗门在马拉塔联盟中的根基得到稳固。此外，他还重用婆罗门放贷人，以掌握马拉塔统治区域的金融网络。

巴吉·拉奥死后，马拉塔联盟继续向孟加拉、卡纳蒂克、拉贾斯坦和德里等地派出远征军，扩大了统治区域。待到马拉塔人进入德里，成为莫卧儿皇帝的保护者时，其权势可以说达到了顶点。

在展开远征的同时，马拉塔联盟也实施了行政机构改革。最初它是通过军队远征收取贡赋，与其他统治者签署协定，将其税收的一部分作为"乔特"（chauth，意为四分之一）收缴来维持运转的，现在则转而依靠完善的行政机构巩固对领土的统治。尤为重要的举措是设立名为"卡玛维斯达尔"（kamavisdar）的地方官。卡玛维斯达尔是县级的长官，负责税款的核定和征收、调停纠纷、振兴农业等工作，由浦那的宰相政府监督，通过文书与宰相政府维持密切联系，同时执行政务。一般认为，这一职位是殖民地化后英国设置的"税收官"的前身。

但是，马拉塔联盟的鼎盛时期终结于18世纪50年代。1761年，马拉塔联盟军队在德里以北的古战场帕尼帕特与艾哈迈德·沙·杜兰尼（Ahmad Shah Durrani）率领的阿富汗军队交战，最终惨败。马拉塔联盟在战场上损失了大量优秀的人才，其在印度的政治威信也丧失殆尽。马拉塔联盟原本作为莫卧儿皇帝的保护者，梦想有朝一日取代莫卧儿帝国，但这个梦想最终还是破灭了。

帕尼帕特大溃败之后，马拉塔联盟在那那·法德纳维斯（Nana Fadnavis）的领导下，开始重建。但另一方面，马拉塔中较具实力的成员独立倾向增强，联盟的实权从宰相处转移到地方上实力雄厚的诸侯手中，联盟本身开始丧失向心力。

马拉塔战争

在马拉塔联盟陷入这种状况时，英国开始前来干涉。联盟围绕宰相的继承人问题产生了内讧，英国人则以割让领土为条件，支持了其中一方。但马拉塔人对此表示强烈抵抗，于是这次干涉几乎毫无成果地收场了（即1775—1782年的第一次马拉塔战争）。

第二次马拉塔战争则在约二十年后的1803年爆发。此时英国已通过军事保护条约将海得拉巴变为"保护国"①，并在第四次迈索尔（Mysore）战争末期于塞林伽巴丹（Seringapatam）城外击败迈索尔王国的蒂普苏丹（1753—1799），后者也阵亡于此次战役。此时印度实力尚属雄厚的政权，就只剩下马拉塔联盟和在旁遮普兴起的锡克王国了。而1798年就任孟加拉总督的韦尔斯利（Wellesley）则是一个彻底的扩张主义者，他将建立庞大殖民地帝国看作自己的使命。

正当此时，马拉塔联盟再次陷入宰相继承人争端的混乱中。1795年，发生了宰相自杀的怪事，此后五年间，诸侯之间一直持续着内战。与此同时，包括那那·法德纳维斯在内，在帕尼帕特大溃败之后崛起、拯救马拉塔联盟于危机之中的领袖们也相继离世。

最终，继承人之争发展为马拉塔实力雄厚的诸侯辛迪亚（Sindhia）家族与霍尔卡家族之间的对决。随后，在这场军事对决旋涡中陷入窘境的宰相巴吉·拉奥二世［1775—1851，"大叛乱"的领袖那那·萨希伯（Nana Sahib）的养父］向英国东印度公司寻求保护。1802年底，英国与巴吉·拉奥二世签订了《巴塞因条约》（Treaty of Bassein）。该条约名义上是

---

① 原注：此事发生于1798年。在印度不称"保护国"，而是称为"藩王国"。

英国与宰相之间的相互防卫条约，但条约还规定宰相需在自己领地内自费维持东印度公司军队六个营以上的永久驻军、在没有和英国协商之前不得与他国交涉和交战、放弃对苏拉特的权利等内容。孟加拉总督韦尔斯利立即夺回了浦那，让宰相官复原职。但是，《巴塞因条约》在保持着尚武风气的马拉塔诸侯看来，是屈辱性的军事保护条约，不可容忍。他们开始准备对英作战。

但诸侯之间未能齐整步调。等到辛迪亚家族和贝拉尔（Berar）国王的联军终于开始进军时，等待已久的韦尔斯利宣布开战（即第二次马拉塔战争，始于1803年8月，终于1805年）。英国人击败了辛迪亚家族和邦斯勒家族，并与中途参战的霍尔卡交战。不过，韦尔斯利由于坚持推行耗资甚巨的扩张政策，其强硬作风招致了本国政府的不满，被召回英国，第二次马拉塔战争于是在尚未决出最终胜负的情况下收场。这次战争的结果是辛迪亚、邦斯勒家族被迫签订了军事保护条约，内容包括接受高级专员（resident）[①]派往各个宫廷、承认《巴塞因条约》、放逐政府官员中的非英国人（但免于接受英国驻军）等。另外，辛迪亚家族还将河间地带、德里及阿格拉割让给英国。巴罗达（Vadodara）的盖克沃尔家族虽然在这场战争中保持中立，但同样被迫签订了军事保护条约（1805）。

第二次马拉塔战争因为韦尔斯利被召回国而虎头蛇尾，但英国已经将霍尔卡家族以外的马拉塔实力派诸侯变作保护

---

① 原注：为监督藩王国（保护国）的政治活动而设置的职位。

国,获得了北印度核心地带,战争的目的已基本达到。

但是,马拉塔一方感受到的屈辱感和反英情绪不断发酵,在1817年底爆发了第三次马拉塔战争(1818年结束)。然而马拉塔联盟早已不是英国对手,战争不过数月就轻松结束。经过这次战争,宰相被没收领土,不得不在坎普尔附近靠年金生活。宰相领地中的萨塔拉(Satara)一地授予西瓦吉的子孙,其余领地全部划入孟买管区。至此,孟买终于拥有了广袤的腹地,正式开始向殖民地城市发展。此外,辛迪亚家族也将拉贾斯坦的阿杰梅尔割让给英国。英国开始以阿杰梅尔为立足点,监视拉吉普特诸侯。

到第三次马拉塔战争结束的1818年,英国已基本完成对印度的征服。印度的重要地区已悉数处于控制之下:或是成为英国东印度公司的直辖领地(英属印度),或是按照军事保护条约成为藩王国,承认了英国的宗主权。剩下的就只有旁遮普的锡克王国了。

锡克王国

锡克王国与马拉塔联盟一样,是以亦农亦兵的成员为中坚,根植于地方社会与文化的政权。他们没有像马拉塔一样发动征服战争,而正是这一点清晰地显示出其作为地方王国的特点。

锡克教由古鲁那纳克(1469—1539)创立,到了17世纪末,戈宾德·辛格(1666—1708,第十代)继任古鲁后,推行了宗教改革,赋予了这个宗教新的性格。戈宾德·辛格将那纳克和平、平等主义的宗教改造为组织凝聚力高、充满军事色彩的宗教。他重视古鲁与信徒的直接联系，在古鲁亲自指引下皈依锡克教的信徒（及其集团）被称为"卡尔沙"，入教仪式需要使用剑，信徒有携带武器的义务，其战斗属性得到了强调。"卡尔沙"由古鲁直接指挥，是与古鲁合为一体的军事性信徒共同体。戈宾德·辛格之所以要创建军事性信徒集团，当然是因为锡克教长期以来遭受着莫卧儿帝国的压迫。锡克教得到了居住在旁遮普的卡特里（Khatri，由小商人和行商组成的商业种姓）、贾特农民以及工匠和佣人等社会地位较低的人支持。他们在宗教生活中是虔诚的信徒，在世俗生活中则是勤勉的劳动者。

奥朗则布皇帝死后，莫卧儿帝国陷入衰落，该教团组织成为锡克发展壮大的基础。在同一时期，来自阿富汗地区的纳迪尔·沙和艾哈迈德·沙·杜兰尼的军队侵入了旁遮普。趁着混乱，锡克教将势力从旁遮普扩大到河间地带东部，1765年占领了旁遮普的主要城市拉合尔。到了18世纪70年代，在亚穆纳河和印度河之间的区域内林立着六十余个锡克小王国。

在这些小王国中，"米斯尔"（misl，意为同族集团）是社会的基本构成单位。出于远征等特定目的而需要共同行动时，数量众多的米斯尔便会集结在一起，组成"达尔·卡尔沙"（dal khalsa），并选出领袖。

这些小王国的统治阶层以贾特农民为主，但其中也有诸如木匠或酿酒师等底层出身的人。行政机构和军队组织的基层中则可以看到理发师、运水工和清洁工的身影。非锡克人也被大量起用为官员。虽然随着锡克王国的发展，信徒之间的平等渐渐丧失，但至少从其出发点来看，锡克政权是依靠农村中下层人群力量而确立的政权。

建立锡克王国的兰吉特·辛格（Ranjit Singh，1780—1839，幼时因为感染天花失去了一只眼睛），正是在这类小王国的王室中诞生的。1799年，时年19岁的他占领了拉合尔，并以当地为首都，在之后十年间先后征服了二十多个小王国，建立了锡克王国。1809年，英国签署《阿姆利则条约》（Treaty of Amritsar）承认兰吉特·辛格是旁遮普的唯一统治者，并且划定萨特莱杰河（Sutlej）为锡克、英国两势力的分界线。此后，兰吉特·辛格进一步扩大领土，将克什米尔（1819）和白沙瓦（1834）纳入版图。

兰吉特·辛格强大的原因，首先在于其军事力量。虽然他装备了骑兵，但其军队主力是欧式炮兵和步兵。据说他们最初由东印度公司军队的逃兵组成，后来兰吉特·辛格雇了欧洲人做军官，旨在训练新式军队，到了1831年，军队规模达到了大炮三百门、步兵两万。还需要指出的是，他通过让周边的小统治者向他称臣，将他们组织了起来。对于承认兰吉特·辛格为主君并交纳贡赋的人，无论是否为锡克信徒，他都会接纳为家臣。

兰吉特·辛格的行政制度基本继承了莫卧儿的制度。在他的统治下，旁遮普的农业和商业发展得相当繁荣。当地在18世纪中叶因阿富汗势力入侵而荒废，到18世纪末则出现复兴的迹象，但要到他积极扶植农业和商业后，旁遮普才真正步入经济发展的正轨。他为获得更多的税收而发展农业，优待直接耕作的人和投资开垦、灌溉的人，将传统的大土地所有者从土地上分离出来。据说，在兰吉特·辛格的时代，旁遮普自耕农所占比率相当高。小麦、砂糖、大米、棉花等农产品还出口到了阿富汗和中亚。

兰吉特·辛格于1839年在拉合尔去世。他指定其长子卡拉克·辛格（Kharak Singh）为继承人。但后者在两年后死去，锡克王国的内讧开始逐渐升级。

锡克战争

当发现锡克王国陷入混乱后，英国将大军部署在国境上，向锡克王国挑衅，做出要对他们开战的姿态。锡克军于是在1845年越过萨特莱杰河，第一次锡克战争就此爆发（结束于1846年）。人们对这场战争的评价是：无论是锡克军还是英军，都缺乏优秀的指挥官。但到苦战末期，英国人在索布劳昂（Sobraon）战役中取得了决定性胜利，成为锡克战争的胜利者。第二次锡克战争（1848—1849）则起因于木尔坦爆发的小叛乱。在英国采取措施前，叛乱逐渐发展为波及整个旁遮普的大叛乱。但锡克军在古吉拉特的战斗中惨败，第二次锡克战争就此告终。

战胜后，针对旁遮普的处分问题，英国面临着两个选项：或是合并后实行直辖统治，或是成立藩王国实行间接统治。当时的印度总督达尔豪西（Dalhousie）在深思熟虑后选择了前者。据说这是基于两方面的考虑而做出的选择：旁遮普是与阿富汗相连接的战略性要冲，而且必须防止大叛乱再次爆发。

至此，从卡纳蒂克战争、普拉西战役算起，经过了约一个世纪，英国对印度的征服战争终于结束了。

殖民地统治体系

东印度公司问题

如上文所述，东印度公司是获得英国国王特许状、被允许垄断亚洲贸易的特许贸易公司。此外，该公司还是以股份制公司的形式组建的。

该公司自18世纪中叶起开始介入印度国内政治。虽然它最初确实是被迫卷入其中的，后来却动了真格，在付出了巨大的时间、生命和资金代价后，最终建立了庞大的殖民地帝国。这一过程已在上文做了介绍。

以贸易公司起家的东印度公司在推进征服战争的同时，也逐渐从商人的角色转而兼具帝国统治者的身份。商业的目的是利润的最大化。而统治行为，则至少在表面上，应当以实现正义为目标。两种行为之间存在着巨大的差别。从东印度公司决定统治印度领土的1765年到遭到取缔的1858年之间，围绕这一问题，出现了无数次争论。虽然人们也实施了改革，但这些改革终究只能说是根据时代的要求，针对这个不易两全的难题所做的一些调整尝试而已。

东印度公司所面对的问题，对于英国本土来说也是需要优先处理的事项。毕竟，到了18世纪下半叶，即使仅从金融功能来看，东印度公司也已是规模仅次于英格兰银行的大公司，并且随着公司统治地域扩大，印度的重要性——无论是在经济上还是政治上——都在加速扩大。由此一来，围绕东印度公司问题而产生的争论结果牵涉到诸多领域。可以举出马上就能想到的几个例子：如当时在英国本土闹得沸沸扬扬的争论——是应该实行自由贸易还是贸易垄断（东印度公司的贸易垄断是否该继续的问题），将功利主义思想、古典经济学等当时最先进的理论、思想落实到殖民政策的尝试，海外殖民论、奴隶制废除论等欧洲社会思想对印度的影响，如何在英国的殖民地体系中为印度定位的问题（特别是与西印度殖民地之间的利弊调整），福音派对传教活动的要求，印度贸易中所用船只的船主和东印度公司股东之间的利益得失，等等。总而言之，东印度公司的问题从多个角度得到讨论，甚至可以说只剩下作为当事人的印度人的意见没有得到反映。

英国议会在审议东印度公司相关问题时，这些争论得到了汇总。最初，英国议会为了对介入领土统治这一新事业、内部极度混乱和腐败的东印度公司实现机构改革，让本国政府能够对其实行监督，制定了《诺斯管理法案》（North's Regulating Act，1773）和《皮特印度法案》（Pitt's India Act，1784）。然后从1793年起，形成了每二十年更新特许状时对东印度公司问题进行集中审议的惯例。1793年、1813年、1833年、1853年在修订特许状法时，都开展了这类审议。

商业活动

这些法案呈现了印度殖民统治体系的大纲。下面将从商业活动和统治机构两方面来介绍其大致内容。

关于商业活动，首先最重要的是，禁止了东印度公司职员以个人身份从事商业活动（《诺斯管理法案》）。在此之前，因工作之便从事商业活动是得到认可的，只是工资也会相应地被压缩。禁令下达后，工资随之大幅提高。与此同时，从印度统治者处获取礼物和报酬的行为也遭到禁止。这一措施是为了矫正以克莱武为首的公司职员腐败现象。换个角度来看，这也是针对东印度公司职员从从事贸易的商业公司员工转变为殖民统治官吏的应对措施。

众所周知，在自由贸易论者的压力之下，东印度公司逐渐缩减了其主业——贸易的垄断范围。首先，在东印度公司使用的船舶中，每年必须向自由贸易商人开放3000吨载重（据1793年特许状法）。接下来，根据规定，将停止对中国以外地区的进出口贸易的垄断，茶贸易则由东印度公司专营，从而确定了印度贸易实现开放，中国贸易、茶贸易继续由东印度公司垄断的局面（据1813年特许状法，1814年4月起施行）。后来东印度公司对中国贸易、茶贸易的垄断权也被废除，为东印度公司的贸易垄断体系打上了休止符（据1833年特许状法，1834年4月起施行）。最终，少量残存的商业功能也被全面停止（据1853年特许状法）。东印度公司就这样一步步转变为纯粹的殖民统治机构。

统治机构

印度殖民地的统治机构如同迷宫般复杂，甚至即使是专家也不免感到困惑。但是，对于最重要的官职是总督和税收官、司法官这一点，应当没有异议。前者是印度本地统治的最高负责人，后两者则是地方行政的负责人。

谁是印度殖民统治的最高负责人，最初并不明确。孟加拉、马德拉斯和孟买三个管区的地方长官都直属伦敦，相互之间的关系并不确定。其中孟加拉管区最为重要，虽然孟加拉地方长官的确受到重视，但这在法律上并无依据。直到1773年，才正式将孟加拉地方长官升格为孟加拉总督，使其高于其他两个管区地方长官。到了1833年，孟加拉总督进一步升格为印度总督。总督在由若干人组成的参事会辅佐下处理政务，后来参事会逐渐扩大，到了19世纪下半叶，还扮演着相当于内阁和议会的角色。此外，英国本国政府内设置了"监督局"（据《皮特印度法案》），监督东印度公司的活动。该机构后来发展为"印度事务部"。

除了殖民统治最初时期，总督的任命都是政治性的。英国的执政党会从贵族和政治家中寻找人才，将其派往印度。因此，总督必定会体现母国政府的意志，依照印度统治的相关法律来实行管理。不过实际上很多时候都会交给总督自行定夺。19世纪中叶之前，交通通信手段尚不发达，即使英国想对总督进行监督，也是力不从心的。此时，英国和印度之间的书信往来需要耗时近一年。

因此，既会出现独断专行最后被召回国的总督（如韦尔斯利之流），也会出现能理解时代要求、对统治印度做出独特贡献的总督，如18世纪下半叶的黑斯廷斯和查尔斯·康沃利斯（Charles Cornwallis）、19世纪上半叶的威廉·卡文迪许-本廷克（William Cavendish-Bentinck）。

黑斯廷斯和康沃利斯都在东印度公司从贸易公司向统治机构转型的困难时期出任总督，为殖民地行政机构的组建费尽心力。黑斯廷斯在回国后还因为涉嫌腐败遭到弹劾审判，是一位毁誉不一的人物，但他也是唯一一位能理解印度文化的总督，因赞助了威廉·琼斯的"亚洲协会"（Asiatic Society）而知名。康沃利斯则在孟加拉的土地制度和行政机构改革上贡献良多。至于本廷克，在马拉塔战争取得胜利、征服战争告一段落的时代，他为印度统治指明了前进的方向，开创了信仰进步与改革之价值的乐观时代。

英属印度的郡（district）有250个以上（20世纪初数据），每个郡都有欧洲人担任名为"税收官"（collector）和"司法官"（magistrate）的长官，他们会通过与印度人直接接触来执行政务。税收官主管税务行政（土地税核定和征收、日常财政、农民问题等），司法官则主管司法行政（刑事裁判、治安维持）。在孟加拉，依照康沃利斯行政和司法分离的方针，两个职位由不同的人担任；但在马德拉斯，则依照托马斯·芒罗（Thomas Munro，1820—1827年担任马德拉斯地方长官）的方针由一人兼任。1859年以后，全印度统一实行芒罗体系，所有郡级行政长官都由一人兼任，称为"magistrate collector"

或"district magistrate"。这些长官自然要执行税收等公务，但也被要求在每年的几个月中到农村巡视，作为政府的代表按照温情主义精神（paternalist）慰问当地居民，解决居民的问题。温情主义乃是当时地方行政的口号。

资金转移问题

最后将略谈殖民地统治体系在经济方面的情况。

当获得孟加拉、比哈尔和奥里萨三地的迪瓦尼一事传到伦敦时，人们开始掀起投资东印度公司股票的热潮。传闻迪瓦尼每年会产生300万英镑收入，人们也相信这部分钱会作为分红发放。英国政府旋即与东印度公司约定，公司每年需要向国库缴纳40万英镑。

这些喧嚣是围绕殖民统治经济利益分配而出现的，但在讨论分配之前，还存在不得不解决的问题——如何将收益从印度送往英国，即资金转移问题。虽然人们也考虑过直接运送东印度公司以财政大臣的身份所征收的白银，但这是不可行的。白银大量流出孟加拉会导致经济混乱。杀鸡取卵只会鸡卵俱失。

因此人们的做法是：以需要向国库缴纳的40万英镑从印度运往英国为例，首先在印度消费与40万英镑相当的印度卢比，购买英国需要的印度产品，如棉布。然后将产品运往英国销售，将销售所得（40万英镑）上交国库即可。此前很长一段时间里，英国都在依靠向印度运送白银来从事贸易，而上面这种方法则能起到一箭双雕的作用。用这种方法转移资金时，在印度购买商品的行为可称为"投资",所购买的商品则称为"资金转移媒介"。

不过,这种资金转移方法可行的前提是,印度和英国之间的贸易必须是印度出超。但现在要满足该前提已渐渐变得困难。随着英国的机器棉纺织业蓬勃发展,印度的棉纺织业在竞争中落败,出口额为之锐减。特别是1800年后的十年间,减额特别显著。

解决该问题的办法有两种。一种是在印度开发能够替代棉布的资金转移媒介。不过资金转移媒介必须是英国需要的商品,因此原材料或农产品受到了青睐。东印度公司在不断试错后选择在孟加拉种植蓼蓝,将其加工为可用作染料的靛蓝,作为资金转移媒介出口。

印度出口贸易的商品构成

单位:%

	1814—1815	1828—1829	1834—1835	1839—1840	1850—1851	1857—1858
棉布	14.3	11.0	7.0	5.0	4.0	2.9
棉花	8.0	15.0	21.0	20.0	12.7	15.6
生丝	13.3	10.0	8.0	7.0	4.0	2.9
靛蓝	20.0	27.0	15.0	26.0	10.0	6.1
砂糖	3.0	4.0	2.0	7.0	10.1	4.3
鸦片	不明	17.0	25.0	10.0	34.1	32.7
其他	—	16.0	22.0	25.0	25.1	35.5

出处:K. N. Chaudhuri (ed.), *Economic Development of India under the East India Company*, p. 26

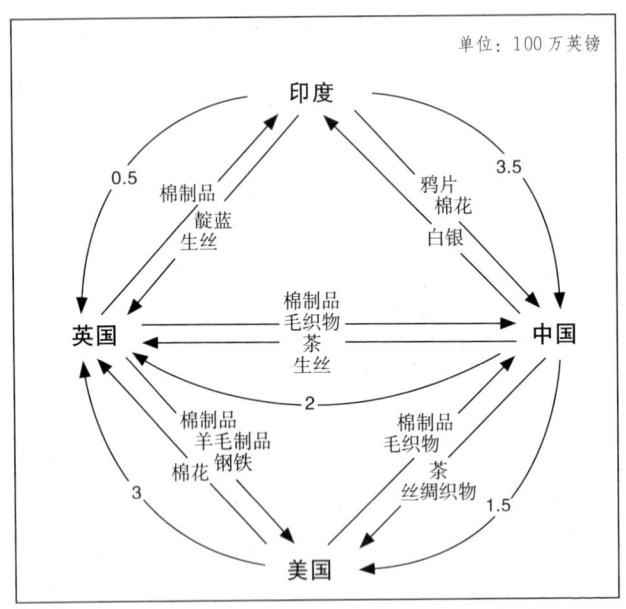

两个三边贸易与资金转移（19世纪40年代后半段）

（注）A→B 表示 A 国对 B 国出超。出超额为大概数值。

还有一种方法是利用三边贸易，通过第三国进行资金转移。如果印度对中国出超，而中国对英国出超，那和印度对英国出超的情况并无不同。实际上到19世纪，这种关系已得到确立：印度对中国出口的鸦片和棉花及中国对英国出口的茶叶都实现了出超。

实际上，棉布出口减少后的资金转移就是靠以上两种方法解决的。再之后，随着美国紧随英国加强了亚洲贸易，中国、美国和英国结成的三边贸易关系也得到利用，资金转移通过多边贸易结算网得以实现。

此处介绍的资金转移看起来是绝妙的方法，但也产生了以下问题。首先是资金转移媒介开发政策的导向性问题。因为资金转移媒介必须在英国找到销路，这种开发势必要在原材料、农产品供应国进行。通常认为，印度在手工业遭受打击后成了原材料、农产品供应国，但这种转变也与资金转移问题有关，同时后者还是促进这一进程的重要原因。

其次，正如印英两国之间的模式所示，现在形成了印度单方面输出商品即资金转移媒介的结构。这种不平衡的出口、进口贸易之所以能成立，仅仅是因为英国基于殖民统治这一政治事实，获得了对印度的经济索求权。上文只是用向国库支付40万英镑这种简单易懂的例子来对索求权做出阐释，但实际上，这种索求权是由母国费用和印度债务两大支柱构成的。母国费用包括各种各样的项目，不妨说它就是英国为统治印度而花费的款项（如东印度公司总公司的运营费用）。英国将这笔费用交由印度财政负担。印度债务的情况也很复杂，但可以从以下例子得到大致理解：为了填补征服战争费用，英国在伦敦发行了债券，印度则需要偿付债券的本金和利息。总之，由印度支付英国殖民统治费用的结构开始形成。所支付的母国费用和印度债务在19世纪初就已达到每年250万英镑的巨额数字。印度知识分子对此极为不满，到了19世纪末，这种不满凝缩为印度"财富流出"理论，为民族运动提供了经济上的依据。

以上对殖民地化和殖民统治体系做了走马观花式的介绍。在这种殖民地体系下，印度人民是如何生活的呢？接下来将从城市状况出发来加以讨论。

第六章　城市生活

城市的变化

印度的人口

有多少人居住在印度（这里的印度指地理层面上的整个印度次大陆）呢？印度总人口的可靠数据出现于19世纪下半叶以后。1871—1872年印度试行了第一次国情调查，而从1881年起，国情调查则有规律地每十年开展一次。国情调查的统计数据成为反映印度人口动态的基本数据。早期的国情调查可靠性较差（毕竟远早于日本的国情调查），而根据修正后的推算，1871年印度人口约在2.3亿到2.6亿之间。与之相对，2008年印度、巴基斯坦和孟加拉国三个国家的人口据推算合计有14.7亿。19世纪下半叶的印度只有约为现在六分之一的人口居住。与今天相比，当时的印度是一个特别安静平和的地区。

那么，更早时期的人口是多少呢？我们能得到的可靠数字，首先是1600年左右的。大多数学者都同意，1600年的印度人口约有1亿。此后人口缓慢增加，到两百年后的1800年，虽然不同学者之间的观点差异很大，但印度人口应当已达到1.7亿或2亿左右。从莫卧儿皇帝阿克巴成为统治者君临印度的1600年前后到英国殖民统治鼎盛期的1871年为止，在近3个世纪的时间里，印度人口确实有所增加，但其增速并不迅猛。顺带一提，印度的人口爆炸是很晚近的时候才发生的，大约从1920年开始。

那么，在这个人口相对较少的时期，家庭规模应当也较小。家庭形态以所谓的一夫一妻制小家庭为主流，由夫妇及其所生养的两三个孩子构成家庭的情况应当较多。18世纪的英国人对此已颇为谙熟，他们在推算统治地区人口时使用的方法就是先统计家庭数目，然后将结果乘以5。当然印度也存在兄弟共同营生、生活在同一个家里的独特家庭制度——称为"联合家庭"（joint family），但如果只关注这种容易吸引眼球的片段，将会误解印度社会的真实情况。除去联合家庭这样的大家庭以及无法结婚的单身人群两个少数群体，大部分印度人和今人一样，都是通过组建小家庭而生活的。

城市人口比例

如此一来，本章所探讨时期的印度人口，粗略来看，应当居于1.5亿到2.5亿之间。那么其中城市人口所占比例为多少呢？

关于这一点，最可靠的数据来源仍然是国情调查的统计数据。根据统计，印度的城市人口比例在19世纪下半叶大致为9%—10%，到了20世纪初也没有超过11%。需要注意的是，虽然称为城市人口，但城市人口的统计标准起点是很低的。印度的国情调查原则上将人口5000以上城镇的居民都算作城市人口。如果以该标准在战前日本（1935年）进行统计，将会得到65%的高数值。然而即使依照这种标准，印度的城市人口也只占总人口约一成。其他暂且不说，可以确定的一点是，就19世纪下半叶以来的情况而言，与欧美各国相比，印度的城市人口比例极低，而且增速非常缓慢。通过国情调查，还可以发现其他有趣的情况。例如，按照地域来看城市化程度，结果是东部的孟加拉省较低，西部的孟买省较高（北部的联合省、南部的马德拉斯省处于中间）。而按照城市规模来考察人口增长率，结果是大城市的增长率远高于中小城市，由此可知多数城市的人口停滞不前，同时出现了人口向大城市集中的趋势。

至于国情调查实施之前的情况，就只能依靠十分大胆的推测了。但城市人口比例应该不会低于10%。甚至有说法认为莫卧儿帝国鼎盛时期的城市人口比例高于20世纪初。问题是有多高呢？某位杰出的研究者推测城市人口比例在12.5%到15%之间。在阿克巴时代，据说莫卧儿帝国版图内有120座城市、3200座城镇，其中第一等规模的城市，如阿格拉，约有50万人口（据方济各·沙勿略）。虽然12.5%到15%的说法不免略高，但也不是不可能。

到了18世纪末，根据推测，在北印度有7%的人口居住在5000人以上的城镇，3%的人口居住在10000人以上的城镇，合计10%的人口居住在城市中。此外，还存在大量较小的城镇，如将其计入，城市人口将占到15%。到了19世纪，在1800—1872年间，城市人口比例没有发生大的变化，一般认为维持在10%左右。虽然随着殖民地化的开展，新的殖民地城市得到了高速成长，但另一方面，被印度旧统治阶层当作政治中心的城市中有一部分出现了人口减少的现象。这种一增一减应该是可以相互抵消的。

如果以上数字和实际情况没有太大出入的话，那么在17—19世纪之间，印度城市人口比例没有像欧美各国那样出现大的变化。即便可以认定出现了与欧美发展方向相反的变化——城市人口略有减少，印度也不存在类似"乡村化"那种程度的剧烈变动。在前近代社会中，印度的城市化一直都在推进，到19世纪初其城市化程度甚至一度高于美国，大致能与法国比肩。但在19世纪时，由于欧美的工业化、城市化得到高速推进，印度的乡村属性便显得突出了。

但要说从18世纪到19世纪中叶印度的城市完全没有发生变化，也是不正确的。在这一时期，虽然城市人口比例没有发生太大变化，但城市化的性质发生了巨大变化。这些变化可以总结为中小城市的发展以及殖民地城市的发展两点。

18世纪的城市

到了18世纪，与莫卧儿帝国统治存在密切联系从而得到发展的若干大城市开始衰落。首都德里是其中最显著的例子。

18世纪初,奥朗则布皇帝去世,莫卧儿帝国因为继承斗争导致国力减弱,这座繁荣至极的城市也开始走向衰落。给予德里决定性打击的是波斯势力的入侵。波斯军阀纳迪尔·沙推翻萨法维王朝并继承王位后,向印度斯坦平原出兵,于1739年占领了德里。他在德里停留了58天,其间杀害了数千市民,实施了彻底的掠夺,带走了自德里苏丹国时代起数百年积攒下来的财富,包括沙贾汗下令制作的莫卧儿帝国的"孔雀王座"。1757年,德里又遭到阿富汗统治者艾哈迈德·沙·杜兰尼的入侵和掠夺。

在莫卧儿帝国时代,据说德里的人口仅次于阿格拉。正如上文所述,方济各·沙勿略说阿格拉的人口有50万,然则不妨认为德里人口有30万—40万。到19世纪英国人开展人口调查时,德里的人口已减少到约12万(1833年)。虽然后来人口渐有恢复,但1872年的人口也只有15万。除了德里,在这个时期衰落的城市中还有拉合尔[①]、苏拉特(莫卧儿帝国国际贸易的门户)、达卡(Dhaka,肥沃的孟加拉中心城市)等。

不过,虽然各具特色的大城市与莫卧儿帝国一同迎来了衰落的命运,但从另一方面看,新的城市也在崛起,这可以说是18世纪的另一特点。这些城市中最先引人注意的是莫卧儿帝国解体过程中诞生的地方政权的都城。尼扎姆所设置的首都

---

① 原注:据说当地人口可能多于阿格拉,以至于出现谚语:"伊斯法罕和设拉子加起来也不及拉合尔的一半"。伊斯法罕(Isfahan)和设拉子(Shiraz)都是伊朗的大城市。

海得拉巴、阿瓦德省督所在的首都法扎巴德和勒克瑙、马拉塔联盟宰相居住的浦那等都是其代表，拉合尔也因为成了锡克王国的都城而重新获得繁荣。但相较之下更为重要的应当是小地方城市的大量出现。这一时期的重大变化发生在地方上不起眼的地区。

地方城市的发展

印度的城市网络可以说具有金字塔形结构：由阿格拉、勒克瑙等各个地区的大城市组成顶点，其下方则有各种规模的中小城市。构成这个金字塔底部的是举行定期集市的大型村庄，它们能起到沟通城市与农村的作用。农民每周或每两周前往这些村庄举行的定期集市，售卖大米和小麦等农产品，购买油、盐、服装等生活必需品，以及烟草、帕安（paan，蒌叶）等嗜好品，还有妻子和儿女的服饰用品等。如果还有闲暇，他们会与周边的村民聊天，获取消息，然后步行返回妻子儿女所在的村庄。从商人的角度来看，无论是采购谷物等农产品，还是兜售外国进口商品，定期集市都是位于销售网络最末端的重要场所。作为"所有交易的起点和终点"的场所的便是村庄的定期集市。

这种村庄和定期集市，在北印度称为"哈特"（haat）。比"哈特"更大、位于街道交会处或沿河码头等交通便利处、具有常设店铺的村庄，在北印度称为"甘吉"（ganj）。在"甘吉"之上，还有类似于城镇的"卡斯巴"（kasbah）。前文说到阿克巴时代有3200座城镇，实际上指的就是"卡斯巴"。这种城市金字塔的下层结构也广泛见于印度的其他地方,如在东部孟加拉地区,和北印度一样,也可以看到"哈特"和"甘吉"的明显区别。

18世纪在印度得到强劲发展的是"卡斯巴"(北印度相关研究规定,人口要达到3000人以上)和"甘吉"。周边农村则开展"哈特",支撑"卡斯巴"和"甘吉"的发展。也就是说,在18世纪的印度,城市网络中的草根阶层获得了发展。

出现这种发展的原因,粗略来说,可以归结为以下几点情况。首先是农业的发展。农业发展的情况即便做简略介绍也十分复杂,但可以说,正如谷物等农产品繁荣的交易所示,18世纪印度的特点在于商业性农业的发展。农民将谷物卖给商人,商人购买汇总之后供给城市,开展谷物投机生意。不仅如此,商人与农业生产的关系也十分密切。农民在种植水稻之前会从商人那里得到预付款,诸如此类的做法流行于孟加拉等地。农业生产力的提高以及为其提供支持的商业的发展,促进了地方经济的活跃,使地方城市的发展成为可能。反过来,地方城市也在活跃起来的地方经济中发挥核心作用。

其次是国际贸易的扩大。18世纪下半叶,东印度公司对欧洲的出口贸易,特别是棉布的出口贸易,迎来了鼎盛期。这一时期棉布的主要产地是孟加拉和南印度的科罗曼德尔海岸,因此这两个地区的国际贸易自然与地方城市的发展息息相关。至于国际贸易的扩大在多大程度上影响到了其他地区的经济,这一点倒是众说纷纭。毕竟,这一时期国际贸易的规模与国内经济活动规模相比,尤其是与印度这种大国的经济规模相比,仍然是相当小的。但大体可以认为，国际贸易的影响不会仅限于孟加拉这种拥有出口港的地区，而是已扩及其腹地（以孟加拉为例的话，就是北印度的恒河流域）。

最后是随着莫卧儿帝国的解体，地方上较具实力的阶层开始在各地掌握权力。莫卧儿政权的控制力减弱后，若干地方政权随之建立。与此同时，在这些地方政权统治下，出现了大量中小规模的地方豪强。或者可能更为正确的说法是，这些地方政权就是新兴地方豪强的联合政权。而商人阶层正是通过与地方上的实权人物建立深入关系而开展活动的。可以认为，大多数地方城市就是这类地方权力（或者说中间权力）的中心。

大致来说，地方城市是以上述情况为背景而出现的。那么，什么人居住在这些城市呢？主要居民包括大大小小的各类商人和放贷人、以织工为首的工匠、各种服务行业种姓的人、运输业从业者、雇工以及士兵、政府官吏，等等。根据对北印度的研究，城镇人口中商人占了三成，工匠两成，服务行业从业人员两成。再有就是这些城镇都比较新，并且跟随时代新浪潮应时而动，居民之间的关系是灵活流动的，宗教或种姓区别很少会对人际关系造成禁锢和隔离。

地方城市的情况为解答英国为何相对容易地将印度殖民地化的疑问提供了一把钥匙。毕竟，地方城市商人网络的存在，方便了英国平稳运转、压榨印度的经济体系；地方城市中积攒了行政经验的官吏阶层，也有助于英国在急速扩大的统治区域里顺利建立起行政机构。反过来看，如果地方城市所具有的能量没有受到殖民主义阻碍，而是任其发展，现代的印度将会怎样？现代的读者们可以对此自由想象。

但众所周知，在真实的历史中，加尔各答、孟买和马德拉斯等殖民地城市也在作为殖民统治据点发展壮大，在这些城市的支配下，印度社会内部成长起来的城市被迫处于从属地位。但整个过程究竟如何？这一结果使得城市商人网络产生了怎样的变化？这些问题是今后值得研究的课题，但遗憾的是，现在还无法提供线索清晰的草图。但需要注意的一点是，到了19世纪下半叶，当黄麻、谷物、油料种子、皮革等新产品开始出口，棉花的出口也有了飞跃式发展时，将这些产品汇集到印度出口港口的市场销售体系并未出现什么问题。这大概是因为18世纪成长起来的地方城市网络到19世纪上半叶时，在殖民地城市的支配下得到了重组，得以应对印度出口贸易的新发展。

殖民地城市

让我们再回到1872年的国情调查数据。如调查城市人口数据，就不难发现在印度城市中加尔各答和孟买的人口最为庞大，紧接着是马德拉斯。这三座城市是印度殖民地城市的代表，到了19世纪中叶，它们已成长为欧式建筑林立的大城市。但这些城市都有一个共同点：它们原本不过是默默无闻的小地方。最为极端的例子是马德拉斯，1639年英国建设商馆时，这里甚至连村庄都不是，只是一个在绵延的沙滩上建有渔民小屋的地方。另外两座城市虽然不至于像马德拉斯那样，但也都是从不起眼的地方快速成长起来的。

加尔各答的前身是位于恒河支流胡格利河东岸、名为苏塔努蒂（Sutanuti）的村庄。正如上文所述，欧洲各国商人为了购买棉制品和丝制品而来到孟加拉，在胡格利河沿岸修建了商馆，用作贸易活动的根据地。17世纪，胡格利河流域最繁荣的城镇是胡格利，英国东印度公司也在这座城镇建造了商馆，以作为孟加拉地区最大的据点。但因为与孟加拉省督对抗，他们不得不从胡格利撤出，而将新据点的位置设在苏塔努蒂。

此前，没有任何国家在这里建设商馆。这座村庄本是黄热病流行的"非健康"地区。但该村庄处于与欧洲贸易的远航船在溯胡格利河而上时可以到达的上限位置，并且位于胡格利、金德讷格尔和穆尔希达巴德等主要城市对岸，不易受到外敌攻击，因此英国人选择了这座村庄。1690年8月，正值雨季，英国人在一个名为乔布·查诺克（Job Charnock）的男子的带领下迁移到了苏塔努蒂。此后，苏塔努蒂加上胡格利、革宾达普尔（Gobindapur）两座村庄组成了加尔各答的中心部分。

孟买自1534年以来一直为葡萄牙所统治。这里虽是良港，但长期处在苏拉特和果阿的阴影之下。这是因为孟买直面海洋，作为时人所用小型帆船的停泊场所，其安全性存在问题。1661年，当葡萄牙国王阿方索六世的姐姐与英国的查理二世缔结婚姻时，孟买作为嫁妆的一部分被葡萄牙国王赠送给了英国国王。此时新兴势力荷兰试图取代葡萄牙在印度的地位，后者于是打算与英国联手对抗荷兰。在葡萄牙人出于这种考虑转让孟买时，这里还只是由椰林覆盖的七座小岛以及隔开岛屿的泥滩所组成的小城。据说当时人口约有1万，砖房建筑屈指可数。

如上所述，印度的三大殖民地城市的特点在于它们是从和过去兴旺的印度城市完全没有关系的地方发展起来的。当然，英国人当作居住、统治据点的城市并不都是新建的。多数情况下，他们会在距离印度人居住的旧街区稍远的地方设置军队的驻扎地（cantonment），以驻扎地为中心建设西欧风格的街区，以供包括英国人在内的欧洲人居住。不过，即使在这种安排下，驻扎地也仅仅是与旧街区相邻，与旧街区的关系相当淡漠，这可以说是这些城市与加尔各答之类的大殖民地城市的共通之处。

殖民地城市加尔各答

加尔各答的发展

加尔各答、孟买和马德拉斯三座殖民地城市在18—19世纪之间独自发展，成长为各具特色的城市。殖民地城市具有什么特点？对于印度人来说这些城市是怎样的地方？下文将选取长期作为印度最大城市的加尔各答，一览其历史发展。

英国人迁移到苏塔努蒂后，一如既往地从事着棉制品和丝制品贸易。但他们的真正目标是将苏塔努蒂变为英国人的居留地，修建防卫居留地的要塞，使之成为英国势力在孟加拉的据点。因为在孟买和马德拉斯已建有要塞，如果能在孟加拉再增加一座要塞，势必会使英国在印度的地位坚如磐石。但孟加拉还处在孟加拉省督的强力统治之下。经过各种交涉后，作为支援省督军事行动的回报，英国获准建设要塞。这已经是1696年的事了。次年，英国继而获准购买苏塔努蒂、胡格利和革宾达普尔三座村庄。随后英国人着手修建要塞，并于1702年建造完成，用英国国王的名字将其命名为威廉堡。

于是，加尔各答这座殖民地城市开始作为东印度公司的商业、军事据点发展起来。它使英国在印度的地位得到巩固，同时其作为政治统治据点的一面也有所强化，城市得以迅速繁荣。其人口在18世纪刚刚超过1万，到1821年已达到18万。随着印度行政机构的逐渐完善，各种重要机构开始设置在这里。特别是在1774年，孟加拉地方长官一职升格为总督，孟加拉管区相较于马德拉斯管区和孟买管区的优越地位在制度上得到明确，加尔各答开始作为整个英属印度的首都发挥作用。在1912年迁都德里之前，加尔各答一直是英属印度的首都。

此外，加尔各答在经济上也有得天独厚之处。其腹地恒河三角洲是印度屈指可数的肥沃平原，并且乘船溯恒河而上能很方便地到达相当于印度中原的印度斯坦平原。在19世纪下半叶铺设铁路将北印度和孟买、卡拉奇连接起来之前，加尔各答就是一个以东印度乃至北印度的广阔地域为腹地的国际贸易港。

但是早期的加尔各答是一个卫生状况堪忧的城市。绕道好望角经漫长航海而抵达加尔各答的欧洲人有很大一部分都病死在这座城市。印度人则按照他们的习惯，并不把加尔各答当作永久居住的地方，而是定期回到出生的村庄休息，等健康恢复之后再返回加尔各答。人们为了改善这种恶劣的卫生状况，整顿了粗放发展的街区，并从 18 世纪开始不断实行各种尝试。在这类改革中发挥核心作用的，则是加尔各答自治体（Calcutta Corporation，1727 年创立），19 世纪后则有加尔各答市改良委员会（The Lottery Committee，1817 年设置）。特别是后者获准以彩票收益为资金源，积极推进建设。这个委员会运作了近三十年之久，基本完成了排水沟、下水道、自来水道、桥梁、干道等加尔各答城市基础设施的建设。这座殖民地城市中西欧式街道的建设，正是在这种扎实的努力下才得以落实的。与城市基础设施整备相同步的是，那些能够代表加尔各答的大型建筑也在推进建设。到 1870 年，今天加尔各答的城市基本框架已经成形。

加尔各答的社会

加尔各答的居民构成非常多元。英国修建商馆后，在其周围的居住者除英国人，还有葡萄牙人、亚美尼亚人以及少数荷兰人和丹麦人。孟加拉人中最早来加尔各答定居的，据说是从织工种姓转职商人的人。随着加尔各答的发展，在孟加拉人仍然是城市主体之余，印度各地说各种语言的人也聚集到了这里，如英国人、葡萄牙人、亚美尼亚人、波斯人、阿拉伯人、帕西教徒（Parsi，祆教徒）、中国人、缅甸人、希腊人、犹太人，当然，还有说孟加拉语、印地语、信德语、旁遮普语、奥里亚语（Oriya）等语言的印度人，他们都居住在加尔各答，这里因而成为具有大都会氛围、朝气蓬勃的城市。

不过，这些人并未杂居在一起生活。加尔各答从很早就开始出现人们按照所属社会集团的不同而"分隔居住"的现象。据说在贫民区，人们会不分种姓、宗教和语言，挤在一起住。但处在对立面的东印度公司高级职员（英国人）首先开始修建只供自己使用的居住区。该居住区到18世纪中叶时已经变得泾渭分明，其住户的名字中只有两个属于印度人。英国人作为加尔各答统治集团，开了"分隔居住"的先河。这是"白城"的开始。印度人则与印度人聚居，集中在加尔各答北部，形成了"黑城"。这两个区域之间则分布着有波斯人、阿拉伯人、帕西教徒、葡萄牙人、亚美尼亚人、希腊人、中国人、英印裔（也称欧亚人，印度人和英国人的混血后裔）、商业种姓的孟加拉人居住的中间地带。加尔各答的城市空间是以统治者和被统治者之间的人种区别为轴线而形成的。

"黑城"虽然也实行"分隔居住"，但并不是非常严格。至少没有"白"与"黑"之间那样的严格区别。穆斯林居民倾向于聚居在旧穆斯林统治者宅邸周围。例如，蒂普苏丹在迈索尔战争中战死后，英国采取了让其子孙居住在加尔各答并靠年金生活的政策，他们的房屋周围于是发展为穆斯林的居住区。

至于工匠种姓的人，东印度公司一度对居住区实行了分配。某种工匠种姓的人，如"制壶人"就与"制壶人"聚居生活，该区域就采用该工匠种姓的名称来称呼。说印地语、奥里亚语、旁遮普语等非孟加拉语的人们也各自聚居生活。不过，设若调查加尔各答大街上不动产所有者的名字，就可以发现穆斯林知识分子、普通穆斯林、婆罗门、铜匠、牧牛人、书记、银饰工匠以及妓女都在同一条街上安家。加尔各答的"黑城"出现了在印度农村随处可见的按照社会集团不同"分隔居住"的现象，但同时也显示出城市的流动性。

那么，在所谓的"黑城"中的印度人到底发展出了怎样的社会呢？下面将聚焦于孟加拉的印度教徒稍作展开。关于他们是怎样开始入居加尔各答的，目前尚无定论，但其过程大致来说，应该首先是中产的孟加拉人以富人的宅邸为中心聚集在一起，而后出现仆人阶级居住的贫民区，形成了一个定居单位。富人和中产孟加拉人之间，又可能出现种姓上的结合。无论具体情况如何，这种地缘上的结合称为"帕拉"（pala）。对于早期加尔各答这种孟加拉印度教徒居住区，不难想象出旧日风光尚存的田野间散落着各个"帕拉"的图景。

将这些"帕拉"横向连接起来的则是称为"达拉"（dala）的组织。"达拉"在孟加拉语中意为"党"或者"派别"。据说加尔各答在19世纪初有五大达拉，其中规模大的有数千人。达拉无论是由单一种姓构成，还是由多种姓构成，都由称为"达拉帕蒂"（dalapati）的领袖领导。达拉帕蒂通常由出身于像著名的泰戈尔家族那样富裕高级种姓家族的印度教徒担任，但也有中等种姓出身者或穆斯林领导达拉的例子。达拉帕蒂和达拉成员彼此之间的家族是依靠所谓保护者－被保护者的关系而结合在一起的。也就是说，达拉帕蒂为成员家族提供保护，调停继承、婚姻、种姓、地位、种姓间关系等相关问题的纷争，并帮助成员适应新的城市环境。而达拉之间则会互相开展激烈的斗争，即"达拉达利"（daladali，意为派系斗争）。

　　前面提到加尔各答自治体，其职位全部是任命制的，主要职位由英国人占据。虽然以自治为名，但它所实现的无非是欧洲人的自治。在公共空间被英国人控制的殖民地城市加尔各答，达拉以及达拉达利可以说为印度人留出了非正式的政治舞台。据说达拉在加尔各答销声匿迹，已是19世纪70年代的事。在当时，孟加拉下层的中产阶级政治意识已开始觉醒，出现了让人联想到未来民族运动发展的新动向。此外，当时还引入了地方自治制度[①]，印度人的政治参与得以大为发展。达拉在当时的消失，很可能象征着印度殖民地社会的政治发展已进入不再需要达拉这种过渡性联合形式的阶段。

---

① 原注：1876年，加尔各答自治体引入了选举制度，不过仅限于男性选举。

第七章　农村社会及其变动

殖民地化之前的农村社会

印度农村的多样性和共同点

纵览印度农村，人们会惊叹于它的多样性。最引人注目的，应当是农民住宅的样貌。只要乘坐二等列车环绕印度一周，就能直观体会到这一点：随着地方的不同，沿途可以观察到带有草屋顶、平屋顶、瓦屋顶等各式屋顶的农舍交替出现。村庄的形式也同样如此，虽然密集村庄是主流，但条状村庄和格子状村庄也有广泛分布；单独住宅占优势的区域，则以南印度马拉巴尔地区为代表，当地住宅零星分布在各处。从种植的主食作物来看，存在稻米种植带（东印度与南印度）、小麦种植带（北印度）以及居于两者之间以杂粮（粟）为主要作物的地区。三种作物俨然成鼎立之势，仿佛竞相在不甘示弱地声明自己的重要性。

至于农业上的中坚力量，即势力强大的农民种姓，其分布情况也同样如此。从西印度起，沿顺时针方向来看，马哈拉施特拉和古吉拉特有强大的昆比［也称坎比，现自称马拉塔、帕蒂达尔（Patidar）］，拉贾斯坦有拉吉普特，从德里到旁遮普则广泛分布着贾特，北方邦（Uttar Pradesh）东部和比哈尔有瓜拉［Golla，也称阿希尔（Ahir）］，孟加拉有马希沙（Mahishya），南印度有韦拉拉（Vellalar）和林加亚特（Lingayat），并不存在强大到能覆盖印度全境的农民种姓。甚至像东孟加拉部分地区一样，有些地方主要的农民种姓是由称为纳玛首陀罗（Namasudra）的达利特（Dalit）[1]构成的。当然，以上所述仅涉及印度教的农民，穆斯林和部落民族的农民也是大量存在的。

虽然相关史料匮乏，但应该可以认为，印度农村在殖民地化之前，就已经如上文所示，为多样性所支配。面对这个充满多样性的世界，学界早已着手整理，致力于理出若干类型。不过随着研究的推进，开始有研究者认为，印度各地农村基本构架其实意外地非常相似。

关于这一点，不妨以村庄制度为例试加说明：到上一代研究者为止，一般认为印度存在种类繁多的村庄制度，堪称村庄制度的展示场，而这些村庄制度可以分为若干类型。殖民地官僚出身的学者巴登—鲍威尔（Baden-Powell）首先提出了印

---

[1] 原注：不可接触者的自称。现在不可接触者的说法被废除，一般改称为达利特。

度村庄共同体论。根据这一理论，富于多样性的印度村庄共同体可以分为"共同所有村庄""莱特瓦尔（Ryotwari）村庄"等若干类型。所谓共同所有村庄，是由村民中属于上层种姓和统治种姓的群体组成地主共同体，而村庄的耕地、公地、用水则属公有的村庄。与之相对，莱特瓦尔村庄则是由普通耕作农民（即莱特）构成村庄主体的村庄。

但自20世纪60年代以降，随着印度农村史实证研究的推进，巴登—鲍威尔之流的村庄共同体论已乏人问津。部分原因是相关研究已细化为对不同地区的专门考察，以全印度为观察对象的做法渐不流行。此外尚有更为重要的理由。其一，村庄的内部构造渐渐得到厘清，人们开始怀疑一些问题，比如共同所有村庄和莱特瓦尔村庄是否真如巴登—鲍威尔所说，属于完全不同的类型。其二，相较于将印度农村归为若干类型的静态研究，对农村内的变化进行动态追踪、解析印度农村结构变化的研究成为主流。现在越来越多研究者认为，18世纪印度的农村社会呈现出了无限的多样性，同时在基本构架上又有不少共通点。

当然需要承认的是，近来研究也明确了各地之间存在着巨大的差异。例如，在南印度，农村的土地市场很发达，买卖、抵押土地以及与土地相关权利的做法相当流行，但北印度土地市场的发展就比较迟滞。像在东印度的孟加拉之类的地区，要到19世纪中叶后，普通农民才开始买卖所持有的土地（但上层农民的权利此前就已成为买卖的对象）。值得一提的是，农村土地市场最发达的南印度同时也是种姓制度最为严格的地区。南印度的达利特由于种姓的限制无法拥有土地，但在孟加拉，即使是达利特也可以拥有土地。

村庄中工匠的情况也存在相当大的地方差异。在西印度和南印度，他们被当作"村庄所雇佣的仆人"（village servant）。例如，印度西部马哈拉施特拉邦德干高原地区的村庄中，有木匠、铁匠、陶工、金饰工匠、理发师、洗衣工、皮匠、清洁工、占星师、看庙人等称为"十二种巴鲁特（Balute）工匠"的"村庄雇员"（demiurge），他们会向全体村民提供服务；作为回报，村庄则以免租地、谷物支付的形式向他们提供报酬。1810年代一位名为埃尔芬斯通（M. Elphinstone，1819—1827年任孟买地方长官）的行政官员汇报了相关情况后，这种印度村庄制度中的独特做法开始为人所知。无论是在西印度还是南印度，这些"村庄雇佣"的工匠的权利属于财产权，不仅可以继承、买卖，甚至可以分割。但在北印度，虽然存在"村庄雇佣"的工匠，但其权利并不被认为是一种财产权。至于孟加拉，因为史料缺乏，目前连是否存在"村庄雇佣"制度都还难以断言。

另外，与"村庄雇佣"极其相似的制度还有"贾吉曼尼制度"（Jajmani system）。由于该制度在日本也较为知名，现在稍加介绍。所谓贾吉曼尼制度，是指农村内部的农民和工匠在不通过市场的情况下，依照习惯决定的手续，与习惯决定的对象直接交换产品（如谷物）和服务（如洗衣）的制度。该制度自20世纪30年代被报道后开始为人所知。贾吉曼尼制度与村庄雇佣制度不同的地方在于，村庄雇佣制度是不同的工匠与全体村民建立关系，贾吉曼尼制度则是在不同的村民（农民和工匠）之间建立起一对一的关系。贾吉曼尼制度与村庄共同体本身以及种姓制度同样古老，可以视作具有根本重要性的制度。但鲜有史料能证明该制度曾以纯粹的形态而存在，要到19世纪中叶，人们才能把握到它的模糊面貌。因此近年来甚至有人认为，该制度只是20世纪村庄雇佣制度崩溃后出现的替代品。这可以说是显示印度农村历史研究困难程度的绝佳例证了。

通过以上所述，大致可以管窥殖民地化之前印度农村的多样性。而要说到农村社会的基本构架，接下来的总结应当不会与事实存在太大偏差。

村庄

能指代农民居住的"村庄"的词语，各地语言中存在各种各样的表述。但在行政上，"村庄"大多径称"毛扎"（mauza）。"毛扎"也就是行政村，是为了征收土地税而划定的。因此，自然会存在行政村与自然村不一致的情形：行政文书上明明记作两个村子，可能到村里查看后却发现是同一个村子，反之亦然。但这并不意味着"村庄"是模糊的存在。村与村之间的界线是十分明晰的，偶尔还会发生村庄边界冲突之类的事件。

在北印度，"毛扎"被认为平均占地1000比卡[①]，亦即包

[①] 原注：面积单位，大小因地域不同，此处约为三分之一英亩（1英亩 ≈ 4046.86平方米）。

含耕地约 135 公顷。而马哈拉施特拉邦德干高原地区的村庄特别庞大，包含 300—1200 公顷耕地（应该与这里是主要种植杂粮、生产力低下的地区有关）。

村庄由各种类型的土地（即土地名目）组成。当然，耕地是最重要的土地类型，根据地力的不同可进一步细分为一等地、二等地，还可以根据是否灌溉，或种植作物是稻米或棉花来加以区分，总之会依照该村庄和地方的情况而采取不同的分类方法。村庄中耕地以外的土地类型，还包括宅基地、果树园、荒地、放牧地、市场地、水渠、池塘等。还有根据土地税政策上的要求而施行的分类方案：普通农民所持有的莱特持有地，免除支付土地税的免税地（以出于宗教目的赠予圣人、婆罗门和寺庙的赠地居多），作为担任各职务者的报酬而授予的职务地，当前无人耕作的非产出地，等等。

然后，这些属于不同土地名目的土地全部按"畦"（plot）来划分，每一畦及其相关数据会被记录到土地总账上，进行系统管理。总账会根据目的的不同制作出若干种类的账簿，其记载方式则各有一定形式。在殖民地化以前的印度，账簿处理方法已经处于相当发达的阶段，即使在农村地区，也可以找到很多能处理这种事务的人才。一般而言，村子中的村官除了村长，还有书记（称为 patwari 或 kulkarni 等）。

农民的生活

下面将对农民的生活情况稍作介绍。史料则使用 19 世纪中叶之前的部分。

农民在村中的宅基地建造了各具地方风格的房屋，与家人共同居住。上一章已提到，就家庭规模的平均状况而言，一般是包括夫妇、子女在内，有4—5人。村庄中根据种姓和宗教的区别而实行"分隔居住"。例如，达利特会住在某一固定区域，婆罗门则住在另一区域。

关于这些小家庭为实现安乐生活而需持有的土地数量，不同地方各有大致的标准。在孟加拉是15比卡，约为2公顷，北印度则是2—4公顷。拥有该数量土地的农民可视为位于平均水平的农民，即中农。为了耕种这些持有地，农民需拥有一架犁，而为了牵引犁又需要饲养若干头牛。牵引犁所用牛的头数则由当地土地的坚硬程度决定，根据地方的不同，少至两头，多至六头。农民的持有地并非集中在一个地方，而是分散在村中各处。在孟加拉，村庄分为若干区域，不同区域则用"西之地""猫之地"之类的具有个性的名字命名。可以想象，孟加拉农民可能今天在"猫之地"的持有地套犁，明天则改为"婆罗门水池之地"，他们就以这种方式从事耕作。

农忙期间，农民每天从很早就要开始劳作。如果这样也赶不上进度的话，他们便会集合同伴、进行分组，调配劳动力互助合作。从这种日常的农业劳作中收获、积累的生活智慧，又会汇集为谚语，得到流传。

孟加拉地区流传着所谓"科纳格言"（Khonar Bochon）。"科纳"（Khona）是女神的名字。在女神教谕的形式下，农事相关的谚语得以广泛传播，如"如果在拜萨客月（Boishakh，4月中旬到5月中旬）播种，阿沙尔月（Asharh，6月中旬到

7月中旬）插秧/哎呀那稻谷仓，就为难了"；如"如果想要金钱/就在乔伊特罗月（Choitro，3月中旬到4月中旬），种植玉米"等。此外，科纳格言中还有"科纳宣说，百姓静听/犁上肩，出田圃，正此时/适逢吉时，出行皆宜/路途之中，勿作争执/若往田圃，先定方位/始自东方，锄头下地/如若照做，尔等所望，万事皆遂/成熟丰收，无所疑虑"等揭示农民日常生活认识的内容。这类充满生活感的谚语和简单的押韵诗并未仅见于孟加拉，而是广泛存在于印度农村，例如西北省（North-Western Province）① 文化官员就在本地有所采集。但印度似乎没有出现由农学家编写的"农书"。

农忙期结束后，还有充足的休息时间留给农民。上一章提到定期集市，在这些集市中，存在规模甚巨、一年一度的"大集市"（mela）。"大集市"上不仅有农产品、手工业品和家畜的交易，还有节庆，巡游农村的艺人会在此聚集，展示歌唱和演戏的技艺，取乐农民。乡村戏剧在马哈拉施特拉称作"塔玛莎"（tamasha），在孟加拉则称作"贾特拉"（jatra）。宗教性的节日也很繁盛。全印度都能见到的节日有"胡里节"（Holi），在3月满月之日举行，以红色粉末和水的交织而闻名。这个节日的内容颇为复杂，研究者可以借此考察印度大众文化的多重特性，同时接触到趣味无穷的材料。另外，这个节日还提供了一年一次的可以摆脱农村严格的社会秩序、允许不讲礼节的机会。在这一天，地主和农民、富人和穷人的藩篱会

---

① 原注：北印度省名。相当于联合省（United Provinces of Agra and Oudh）除去阿瓦德的部分。

被拆除，日常的社会秩序将遭到颠覆，贫农在这一天甚至能作为"国王"来"惩罚"地主老爷。

目前对于农民的娱乐方式还知之甚少。水源丰富的孟加拉盛行钓鱼，可以看到全村人集体进入大型水池，兴高采烈捕鱼的风景。① 城市中则盛行放风筝，而且印度教节日中存在与放风筝相关的内容，农民可能也因此热衷于放风筝。另外，根据记录早期加尔各答生活的书籍记载，加尔各答富人的浪荡公子们会一直游玩到天亮，白天起床出门，到楼顶放风筝，冷静头脑。还有莫卧儿末代皇帝巴哈杜尔·沙二世，他是优秀的文人，同时也擅长放风筝。皇帝开始放风筝时，德里的市民们就会聚集在周围观赏。

村庄中除了农民，还住有工匠。他们大多拥有土地，就此而言，其实也算是农民。至于他们通过村庄雇佣制度与农民建立联系的情况，前文对此已有介绍。

农村社会的内部结构

农民的阶层

印度农村常被称为"共同体"或"小共和国"，但实际情况与这些美好词语所带来的联想相反，不如说它是严格的阶级社会。前文所描述的只能说是农民的平均情况，村庄中并不全

---

① 原注：农民们大举进入霸道的地主家水池去捕鱼的做法，其实带有抗议行动的意味。

是由这样的农民构成的。如果从阶层分化的角度来考察印度农村的内部构造，至少需要先将农民分为上层农民和下层农民两个阶层（实际情况更为复杂）。上层农民的持有地是可继承的，根据传统，他们还享有得到保护的排他性权利，并且在多数情况下，可以以相对于其他村民更低的代价掌握地力条件更好的土地。村庄的耕地集中在这些上层农民的手中。他们还拥有对村庄事务的发言权，村长——西北省的穆卡丹，马哈拉施特拉邦德干高原地区的帕特尔或帕蒂尔（patel 或 patil），孟加拉的曼达尔（mandal）等——就是从他们当中产生的。

与之相对，大部分下层农民对土地权利的掌握相较于上层农民要弱小得多，他们也以各种方式从属于上层农民。在下层农民中，大部分人只拥有极其零碎的土地或是完全没有土地。他们耕种地主的土地，按照一定比例与地主分成，或是作为长工或日工为上层农民服务。19世纪中叶之前，一部分地区还有奴隶制存在。南印度奴隶制的情况已为人所熟知。在英国废奴运动的影响下，奴隶制在1843年被正式废除，但依附性的劳动形态仍长期存在。

印度农村的特点就在于，在这种农民阶层的划分上，还覆盖着种姓制度。大致可以认为，上层农民中，以婆罗门以及本章开头提到的那些较具势力的农民种姓居多；而下层农民则由比他们种姓更低的人、达利特和部落民族组成。说"大致"，是因为种姓化约论难免存在不严谨之处。例如也有报告声称，在19世纪初的西北省，既有自己牵犁的婆罗门，也有雇佣牵犁劳动力的恰马尔（Chamar）[1]。

另外，在18世纪到19世纪上半叶这段时期，实行着独具特色的农民阶层划分方式。现就这一划分稍作介绍。在这一时期，频频出现并非本村出身而是来自外地的农民耕种村庄土地的情况，于是产生了能将他们明确区分出来的社会阶层。他们在孟加拉和西北省被称为帕希卡什特·莱亚特（pahikasht raiyat）[2]，在马哈拉施特拉被称为乌帕里（upari），在马德拉斯被称为帕拉库迪（parakudi）和乌尔库迪（ulkudi）。与之相对，属于该村成员的农民则称为胡德卡什特·莱亚特（khudkasht raiyat，孟加拉、西北省）或米拉斯达尔（mirasdar，马哈拉施特拉、马德拉斯）。帕希卡什特·莱亚特等外来农民的耕作权并不稳固，多半是暂时性的，因此在地租的负担方面也会得到优惠。

这两个形成鲜明对比的阶层与前述上层农民和下层农民的划分之间有怎样的关系，是一个极为复杂的问题，需要慎重处理，这里不做展开。不过，外来农民业已作为一个统一的阶层而存在这一事实，表明这一时期印度农民的生活具有令人意外的流动性，越过村庄界线、四处迁移谋求生计的情况已很常见。这种流动性，并非单纯由个人的移动造成。种姓的集体迁移（如北印度强大的农民种姓贾特和古尔贾尔，在莫卧儿权力衰落后进入德里附近地区），战乱造成的迁移，还有农民采用逃亡等抵抗手段（18世纪土地充裕，有所不满的农民会到别

---

[1] 原注：皮革工，属于达利特。
[2] 原注：Pahi 是意为"脚"的单词的派生词。Raiyat 意为"农民、臣民"。

处投靠较具实力者）造成的迁移等，也会促成这种流动性。

地方社会

就此而言，即使仅从土地耕作这一基本营生来考察印度农民的生活，也可以发现，它并未简单到能够全部在一座村庄中解决。工匠的情况也同样如此，例如村庄中的木匠，如果只为这个村庄中的顾客服务，他的生活是得不到保障的。另外，因为也存在没有木匠的村庄，这种情况下自然只能将工作委托给住在其他村庄的木匠。如果委托得到允许——事实上也的确如此，木匠的营业范围或是营业权就会超出单独一个村子的界限。

此外，正如后文所述，印度农村地区的商业在18世纪开始得到发展，因而村庄之间的联系应当会更加紧密。而且，农民生产的产品通过地租（农民以持有土地为条件向上级支付的费用称为地租）或土地税（农民、地方领主或豪族向政府交纳的费用称为土地税）以及其他形式到达其他阶层的人手中，而产品所能到达的范围也是值得研究的问题。如果村庄之上还存在拥有共同特性的社会亦即地方社会，那么诸如此类的问题就不难理解了。

关于地方社会，目前也是众说纷纭，这里只做宽泛的说明：地方社会将种姓、亲族、宗教组织、土地借贷、商业或金融、税收分配等交织成网络，它介于国家和村庄之间，是中间性的地缘社会。在南印度、马哈拉施特拉邦德干高原地区、北印度的拉贾斯坦，这类地方社会的状况已为人所熟知。在南印度，它被称作"纳德"（nadu）。古代和中世纪时，这种纳德共同体极为重要，村庄就被认为是从纳德派生而来的。在马哈拉施特拉邦德干高原地区，地方社会则被称作"戈塔"（gota）或"帕尔加纳"，人们会举行名为"戈塔·萨巴"（gota sabha）的乡村集会。孟加拉的地方社会虽然没有呈现出如此明确的形态，但很有可能莫卧儿帝国作为征税单位而在全国划定的"帕尔加纳"（收税区）已在当地相当于地方社会（或者不如认为"帕尔加纳"一开始可能就是为了配合地方社会而设立的）。

立足于这些地方社会而掌握政治、军事实力的，则是称为地方领主或豪族的人。虽然他们在印度各地的称呼有所不同，但彼此之间颇具类似之处：他们都是处于国家和村庄之间的地方社会的领导阶层。他们在孟加拉被称为柴明达尔，在北印度的阿瓦德被称作塔鲁克达尔（talukdar），在西印度的马哈拉施特拉被称作德希穆克（deshmukh），在南印度被称作帕莱加拉（palegara）或珀力加尔（polygar）、纳塔尔（nattar），等等。

作为地方的政治支配者，他们拥有武力和审判权，但他们并不仅靠强权来控制农民。例如，他们中的大多数人对村庄中的一部分土地拥有某种权利，并通过这种方式与村庄保持接触。更重要的是，他们会主导宗教礼仪和祭祀，将免税地赐予印度教寺庙和清真寺等宗教设施，调停种姓等社会集团之间的纷争，开设、维护市场，开展修筑堤防等公共事业；作为地方社会的领袖维持着社会权威，是地方社会整合的中心。

当然，不能说地方领主、豪族阶层与农民的关系总是和谐安定的，但如果忽视了地方社会在他们的领导下所开展的整合，将无法准确把握印度农村社会的状况。长期以来，人们一直认为印度农村中各自独立的"小共和国"村庄与凌驾其上的政治权力者的荣枯盛衰没有关系，村庄维持着一如既往的生活；现在看来，我们需要对这种印象予以纠正。

但这些地方领主、豪族阶层并不一定要与农民直接接触。两者之间也经常有中间阶层存在。可以认为印度的地方社会是以地方领主和上层农民为轴心而运转的，但除了他们，还有中间阶层以及下层农民存在，有的地方甚至还有奴隶，因而这是一个经历了多重阶层分化的复杂社会。

就土地权利和农产品分配问题而言，各阶层对于土地持有各不相同的权利，根据权利性质的不同，他们会以地租和土地税的形式要求占有一部分农产品，获得相应部分。从土地的角度来看，这一关系体现的就是一畦一畦的土地上重重叠加的权利。在此之上又有各种相关权利，使得本来就很复杂的情况变得更为烦琐。土地权利在复杂性和精致性方面无与伦比地发达，可以说是印度农村社会的一大特色。在这样的社会中，必然需要发达的账目管理、调停或仲裁等体系。单就土地制度而论，印度农村已经远离了农村式"简单朴素"的社会。

此外，地方领主、豪族阶层还构成了莫卧儿帝国以及帝国解体后地方政权在地方的权力基础。因此，在英国开始殖民统治时，最易遭受其压力的就是他们。英国方面也清楚地认识到了他们的重要性，并围绕如何应对他们的问题，在经过慎重考虑后，采取了各种因地制宜的政策。

农业的商业化及其影响

商业化的深化

18世纪是商业活动远比通常认为的程度更加繁荣的时代。正如前文所述，农村的商业化农业已得到一定的发展。下面将从更加广泛的视角对商业化的运作情况加以考察。

说到农业的商业化，读者诸君头脑中首先浮现的大概是经济作物的种植。这一时期的印度已有蓝草、桑、罂粟、甘蔗等经济作物在各地广泛种植。用蓝草制造的蓝色染料靛蓝、生丝和丝织品，用罂粟制造的鸦片以及棉花和棉布不仅能在印度国内消费，还作为印度主要的出口商品而举世闻名。在砂糖方面，印度已被西印度群岛的种植园超越，不再是重要的出口国，但作为甘蔗原产地之一，面向印度国内市场的生产仍然兴盛。此外，从新大陆引进的新作物——烟草的种植，应当也是在这一时期得到普及的。16世纪初，葡萄牙人将烟草带到了德干地区，17世纪后该作物逐渐向全国扩展，到了1800年左右，农民群体中已形成吸食烟草的习惯。顺带一提，辣椒在16世纪上半叶被葡萄牙人引入果阿，以作为胡椒的替代品向欧洲出口，印度从此也开始种植辣椒。

随着经济作物种植的扩大，再加上只拥有零碎土地的农民阶层的大量存在、上一章提到的地方城市的发展，以及手工业的发达，人们自然会开始将谷物作为商品进行交易。事实上，谷物在这一时期也是重要的商品。虽然大部分买卖可能只是地方性的，但也存在沿岸交易中以谷物为对象的例子，部分地区还开展了远距离贸易。

在印度农村，经济作物和谷物的交易十分繁盛。但是这一时期的运输手段尚不发达，在无法像恒河流域一样利用河运便利的地方，要将大量商品送达远处，只有将货物装载到数十成百头牛背上缓慢移动这种方法。例如北印度就活跃着称为"班加拉"（banjara）的组织（印度教徒和穆斯林都可以参加这个组织），这一组织也可称为牛的商队，他们结队而行，交易谷物和盐。正因如此，当时的农产品交易自然还无法与19世纪下半叶修建了公路和铁路后的情况相提并论。

商人、放贷人的作用

前文提到，这一时期地方市场繁荣，商人也在其中积极活动。在孟加拉，地方商人遍布乡镇，他们在向农村地区派出代理人的同时，也与中心城市穆尔希达巴德的大商人开展贸易。因此可以认为，到18世纪，孟加拉的整个区域已经形成了单一市场。此外，超越个别地方、遍及印度的大商人网络也在莫卧儿帝国的统治下日益发达，而且到莫卧儿帝国解体后仍在活跃地发挥着作用。18世纪，大部分印度农民渐渐开始用白银支付地租，这正是在上述商业化的前提下才得以实现的。[①]

商业化的推进，为拥有资本和社会影响力的人们提供了

---

① 原注：缴纳白银在孟加拉和古吉拉特已常态化。西北省同时存在缴纳白银和缴纳实物的情况，地域差异较大。

发展壮大的机会。这一时期的特色就是上层农民中涌现出了一批获得成功、变得更加富裕的人。另外，所谓商业化，也意味着商人在社会中发挥了更大的作用。在当时，商人不仅在农村收购谷物和经济作物，还以提供预付款的形式直接参与了作物的生产。下层农民因为要糊口度日，经常出现次年用于生产的种子和资金短缺的问题。这时商人（以及获得成功的上层农民）就会出借种子和资金，让租借人偿还所获农产品（当然也包括利息），然后再将农产品运往市场销售。在城市中，大商人还渗透到此时新兴的地方政权中，深入租税征收和向政权贷款的领域。包税制的扩大，正是这一时期的鲜明特征。

新型土地制度的引入

英国的统治

以上讲述了英国开始对印度实行殖民统治时，印度大部分人口所在之农村的基本情况。一言以蔽之，印度正在形成发达的农村社会（agrarian society），其中有复杂、精致的系统在发挥作用。而现在要对其实行统治的，则是来自外国的英国人。他们先是继承了印度发达的制度，同时考虑到印度农村社会的实际情况，创造出了新的制度。

正如上文所述，英国是从1765年起，在印度正式拥有土地并实行殖民统治的。在这一年，英国获得了孟加拉、比哈尔、奥里萨这片广大区域的财政权。在莫卧儿行政体系中，该"财政权"覆盖的权限范围极为广阔。但最为重要且必须立即处理的问题是征税，建立征税系统、巩固殖民统治的财政基础成为亟待解决的任务。在税收中具有压倒性重要地位的则是土地税。迫于形势，英国必须迅速控制土地以及在土地上劳作的人。

最初，英国采取的政策是让孟加拉省督旧有的行政机构保持原样，与东印度公司的行政机构并行（即"双重统治"），在征税方面试行包税制。但这种做法在不久后就显得技穷，有必要去探索新的制度。随着英国领土的扩大，同样的问题也开始在孟加拉以外的地区出现。因此，英国从孟加拉、比哈尔和奥里萨着手，向印度各地分别引入了不同的土地制度，并在这类土地制度的基础上构建起土地税征收体系。

新型土地制度

但是，英国以如此形式、阶段性地向印度各地引入的种种土地制度之间完全没有统一性，而且还采用了连专家进行归纳总结时都会感到棘手的复杂设计。从引入顺序来看，在主要地区当中，孟加拉采用了永久柴明达尔制[①]，马德拉斯采用了莱特瓦尔制[②]，孟买也采用了莱特瓦尔制[③]。西北省的过程较为复杂，基本方针是在1819—1822年间提出的，1833年加以调整，又经过较长时间才确定实施由马哈尔瓦里制（mahalwari）

[①] 原注：1793年实施，康沃利斯起主导作用。
[②] 原注：除去早期尝试，该制度在1812年董事会决定通过后于1818年左右实施，芒罗在其中起主导作用；但马德拉斯也有地区采用柴明达尔制。
[③] 原注：1825年试行，1835年后阶段性地推行，戈尔德施米特（H. Goldsmid）和温盖特（G. Wingate）两人在其中发挥了主要作用。

和马尔古扎尔制（malguzari）混合而成的制度。[①] 旁遮普前期引入了西北省的制度，经过调整后，形成了以"村庄承包制"（按照日本的说法）为中心的体系。[②] 虽然以上所述已然相当复杂，但实际上，除去孟加拉的柴明达尔制，其他体系都是靠长年累月逐步推进才得以落实的，因此即使是实行相同制度的地方，也常常存在因实施时间不同而出现的巨大差异。

英国人构建了如此复杂的制度，他们想要实现的目标实际上却非常简单。简而言之，就是从印度农村社会中选出特定的阶层，让他们负担缴纳土地税的义务。而这时，为了给负担这个谁也不欢迎的义务寻找理由，英国人使用了下述说辞：该阶层拥有对土地的所有权，因此负有缴纳土地税的义务（但在西北省，这一点遭到了模糊处理）。

另外，针对土地税额合适范围是多少、应采取什么方式确认税额与印度农村的实际情况相称的问题，英国人还参考了当时备受推崇的新兴学问——古典经济学理论。此外，英国人也开展讨论，希望土地所有者／土地税缴纳者能成为印度殖民地农业生产的主力军和英国统治的同盟者。

这个目标说来简单，但印度农村社会极为复杂、发达，要在如此背景下实现这个目标，其实并不容易。总的来说，之所以会如上文所述，形成如此复杂的土地制度，也是由于英国人在面对印度农村的复杂情况时，采取了他们所特有的现实主

---

① 原注：早期由麦肯齐（H. Mackenzie）主导，调整方针后以伯德（R. Bird）为核心。

② 原注：1863年后实施。由普林塞普（E. Prinsep）主导。

义态度。

如果以土地所有者／土地税缴纳者是谁为切入点来考察土地制度，那么对于永久柴明达尔制来说，土地所有者或土地税缴纳者就是柴明达尔。柴明达尔是在东印度相当于地方领主、豪族的阶层。不过，只有在讨论土地制度时，才会被加上"永久"这样的形容词，因为土地税额是永久固定的。其他制度则会通过20年或30年一次的土地调查重新确定税额。在莱特瓦尔制下，无论是在马德拉斯还是在孟买，土地所有者／土地税缴纳者则是莱亚特，亦即农民。但正如前文所述，印度农村的农民中存在各种阶层。莱特瓦尔制下属于土地所有者／土地税缴纳者的人，就可以算作上层农民。西北省则存在大小各异的柴明达尔阶层，小至若干人共有一座村庄，大到一人控制两三百个村庄（这种情况在阿瓦德则称为塔鲁克达尔），当地将这些柴明达尔归入马尔古扎尔／土地税缴纳者，执行具有弹性的政策。与他们邻近、处在相同状况下的柴明达尔，如未被认定为马尔古扎尔，则会被给予获取一定补偿金的权利。

与农村社会的关联

也许会有人好奇这种差别是如何产生的。为便于理解，这里不妨从印度农村的地方领主、豪族阶层入手，考察他们与英国的关系。在孟加拉，虽然英国通过普拉西战役取得了霸权，但如前所述，这场战役本身并不是特别重要，不妨将它看作一起宫廷政变（尽管英国和法国都卷入其中）的高潮。因此，虽然发生了政变，孟加拉的地方领主、豪族阶层仍然毫发无损。对于英国人来说，既然无法通过发动战争清除他们，那么除了承认他们是土地所有者／土地税缴纳者，似乎并没有其他现实可行的选择。

但需要注意的是，英国人在实施永久柴明达尔制后，削弱了几乎整个孟加拉地区有实力的柴明达尔，还导致他们破产。因为核定的土地税颇为高昂，柴明达尔无力支付土地税，他们的土地也逐渐遭到拍卖。引入永久柴明达尔制之后的20年间，孟加拉柴明达尔的土地有45%被拍卖，12个大柴明达尔家族中有10个家族走向没落。殖民地政府并非没有权限救助陷入困境的柴明达尔，但他们绝不会发起这样的救助。分割、解体大柴明达尔领地正是英国的基本政策之一，通过将其伪装成土地税收，英国实现了这一政治性目标。

与孟加拉的情况相比，马德拉斯和孟买的情况其实更好理解。两地的共同之处在于英国在当地都发动过大规模战争（迈索尔战争、马拉塔战争等），较具实力的地方领主阶层已经被消灭或削弱。在马德拉斯，虽然还有帕莱加拉的势力残存，但迈索尔战争结束之后，英国又发动了珀力加尔（或帕莱加拉）战争，打击了其中的实力派，之后还以拖欠土地税为由整顿了其余部分。至于孟买的德希穆克，则在遭到屈辱对待、成为推行莱特瓦尔制的审查官的印度辅助职员后，于1866年在事实上被废除。由于英国的军事行动，马德拉斯和孟买成为地方领主阶层遭到显著削弱的区域，这才得以实施无视地方领主、直接对接上层农民的莱特瓦尔制。莱特瓦尔制的引入特别强调排除中间人，让政府和农民直接接触。而排除中间人，指的就是排除残存的地方领主、豪族阶层。

虽然在这里无法做详细说明，但马德拉斯和孟买之所以采用莱特瓦尔制，除了上述背景，还存在别的缘由，现附识如下。这些理由包括：到了19世纪初，印度统治者之间已形成共识，认为孟加拉的柴明达尔制已破产；自由主义思想盛行于英国，肯定柴明达尔一类的贵族领主阶层的风潮开始衰退；出于财政上的考虑，英国人会对将土地税额永久固定的柴明达尔制敬而远之；等等。

土地所有权

通常认为，将"地租缴纳义务"与"土地所有权"相捆绑而"土地所有权"也可以自由买卖和抵押的想法在印度是十分新颖的。但这是否对于全印度而言都是新事物，尚需存疑。毕竟印度早已存在买卖农民持有地的地区，村长的职务、工匠的经营权，甚至柴明达尔、德希穆克等地方领主、豪族阶层的权利也可以买卖、抵押。虽然有时需要附加一定条件，但买卖和抵押本身并未就此取消。就英国人引入的"土地所有权"而言，其革新点在于别的方面，即"排他性"上。正如上文所述，印度的土地叠加着重重权利。"土地所有权"否定了这种土地权利重叠的存在方式，唯有获得英国人承认的权利才拥有绝对效力。

反过来说，土地所有权的引入，意味着除了这一项权利，其余权利都在"法律上"无效。在英国本土，与土地相关的法律制度本身是带有封建社会残余、十分复杂的体系。因此，只要英国人愿意，应该能够向印度引入与印度实际情况大致适应的土地制度。但英国人没有这样做。英国人使用了简单的体系，将有效征收土地税当作优先考虑的问题。

引入新型土地制度的结果是让"土地所有权"以外的各类权利丧失了法律依据。多数情况下，这些权利并未消失，而是转到地下潜伏。在实施了永久柴明达尔制的孟加拉，这种不自然、不稳定的状态经过很长时间后才渐渐得到修正。到19世纪初，英国制定了新的法律，对介于柴明达尔和农民之间的中间性权利加以调整并予以承认［1819年的《帕特尼条例》（Patni Regulation）］。到1859年和1885年，又制定法律，承认了农民（莱亚特）习惯上所拥有的土地持有权［《孟加拉地租法》（Bengal Rent Act）和《孟加拉租地法》（Bengal Tenancy Act）］。虽然孟加拉最下层的佃户和农业劳动者的权利最终没有获得保护，但在19世纪快结束时，当地永久柴明达尔制的调整已基本完成，18世纪孟加拉农村社会的主要权利得到重新定义，获得了新定位，恢复了生机。可以认为，英国作为新制度而引入的永久柴明达尔制在与印度的实际情况相互碰撞的过程中，接受了调整，最终定型为一种折中的形态。

与之相对，实行莱特瓦尔制地区的状况则颇为僵化。例如马德拉斯从1855年到1864年确定了重新评估莱特瓦尔制的方针，采取了减轻农民土地税负担的措施。但是，其中并未触及与土地权利相关的内容。尤为成问题的是，莱特瓦尔制在"原则"上本应是政府承认农民（莱亚特）为土地所有者并与之直接打交道的制度，可是下层农民的权利并未因此得到妥善保障。加上固有的一些下层农民问题，由莱亚特权利的买卖而产生的租佃制度逐渐成为问题所在。但在马德拉斯，殖民地政府并未采用法律措施着手解决。因此，从1900年左右开始，形势出现了逆转，即在下层农民问题上，承认"农民"拥有土地所有权的莱特瓦尔制，反而比承认地方领主拥有土地所有权的永久柴明达尔制更为严苛。

不过前文已提到，"土地所有权"是与"地租缴纳"相配套的，笔者在此想再做强调。目前学界对于从18世纪下半叶到19世纪上半叶印度农村存在的各种权利是否属于"土地所有权"的问题已有讨论，这里不再介入。更重要的问题在于，新推出的土地制度中被认作"土地所有权"的权利是如何受到对待的。从结论上来说，"土地所有权"应当是为了保障"土地税的缴纳"而授受的，而不是反过来。孟加拉就有所谓的"日落法"。根据该法律，如果柴明达尔在规定日期的日落前不能缴纳土地税，成了土地税拖欠者，他的"土地所有权"将不经审判自动交予政府拍卖。可以说，这部法律清楚表明了"土地税"的保障远比"土地所有权"重要。英国人虽然装作在向印度引入西欧的所有权观念，但应当说印度的"土地所有权"与西欧的"土地所有权"两者看似相近，实则判然有别。

科学核定

英国向印度引入土地制度时，除了"土地所有权"，还有若干问题成为争论的焦点。问题之一便是应当基于什么标准核定土地税。孟加拉在推行永久柴明达尔制时没有开展过规模特别大的调查，基本继承了殖民统治之前穆尔希德·库里·汗时代土地税核定的结果；但这种毫无原则的做法引来了相当强烈的批评。到引入莱特瓦尔制时，人们开始基于严密调查和理论依据推行土地税核定。其中有个典型例子，就是孟买早年一位名为普林格勒（R. K. Pringle）的行政官开展了彻底的土地调查。他的调查基于古典经济学理论，计算了土地的"纯产出"，试图以此确定土地税的税额。但为了搜集经济理论所需要的数据，必须推行规模庞大的调查。而且更为致命的是，这种立足"科学"方法的核定造成了严重的后果，向农民强加了过重的负担，因此英国不得不放弃普林格勒的这种做法。取而代之的则是温盖特和戈尔德施米特首倡的方法，他们采用了更为现实的核定方法，其土地税负与普林格勒的方法相比减轻了二成到四成，因此该方法成了孟买制度的基础。

基于科学调查推算土地税额的莱特瓦尔制在税额核定上过高的倾向，在马德拉斯体现得最为明显。马德拉斯的核定税额过高，结果出现了各种各样的弊端。19世纪60年代，新方法开始被采用，减轻了农民的土地税负，上文对此已有提及。

在殖民统治之前，印度的土地总账已然完备，与土地相关的行政也十分发达。并且，早在马拉塔联盟的宰相马达夫·拉奥（Madhav Rao）时就试行过由政府开展土地调查、针对土地税问题直接与农民进行协定的办法。而英国在莱特瓦尔制地区采取的手段，从整体情况来看，相较于印度前近代社会实行的土地行政方法更为精密和严格。这无疑是一项进步。

但是，英国终究未能为其手段提供理论上的依据。

上文以土地制度为例，就英国殖民统治与印度农村社会关系如何的问题做了说明。要之，新型土地制度的引入为印度农村社会带来的"变革"，可以说在一定程度上是妥协性的。这种不够彻底的妥协性格，从稳定和延续殖民统治的角度来看，可能是明智的做法。但它也给印度农村社会留下了复杂、沉重的问题。

第八章　中产阶级与女性

第六章和第七章介绍了殖民地化给城市和农村的社会经济状况带来了怎样的变化，试图阐述印度社会在殖民地化过程中的变与不变。本章则将讨论两点内容，即19世纪上半叶的印度人在殖民地社会的环境下产生了怎样的思考，以及这些思考在何种程度上能与殖民地社会的现状相称。

在讨论顺序上，本章会先简要说明这一时期形成的知识分子阶层、人称中产阶级的群体为何物，然后介绍这些群体中不断高涨的宗教、社会改革运动。接下来结合当时女性生活的实际情况，针对成为上述运动核心议题的女性问题，探讨时人提出的解决方法。至于穆斯林精英的思想则需要单独讨论，本章最后将会谈及这一话题。

所谓中产阶级

中产阶级

欧洲人和美国人来到印度从事商业活动时，面临着语言、交易习惯、商品保障等各种各样亟待解决的问题。此外，交易时也常常遇到手头资金不足，必须在印度本地贷款的情况。为了满足欧美人的这些需求，习得外语、协助欧美人交易的印度商人应运而生，他们在加尔各答被称作"巴尼亚"（Bania）。另外，也存在运用婆罗门学问、出任印度教法律顾问或传授古典学知识的人，他们被称为"班智达"（Pandit）。与之相对，运用波斯语、阿拉伯语知识的人则被称为"孟希"（Munshi）。还有人成为欧洲家庭的管家，人称"萨卡尔"（Sarkar）。对于这些人来说，与欧美人的接触和交涉提供了经济、社会地位飞升的机会，在他们中涌现出了大量富裕的商人和地主。

自英国正式实施殖民统治、殖民统治机构得到扩大以来，作为欧洲人和印度社会中间人的印度人或是成为在英国高级官员手下效力的官吏，或是占据了法律专家等专门职位。富人们则在保持地主或商人活动的同时，通过各种渠道与殖民地政府维持着密切关系。他们在不断发展的殖民地城市中共同生活，培养出共同的价值观和生活方式，由此加强了相互联系，形成了作为一个整体的社会阶层。在印度近代史中，这一阶层被称为中产阶级（middle class）。他们是印度殖民地社会的精英，在经济、社会、文化和政治等领域发挥着重要的作用。

进入19世纪下半叶，随着行政机构的快速膨胀以及各种事业的发展，低级官吏、事务员等中下阶层的人所占人口比例升高。正是这个中下阶层，成为19世纪末开始的民族运动的发展原动力。但是，直到19世纪上半叶，这个阶层的领导权还始终掌握在社会上取得成功的富裕人士手中，因此中产阶级不妨说是一个"贵族式"色彩浓厚的社会阶层。

在最大的殖民地城市加尔各答，中产阶层中有不少人出身于高种姓印度教徒（婆罗门、拜迪亚、卡雅斯塔）。不过中产阶级并非只来自这些种姓，获得成功的孟加拉商业种姓苏瓦纳巴尼克（Suvarnabanik）和甘达巴尼克（Gandhabanik），也容易被接纳为中产阶级的一员。孟加拉的中产阶级在孟加拉语中称为"巴德拉洛克"（bhadralok，意为乡绅、望族），这一称呼催生出强烈的共同体意识。在西印度，中产阶级并没有集中在一个城市，而是分散在商业、政治中心孟买和文化城市浦那。帕西教徒、古吉拉特出身的纳加尔婆罗门（Nagar Brahmin）、巴尼亚（商业种姓）、耆那教徒以及和卓（Khoja）等穆斯林商人在孟买颇有势力，浦那则由吉特巴万婆罗门掌握主导权。而在南印度，泰卢固（Telugu）语圈和泰米尔（Tamil）语圈出身的婆罗门实力雄厚，他们还拓展到了锡兰、马来亚和新加坡等地。

可见，在印度的中产阶级中，以婆罗门为首的高种姓者最有实力，不过这一阶层也囊括了各种社会群体。将他们连接在一起的，首先是英语教育，以及通过英语教育获得的与殖民地最高权力拥有者英国人的权威直接关联的社会身份，其次则是通过英语接受到的西欧文化。另外，孟加拉的中产阶级也与土地联系紧密，除了英语教育，"在永久柴明达尔制下拥有地主的权利，保持着在社会上的威信"这一点也让他们维持着连带感。

但同样引人注目的是，如果回顾他们的谱系，这一阶层的历史可以追溯到支撑莫卧儿帝国和18世纪成立的地方政权的官员、商人和军人阶层那里。例如一位名为纳巴克里希纳·德布（Nabakrishna Deb）的男子，其人出身于穆尔希达巴德一个在孟加拉省督宫廷中占有高位的婆罗门家庭。因为精于波斯语，他向黑斯廷斯教授波斯语，由此迈出了成功的第一步，之后成为东印度公司的"孟希"，甚至成为"政治巴尼亚"（代表公司与印度王公贵族们交涉），并利用这一过程中积攒的财富在加尔各答开设了两处大型市场。从此德布家就成了加尔各答中产阶级代表性家族之一。

此外，正如前文所述，马哈拉施特拉的吉特巴万婆罗门是负责马拉塔联盟行政的显赫集团。特别是历代马拉塔联盟宰相之职常常由吉特巴万婆罗门担任。到了殖民地化之后，他们还成功维持了马拉塔联盟统治时期获得的优越地位，成为殖民地社会的中产阶级。

在殖民地时代，中产阶级确立为一个单独的阶层。就此而言，它是英国殖民统治的产物。然而不容忽视的是，也有一些颇具实力的团体其实源自殖民地化之前已经存在的类似阶层。

英语教育

对中产阶级来说，英语教育具有生死攸关的重要性。因此，他们对英语教育十分关心，通过各种方式让子女学习英语。这一趋势结成的果实则是1816年加尔各答印度学院（Hindu College）的设立（1817年开学）。印度学院是由加尔各答中产阶级的领导者们募集捐款而共同创立的私立教育机构，旨在让子女学习西欧学问。这所学校教授的科目有历史学、地理学、年代学、天文学、数学和化学等。孟买则在1825年设立了埃尔芬斯通学院（Elphinstone Institute），它发挥着和加尔各答的印度学院同样的作用。

不过，东印度公司对英语教育却很冷淡。殖民统治初期，英国的基本方针是不干涉包括宗教在内的社会内部问题。这是因为担心引起无益的冲突，危及殖民统治。因此，法庭上使用的通用语仍然是波斯语，东印度公司为印度人设立的学校教授的是印度的传统学问，并且只有加尔各答马德拉萨[①]（Calcutta Madrasa）[②]、梵文学院（Sanskrit College）[③]等有限的几所。

但是，到了1810年代，在东印度公司的特许状法修订后，主张英语教育重要性者的声音有所增强，"英语派"（Anglicist）和"东方语派"（Orientalist）之间展开了争论。了结这场争论的则是任职于总督参事会的麦考利（Macaulay，1800—

[①] 马德拉萨是伊斯兰世界的学校。
[②] 原注：1781年作为伊斯兰法律专家培养机构而成立。
[③] 原注：1792年作为班智达培养机构，设置于贝拿勒斯。

1859）[1]，他在 1835 年起草了《教育备忘录》，得出了印度应当实行英语教育的结论。他不承认梵语和阿拉伯语的价值，认为在印度开展教育必须使用外语，并且这种外语只能是西欧诸语言中的"佼佼者"——英语；教育的目的则是培养肤色属于印度，但审美和思考方式属于英国的印度人。一言以蔽之，这份备忘录将中产阶级视为连接统治者和被统治者的中低级官员阶层的人才库，旨在有组织地培养中产阶级，以减少统治印度的费用。毕竟，印度人的人工费与英国人的相比远为低廉。

麦考利的《教育备忘录》虽然并不包含对教育本质的思考，但它确定了后来印度殖民地的基本教育方针。这对印度来说是一件不幸的事，因为在这种教育方针下，初等教育必然会受到轻视。对此，人们提出了为这种不平衡的教育方针做出合理化辩护的"渗透理论"（filtration theory）：高等教育充分发展之后，其成果会自动向下转移。但之后的历史证明了这种"渗透"基本没有发生。19 世纪上半叶就已经有人主张用孟加拉语、马拉地语等印度诸语言（vernacular）进行教育，强调加强初等教育的必要性，但殖民地政府很晚才做出应对，并且直到 1854 年才撤回"渗透理论"，着手大众教育的建设［据《伍德教育书简》（*Wood's Education Despatch*）］。

实际上，东印度公司在麦考利的《教育备忘录》发表前，就已提出在录用司法部门的低级职员时具备英语能力者优先的

---

[1] 原注：知名历史学家、文章家，撰有《英国史》等著作。

方针（1826 年）。《教育备忘录》发表后，法院的通用语从波斯语换成了英语。可以认为，英语正是以此为契机真正开始普及的。殖民统治初期，英语似乎并未如我们想象一般渗入印度社会。例如，就连印度的第一所银行孟加拉银行，低级职员在很长时间里也都是用孟加拉语从事工作的。这一状态应当是到 1830 年左右才发生彻底改变。孟加拉银行的业务活动在 19 世纪 50 年代之前已经全面英语化。

促成这一英语化的社会趋势迎来高潮的则是大学的设立。1857 年，加尔各答、孟买和马德拉斯纷纷设立大学，同时政府向私立学院提供补贴的制度也被引入。于是，通过大学以及辅助的学院，以使用英语的高等教育为支柱的殖民地教育制度得以建立，中产阶级的社会上升路径实现了制度化。

宗教、社会改革运动

在 18 世纪的动荡时代结束、19 世纪的幕布揭开后，中产阶级内出现了探索时代新思想的动向。这是因为他们在思想层面受到英国统治的冲击，为此开始吸收、消化西欧的思想、宗教和制度，日益锐意于对印度宗教和社会的批判性讨论。这场运动始于最受英国统治影响的加尔各答，随后蔓延到浦那等城市。

在这场运动中，持维护传统立场的反对声音也很强烈，因此中产阶级分成了改革派和正统派，开始相互论战。甚至还出现了不满于改革派的激进派。19 世纪上半叶因而也成了贯穿近代印度的思想对立轴线成型的时期。

拉姆莫洪·拉伊和梵社

这一时期，拉姆莫洪·拉伊（Rammohun Ray[①]）以改革派领袖的身份开展了引人注目的活动。他出生于孟加拉的一户外士纳瓦（Vaishnav）派[②]婆罗门家族。该家族属于大地主（柴明达尔），与孟加拉的穆斯林政权有着密切关系。据说拉伊在少年时代曾受到伊斯兰教神秘主义苏菲派思想的强烈吸引，但这或许是出于家族传统。另外，据说他学习语言的顺序，首先是波斯语，其次是梵语，再次是英语。当时正值印度教文化、伊斯兰文化和西欧文化三足鼎立的时期，拉伊浸润其中，形成了自己的风格。因此其学识涉猎非常广泛，除了吠檀多哲学和印度教法律，他还精通伊斯兰教和基督教教义。另外，他还广泛关注同时代的西欧思想，阅读了如边沁和密尔（穆勒）之类的英国功利主义思想家以及洛克、休谟还有法国启蒙主义思想家（百科全书派）的著作。

拉伊认为自己出生的孟加拉印度教社会是堕落的社会。宗教问题是他毕生致力研究的问题，特别是印度教的改革问题。拉伊对印度教的偶像崇拜和与印度教相关的不合理社会习惯做出了彻底批判。他认为偶像崇拜歪曲了印度教的本来面貌，导致了印度教社会和道德的堕落。经过各种各样的思想探

[①] 原注：此为孟加拉语发音。若按梵语发音，则是 Rammohan Ray；按照英语发音则是 Roy。
[②] 原注：即毗湿奴派，是巴克提信仰的一派，由遮昙若（Chaitanya）创立。

索后，拉伊得出结论：梵（Brahman）才是独一无二的神，对这尊唯一神的信仰才是印度教的本来面貌。所谓梵，在梵书文献（Brahmana）和《奥义书》中，被认作宇宙的根本原理、绝对存在。它是经由抽象思辨才能得到的概念，而非印度教式的、个性丰富的神格。

拉伊不相信奇迹和启示，也不接受基督教三位一体的重要教义，就此而言，其宗教带有强烈的自然神论特点。他站在以吠檀多哲学为基础的自然神论立场上，将自己所学的三种宗教，即印度教、伊斯兰教和基督教统一起来，尝试建立普世性的宗教。在欧洲的冲击下，新兴中产阶级开始遵从"理性"而非传统的指导，重新审视自己出生和成长的社会，而拉伊的宗教正好迎合了他们的需求。

拉伊为了推广自己的宗教，成立了宗教团体。他在定居加尔各答后，设立了友好协会（Attiyo Shobha①，1815—1819），但这是一个短命的组织。之后，他开始在加尔各答开展活动，于1828年创立了梵社（最初名为 Brahmo Shobha，之后称为 Brahmo Shomaj②）。所谓 Brahmo 或 Brahma，是拉伊认定的唯一神"梵"（Brahman）的变形，意为"皈依于梵者"。

梵社吸纳了包括好友德瓦卡纳特·泰戈尔（Dwarkanath Tagore）在内的加尔各答富裕的高种姓印度教徒，成为19世纪上半叶改革运动的中心。他们在每周六傍晚集会，举行礼

---

① 原注：按梵语的读法则是 Atmiya Sabha。
② 原注：梵语的读法则分别为 Brahma Sabha 和 Brahma Samaj。

拜。礼拜始于对《奥义书》选段（梵语）的朗诵，紧接着是对该选段的孟加拉语翻译、解说，最后以合唱拉伊及其朋友创作的圣歌结束。从缺少"祈祷"这一点便可以管窥该宗教的自然神论特点。另外，礼拜中除了使用神圣语言梵语，还使用了孟加拉语，有人认为这体现出作为平民宗教的巴克提运动的影响。但从整体来看，拉伊的组织很明显受到了基督教会的强烈影响。基督教会及其传教团体所从事活动的组织性首先被梵社学习吸收，再通过梵社开始为印度各地涌现的宗教、社会改革运动所效法。

拉伊及其支持者对印度教不合理的社会习惯开展了严厉的批判。他们改革宗教，也改革印度社会，旨在剔除印度社会中的无知和迷信，构建能够保障个人自由的社会。他们就种姓制度、寡妇殉死（萨蒂）、一夫多妻①、寡妇再婚、童婚等问题反复进行辩论。这些问题在19世纪都成为社会改革的中心课题。

其中，拉伊积极关注的是禁止寡妇殉死运动。所谓寡妇殉死，是在火化亡夫遗体时，让寡妇也进入柴堆，与丈夫一同焚化的习俗。拉伊在1818年出版了名为《针对烧死寡妇习俗支持者与反对者的讨论》的小册子，掀起了反对运动。但是正统派的抵抗同样激烈，殖民地政府则保持着暧昧的态度。这一状况持续了11年，直到1829年才制定了禁止寡妇殉死的法律，得以彻底解决这一问题。这是改革派值得庆祝的胜利，但

---

① 原注：系孟加拉库林婆罗门（Kulin Brahmin）中常见的习俗，因而被认为是种姓规则（Kulinism）。拉伊本人就是库林婆罗门。

同时也成为殖民地政府介入印度社会习俗的开端。

不过，拉伊的思想是否始终站在改革一边呢？不得不说，其实并非如此。例如在种姓制度方面，他在现实生活中从不取下圣线（标示再生族①身份、斜挂在肩部的木棉绳线），始终持保守态度。

另外，他的批判并未触及殖民统治。虽然他对言论管制和人种歧视政策发出了抗议，但他并没有对殖民统治本身做出批判。他本人是柴明达尔，对永久柴明达尔制出现的问题、特别是农民的困境十分了解。而且，拉伊所生活的时代正是孟加拉棉花产业大受打击、走向衰退的时期，作为出口替代品而引入的靛蓝在生产上也出现了各种问题，种植蓝草的农民与英国蓝草种植园之间不断发生摩擦。拉伊应该是了解这些问题的，但他对殖民统治的经济方面一直持肯定态度。他相信英国的资本和技术能够改善印度的经济状况。在政治方面，拉伊也同样持肯定意见。虽然知道外国统治会产生弊端，但他认为由英国统治能获得更大的益处。与孟加拉省督统治时期相比，他认为英国统治时期印度人享受到了更大的自由，法院也能主持正义，并相信只有在这种发展方向中印度社会才有变革的希望。

青年孟加拉和法社

以上所介绍的拉伊的思想、政治立场，用今天的术语来讲，可以说是改良主义的。同时期的加尔各答还出现了比拉伊

---

① 印度教认为在四大种姓中，婆罗门、刹帝利、吠舍等三大种姓有权拜神和礼诵吠陀经，因此特别赋予第二次生命，称为再生族。

更加彻底地批判印度教社会习俗的激进青年团体。这个团体被称为青年孟加拉（Young Bengal）。他们在印度学院向名为代洛济奥（Derozio）的自由主义教师学习，并深受其影响。

代洛济奥的学生们吸收了当时包括托马斯·潘恩（Thomas Paine）在内的欧洲激进思想，表达出对法国革命、美国独立革命和七月革命的支持。另一方面，他们不仅批判印度教，还公然打破印度教的禁忌。甚至开始有人取下圣线、进食牛肉、饮酒，被逐出种姓。感到危机的印度学院解雇了代洛济奥，随着后者的英年早逝，运动也陷入低谷。但代洛济奥的学生中人才辈出，他们转而成为耆那教、基督教传教士和梵社干部，继续开展活动。

到19世纪20年代，孟加拉的正统印度教徒开始受到拉姆莫洪·拉伊的改革运动和青年孟加拉运动两方的批判。另外，1814年印度开放贸易之后，基督教传教士的活动也开始变得频繁。1829年禁止寡妇殉死的法律出台后，正统派印度教徒的危机感日益高涨，他们在1830年成立了法社（Dharma Sabha[①]），主张寡妇殉死的正当性，与拉姆莫洪·拉伊严格对立。

但需要注意的是，他们并不一定都是冥顽不化的反动派。例如，有一位担任过会长的拉达坎塔·德布（Radhakanta Deb，1783—1867），他与之前介绍的纳巴克里希纳·德布同属一族，是通晓英语、梵语、波斯语和阿拉伯语的文化人，在

---

① 原注：按照孟加拉语的读法是 Dhormo Shobha。"法"一语指代包括宗教、法律和习俗在内的印度教整体或其本质。

印度学院成立时与改革派合作，也在英属印度协会（后述）设立时成为会长，直到去世前都担任此职。

可以认为改革派和正统派真正的对立点在于，面对殖民统治和西欧文明渗透的现实，应当在何种程度上保护印度教和印度固有文明免受外部力量侵扰以及应当将界线划于何处。即使是最初与一神论基督教走得很近的拉姆莫洪·拉伊，最终也回归了吠檀多哲学，以该哲学为基础开创了教派。

寡妇再婚运动

拉姆莫洪·拉伊在梵社成立仅两年后便前往英国，客死于布里斯托（Bristol）。拉伊去世后，梵社的活动趋于停滞，但在德瓦卡纳特·泰戈尔之子德本德拉纳特·泰戈尔（Debendranath Tagore）负责领导后，该社再度活跃，在19世纪五六十年代吸收了大量青年。但在其领导下，梵社作为社会改革运动旗手的属性有所减弱，显示出回归印度教的倾向。德本德拉纳特培养的年轻世代中，涌现出了以克索布·琼德罗·森（Keshob Chondro Shen，1838—1884）为领袖，轰轰烈烈开展起来的运动，不过这一高潮持续时间不长，其内部对立还导致梵社在1866年和1878年两度分裂，社会影响力有所削弱。

不过，印度的社会改革运动在拉姆莫洪·拉伊死后，仍继续以寡妇的再婚问题[①]为核心，得到积极开展。运动开展

---

① 原注：部分印度教徒中有不认同寡妇再婚的习俗，见后述。

的地域范围扩及马哈拉施特拉、中央省、马德拉斯和拉吉普特。从19世纪40年代初开始，孟买出现了向政府争取认可寡妇再婚的运动。到1848年，社会改革运动家洛基塔瓦迪（Lokhitawadi）向孟买地方长官请愿，希望允许寡妇再婚。加尔各答还出现了富豪悬赏20万卢比募集男性与寡妇再婚的夸张事件。拉贾斯坦地区科塔（Kota）的藩王也有让寡妇再婚合法化的举动。

在这个扩及印度全境的运动中，发挥了决定性作用的是加尔各答的伊索尔·琼德罗·毕达萨格尔（Issor Chondro Biddasagor）。青年孟加拉团体——或是以两性平等为论据为再婚辩护，或是认为一旦引入法律婚姻（civil marriage）[①]就能向保守的婆罗门施加压力，等等——提出了激进的主张。但毕达萨格尔并不认同这些主张，他选择的战术是在印度教法律典籍中搜集认可寡妇再婚的文本，再重新解释法典的规定，以此为论据推进再婚运动。他认为这样做对印度人有更大的说服力。

1855年，毕达萨格尔出版了支持寡妇再婚的第一本小册子。据说这本小册子卖出了15000册。他搜集了超过1000人的署名，向印度政府提出请愿。仅凭毕达萨格尔能跻身顶尖梵文学者行列这一点，他创作的小册子就能发挥巨大的影响力。次年即1856年出台了认可寡妇再婚的法律，持续十余年的运动至此落下帷幕。该法律受到审议时，全印度有超过60000

---

① 原注：向政府提交结婚申请便认定为结婚的制度。但在印度教中，没有举行婆罗门主持的婚礼仪式，便不被认定为结婚。

份意见书被递交到政府（其中反对法案的有 56000 份，赞成的 5000 余份）。与寡妇殉死论争之时相比，更多人对这个问题投入关注并表明了意见。就此而言，寡妇再婚论争是划时代的事件。

但遗憾的是，寡妇的再婚实际上迟迟没有取得进展。社会压力依然强大，这是一纸法律无法轻易改变的现实。据说毕达萨格尔曾让自己的儿子与寡妇结婚，并召集了 60 对再婚夫妇，他自己负担结婚费用举行了结婚仪式。但只靠改革者的这些奉献，还是无法打破藩篱。

如上所述，19 世纪上半叶的印度社会改革运动的最大特色在于它是围绕女性问题而展开的。应该将女性置于何种地位，社会改革运动和女性问题有着怎样的关联，则是下面要讨论的问题。但在此之前，先对中产阶级的政治组织做一番简要介绍。

英属印度协会

19 世纪上半叶是印度中产阶级政治活动的萌芽时期。

1837 年，柴明达尔协会在加尔各答成立，次年改组为地主协会。这是最早具有政治属性的组织，据说印度人和英国人都能以平等的身份参会，开展讨论。1853 年，随着东印度公司特许状法修订日的迫近，为了向伦敦递交请愿书，多个组织在各地相继成立。加尔各答则在 1851 年组建了英属印度协会。其中还有一段插曲：该协会最初定名为国民协会（National Association），但迫于当局压力，更名为英属印度协会。"national" 一词在当时似乎被认为是危险的。与地主协会不同，该协会没有任何英国人参加，是最早的只由印度人组成的政治组织。

英属印度协会的主要活动是起草递交给英国议会的请愿书。该请愿书由 21 个项目构成，规模庞大，但人们助力最多的是关于在印度设置立法会的请愿。他们要求设立与总督的参事会完全分离、从行政权独立出来的立法参事会，17 名成员中应有 12 名从"拥有名望和资格的原住民"中选出。但他们也反对引入选举制度，而是希望由总督任命。中产阶级恐惧由"无知的"选民掌控国家命运。

晚加尔各答 1 年（即 1852 年），孟买成立了孟买协会，据说有很多帕西教徒、印度教徒、葡萄牙人和犹太人参会。马德拉斯则组织了马德拉斯本地人协会。加尔各答、孟买和马德拉斯的 3 个组织，分别成为三地日后政治运动的出发点，它们历经艰辛曲折，最终迎来了印度国民大会党（The Indian National Congress）的创立（1885 年）。

女性与"女性问题"

女性的生活

在讨论女性相关争论之前，笔者想先就该争论的主角——女性处于何种状态进行考察。因为 19 世纪上半叶之前的资料极端缺乏，以下拟根据已知情况予以总结。

首先来看上层社会女性的情况。可以说，其中青史留名者都属于在危机时期现身、采取了勇敢行动之人。例如马拉塔联盟霍尔卡家族有一位名为阿希利亚拜（Ahilyabai）的女性，就是作为"名君"而广为人知的人。18世纪中叶，她在霍尔卡家族家主战死时成为继承人，掌握了军事、民事两方面的实权，统治领地达30年。据说马拉塔人中没有深闺制度的习惯（见后述），她也因此得以自由地会见大臣和臣民。1747年，孟加拉一位名为拉尼·巴巴尼（Rani Bhabani）的婆罗门寡妇继承了柴明达尔领地。该领地位于名叫拉杰沙希（Rajshahi）的地方，在孟加拉的柴明达尔中规模是数一数二的。殖民地政府的记录清楚地描绘了她在动荡时期的孟加拉为保卫领地而奋斗的形象。另外，在土兵起义所孕育的英雄中大放光彩的还有詹西王后（Rani of Jhansi）拉克什米·拜（Lakshmi Bai）。她转战各处，最后在瓜廖尔城迎击英军，英勇战死。

这些事例不仅仅呈现出她们戏剧性的人生，也表明统治阶层中有时也存在女性获取政权、掌握军队指挥权的情况，这是颇为有趣的。至于普通女性的生活，在史料中有怎样的反映呢？多数女性应该是在从事家务和育儿之类的工作。

相关资料较为缺乏，但此处可试举19世纪20年代的两个例子。在西北省，就贾特和阿希尔等处于中等地位的农民种姓以及库尔米（Kurmi）等低种姓人群而言，即便是其中的上层农民，也需要亲自耕种。据报告，女性参与帮忙是普遍现象。马哈拉施特拉邦德干高原地区的浦那县则记录了十余人结伴前往定期集市（pettah）售卖谷物的农妇形象。售卖蔬菜和谷物的女性形象在其他史料中也有出现，因此浦那县的例子并不特殊。此外，据说工匠在工作时也会得到妻子的协助。殖民统治初期大量绘制了介绍印度风物和习俗的画作，其中就保存了不少夫妻协力劳作的工匠形象。

虽然上述工作是辅助性的，但如果审视这些琐碎的工作，便会发现其中存在可以说是专属于女性的部分，最重要的就是纺纱。当然，专业的男性纺纱工匠也是存在的，例如用于织造达卡棉布（Dhaka muslin）这种高档品的棉纱就是他们制作的。不过与此同时，纺纱作为女性的副业广泛见于印度各地。而且，并不存在与纺纱相关的种姓限制，任何人都可以从事纺纱。在印度棉纺织业兴盛时期，大量女性转动纺车，纺织纱线，送至定期集市售卖，然后由织工将其织成农民穿着的土布或是出口用的棉布。用于织造家人所穿棉布的纱则由家中女性纺出。在描绘19世纪下半叶孟加拉农村的小说中，就有这样的桥段：孙子到学龄时，祖母纺织纱线，将其交给村中织工，取回布料让孙子穿上后，再将其送至学校。

另一领域则是作为农家副业的各类手工业。例如将牛奶加工成酥油（ghee）和黄油等乳制品，用油性种子制作植物油，加工谷物制作米片类制品，制作树叶碗、篮子类制品，以及脱谷、碾米和磨面，等等。在不同地区，女性的分工会有差异，但谷物的加工（脱谷、碾米和磨面）以及与种子有关的工作（用油性种子榨油、谷物种子的保存和甄选）应该是十分固定地由女性承担的。这些工作的成果会在家庭内部消费，不过拿到市场出售的情况也很多。

因此，女性绝非禁闭于家中，而是参与了纺纱等各种手工业，由此与地方经济的末梢建立联系，从中获得的现金收入则可用来支持家计。对于多数受困于艰辛生活的寡妇来说，这些工作无疑是不可替代的收入来源。

除开这种附属性的营生，这一时期女性很难获得独立收入。大部分职业道路似乎还是关闭的。从后世事例来看，可行的职业大概有产婆和理发师。印度理发师的妻子在若干仪式中发挥着重要的作用，而且女性理发师可以造访在闺房（zenana）中过着幽闭生活的中上层女性，提供用红色染料化妆等服务。

与产婆和理发师相比，人数较少的舞女、歌手和娼妓也属于这些职业。她们主要居住在城市。根据1822年的人口调查，浦那8万左右的人口中，有45户是舞女、歌手家庭（共计255人），106户是娼妓家庭（共计337人）。无论是哪种情况，它们几乎都不包含男性，是只由女性（以及少女）组成的家庭。另外，106户娼妓住在10所房屋中。这些女性中有人具备非凡的才艺，和日本有些类似。奥兰加巴德（Aurangabad，离浦那不远的德干城市）的妓女马赫拉卡·拜·昌达（Mahlaqa Bai Chanda）便是其中之一，其传世杰作有用乌尔都语写作的加扎勒（ghazal）[①]宗教诗。一般认为，她是最早使用乌尔都语作诗的女性。

女性与社会

如上所述，在18世纪至19世纪上半叶，印度女性已积

---

① 加扎勒是抒情诗的一种形式。

极参与劳动。实际上，即使是嫁入孟加拉柴明达尔家庭、只需做家务和抚养子女、过着相对优越生活的女性拉桑达里·德比（Rassundari Devi，1810—？）[①]，也回忆说自己每天从黎明醒来到午夜都没有喘息的余暇。其他女性的日常生活应当更加忙碌。但在她们生活的印度社会中，存在着大量歧视女性的法律和社会习俗，阻挡着她们的前程。这些法律和习俗又可分为继承法、与家庭相关的社会习俗和教育问题三方面。

可以认为，与大多数女性有关的最重要的问题是财产的继承。印度的女性并非完全不能继承财产，但与男性相比她们明显处于不利地位。现就丈夫去世的情况下对丈夫财产的继承问题予以概略性的说明。

当所涉及人员为印度教主流教徒［准确地说，是奉行所谓《密陀刹罗》（*Mitaksara*）的印度教法律文献者］时，丈夫的财产可分为从祖先继承来的财产（家产）和自己取得的财产（自有财产）。丈夫去世后，从祖先继承而来的财产只能由儿子继承。也就是说，该财产只能由男性后代继承。至于自己取得的财产，在没有儿子和孙子等男性后代的情况下，允许守节的寡妇继承。但寡妇的权利仅限于本人，并且无法自由处置继承而来的财产。

孟加拉地区没有家产和自有财产的区别，实行的是与其他地方相异的继承方式［遵从名为《达耶跛伽》（*Dayabhaga*

[①] 原注：其人通过自学识字，在1868/1869年或是1876年出版了《自传》（*Aamar Jiban*）。这是最早用孟加拉语写作的严格意义上的自传。她的一个儿子成了加尔各答高等法院的律师。

的印度教法律文献］。在该地区，丈夫的全部财产由儿子们平分继承，没有男性继承人时则由守贞的寡妇继承，守贞的寡妇也不存在时则由女儿继承。但与实行《密陀刹罗》的场合一样，女性继承人不可让渡财产。但可以认为，比起其他地区的女性，孟加拉地区的印度教女性在继承方面处于更加有利的地位。正是在这种背景下，才有可能出现前文提到的拉尼·巴巴尼之类的例子。

不过，相比之下，穆斯林女性在继承问题上享有的权利会多一些。当所涉及人员为主流的印度－穆斯林［确切地说，是遵从逊尼派、哈乃斐（Hanafi）派法律解释者］时，丈夫去世之后，寡妇能够继承丈夫财产的八分之一。剩下的则由子女继承，女儿拥有儿子一半的财产权（和卓穆斯林和贾特穆斯林等社会集体则不认可女性的继承权）。

但需要注意的是，印度社会是多样的，财产及其继承问题的相关法律并不唯一，而是具有相当的复杂性。印度有实行长子继承制度的群体（例如阿瓦德的塔鲁克达尔），也有实行母系制度的种姓，印度教和伊斯兰教之外的宗教还有各自的继承法。另外，印度教法律中还有"妇女财产"（stridhana）的概念。同时，也需要充分考虑不同地方、不同种姓各自的习俗问题。

特别是到19世纪初为止，印度教法律本身还在完善中，尚未形成稳固的法律体系。甚至，到底有多大比例的人会将印度教法律视为规范自己生活的法则，都是未知的。虽然具体的情况无从确认，但在继承等家庭法的领域，各种姓自身的习俗应该是较有影响力的。今人所见印度教法律，则是出于殖民统治的需要，由英国的司法官员和学者参考有学识的婆罗门的意见而予以体系化，然后向全印度推广的。"概略"一词特意加上了着重号，也是由于考虑到这一情况。

与家庭相关的社会习俗有深闺制度、童婚、禁止寡妇再婚、寡妇殉死，等等。它们与财产继承不同，属于欧洲不存在的问题，因此很早就引起欧洲人的好奇心，得到广泛宣传，在日本也广为人知。但这些习俗在不同的地域和种姓之间有着极大差异，甚至有些问题只和极小一部分女性有关。

"深闺制度"（purdah）一词本为波斯语，意为幕布或帘子。这是一种禁止一定年龄以上的女性出现在部分亲属以外的男性面前的习俗。这一习俗将女性与社会隔离开来，对于想要外出工作或就学的女性而言，构成了巨大的障碍。但正如上文所述，马拉塔人就没有实行深闺制度的习惯，也并不是全印度的女性都处在深闺制度的压迫之下。从事户外农业劳作的女性并不罕见。由此可见，深闺制度是以较高种姓人群为中心的习俗。

相较之下，童婚则是在广泛地区和不同社会阶层都得到奉行的习俗。这是让未满十岁的少女在形式上与成年男性结婚，然后等待少女长大成人后与丈夫共同生活的习俗。在该习俗下，会出现丈夫早夭，少女尚未与丈夫一同生活就已成为寡妇的问题。

在印度教社会中，寡妇被要求断绝一切欲望，过上纯洁的生活。因为女性的幸福在于为丈夫牺牲奉献，如果丈夫先行离世，现世中就不再有任何快乐可言了。而且如果丈夫先去世，人们会认为这是因为妻子持有不祥之物。印度教的寡妇会剪短或剃去头发，撤下饰物，穿着纯白纱丽，减少进食次数，过上禁欲的生活。

不仅如此，对于亲族来说，寡妇的存在也是经济上的重负。而且，丈夫先行离世的女性还会被认为是不吉利的存在，经常遭受冷遇。当通过童婚结婚、人生阅历尚浅的少女成为寡妇后，等待她们的实际上将是艰辛的人生。而寡妇再婚在高种姓人群中则是受到禁止的。

在印度众多的社会习俗中，寡妇殉死（即萨蒂）是最为耸人听闻的。正如上文所述，这是火化亡夫遗体时，寡妇也一起进入柴堆一起被烧死的习俗。萨蒂（孟加拉语为 shoti）一词，有"贞洁之妻"的意味，本来是指被烧女性本人。该习俗则被称为"绍蒂达霍"（shotidaho）。

如前所述，印度教徒会认为妻子需要向丈夫献身，这种献身最终极的形式，可以说就是成为萨蒂，完全牺牲自己。成为萨蒂的女性是妻子们的模范，被认为能够升到天上与丈夫幸福生活，光耀门庭。另外，考虑到寡妇所处的严苛处境，可以认为萨蒂也带有宗教"救赎"之道的意味。不过正如下文所述，这种习俗只出现在极少一部分人中。

教育方面，目前已知在19世纪初的印度农村，许多村庄多半有一个私塾，开展初等教育。很多早期的报告认为所有村庄都有私塾。但是受过教育的女性很少，女性识字率非常低。所谓的传统教育，便是宗教教育，但印度教的经典不能传授给女性。至于穆斯林，虽然可以学习《古兰经》，但深闺制度的习俗阻碍了女性前往学校。印度教的富家大户会在家中教授如何阅读用印度诸语言写成的宗教文献，穆斯林家庭则会教授如何阅读《古兰经》，以及教授算术知识，但似乎仅限于这种程度。甚至女性一方会普遍认为学习是男人的事情，学了读写将成为寡妇，这就妨碍了教育的普及。

前文提到的拉桑达里·德比在《自传》中提到，她是靠撕下书的一页，将其藏到厨房，避开他人的注意后学习文字的。这段回忆可以说一览无余地展示了19世纪上半叶印度社会对女性教育的态度。虽然不能因为印度女性不识字就认为她们无知（恰恰相反，在各种小传统的知识和文化的传承方面，女性发挥了重大作用），但教育的迟到确实延迟了印度女性对新时代做出回应。

社会改革运动中的女性

通过以上对女性生活的考察，中产阶级社会改革运动的局限性也就自然浮现出来了。印度的中产精英很早就开始关注寡妇殉死、寡妇再婚和女性教育等女性问题，而且并不只是纸上谈兵，他们在实际行动方面也有值得大书特书的表现。但难以否认的是，还有大量问题没有得到注意。比如继承法就是其中之一。财产继承制度是印度家庭制度的核心。正因如此，其影响相当巨大，时人可能忌惮于对此做出挑战。此外，女性的经济问题也完全遭到了忽视。如前文所述，19世纪中叶之前的印度女性并未完全封闭在家中，她们通过各种工作与经济的整体运作建立了联系。而在印度棉纺织业与英国竞争落败之际，其影响必定会波及从事纺纱的无数女性。在南印度长期从事传教活动的阿贝·杜布瓦（Abbe

Dubois）就提到大量靠纺纱维持家计的女性（特别是寡妇）因为失业陷入穷困的情况。

不过，笔者在此不打算列举中产阶级未能致力解决的问题，仅想针对中产阶级关注女性问题的方式本身，稍做深入探讨。现以寡妇殉死为例加以说明。

关于寡妇殉死，目前有1815—1828年的官方统计。一番考察后便可明白，这种习俗存在一定的特殊性。据官方统计，寡妇殉死案件合计8314件，年平均600件，但实际上其中有63%的案件集中在加尔各答地区（与现在的西孟加拉邦大致重合），而且属于婆罗门等高种姓的女性占了一半以上。

寡妇殉死习俗本身，很可能是印度教吸收自战士阶级的习俗，是自古以来的传统。不过即使在莫卧儿时代，这一做法也是偶尔才得到践行。但既然统计呈现出上述倾向——某个特定时期、地区和社会群体中大量出现寡妇殉死现象，那么必定存在某种特别的原因。

寡妇殉死的流行，应该是人们在面对伴随殖民地化而来的社会变动时做出的反应。加尔各答及其周边是受到英国殖民统治影响最早且最深入的地区。大量实施寡妇殉死的印度教高种姓成员组成了中产阶级的核心。他们承受着西欧文明的压力在新境况中活动，获取了英国殖民统治下的物质利益和社会地位，但在思想、道德方面却遭到削弱，陷入了混乱状态。其中一部分人为了恢复自尊心和传统社会中的身份认同，便致力于向自己和其他人展示出回归印度教、严守宗教礼仪和忠实于传统文化的自我形象。在这种时代氛围中，令人恐惧但不那么重要的女神迦梨迅速成为信仰对象，而与此同时开始流行的现象，便是寡妇殉死。

因此，与其说寡妇殉死是女性问题，不如说它是作为新兴阶级的中产阶级的身份危机问题，故一些琐碎的习俗（当然确实是不人道的习俗）问题才发展成将印度社会精英分裂为改革派和正统派的大问题。可以说，女性问题其实是中产阶级问题，中产阶级在以女性为舞台争论自己的问题。①

其次，虽然围绕寡妇殉死的争论将改革派、正统派以及殖民地当局卷入其中，但设若关注争论本身，就会发现人们基本没有讨论到殉死寡妇本人"意愿"的问题。拉姆莫洪·拉伊曾在某处谈及这个问题，但他没有展开详细讨论。对于两派来说，殉死的寡妇或者是受害者，或者是英雄，仅此而已。

不如说，争论的重心反而在于印度教经典是否认可寡妇殉死的正当性，而这种争论自始至终都只是争辩经典字句的烦琐讨论。被人们视为问题的，只是寡妇殉死是否是印度教经典中记载的正统传统，或者说，正统传统到底是什么。可以说，改革派和正统派正是以这一点为共同基础展开议论的。另外，就连改革派的拉姆莫洪·拉伊也认为，寡妇虽然不当殉死，但应该过禁欲的生活、守护信仰，他完全没有谈及对前述寡妇生活惨状的改善。

女性问题在19世纪初作为中产精英政治上的核心争论出

---

① 原注：另外，如前所述，孟加拉寡妇殉死较多的另一个原因是，当地奉行《达耶跋伽》所载的继承法，因此寡妇继承财产的可能性较高。如果以殉死的方式杀死寡妇，就能避免向寡妇让渡财产。

现在历史舞台，上文已讲述了其前因后果。围绕寡妇殉死的争论，是中产阶级的身份危机以及与之紧密相连的印度社会传统的问题借女性这一场域而展开的争论。自此以后，女性在印度中产阶级政治中开始被视为传统的象征。

最后遗留的问题是，为什么是女性？这和殖民统治下中产阶级的意识问题紧密相关。正如在介绍城市的那一章所述，殖民地社会中的公共空间是属于英国统治阶层的，中产阶级不得不退入私人空间。在加尔各答，城市规划等市政事务归属于英国人，印度人则只能成立私人的"党羽""派系"（即达拉），限制在非正式政治领域。他们被排除在真正意义上的政治权力和公共空间之外，因此产生了公—私、外—内、世界—家、男—女、物质—精神等严格的二元对立心态。可以认为，印度中产阶级将公共空间让给了英国人，作为补偿，他们试图将属于私人领域之物——家庭、女性、精神层面的东西（印度的宗教、习俗）变成自己的禁脔。于是，女性成了男性存在的证明，出现了由女性来象征传统世界的现象。

穆斯林的动向

穆斯林精英阶层

穆斯林中产阶级在印度的形成比起印度教徒要晚很多。在19世纪70年代之前，尚未出现可以称为穆斯林中产阶级的群体。而在殖民统治下，穆斯林精英阶层的活动则与印度教徒精英阶层迥然不同。下面将以他们的动向为中心，对殖民统治前期印度—穆斯林的情况予以说明。

根据1881年的国情调查,印度的穆斯林约占总人口的20%。他们通过共同的宗教伊斯兰教产生联系,但至少在19世纪中叶前,这一群体充满了多样性。

首先有宗教的问题。伊斯兰教在联结穆斯林的同时,也是导致相互对立的重要原因。印度同样存在逊尼派和什叶派的对立。逊尼派在人口上占压倒性多数,但什叶派中不少人是阿瓦德省督之流的权势人物,人口对比并不能同等反映力量对比。因为什叶派较有权势,两派对立就变得异常激烈,甚至可以说与逊尼派对立的主要是什叶派,而非印度教徒。

穆斯林中还存在贵族阶层(ashraf)和平民阶层(atlaf 或 ajlaf)的区别,两者之间有很深的社会鸿沟。另外,地区性问题也很重要。印度的穆斯林主要居住在孟加拉、西北省(相当于联合省除去阿瓦德的部分)和旁遮普,不同地区的穆斯林在漫长的历史中发展出了各自的地方特性。例如孟加拉和西北省使用的语言不同,人口分布也呈现出鲜明对比:孟加拉的穆斯林主要集中在农村,而西北省的穆斯林则集中在城市。

从这个历史角度来看,印度—穆斯林显示出了相当大的多样性,可以说他们是一个松散的群体。[1] 自19世纪末以降,作为将这一群体团结在伊斯兰教大旗下的推动力之一,穆斯林精英阶层发挥了重大作用。那么,在本书所讨论的时期内,他

---

[1] 原注:在这一点上,印度教徒也存在类似情况。19世纪中叶之前印度的宗教纷争较少,这是因为无论是穆斯林一方还是印度教徒一方,都没有过度强烈的宗教意识。

们处于何种状态呢？

他们在英国将印度殖民地化之前，就在莫卧儿帝国以及之后出现的地方政权与印度教的精英一道，以官员、商人和军人的身份活跃一时，支撑着政权的运转。穆斯林在地主阶层中也有相当的数量。当然，虽说精英阶层是由穆斯林和印度教徒共同组成的，但政治统治者和贵族阶层以穆斯林居多，因此与印度教精英相比，穆斯林处于更有利的位置。

但殖民统治开始之后，穆斯林精英阶层未能配合英国、学习英语、转变为中产阶级。其原因应该既有来自英国方面的，也有来自穆斯林方面的。英国人长期以来都没有对穆斯林解除戒心。这是因为，穆斯林是英国夺取印度统治权的对手，欧洲基督教与伊斯兰教漫长的对立史也产生了一定影响。至于穆斯林一方则认为，身为旧统治阶层去为殖民地政府服务是不光彩的。但综合而论，英国的政策应该负有更大的责任。

英国政策影响的最激烈形式出现在孟加拉。孟加拉的穆斯林约占人口的一半，而且孟加拉还是莫卧儿帝国最重要的省份之一。在孟加拉的省督政府中，穆斯林在土地税征收机构和军队中居领导地位。但英国的统治开始后，他们被印度教徒取代。再加上其他一些原因，穆斯林一方对英国政策的抵制颇为强烈，对于英语教育的接受也晚了很多。

在另一个重要省份西北省，虽然与孟加拉的情况迥异，但这里也因为其他原因造成了中产阶级形成的延迟。西北省与临海的孟加拉和孟买不同，其位于内陆，整体上受英语浸淫较晚。该省在整个19世纪的通用语是乌尔都语，据说甚至英国官员也在说乌尔都语。因此，随着殖民地化的推进，西北省精英阶层所使用的语言也从波斯语替换为乌尔都语，由此形成了操乌尔都语、保持18世纪多样性的精英阶层，由克什米尔婆罗门、卡雅斯塔（书记种姓）、拉吉普特、穆斯林、巴尼亚（商人种姓）、卡特里（商人种姓）组成。而且，在该群体中最具实力的是穆斯林。随着时间推移，到19世纪80年代，虽然西北省穆斯林人口比例不超过13%，但他们占到了省政府印度官员人数的35%。身居高位的官员较多也是其特点之一。他们的情况可以说处在孟加拉的对立面上。到19世纪下半叶，他们开始以各种形式回应英语教育的扩张，成长为印度全体穆斯林的代言人。

印度—穆斯林的思想

在这个穆斯林精英阶层在曲折道路上蹒跚前进的时代，为印度—穆斯林发声的是北印度的传统知识分子阶层。设若大致梳理他们的思想脉络，不难发现这是一次思想事业重心的转移：一开始是受莫卧儿帝国瓦解的冲击、探索重建伊斯兰"国家"的道路，而在面对英国殖民统治业已确立的现实后，他们转而关注对伊斯兰"共同体"的建设。他们的改革思想是复古主义的，虽然也被统称为瓦哈比派，但他们与阿拉伯半岛的瓦哈比运动之间的关系并不明晰。

为这一印度—穆斯林思想奠定基本框架的是德里的沙·瓦里乌拉（Shah Waliullah，1702—1762）。他考察了穆斯林政权瓦解的原因，严厉批评了伊斯兰教的堕落，倡议复兴传统、纯粹的伊斯兰教。其子阿卜杜勒·阿齐兹（Abdul Aziz，1746—1822）亲身经历英国对德里的占领（1803年）后，发布教令（fatwa），宣布印度已成为异教徒统治地区。这是对印度宗教和政治权力分离事实的正式承认，如何应对作为异教统治者的英国人，成了印度—穆斯林思想的核心议题。对于这个问题，虽然也有部分群体给出的答案是着手建设奉行纯粹宗教的伊斯兰国家，[1]但大的趋势是着眼于强化宗教活动，依靠以纯粹形式复兴的伊斯兰教，致力于打造将人们团结在一起的伊斯兰共同体。[2]

与以上所述的传统宗教思想运动相对，认同西欧思想价值、使用英语推行西欧教育的运动在穆斯林中间兴起，则是19世纪70年代的事情。该运动称为阿里格尔（Aligarh）运动[3]，不过对该运动的介绍业已超出本书讨论的范围。

---

[1] 原注：赛义德·艾哈迈德·巴雷尔维（Syed Ahmad Barelvi, 1786—1831）领导的塔利格·伊·穆罕马迪亚（Tariqah-i-Muhammadiyah）运动便是其一。
[2] 原注：1867年创建的德奥班德神学院（Darul Uloom Deoband）是这一运动的中心。
[3] 原注：领导人为赛义德·艾哈迈德·汗（Syed Ahmad Khan, 1817—1898）。

第九章 "大起义"与殖民地统治体系的重组

19世纪中叶（19世纪五六十年代）是将英国在印度的殖民统治分为前期和后期的重要分界线。历史教科书通常会将这段时期描述为"土兵起义"①爆发、东印度公司被解散和英国开始对印度实施直接统治的时期。也就是说，从政治史的角度来看，该时期成了英国殖民统治重要的分界线。

但在这一时期，除了这些政治史事件，对后世产生重大影响的变化也在相继发生。这一时期的整体情况就是，殖民地社会正在走向拐点时，遭遇了"大起义"的震荡。本章将明确"大起义"在反抗殖民统治史中的位置，然后对"大起义"前后殖民地社会发生的变化做出梳理。

---

① 原注：sepoy（即土兵）是印度斯坦语 sipahi 的讹音，意为印度雇佣兵。该起义还有第一次印度独立战争、印度大起义、土兵起义等各种称呼，本书后文则称其为"大起义"。

起义的历史

起义的历史

"大起义"的爆发约与中国的太平天国运动同时。可能正因如此，人们常常比较印度和中国的起义传统，而得出的结论则是：与中国相比，印度的起义较少。确实，在中国，农民起义常常成为王朝更替的原动力；与之相比，印度的起义可以说较为温和。但这绝不意味着印度的起义更少。在英国殖民统治下的印度，抵制、抗议殖民统治以及各种次生问题的运动几乎在不间断地发生。

从殖民地化开始的18世纪中叶到"大起义"为止，约1个世纪内爆发的这些运动，即使只考虑较为重要者，其数量应当也不少于数十起。这些运动形式各种各样，包括起义、暴乱、宗教运动、农民运动、盗寇（bandit）和城市暴动等。从爆发的时间和地点来看，英国人在韦尔斯利总督率领下开展大规模征服战争的19世纪初以及19世纪30年代是高发期，而东印度（以最受殖民统治渗透的孟加拉为中心）以及安得拉（Andhra）邦的部落民地区、喀拉拉（Kerala）等地也经常发生起义。起义的规模大小不一，据说规模发展较大的运动甚至能得到数十万人的支持（除开"大起义"）。

虽然较多研究者尝试对这些运动进行系统分类，但很难说取得了多少进展。下面将介绍若干知名案例，旨在概括性地呈现印度起义的广泛性和多样性。

旧统治阶层起义

在发生的起义中，首先有旧统治阶层领导的起义。由于英国力量强大，旧统治阶层被强加赋税，丧失了自己对领地拥有的传统权威。作为反抗，一些权势人物发动了起义。其中规模较大的，有18世纪末贝拿勒斯领主查特·辛格（Chait Singh）不满于英国过分的财政要求而发动的起义（1781年）。同样在贝拿勒斯，被英国赶下阿瓦德省督之位、蛰居在该城附近的瓦齐尔·阿里（Wazir Ali）则在1799年发起起义，参与其中的还有达卡和穆尔希达巴德省督家族、喀布尔的扎曼·沙（Zaman Shah）以及印度教的权势人物。虽然叛乱都被英国轻松镇压，但这类根基深厚的反英信念的存在本身是值得注意的。在南印度，相当于地方领主阶层的帕莱加拉也曾发动起义，与英军交战（即1799—1805年的珀力加尔战争）。

除了上述起义，旧统治阶层类似的抵抗发生次数非常多，尽管由于隐藏在大规模战争的阴影下，并不显眼。英国人有时将其视为叛乱，有时则将其视为盗匪实施的犯罪而予以镇压，来巩固自己对地方、本地社会的统治。

部落民族起义

正好处在统治者对立面、组成印度社会底层的部落民族也发起过若干次暴动。所谓部落民族，是指印度次大陆的原住民，他们既未印度教化也未伊斯兰化，仍然保持着自古以来的自然宗教和自己的语言，居住在山间偏僻之处。因为并未处于印度教的秩序之中，他们的社会地位比达利特还要低。虽然部落民本来一直与外界保持隔绝，但随着殖民地化的推进，印度教放贷人、商人以及地主、农民开始进入他们的居住区，其传统生活受到了威胁。

其运动的特征在于试图完全否定现状，恢复黄金时代的部落社会，带有浓厚的千禧年主义倾向。主要的起义有比尔（Bhil）起义（1818—1831，马哈拉施特拉的坎德什）、科尔（Kol）起义［1831—1832，比哈尔南部的焦达那格浦尔（Chota Nagpur）地区］和桑塔（Santal）起义（1855—1856，同属焦达那格浦尔地区）等。

桑塔起义（桑塔语中起义称为"hool"）并不局限于桑塔人居住的地区，而是发展到席卷孟加拉西部数郡的地步。

桑塔人一直受到大地主、来自孟加拉和比哈尔的放贷人以及雇佣他们修建铁路的欧洲人的压迫。1855年6月底，400多个村庄共计10000桑塔人集会誓师，向政府递交了信件。信件中要求终止大地主和放贷人的暴行，要求拥有自己的国家，建立自己的政府。他们装备了斧头和毒箭，先是杀死与他们直接对立的警察署长（daroga），然后杀死了孟加拉放贷人、欧洲种植园主、铁道职员和警官，烧毁、掠夺了附近的村庄。他们认为自己的行为是正当的，因为在袭击村庄和城市之前，他们都会发出攻击的预告。殖民地政府则发布戒严令，派出了军队，终于在起义逼近到加尔各答城外约160千米时将之镇压。

穆斯林起义

类似的激进运动也屡屡见于穆斯林农民。其中最具代表性的，当属东孟加拉穆斯林农民中广泛存在的法拉伊兹（Faraizi，孟加拉语为 Faraji）派运动。该派的创始人是沙里亚图拉（Shariatullah，1781—1840）。他出生于孟加拉一个无名的小地主家庭，后在麦加的学校学习哈乃斐派法学和苏菲思想约20年之久，同时也曾在开罗求学。回到故乡后，他开始劝说人们放弃与印度教相混淆的、迷信的非伊斯兰信仰，皈依真正的《古兰经》教诲。他还主张所有穆斯林平等，要求废除穆斯林之间存在的种姓式的身份差别。"法拉伊兹"一词，意为"严守伊斯兰教所要求的宗教义务之人"。

在沙里亚图拉之子杜杜·米杨（Dudu Miyan，1819—1862）领导时期，法拉伊兹派的宗派组织得到完善，在东孟加拉的普通穆斯林农民和工匠（织工、榨油工等）中享有巨大的影响力。该宗派认为土地为真主所有，与压迫农民的印度教地主（即柴明达尔）、欧洲蓝草种植园主针锋相对，在19世纪30年代至40年代与后两者展开了斗争。但他们并没有否定政府和地主征收土地税和地租的权力本身。在政府加强弹压，将杜杜·米杨审判、拘禁之后，该宗派渐渐成为保守、封闭的小派别。

此外，在南印度喀拉拉，从19世纪初开始不断爆发特殊形式的暴动，人称"莫普拉（Mappila）起义"。莫普拉是指喀拉拉地区的穆斯林。他们组建小团体，刺杀印度教地主和英国征税官，然后等待警察和军队的到来，与之交战直至战死。他们的目的是成为殉教者。此外，在1808年的古吉拉特，一个名为阿卜杜勒·拉赫曼（Abdul Rehman）的人宣称自己是神选的领袖（mahdi），曾率领织工和农民发起反抗运动。

孟加拉靛蓝起义

直接针对英国经济统治的抵抗运动，则有孟加拉靛蓝起义（1859—1862）。自从英国将靛蓝作为取代棉布的出口商品引入印度以来，孟加拉成了世界性的靛蓝生产中心。孟加拉靛蓝生产的主要模式，是由以欧洲人为主体的蓝草种植园主借给普通农民预付金以种植蓝草，然后由种植园主收购蓝草，在自己的工厂中加工成染料。但是，因为蓝草的收购价格被压得很低，出现了种植蓝草的农民完全挣不到钱的问题。更严重的是，收购金额低于预付金额，导致农民即使辛苦种植蓝草最终还是负债的例子也在不断增加。

种植蓝草的农民的不满在1859年爆发，发展为从孟加拉中心蔓延至东部地带的大起义。农民于夜间在村中召开集会，数十个村庄的村民聚集在一起，朝欧洲人的制蓝工厂示威游行，甚至出现了蓝草种植园主开枪、游行发展为暴动的情况。农民的要求只有一个，即绝不再种植蓝草。

殖民地政府成立了调查委员会，得出了过错方为蓝草种植园主的结论，起义于是以农民一方获得胜利的方式得以平息。该起义的特殊之处在于起义领导权掌握在村长一级的上层农民手中，他们采取了现实主义的稳健战术。在他们的领导下，印度教农民和穆斯林农民不分你我地参与了起义；而且起义还得到了大地主（柴明达尔）阶层、加尔各答中产阶级和传教士团的强力支持。

与靛蓝起义同时，德干的农民也对莱特瓦尔制发起了强烈抵抗。从19世纪50年代到60年代初，他们开展了反对土地调查的运动，其抵抗在坎德什郡发展为严重的暴动（1852年）。

城市暴动

以上所述是农村发生的起义，城市中则有工匠运动、粮食暴动以及豪强领导的反对征税运动。例如在苏拉特，1844年爆发了反对盐税的运动。盐税是为了替换过境税征收的新税种。为了反对盐税，三万群众在法院前游行示威。另外，工匠阶层也在印度各城市发动了针对放贷人和商人的运动。不难发现，被卷入印度棉纺织业衰落大潮的工匠阶层在这一时期常常成为运动的先锋。

由此可见，在"大起义"爆发前一个世纪的时间里，印度发生的运动不仅次数较多，内容也特别丰富多样。虽然其背景都是英国统治所造成的政治、经济和社会各方面多层次的变动，但要找出起义所具有的共同特点仍然是十分困难的。

例如，虽然质疑英国统治本身发起的运动并不多见，但也并非完全没有。虽然由豪强掌握领导权、组织运动的情况较多，但同时也有起义是由极少数人所组成的团体自行发起的。有些运动和宗教运动相重合，也有一些运动是完全世俗的。有些起义让人感受到了一种一举建成千年王国的冲动，也有一些运动则是由现实主义策略驱动的。有些运动中，印度教徒与穆斯林的宗教差别与地主和农民、工匠和商人的对立相重合，可以视为后世宗教对立的原型，但也存在印度教徒和穆斯林团结一致共同斗争的大规模运动。

总之，组成印度社会的各色人群面对殖民统治带来的变动时，分别以自己的方式做出了回应，其结果是起义的形态也充满了多样性。"大起义"便是将这些多种多样的运动汇聚成一体如同熔炉般的存在。

"大起义"

前兆

如果不论细节，"大起义"与印度过去爆发的起义相比，并没有表现出什么本质差异或具有独创性的组织性和思想性。"大起义"可以说是过去一个世纪所有起义的集大成者，就此而言，这次起义与其说是开创未来，不如说是对过去的总结。但"大起义"有一个其他起义没有的特点，其重要程度是决定性的："大起义"对抗英国的权力基础是建立在拥立莫卧儿皇帝这种戏剧性的形式上的。依靠这种果断策略所获得的正统性和全国性，使"大叛乱"得以与之前各种各样的起义区别开来。

"大起义"爆发于1857年5月。但在当年年初就已显现出堪称起义前兆的危险骚动。当年1月，驻扎在加尔各答近郊达姆达姆（Dum-Dum）的部队中一名土兵拒绝领取新派发的来复枪（恩菲尔德步枪）弹药。因为他听到了弹药涂的油脂是牛油和猪油的传闻，而在给恩菲尔德步枪装填弹药时，必须用牙齿将其咬开。当时的孟加拉军队中属于婆罗门、拉吉普特等高种姓的士兵较多，这名士兵就是婆罗门出身，接触牛油会产生大问题。

不安在土兵中迅速蔓延。意识到这一问题的军队当局采取措施，配发了不含油脂的弹药，让士兵自行选择要涂抹的油脂。不过，一度扩散过的不安不可能轻易就能得到安抚。土兵们认为弹药问题是阴谋，意在使他们失去种姓和宗教。于是，这种危险骚动不再仅限于加尔各答周边，而是扩散到了北印度一带。此外，约从2月起，北印度农村地区的人们开始在村庄之间传送洽巴提（chapati）①。虽然这一做法原因不明，但显然发生了不寻常的事情。这就是"大起义"的前兆。

最先升起"大起义"狼烟的是位于德里东北60千米处的密拉特（Meerut）城。驻扎在该城的连队也出现了拒绝触碰弹药的士兵，还上了军事法庭。5月10日，连队的土兵起事，袭击监狱，救出被关押的友人，射杀了英国军官。当晚，他们在附近村庄协商，做出向德里进军的决定。第二天（即11日），他们一早到达德里，占领了这座古都。土兵们拥立了只剩名头、依靠年金生活的莫卧儿皇帝巴哈杜尔·沙二世（时年82岁），组织行政会议，建立了德里政权。

消息传开后，驻扎在北印度的土兵相继开始叛乱。仅就主要的爆发地而言，联合省的勒克瑙、坎普尔、贝拿勒斯，

---

① 原注：小麦粉制作的圆形无馅烤饼，为北印度主食。

本德尔坎德的詹西，拉吉普塔纳（Rajputana）的纳西拉巴德（Nasirabad），瓜廖尔的尼默杰（Neemuch）等地军队都发起暴动。而军队起事后，城中包括工匠和劳动者在内的群众立即响应，甚至农村地区也出现了支持起义的风潮。"大起义"从一开始就不是只有土兵参加的起义，城市居民和农民都参与其中，两者之间的共鸣使得起义势力加速扩大。

土兵袭击政府建筑和监狱，杀害英国人，多数情况下他们随后就朝德里进军。6月，英国陷入了只能控制起义地区若干地点的境地。在勒克瑙，少数军官和英国家属被困在政务官官邸中，进行着绝望的抵抗。坎普尔的情况更糟，发生了已投降的英国人在撤退途中遭到虐杀的事件。但旁遮普和孟加拉仍在英国人的控制之下，英国人开始从西北和东南夹击起义军控制的地区。虽然人们通常认为英国输掉镇压"大起义"的战斗也并不为奇，不过就其结果而言，控制这两个地区，特别是控制锡克战争刚结束的旁遮普，成为英国获得胜利的重大原因。援军和补给物资得以源源不断地从旁遮普和孟加拉送来。

起义的中心位于德里。起义军集结于该城，权势人物也陆续赶来。在莫卧儿皇帝近臣和土兵领导人的复杂策略运作下，德里政权渐具规模。另一个起义的中心是阿瓦德。在阿瓦德，那那·萨希伯（1824—？）①成为领导人，自称是"马拉塔联盟宰相"。他是被英国摧毁的马拉塔联盟的宰相巴吉·拉奥二世的养子。在阿瓦德还出现了一名完全另类的领导人。这

---

① 原注：原名那那·戈宾德·顿杜·潘特（Nana Govind Dhondu Pant）。

便是大毛拉·艾哈迈杜拉［Maulvi Ahmadullah，1787（一说1789）—1858，出身于马德拉斯的阿尔果德（Arcot）］，他在"大起义"之前就是为了游说对基督徒发动圣战而四处游走的托钵僧（fakir），兼具思想上的影响力和军事才能。

起义的领导层得到了德里周边中小地主阶层的支持。在阿瓦德，起义政权还得到了大地主和农民的一致拥护，呈现出群众起义的面向。

英国人从最初的冲击中回过神后，开始全力夺回德里。1857年9月，经过一周的激烈巷战，德里再次回到英国人手中，但英军也损失了司令官和四分之一的兵力。德里陷落后，英军在城中肆意掠夺和报复。从德里逃出的起义军一部分进入了农村，一部分向阿瓦德的勒克瑙进发。

德里陷落后，战争的焦点转移到了勒克瑙。英军先是夺回了坎普尔，并在9月25日，救出了困在勒克瑙郊外政务官官邸的英国人。但最终攻陷勒克瑙则要等到次年3月1日。那那·萨希伯与起义军一道逃入了尼泊尔国境，从此杳无音信。

随后，英国人将矛头指向了中央印度。那那·萨希伯起义军的司令官塔提亚·托比（Tatya Tope）与詹西王后（1835—1858）会合，继续战斗。他们二人使用大胆计谋，夺取了被认为无法攻陷的瓜廖尔城堡。但英军也毫不留情地迫近。因为城内的领导人逡巡不决，詹西王后接下了迎击敌军的任务。她在瓜廖尔郊外布阵，身着男装，经过勇敢战斗后战败，在撤退途中，受到士兵袭击而阵亡。塔提亚·托比则突破英军包围，维持了近一年的游击战，但以瓜廖尔城堡的陷落为标志,可以认为这次"大起义"事实上已宣告结束。

印度总督坎宁（C. Canning，1812—1862，1856—1862年在任）在1858年7月8日宣布印度恢复正常。莫卧儿皇帝巴哈杜尔·沙二世则在德里陷落时投降。1858年1月，皇帝因意图叛国、自称印度之王而受到审判，并被判处有罪（当年3月）。延续了近三百年的莫卧儿帝国至此迎来了尾声。10月，皇帝离开德里，前往流放地缅甸仰光，1862年11月在仰光去世。

与此相对，扫荡其余阿瓦德和比哈尔起义土兵的战斗则一直持续到1859年夏天。但是扫荡部队遭到了农民的激烈抵抗，不断出现巨大伤亡。这些战斗常常演变成无异于烧毁整座村庄的"焦土作战"。

起因和意义

"大起义"为何爆发？迄今为止一直聚讼纷纭。例如，有一种深入人心的说法认为，当时存在着以那那·萨希伯为核心的反英阴谋。虽然这并非绝无可能的事，但如今已无法证实。下面可以大致举出引发起义的三个直接原因。

首先，是土兵的不满。关于弹药的问题上文已有详细介绍，但他们的不满并不仅限于这个问题。起义前一年，英国制定了土兵必须接受在印度领土之外任何地方服役的法律——《普遍征兵法》（The General Service Enlistment Act）。印度教徒则认为渡海是不洁的行为，因此和弹药问题一样，服役地点的问题也十分重要。此外，据说当时孟加拉军队三分之一的成员是阿瓦德出身。如前所述，阿瓦德是被英国强行合并的地区，英国的这一做法也成为激发土兵不满的原因。

第二，是旧统治阶层的不满。起义前十年间，达尔豪斯总督（Dalhousie，1812—1860，1848—1856年在任）[①]一直根据"权利丧失原则"推进对藩王国的合并。

所谓"权利丧失原则"，是说藩王国在没有血亲继承人等情况下，如果没有特别的政治理由，其领土统治权将失效，由作为最高权力者的殖民地政府收回。换言之，该政策并不认可由养子继承的做法。实行这项政策的结果是萨塔拉（1848年）、萨姆巴尔普尔（Sambalpur，1849年）、詹西（1853年）、那格浦尔（1853年）和阿瓦德（1856年）等藩王国相继遭到撤销。对于已经失去领土、靠年金生活的旧统治者，该政策同样适用于其领取年金的权利。

藩王国是英国出于各种理由选择按间接统治的策略在确保宗主权的情况下允许旧统治阶层继续统治的地区。因此藩王国生杀予夺的权力其实掌握在英国人手中。但是，即便如此，"权利丧失原则"也是过于单方面的政策，撼动了旧统治阶层。"大起义"领袖詹西王后便是被撤销的詹西藩王国的王后，那那·萨希伯则被阻碍继承其养父巴吉·拉奥二世的年金。而起义中心之一的阿瓦德也在起义前一年刚刚依据"权利

[①] 原注：其父军人出身，历任加拿大总督和印军总司令。作为总督，达尔豪斯以勤政闻名。他在第二次锡克战争和第二次缅甸战争中取得胜利，推动了藩王国合并、铁路和电线建设以及创立公共事业部等政策的实施。回国后因"大起义"而被问责，在失意中病逝。

丧失原则"被吞并。

第三个原因，是土地税核定造成了农村的动荡。例如，英国在吞并阿瓦德后，就立即对土地税实施了粗略核定。这从表面上来看只是纯技术的操作，但很明显，其重点在于消灭阿瓦德地区本地领主塔鲁克达尔的力量。塔鲁克达尔作为领主向来秉持对村庄的所有权，随着粗略核定的推进，这一权利不再得到认可的例子不断出现。从核定结束后的情况来看，塔鲁克达尔拥有的村庄数量（即塔鲁克达尔作为所有者负责缴纳土地税的村庄数量）减少到了核定前的一半。另一方面，粗略核定在不同的地域会出现较大偏差，一部分核定结果偏差悬殊，农民因此受了苦。从而，土地税的核定也成为将塔鲁克达尔和农民两方推向起义军一侧的背景。

上述解释虽然各有其依据，但并不能说它们充分解释了"大起义"何以成为覆盖北印度地区的大规模起义。因为到目前为止已发生过多次军队起义，而旧统治阶层起义等各种起义，也正如前述，一直反复出现，但它们都没有超出地方性起义的程度。为何"大起义"会有这等规模的广泛性呢？

其理由还是应该从英国殖民统治带来的社会变动中去探寻方为妥当。手工业的衰败、城市网络的重组、新土地制度的引入等新生问题相互交织出现，改变了印度人一直以来的生活世界。这种全方位的不满长年积攒，而拥立莫卧儿皇帝的土兵暴动则以政治性抗议的形式，成为集中表达这一不满的绝好机会。起义最后会如野火一般扩散开来，其原因应该正在于此。

说到"世界"已改变时，这个世界对于居住在农村的大部分人来说恐怕正是指第七章所描述的地方社会。在这个世界中，人们得以超越抬头不见低头见的农村社会（村庄共同体），不同人群之间得以实现多层次的交流。这是人们能够明确感受到共性并栖息其中的空间，是由举目可见的地方领主阶层整合而成的空间（地区共同体）。不过，英国的统治改变了这种地方社会。

其中最具戏剧性的表现还是出现在阿瓦德。如上所述，阿瓦德地方领主塔鲁克达尔的力量在仅仅一两年后就被削弱了一半。这些塔鲁克达尔发起起义是理所当然的，但值得注意的是，在这种紧张局势中，农民也为起义提供了全面支持。对于农民来说，塔鲁克达尔绝非仁慈的领主大人。实际情况可能正好相反。但即便如此农民还是提供了支持，这是因为他们想要维护塔鲁克达尔所体现的本地的社会关系和价值观。英国推行的土地税核定是对本地社会传统的挑战，起义因而成为恢复地方社会共同性的正义战争。

就此而言，不难发现莫卧儿皇帝与士兵的关系，以及塔鲁克达尔与农民的关系之间存在相通点。士兵拥立莫卧儿皇帝，恢复了——哪怕是象征性地——印度的传统政治共同性时，他们在不知不觉中也为农民指明了前进的道路。农民们支持地方豪强，决心守卫自己的传统社会。拥立莫卧儿皇帝的德里政权（以及拥立自称马拉塔联盟宰相的那那·萨希伯的勒克瑙政权）向风起云涌展开起义的农民做出了示范，发挥了将无数村庄的起义连接到一起的作用。可以认为，正是在这种结构下，起义显示出难以想象的广度和深度。

"大起义"以起义军的失败告终。兵力上压倒英国的起义军为何会失败？和叛乱原因的讨论一样，关于失败原因的见解也层出不穷。试提取这些看法的共同点，可以举出如下观点：起义军是不同地区军队的混成部队，无法确立统一的战略和指挥系统；因为拥立莫卧儿皇帝，无法取得被莫卧儿帝国残酷镇压的锡克教徒的支持，使得旁遮普倒向英国一侧；等等。

　　虽然"大起义"是大规模起义，但德里政权仅仅存在了四个月，尚未来得及提出能够成为后世指导方针的宣言和政策便崩溃了。[①]虽然当时也萌生了越过皇帝权威的举动，但士兵并不拥有能够孕育出这种意识的时间。

　　因此，很难对"大起义"做出评价，研究者的看法也大有分歧。有人认为这是封建统治阶层起义，有人认为这是农民主导的农民战争，也有人认为这是最早的民族独立战争的看法，等等。确实，可以说这是一次印度教徒和穆斯林联手，集结各个地区的人群，为实现印度统一和从英国获得政治独立的运动。但是，这次运动是否是为了"民族独立"，这一点仍需存疑。在英国的统治下，印度经历了各种各样的变动，但在19世纪中叶之前，印度仍然保留着18世纪的色彩。因此，虽然存在准民族主义的元素——例如认为印度是在皇帝或国王统治下所有人共同生活的地方，但并不能因此主张当时已出现敢于为此不惜捐躯的现代民族意识。相反，应当认为无论是对统治阶层来说，还是对农民来说，这场运动都是为了恢复失去的

[①] 原注：有人认为德里政权提出了废除柴明达尔制的政策，但也有人雄辩地驳斥了这一观点。

政治、社会秩序而开展的复古运动。

因此不妨说，在"大起义"中遭遇失败的，其一是让皇帝居于对抗英国权力之核心的复古主义政治思想。"大起义"后以印度政治独立为目标的运动仍在继续开展，但再也没有出现让皇帝或国王复辟的想法。独立运动的领导权也被与旧统治阶层系谱完全不同的群体——城市中产阶级继承。

另一个遭遇失败的则是农民企图恢复地方社会共同性的梦想。"大起义"失败后，北印度农民在应对英国的扫荡作战时会做何感想，已无从得知。不过，可能正是因为再也无法自我封闭在农村社会中，人们转而渴望在超越村庄的场域中来实现安逸的群体生活。吸收了这种遭到压抑的愿望的，则是19世纪末开始抓住印度人想象力的新宗教，即做出复古主义解释、因纯粹化而变得更加严格的印度教和伊斯兰教。

殖民地统治体系的重组

统治理念的转换

"大起义"对英国在印度的统治产生了决定性的影响，其中最为重要的是心理上的打击。"大起义"因两军都实施了残忍的报复行为而知名。由于这种血腥的体验，印度人和英国人之间出现了深深的鸿沟，难以轻易跨越。在英国人方面，"大起义"中令人记忆犹新的伤痕渐渐演变为种族主义。虽然英国取得了胜利，但这毕竟是如履薄冰取得的胜利，这一事实反而使英国人对印度人产生了极度蔑视的态度。如此情感与19世纪下半叶欧洲盛行的人种理论相结合，凝结为将英帝国主义正当化的"理论"：印度人本来就是"劣等人种"，不能指望他们通过学习西欧获得统治自己的能力，因此英国"不得不"对印度实施统治。

从英国对印度的殖民政策史来看，这是巨大的转变。如第五章所述，19世纪20年代末到任的本廷克总督制定了以改革和进步为信条的殖民政策。这是由马拉塔战争胜利带来的印度的安定，以及英国本土自由主义的抬头共同促成的。之后二三十年间，英国统治者内部充满了乐观的氛围。他们舍弃了18世纪那种时刻提防印度社会反弹的态度，单纯地相信西欧化会带来印度的进步，抱着基于启蒙主义信念的自信对印度实行统治。至于通过"权利丧失原则"吞并藩王国的做法，虽然理由不一，但英国人无疑从心底相信英国的统治要优于藩王这种传统统治者。"大起义"从根本上颠覆了这种统治印度的基本理念。不论英国人实际上做了什么，从19世纪20年代到"大起义"之前，英国对印度的殖民统治确实是基于启蒙主义以及自由主义等诞生于西欧的普遍理念而开展的。但在艰难穿过"大起义"的风暴后，英国人开始对"启蒙"印度的可能性产生怀疑，急剧倒向不合理的"人种"观念，从而日趋保守化。

从实际的政策来看，英国从"大起义"是复古主义起义这一事实中吸取教训，致力于拉拢印度的旧统治阶层和大地主阶层，将其组织为殖民统治的屏障。保守主义和对印度人的怀疑态度成为"大起义"之后殖民地行政的特色。

直接统治

对起义的镇压终于有望成功时，英国首先采取的措施是将印度置于英国政府的直接统治之下。一直以来统治印度的英国东印度公司因"大起义"而被追究责任，并根据《印度统治改善法》(The Government of India Act，1858年8月起施行)结束了其统治印度的使命（公司正式解散是在1874年1月1日）。英国政府开始以女王的名义对印度实施直接统治。

东印度公司本来已根据1853年的《特许状法修正案》成为统治印度的专门组织。当时，认为公司已完成其使命的呼声日益高涨，官方却没有对公司的存续时间做出规定。因此可以说，这项措施颇具提前实施既定方针的意味。负责监督东印度公司的英国政府部门监督局转变为印度部，监督局总裁则成为印度事务大臣。在这一新体制下，印度行政机构的现代化和整顿扩充得到了全力推进。

与该机构改革同步的则是英国在"大起义"后确立了统治印度的基本方针。1858年11月，该方针以维多利亚女王向印度王公、族长和人民发表宣言的浮夸形式庄严公布。在宣言中，英国承诺大赦除了与杀害英国臣民直接相关人士以外的所有起义参与者，并呼吁和解。与此同时，宣言还公布了今后的基本方针：无意再扩大领土（放弃征服战争和"权利丧失原则"）；不干涉印度人的信仰（控制基督教传教活动）；起用有才能的印度人担任官职（对支持英国的中产阶级的褒奖）；尊重祖传土地的权利（对地主、地方领主的怀柔）；尊重印度传统习俗（停止诸如女性问题相关的社会改革）。与该方针相对应，宣言还表明了在印度振兴产业、发展公共事业和为人民谋幸福的意向。

很明显，该宣言的基调是向印度的旧统治阶层、大地主和传统社会让步。宣言发布后，英国在起义中心阿瓦德恢复了发动起义的塔鲁克达尔的权利，并且采取了赤裸裸地压制农民权利、优待塔鲁克达尔的政策。由于这一政策，塔鲁克达尔从起义者转变成了英国统治忠实的支持者。只不过这些被恢复权利的塔鲁克达尔业已今非昔比。与其说他们是地方社会的代表，不如说越来越像以英国组建的警察和法院为后盾对农民征收苛刻地租的地主，以致在20世纪20年代初，阿瓦德成了激烈的农民运动的舞台。通过拉拢传统统治阶层，英国无疑重组了殖民地统治体系，但这并不是印度农民所希冀的传统复兴。

"大起义"后英国政策的另一重心是军队的重组。虽说是重组，但当时军队的主力孟加拉军队基本在起义中被消灭殆尽，因此事实上等于组建新的军队。英国人通过"大起义"认识到，殖民统治的最后依靠还是军队。趁着军队重组的机会，他们事为之制、曲为之防，采取彻底的分化统治等手段，防止军队再次起义。

英国大幅削减陆军中印度士兵的数量（从1857年的238000人减少到1863年的140000人），增加了欧洲出身的士兵数量（从45000人增加到65000人），白人士兵约占总兵力的三分之一。而且因为"大起义"时起义军的精准炮击让英国吃尽苦头，除了一小部分例外，炮兵部队如今均由英国人组成。另外，征兵地点也从阿瓦德换到了在"大起义"期间的军事行动中为英国提供忠诚部队的旁遮普和尼泊尔。[①] 此外另一个保险措施则是以种姓和宗教为基准选编印度军队，意在使他们相互敌对。

印度社会和经济的变化

虽然处在"大起义"阴影之下并不显眼，但从彰显时代变换的意义上来说，19世纪五六十年代的印度发生了和"大起义"同样重要的变化。其中最为显著的，是包括交通、通信手段在内一系列基础设施建设的快速推进。铁路建设方面，以孟买为起点的大印度半岛铁路和以加尔各答为起点的东印度铁路几乎同时开工，并分别在1853年和1854年开通了早期建成的较短区间（孟买—塔纳和加尔各答—胡格利）。之后，各地开始快速推进铁路建设，延长路线：1860年建成约1300千米，1870年7700千米，1890年约25500千米。

电报线的建设也几乎和铁路建设同时，于1851年开始。1855年，连接印度主要城市的电报网络建成，该网络在1865年与英国连通。灌溉水渠方面，英国用时12年在1854年建成了大工程恒河水渠。以此为开端，19世纪70年代后各种大规模水渠相继建成。另外，苏伊士运河的开通（1869年）极大缩短了印度和英国之间的距离，同时蒸汽船也在逐步取代帆船成为海上交通工具。与上述基础设施建设同步，印度的城市和农村还发生了下述变化。

---

① 原注：旁遮普的锡克人和尼泊尔的廓尔喀（Gorkha）人属于印度社会中的少数派，这一点也被英国人纳入考量。

城市内中产阶级实力增加，话语权不断增强。例如，1833年东印度公司特许状法修订时，作为印度人发声的只有拉姆莫洪·拉伊一人。但到1853年法案修订时，印度中产阶级在三大城市加尔各答、孟买和马德拉斯已成立以英属印度协会为首的各种政治团体，并向英国议会递交了请愿书。

另外，同样是在1853年特许状法修订时，英国决定采用通过考试录用印度殖民地的高级官吏——印度文职（Indian Civil Service）——的政策，开启了印度人也可以参与考试的道路。很快，在1863/1864年，第一次出现了考试合格的印度人。上文提到过1857年设置大学对中产阶级形成所具有的意义，这一政策则意味着接受英语教育、从大学毕业然后成为高级官吏的精英道路就此完成。另一方面，根据1861年的《印度参事会法》（Indian Councils Act），印度人开始被任命为总督立法参事会成员。这一时期，中产阶级获得了制度上的保障，牢牢确立了他们在殖民统治机构中的地位。

然后，这一时期印度城市中的经济活动方式也发生了彻底变化。虽然印度的殖民地城市仍然具有鲜明的政治城市、商业城市色彩，但19世纪50年代现代产业兴起，它们从此兼具工业城市的一面。1854年，名为C. N. 达瓦尔（C. N. Davar）的印度帕西教徒在孟买建立了最早的纺织工厂（1856年开始生产）；1855年英国人则在加尔各答近郊建立了最早的黄麻纤维工厂。

作为支持这种新产业活动的经营系统，加尔各答、孟买和马德拉斯在当时确立了一种名为经营代理制①的印度特色制度，取代了18世纪末以来一直存续的代理商会。来自英国的直接投资也正式开始于这一时期。②

农村的商业化也进入了新的阶段。如前文所述，18世纪印度农村的商业化已有所推进。但18世纪的农产品市场只是地方性的。至于面向世界市场的商业性农业，虽然在殖民统治下已有所起步，但也仅仅处于在特殊制度下种植特定作物的阶段。例如，鸦片就被置于东印度公司专卖制度之下，靛蓝则在欧洲人的种植园中实行半强制的种植。

不过，到19世纪50年代以后，新登场的出口农产品则与19世纪上半叶前的阶段有着完全不同的背景。首先，作物的种类大为扩展，除了棉花和黄麻，谷物、油性种子等印度农民生产的极为普通的作物也进入主要出口品名单。出口用经济作物种植之所以会扩大，是因为受到了经济上的刺激。与世界市场相连接的商业性农业开始更广泛、更深入地控制农民。农业商业化进一步深入的同时，也开始出现饥荒和农民负债等新问题。另一方面，富农阶层和放贷人开始取代村长阶层等传统的农村统治阶层，地位不断上升，促成了地方社会的变化。

根据以上内容重新审视"大起义"，可以认为"大起义"也具有这样的一面：它是对19世纪50年代以后开始加速的印

---

① 原注：将股份公司的经营交给少数经营专家的制度。他们组织的经营代理点发挥着类似于财团控股公司的功能。
② 原注：不妨认为，到19世纪上半叶之前，英国人是通过在当地筹措的资本开展经济活动的。

度社会、经济变化所做出的回应。就此而言，为取代长期以来所使用的鸟铳而配发的新式来复枪会成为起义导火索，可以说是颇具象征意味的。

正如本章所述，英国在"大起义"之前一直持促进印度社会动态变化的立场，但以"大起义"为契机，英国日趋保守化，分别执行两项政策：对旧统治阶层和传统社会施以怀柔，同时以经济开发为目的推行基础设施建设。由此产生的分歧，则成为日后印度和英国对立的基调。从19世纪末开始，印度的中产阶级开始利用英国的自由主义反过来批判英国。

# 第三部
南印度史的舞台

开演

接下来要讲述的南印度史舞台上，将有五位主持人登场。说是主持人，其实他们都在各自的时代扮演了某种意义上的主角或准主角。他们经历了独特的人生，但并不是所有人都获得了幸福的结局。有的人拔出刺入身体的一把把利剑，在苦战中死去；有的人在病床上回想完自己失去了亲手创造的一切后咽气；还有的人怀着破碎的梦想踏上印度洋旅行。但是，这些人物都在南印度、印度洋乃至世界范围内留下了足迹。就此而言，他们是具有一致性的。而且，其中还包含虽然程度不高但也改变了世界史及其后续发展方向的人物。

第三部所处理的南印度史从朱罗时代下延到19世纪中叶，大致可以分为朱罗（Chola）时代（9世纪中叶—13世纪下半叶）、毗奢耶那伽罗时代（14世纪中叶—17世纪中叶）、纳亚克（Nayak）时代（16世纪前期—18世纪前期）、殖民地化时代（18世纪中叶—18世纪末）和殖民地时代（18世纪末—20世纪中叶）五个阶段。担任主持人的五位分别为罗阇罗阇（Rajaraja）国王（985—1014年在位）、克里希纳迪瓦拉亚（Krishnadevaraya）国王（1509—1529年在位）、维贾亚拉加瓦（Vijayaraghava）国王（1634—1673年在位）、翻译官阿南达·兰加·皮莱（Ananda Ranga Pillai，1747—1754年在任）和征税官普莱斯（Place，1794—1798年在任）。

这五位人物，都在自己所处时代的中心或边缘为接下来的时代做出了准备。当然，无论是喜剧还是悲剧，历史的潮流都不是英雄个人所创造的；是该时代各种人的想法整体化为风、化为流水，拥有了形体，才得以推动历史的。因此，以下的历史叙述自然不是英雄史和人物史。这五人将会在幕中和幕间登场，时而担任主角，时而负责戏谑，是受命在名为历史的舞台上负责监督的人物。现在，就让我们拉开第一幕的帷幕。

第十章　祈祷：朱罗时代

第一幕的舞台，是屹立于王都坦贾武尔（Thanjavur）的布里哈迪希瓦拉（Brihadisvara）神庙的阴暗回廊。舞台的内部绘有壁画。

卡维利（Kaveri）河横穿过远在西北的迈索尔高原，经希瓦萨姆德拉姆（Shivasamudram）大瀑布进入泰米尔平原，被位于蒂鲁吉拉帕利（Tiruchirappalli）城以东27千米，称为大水坝（Grand Anicut）的大坝分为若干支流，这些支流又分出无数水渠，形成了肥沃的三角洲稻田地带。这座规模宏阔的大水坝长300米，厚18米，高度超过50米，一侧以蛇形蜿蜒的多边形堰阻挡住汇入的巨量水流，另一侧则通过延伸向四方的雄伟水渠放水。不过，无人知晓大坝建造的准确时间。虽然有人认为大坝在朱罗时代以前就已存在，但建于朱罗时代中后期的推测更为可信。这座庞大堤坝一侧是巨岩，阻断了滚滚洪流。当看到这些岩石的光滑表面时，想必人们都会深切地感受到古代王朝建造这座大水坝的热情。

朱罗的王都坦贾武尔正位于卡维利河形成的扇形三角洲的中央。这座城市的象征，则是作为第一幕舞台的布里哈迪希瓦拉神庙，或者说罗阇罗阇希瓦拉（Rajarajeshvaram）神庙。

这座石造神庙建造于1003—1010年，从当时来看建造得异常迅速。就其规模而言，该庙占地长240米、宽120米，大殿高达63米，据说是12世纪之前世界上最大的寺庙。大殿上覆宝盖（据推测重达25吨），其中央则坐落着湿婆的象征——呈男性生殖器形状的巨大林伽。

神庙的回廊将围绕主神位林伽的第一层墙壁和第二层墙壁分隔开来，其上绘有只向极少数人开放的几幅壁画。壁画的表层是17世纪纳亚克时代的作品，是在朱罗时代的壁画上绘制的。在壁画开裂处就可以看到朱罗时代壁画的痕迹。

罗阇罗阇一世

这些朱罗时代壁画的主角全是湿婆。在若干壁画中，一般认为最为动人心弦的是身跨战车、手持武器与阿修罗战斗的湿婆像。在他身旁，还绘有注视着湿婆身姿的人类男子。一些绘有人与动物的画上，坐在虎皮上呈瑜伽姿势的巨大湿婆像占据着画面中心，其左侧下方出现的男子或是在向湿婆表达深厚信仰，或是与三位王后共同观赏纳塔罗阇神舞姿，舞蹈本身则是以圣地吉登伯勒姆（Chidambaram）的纳塔罗阇（Nataraja）神庙为背景。这名男子就是朱罗王朝最伟大的国王罗阇罗阇一世，他下令修建了这座巨大神庙。布里哈迪希瓦拉神庙建立时的正式名称是"罗阇罗阇希瓦拉"，意为"罗阇罗阇王的湿婆神庙"。这座神庙是这位国王留给人类的伟大历史遗产。

在布里哈迪希瓦拉神庙之前，倒也不是没有神庙建筑。但此前的神庙主要是用砖和砂浆建造的，或者就是凿开大型岩石建成的石窟寺。当然，还存在一些用石块堆砌而成的石造神庙。例如，建造于7—8世纪帕拉瓦（Pallava）时代，位于马杜赖以南的默哈伯利布勒姆（Mahabalipuram，即马马拉普拉姆）的海岸神庙，以及建造于8世纪初的甘吉布勒姆（Kanchipuram）的凯拉斯纳塔（Kailasanathar）神庙和瓦伊昆塔·贝鲁马尔（Vaikunda Perumal）神庙，它们作为早期的石造神庙而为人所知。但是，这些靠堆砌石块建造的石造神庙在南印度开始广泛建造的时代则要稍晚一些。这些南印度的石造神庙建筑中设有铜版铭文，赞颂了朱罗王朝第二代国王阿迭多（Aditya）一世（871—907年在位）的功绩。某块铜版的铭文就称赞这位国王在卡维利河沿岸修建了大量献给湿婆的石造神庙。毕竟，石造神庙在9世纪到10世纪初还是稀有之物。不过，随着搭建石材的建筑技术逐步完善，10世纪之后建造的石造神庙具备了更大的规模。从此，神庙不再受制于地形，以神庙为中心的新信仰形式也得以发展起来。布里哈迪希瓦拉神庙正是在这些不断积累的石造神庙建筑技术中诞生的硕大瑰宝。

默哈伯利布勒姆的神庙浮雕

不过，建于 11 世纪初的布里哈迪希瓦拉神庙与之前建造的神庙有着本质上的不同。这不仅仅在于其规模是过去的 5 倍以上，还在于它是罗阇罗阇国王政治威信和宗教愿望的结晶。下面就将一窥这座神庙所蕴含的政治、经济和宗教意义。

罗阇罗阇向布里哈迪希瓦拉神庙捐赠了大量财富。首先有黄金 250 千克、相当于黄金金额一半的各类宝石，以及白银 300 千克。其次，为了神庙的运转，他还将包括斯里兰卡在内的疆域中多处土地捐赠给神庙。根据碑文记载，这些赠地每年可以提供 116000 卡拉姆（kalam）稻米（相当于现金 58000 卡苏）以及 1100 卡苏（kasu）现金。神庙获赠的不仅有金银财宝和土地。原本归属于王国境内各地神庙的 400 名德瓦达西（devadasi，意为"神的侍女"的舞女，见下文）被分配到这座神庙。作为供养，每位德瓦达西都能得到一间房屋，分到每年会提供税收 100 卡拉姆稻米〔相当于现金 22.2 帕戈达（pagoda）〕、面积为 1 维利（veli）的土地。除了德瓦达西，男性的舞蹈教师、乐师、鼓手、裁缝、金匠和会计（合计 212 人），也分到了同样的房屋和土地（合计 180 套）。凭借这些巨大的财富和配置，这座神庙成了人们信仰（可能还是朝圣）的中心，其信仰辐射范围得以大为扩展。

军事远征

在赠送给神庙的财富中，有大半来自罗阇罗阇屡次军事远征获得的战利品。古代朱罗王朝一度曾在南印度销声匿迹，再次兴起则是9世纪中叶的事情。此前的7—9世纪之间，南印度处于遮娄其（Chalukya）、帕拉瓦和潘地亚三王朝争霸的时代。复兴朱罗王朝的韦迦亚刺雅（Vijayalaya）最初是帕拉瓦王朝的封臣，他以蒂鲁吉拉帕利附近的乌莱尤尔（Uraiyur）为据点，在9世纪中叶获得了坦贾武尔。其子阿迭多一世积极开展军事行动，在9世纪末灭亡了帕拉瓦王朝，吞并了通达伊曼达拉姆［Tondaimandalam，今琴格阿尔帕图（Chengalpattu）地区］，还进一步征服了贡古（Kongu）地区［今哥印拜陀（Coimbatore）地区］。继承阿迭多一世的婆兰多迦（Parantaka）一世（907—955年在位）在910年攻入马杜赖，征服了潘地亚的土地。但在此后，由于德干的罗湿陀罗拘陀（Rashtrakuta）王朝增强施压，潘地亚王朝也在卷土重来，乃至灭亡了罗湿陀罗拘陀王朝后崛起的遮娄其王朝又与朱罗王朝继续保持对抗，再加上王朝内部的继承人斗争，王朝势力遭到了削弱。在这种状况下，罗阇罗阇一世于985年继承了王位。随后，在这位国王统治时期，朱罗的版图大为拓展。

罗阇罗阇首先向南方进军，攻陷喀拉拉并使其臣服，并在10世纪末基本完成对马杜赖潘地亚王朝的征服。之后，他还向与潘地亚王朝、喀拉拉屡次结盟对抗朱罗王朝的斯里兰卡派出海军，蹂躏了斯里兰卡北部。前文提到的捐赠给布里哈迪希瓦拉神庙的斯里兰卡土地便是这次远征得到的战果。罗阇罗阇又征服、吞并了北方的迈索尔，加剧了与遮娄其王朝的对立。晚年时，他还征服了马尔代夫的领土。

频频发起军事行动的罗阇罗阇以"穆木迪·索拉·德瓦"

(Mummudi Sola Deva)之号自居。根据某种说法，该称号意为"臣服三个王国的国王"。他很早就用上了这一称号，可见他在年轻时已把成为霸主、扩张朱罗帝国当成自己的使命。有人认为布里哈迪希瓦拉神庙壁画所绘身跨战车与阿修罗战斗的湿婆像其实是罗阇罗阇假托湿婆形象的自画像。从国王的性格来看，这一说法是颇具说服力的。

对湿婆的爱

罗阇罗阇对湿婆异乎寻常的爱，让他向湿婆神献出了这座在世界史上留名的建筑奇迹。那么，这种爱具有怎样的时代背景与社会背景呢？为了弄清楚这一点，必须先回顾南印度到10世纪为止的信仰状况。

根据德永宗雄的《印度教的发展与南印度》[①]一文，公元前12世纪到前9世纪之间成书的以《梨俱吠陀》（赞歌集）为首的印度最古老的文献群，其内容并非都在表达虔诚的信仰之心，而是记载了种种以长寿和繁荣为目标的仪式，这些仪式借助祭祀和曼陀罗（赞歌和咒语）的作用，使自然界沉睡的各种力量觉醒，回到充满力量的状态。到了时代稍晚的公元前6到5世纪，各种《奥义书》思想家以及佛陀、大雄等人注意到吠陀祭祀带来的满足仅具有暂时性，于是开始推动新的宗教运动，旨在通过脱离轮回达到终极自由和幸福。他们都认为从轮回解脱是人类的终极目标，希望通过冥想，找到自己灵魂

[①] 德永宗雄：《ヒンドゥー教の展開と南インド》，收入辛岛昇编：《ドラヴィダの世界：インド入門Ⅱ》，东京：东京大学出版会，1994年，第16—28页。

深处的最终依托。之后，吠陀时代结束，印度教时代到来，民间信仰转向了密教色彩浓厚的《奥义书》，梵（"世界的根本原理"）成了普通人也能崇拜的湿婆、毗湿奴这类肉眼可见的神。在印度教最神圣的经典《薄伽梵歌》中，虽然其主题是崇拜神、若向神奉献巴克提就能带来人类最高的幸福，但其中也可见到神成为英雄或动物来到人间拨正乱世、救助人民的化身（avatar）思想。这种思想对印度教的普及扩大产生了重要的推动作用，以帕拉瓦王朝（4—10世纪）首都甘吉布勒姆为中心，相当多的印度教神庙得到建造，同时出现了大量到这些神庙朝圣并献上热烈巴克提的宗教诗人。

土地神

在这种背景下，出现了以居住于某处特定山峰或河流、与人类社会相邻的土地神为信仰对象的现象。这被认为是南印度文化特征，与抽象、理性倾向强烈的梵文文化形成对照。当地人将这些土地神置于与毗湿奴和湿婆同等的地位，积极吸收到印度教当中。例如，在今安得拉邦贡土尔（Guntur）的阿姆鲁塔鲁尔（Amruthalur），还保存着以下传说：

> 奶牛每天都会把奶挤给藏在蚁冢里的湿婆—林伽。有一天，养牛人回家准备挤奶，却发现牛的乳房已经空了。他怀疑肯定是有人偷偷把奶挤光了，就躲在草丛中等人出现。随后，他看到奶牛将奶挤给了林伽，便将斧头扔向林伽。奶牛扑向林伽打算保护林伽，但不小心踏

到了林伽，林伽于是缺失了牛蹄大小的一部分。

当晚，养牛人做了一个梦。在梦中，湿婆以森严形象出现，告诉他自己是阿姆鲁特施瓦尔（Amruteshwar）神，一直以来住在蚁冢中喝着牛的奶，现在命令他将林伽从蚁冢中掘出，并在那里建造神庙。养牛人马上召集人们前往蚁冢进行挖掘并找到了林伽。养牛人按照神的指示建起了神庙，将其命名为阿姆鲁特施瓦尔，还开拓丛林，建起了村庄，命名为阿姆鲁塔鲁尔。

如这个例子所示，在南印度各地流传的传说都讲述了天界的神降临到地上，并在这里生活的故事。在该地建造的神庙则因为是神生活的地方，从而被视为神的住所。而且别具特色的是，毗湿奴、湿婆等天界的神还被认为与身为土地神的王后们结成了婚姻。这些在地上结婚生活的众神和人类一样热爱饮食、音乐和舞蹈，享受性爱。正是因此，通过献上贡品、歌唱和演奏音乐来礼赞神明的印度教礼拜形式开始得到普及。

巴克提

这些开始在人间生活、与人类相邻的众神，也成为人们爱的对象。对于信奉巴克提的人来说，处于这种状态的神是可以通过味觉、嗅觉和触觉等感觉来接触的。因此，打开自己的内心和五官变得十分重要。这类信仰统称为巴克提运动，其特征包括：激烈攻击耆那教和佛教；热忱信仰湿婆和毗湿奴等非地方神亦即"大传统"诸神；重视神的爱与恩宠；具有深刻的罪的意识；通过伴有音乐、舞蹈的宗教诗歌来表达信仰；会组织地域跨度颇大的宗教活动，社会各阶层都有诗人参与其中；等等。尤其重要的是表达自己对神热烈的爱。在巴克提信仰中，人们把毗湿奴或湿婆视为自己最爱的恋人。

巴克提诗人中，有63人属于湿婆派，称为纳亚纳尔（Nayanar）；有12人属于毗湿奴派，称为阿尔瓦尔（Alvar）。其中包括了婆罗门、女性、"达利特"帕莱亚（Paraiya）以及帕拉瓦王朝的将军等各个社会阶层的人。他们都用诗歌表达了对湿婆和毗湿奴的热爱。

当时还频频出现不采取诗或文学的形式，而是通过身体直接表达对神的爱的行为。其中最极端的形式，是铁钩挂体。关于其具体做法，不同地方、不同时代表现不同，塔维涅（Tavernier，1605—1689）[1]就在17世纪的孟加拉目睹了如下情景：

> 4月8日，在孟加拉一座名为马尔达（Malda）的城市，我目睹了如下景象。所有人会离开市区，将铁钩绑在树枝上，然后很多人将铁钩刺入侧腹和后背。铁钩紧扣身体后，人们就这样挂在树枝下面，有的人会坚持一个小时，有的人会坚持两个小时，直到肉被扯脱身体。不可思议的是，没有一滴血从伤口流出，铁钩上也没有血的痕迹。而且，靠着婆罗门提供的药，只需两天

---

[1] 全名为让-巴蒂斯特·塔维涅（Jean-Baptiste Tavernier），法国珠宝商，在1632—1668年间，曾六次航行到东方。

伤口就能完全愈合。此外，在这个节日中，还有人将大量铁钉打入木板，做成床，然后躺到上面。铁钉会深深刺入身体。在践行这一做法的人身边，聚集了他的亲戚、朋友，这些人会赠送给他蒟酱（betel）[1]、钱和印花棉布（calico）[2]等礼物。待到一切结束后，这些礼物会被分给穷人。

今天，这种情景不仅仅见于印度。马来西亚和新加坡的印度社区在大宝森节（Thaipusam）举行的卡瓦第（Kavadi）仪式中，也存在类似情形。卡瓦第和巴克提并不一定有相同的来历，但一边毁伤自己一边虔诚向神祈祷的做法则与过去巴克提的表现形式相当吻合。

湿婆悉檀多派

但巴克提这种信仰形式，并不能为每个人都带来救赎。这是因为当时的哲学建构了一种理论，认为只有通过无为（脱离现世），而非有为，才能使业消灭，从而实现解脱。打破巴克提这种藩篱的，则是湿婆悉檀多（Saiva Siddhanta）学说。根据高岛淳的《湿婆信仰的确立》[3]一文，湿婆悉檀多派的一系列经典——称为阿笈摩（Agama），宣说了全知全能、

---

[1] 原注：用槟榔子、蒌叶和消石灰等物制作的清爽剂，类似嚼烟。
[2] 原注：一种棉布。
[3] 高岛淳：《シヴァ信仰の確立》，收入辛岛昇编：《ドラヴィダの世界：インド入門Ⅱ》，第41—53页。

永恒存在的湿婆作为主人，如何让家畜似的每一个个体从染污灵魂的绳索①中解放出自我、达到解脱的教义，还记载了神庙所应举行的仪式。其中尤为重要的教义是，在历经漫长轮回，自我的染污有所削弱后，就会产生对湿婆的信仰；如果此时皈依，并从显现人类导师形象的湿婆那里接受名为迪克沙（diksha）的仪式，就保证能在去世时实现解脱。

关于湿婆悉檀多派的传入，有传说认为罗阇罗阇国王之子拉真陀罗一世（Rajendra，1014—1044年在位）前往恒河朝圣时带回了湿婆教的导师，湿婆悉檀多派从此开始在南印度传布。这个传说是否具有历史真实性，如今已不得而知。不过，可以确定的是，罗阇罗阇国王在位时期管理布里哈迪希瓦拉神庙的祭司正属于湿婆悉檀多派。包括布里哈迪希瓦拉神庙在内，湿婆教神庙制订的大部分礼仪也依照了该派的学说。再加上湿婆悉檀多派中还存在保障王权稳固的咒术性仪式，罗阇罗阇国王因而在布里哈迪希瓦拉神庙中聚集、庇护了大量能够引导人们获得解脱的导师。可以说，该派正是在这一背景下占据了人们信仰的中心位置。

佛教、耆那教和印度教

那么，如此强大的湿婆信仰对一直以来极为强势的佛教和耆那教产生了怎样的影响呢？就佛教而言，因为它本来是以出家人为中心、在商人阶层支持下兴盛起来的宗教集团，

---

① 原注：由自我的染污、作为创造世界初始物质的摩耶（maya）和业（karma）三者组成。

随着笈多王朝（319—550）之后商业活动的式微，佛教也陷入了衰落。再加上6世纪中叶巴克提信仰开始发展，它与耆那教一并受到进一步的打击。紧接着，8世纪上半叶登场的商羯罗（Shankara）对佛教展开了严厉批判，倡导不二一元论——认为梵和阿特曼（Atman）同一，梵和阿特曼以外的一切都如幻影（摩耶）一般不是真实存在的学说——极力主张将佛教化的吠檀多恢复到本初的吠檀多一元论，并模仿佛教的精舍，在各地设立了称为玛塔（matha）的寺院组织，试图匡正印度教。

与这种反佛教、耆那教的举动同步的是，在9—10世纪，纳姆比·安达尔·纳姆比（Nambi Andar Nambi，约9世纪末—10世纪上半叶）编纂了湿婆派的根本经典《蒂鲁古拉尔》（Tirumurai）；毗湿奴派方面则由纳塔姆尼（Nathamuni）编纂了该派经典《圣诗四千首》（Naalayira Divya Prabhandham）。文学活动方面，毗湿奴派在朱罗时期是较为高贵的宗教，他们的作品是用梵语而不是泰米尔语书写的，因此普及度相对有限；湿婆派则用泰米尔语创作了圣人传记和传说，比如塞吉拉尔（Sekkizhar）创作了至今仍深刻影响着湿婆派生活和思考方式的《大往事书》（Periya Puranam），佩鲁巴拉普里尤尔·纳姆比（Perumbarrappuliyur Nambi）创作了《神之游戏往事书》（Thiruvilaiyadal Puranam）。这场仿佛是印度教针对佛教和耆那教做出反击的思想史上的转折，正是以罗阇罗阇国王建造布里哈迪希瓦拉神庙为前导而逐渐展开的。

但罗阇罗阇国王并未独尊湿婆。布里哈迪希瓦拉神庙的装饰同样也采用了毗湿奴派和佛教的主题。此外，罗阇罗阇国王在1005年应室利佛逝国王之邀，在纳加帕蒂南地界修建佛教寺庙一事也为人所知。还有，据说罗阇罗阇之妹在罗阇罗阇普拉姆（Rajarajapuram）建造的三座寺庙中，有一座是湿婆神庙，其余两座则是毗湿奴和耆那教的寺庙。这些例子都表明了罗阇罗阇对湿婆的爱并非建立在排除其他信仰的想法上，今人也应该从中关注王权对宗教活动的态度。

印度洋与朱罗

在人们讨论印度对东南亚古代王权的影响时，经常会提到国王模仿神、将自己神格化并自称神王（devaraja）的问题。南印度世界与这一问题关联密切，毕竟当地从很早就开始了与东南亚世界的交流。根据小仓泰的《泰米尔纳德的王权与神庙》[①]一文，帕拉瓦前期建造的多数神庙会以国王之名为神庙命名。这一习俗曾一度消失，而其复兴正是从第一幕的舞台——罗阇罗阇国王所建布里哈迪希瓦拉神庙明确开始的：神庙的主神像就按照罗阇罗阇国王的名字，被命名为"斯里·拉杰什瓦尔"（Sri Rajeshwar）。此外，神庙的布局也完美再现了经典中记载的大宇宙缩略图。据此，小仓得出如下结论："不难想象，罗阇罗阇一世用自己的名字命名所建神庙及其主神像，其用意是要将国王本人和他所信仰的湿婆神合二为一，以作为其根基新近不断巩固的帝国的象征。"如此一

---

① 小仓泰：《タミル・ナードにおける王権と寺院：王の神格化をめぐって》，《東洋文化研究所紀要》第118册（1992年），第87—125页。

来，罗阇罗阇便成为神本身，或是神在地上的代理人，他所开展的军事行动，也就成为众神和英雄们的行为。罗阇罗阇马不停蹄地推进对外活动，其中一部分得到了其子拉真陀罗一世的继承。后者在活动范围上也常常越出海外。布里哈迪希瓦拉神庙的中央神庙西壁所刻碑文证明了这一点。其上记载"拉真陀罗向波涛中派出了大量船只，征服了卡达兰（Kadaram），获取了它的财宝……"，并列出十三处地名。这些地名中，能够确定具体地点的有十一处，其中六处在马来半岛或丹那沙林（Tenasserim），四处位于苏门答腊，还有一处位于尼科巴（Nicobar）。

朱罗无疑是以卡维利河三角洲为根据地的内陆型王权，但它拥有广泛的海外联系，反映了当时印度洋贸易的活跃状况。南印度在罗马时代就已经发展为棉布生产中心，与古罗马开展贸易。根据《厄立特利亚海航行记》(*Períplous tis Erythrás Thalássis*)，印度的棉布和从印度再出口的丝绸是以相同重量黄金的价格购入的。储藏有罗马硬币的遗址压倒性地集中在南印度，特别是泰米尔纳德（Tamil Nadu），其中最为知名的是阿里卡梅杜（Arikamedu）。这座港口位于阿里扬库帕姆河（Ariyankuppam）河岸，至今仍能在当地发现陶片和硬币。此外，位于坦贾武尔卡维利河河口的港口卡维利帕蒂南（Kaveripattinam）也相当繁荣，据说曾有很多外国人居住于此。虽然与罗马的贸易随着后者的衰落而式微，但西亚与中国的贸易此后仍在持续，位于中间位置的南印度则与双方都继续维持着关系。9—10世纪时，这种运作发生了巨大变化。其中一个重要原因是唐末黄巢之乱（875—884）时黄巢的军队在广州杀戮了12万居留者，对外国商人造成了重大打击。结果从9世纪下半叶到10世纪上半叶，中国与波斯湾之间的贸易暂时中断，撤出广州的外国商人大多将定居地迁到占婆、卡拉（Kalah）和室利佛逝等东南亚地区的港口。更为重要的是，中国大约在同一时期建造了独特的戎克式帆船（junk），它们频繁越过室利佛逝王国，活动范围远至南印度喀拉拉地区。由此带来的结果是，东南亚和南印度的马拉巴尔地区（今喀拉拉）成了中转站，为东西印度洋世界交流的整合提供了一大中转基地。

与戎克船并列，同时期印度洋贸易得到运用的还有一类船只，即单桅帆船（dhow）。其具体情况在家岛彦一的《海洋创造的文明》[1]一书中有详细介绍。单桅帆船是装备了风帆的缝合型船只，由印度西高止山脉采伐的柚木和马尔代夫群岛的椰木建造而成。据说最大级别的船全长可达35米，能搭载200人以及500曼（mann，相当于3吨）的货物。船内分为若干舱室，还有女性专用舱和行李舱。12世纪后，从西亚到印度的马匹贸易变得日益重要，单桅帆船就被用于运输。从13世纪末到14世纪，从也门、南阿拉伯和波斯湾沿岸各地输出的马匹数量达到了每年2000匹以上。印度在军事上对马匹的需求很大，但出于气候等原因，马的饲养较为困难。同时，从西到东横渡印度洋的航海相较于相反方向要困难得多，航海

---

[1] 家岛彦一：《海が創る文明：インド洋海域世界の歷史》，东京：朝日新闻社，1993年。

期为此受到限制，加上猛烈的西南风会带来汹涌波涛，因而必须在一次航海中尽可能多地运输马匹，因此人们常常组织包含3艘以上（有时甚至达到20艘）船只的大船队。与之相对，来到马拉巴尔的中国戎克船，如据马可·波罗对其构造的描述，可搭乘200—300人，装载5000—6000笼胡椒；船的材质为冷杉和松木，拥有60间舱室，与缝合型船在规模、构造上有很大差异。

凭借这两类船，当时确立了下述航海模式：阿拉伯海的船只（单桅帆船）前往马拉巴尔或科罗曼德尔、埃尔讷古勒姆（Ernakulam）、奎隆（Kollam）、卡利卡特、科钦、卡亚尔（Kayal）、默苏利珀德姆、纳加帕蒂南等各个印度港口，然后货物和乘客换乘戎克船向东印度洋进发。

以上述印度洋世界海上贸易的发展为背景，朱罗王朝积极推进了与海外的交流。例如，罗阇罗阇一世向中国（宋）派遣了使节，该使节出发后经过1150天，于1015年抵达中国。在此前后，室利佛逝王国的使节也到访朱罗，向位于纳加帕蒂南港口的印度教神庙献上了宝石。此外，在1018—1019年间，马来半岛吉打（Kedah）国王的使节捐赠了金钱，用于供养该神庙的婆罗门。在1020年左右的铜版铭文上，可以见到柬埔寨国王赠送朱罗国王战车以谋求后者援助之类的交涉内容。之前提到朱罗王朝对马拉巴尔的征服和对斯里兰卡的远征，也是罗阇罗阇在当时印度洋海外贸易的活跃发展中发动的军事行动。其子拉真陀罗一世忠实地继承了这个对外扩张霸权的梦想，以至于在1026年左右远征到马来半岛。

朱罗王国的内部构造

罗阇罗阇国王修建了布里哈迪希瓦拉神庙，向海内外频繁发动军事远征，那么他的王国具有怎样的构造呢？关于这一问题，长久以来的观点认为朱罗王国是拥有官僚机构的中央集权国家，而近年来的地方分权论则认为，朱罗王国以名为"纳德"的自治地区为基本单位，国王实际统治区域只有中心地带的纳德，其他地区的纳德仅在仪式上承认国王的宗主权。各自治地区则以纳塔尔为统治阶层。除了在中心地带，其他地方并未发现向宫廷上缴税收和剩余农产品的制度，即使地方上会征收土地税和商业关税，其所得也不属于国家。据此，地方分权论主张朱罗王朝并未推行实际的统治，而是靠王权附带的象征，通过仪式上的主权来整合国家。

无论采取哪种看法，正如布里哈迪希瓦拉神庙的建筑所示，朱罗国王无疑掌握了巨大的财富。在都城坦贾武尔，除了布里哈迪希瓦拉神庙，还建有若干宫殿，在宫殿服役、称为维拉姆（veeram）的仆人则住在数量众多的大街中。城市分为城墙内侧和外侧，外侧部分应当是罗阇罗阇亲自规划、拓建的。之前提到称为德瓦达西、合计400人之多的舞女，就住在布里哈迪希瓦拉神庙前向东西延伸的大街上。布里哈迪希瓦拉神庙之外，坦贾武尔还建有阇耶毗摩（Jayabhima）神庙和其他寺庙，乃至医院。

首都辉煌的中心，自然是宫廷。关于朱罗宫廷，中国的赵汝适在13世纪初期写作的《诸蕃志》中有如下记述：

在宫廷的晚宴上，王子和四名大臣在宝座上俯身致意后，开始奏乐作舞。王子不饮酒，不过会吃肉。按照本地的习惯，他会穿着棉质衣服，享用糕点。为举行宴席，宫里雇佣了无数舞女，每天轮流出场者总计三千人之多。[1]

包括该记述中出现的舞女在内，众多随从分别为王族、高官以及富商所有。国王及其宫廷聚集起来的财富不仅用于建造神庙，还大量用于土地开垦与灌溉水渠的建设、学校和医院的维持以及其他用途，以获取人民的信赖。国王并不制定和执行法律，而是如前文所述，主要以社会生活和法律的保护者身份发挥作用。

斯宾塞（G. W. Spencer）综合该王权所聚集的巨大财富及其慷慨分配，以及频繁发动远征的事实，在其著作《扩张的政治：朱罗对斯里兰卡和室利佛逝的征服》[2]中指出了朱罗王朝的矛盾特征：朱罗宫廷财富的大部分来自对周围地区的掠夺，因为作为国家基本盘的政治联合结构较为虚弱，朱罗王权频繁发起的军事远征不如说是一种弥补性的尝试。这种将掠夺和分配常态化的国家构造又会造成征服和谋求新财源的必然化，最

---

[1] 见《诸蕃志·注辇国》，原文为："其宴则王与四侍郎膜拜于阶，遂共作乐歌舞，不饮酒而食肉。俗衣布，亦有饼饵。掌馔执事，用妓近万余家，日轮三千辈祗役。"表意略有出入。
[2] G. W. Spencer, *The Politics of Expansion: The Chola Conquest of Sri Lanka and Sri Vijaya*, Madras: New Era Publications, 1983.

终导向回报减少的境地。

如上所述，关于罗阇罗阇的统治结构，仍然迷雾重重。不过至少可以认为，围绕向身跨战车进行战斗的湿婆像虔诚祈祷的罗阇罗阇，对于这一身姿的解释将直接关系到对朱罗王国性质的了解。

幕间

在第二幕开演之前，让我们先看看第一幕到第二幕之间的起承转合。

朱罗的鼎盛时期是罗阇罗阇一世与其子拉真陀罗一世的时代。但是到了12世纪下半叶，各地领主阶层开始崛起，在马杜赖东山再起的潘地亚王朝（1190—1323）也开始叛离。进入13世纪后，在潘地亚王朝和以瓦朗加尔（Warangal）为都城兴起的卡卡提亚（Kakatiya）王朝（1000—1326）的攻击下，朱罗王朝的势力进一步衰落，最后在13世纪下半叶被潘地亚王朝攻灭（1279年左右）。

14世纪则出现了前所未有的事态，即德里苏丹国卡尔吉王朝开始入侵南印度。具体来说，14世纪初开始的南下扩张，发端于马利克·卡富尔在1311年受命往南印度对马拉巴尔的镇压，他当时洗劫了潘地亚的首都马杜赖。接下来在图格鲁克王朝时期，伊本·白图泰的至交吉亚斯丁·图格鲁克洗劫了吉登伯勒姆、斯里兰格姆（Srirangam）等著名印度教神庙，控制了马拉巴尔，并攻陷了马杜赖。最终，马杜赖建立了由吉亚斯丁·图格鲁克的部下贾拉鲁丁统治的伊斯兰王朝。

印巴分治、独立后，在印度一方的历史学家看来，在南印度与伊斯兰教分庭抗礼的是1336年在德干的毗奢耶那伽罗（Vijayanagar，意为"胜利之城"）诞生的印度教王国，即毗奢耶那伽罗王国。当然，保护印度教势力免受伊斯兰教势力影响的想法多半是出自意识形态。这一时期印度教势力和伊斯兰势力并未相互排斥，反而是在相互交织中，不断上演着聚散离合。例如，毗奢耶那伽罗国王麾下就有大量穆斯林军官和士兵，而德瓦拉亚（Devaraya）二世（1424—1446年在位）还积极将穆斯林士兵纳为部下，甚至在首都修建了清真寺。顺带一提，毗奢耶那伽罗的军队中还混有欧洲士兵。

14世纪中叶，哈里哈拉（1336—1356年在位）和布卡（1356—1377年在位）等五兄弟为毗奢耶那伽罗王国奠定了基础。布卡之子库马拉·坎帕纳（Kumara Kampana）则驱逐了南方马杜赖的伊斯兰势力，扩大了王国势力。该王国拥有以骑兵作为主力，机动性强大的军事力量，并以此著称。在15世纪上半叶，德瓦拉亚二世还将势力扩大到阿拉伯军马进口口岸——位于西海岸喀拉拉的海港城市，控制其航路，并进一步扩张到克里希纳河河口，确立了在整个南印度的霸权。不过，毗奢耶那伽罗王国北邻也存在着一个可以说是其宿敌的穆斯林王国。这便是同样诞生于14世纪中叶的巴赫曼尼（Bahmani）王国（1347—1527）。这两个王国在之后漫长的时间里不断进行着对抗。

毗奢耶那伽罗王国存在四个世系不同的王朝。从哈里哈拉开始，人称桑伽马（Sangama）王朝（1336—1484）的第一王朝将势力扩张到奥里萨的嘎贾帕提后，王国陷入内乱，王子兄弟暗杀了老国王，成为新国王的弟弟又暗杀了哥哥，还沉迷酒色、不理朝政。到了15世纪后期，一位名为萨卢瓦·那罗辛哈（Saluva Narasimha）的将军篡夺了王位，建立了萨卢瓦（Saluva）王朝（1486—1505）。萨卢瓦·那罗辛哈重新对奥里萨势力予以反击，其对南部的压制一直延伸到拉梅斯沃勒姆（Rameswaram）。他在1491年去世，临终之际将幼子因马迪·那罗辛哈（Immadi Narasimha，1491—1505年在位）托付给了图卢瓦（Tuluva）地方出身的部下纳拉萨·纳亚卡（Narasa Nayaka）。但纳拉萨·纳亚卡死后，其子维拉·那罗辛哈（Vira Narasimha）篡夺了王位，建立了图卢瓦（Tuluva）王朝（1505—1570）。

继承维拉·那罗辛哈的是他的同父异母弟弟，即第二幕的主角克里希纳迪瓦拉亚国王。在其治下，毗奢耶那伽罗王国迎来了鼎盛时期，击败了奥里萨国王，压制了比贾普尔王国，控制了北至克里希纳河、南至科摩林角的整个南印度。国王让婆罗门担任要塞长官，雇佣葡萄牙和穆斯林炮兵加强其防卫，还将名为珀力加尔的大量小军事领主置于其统辖之下。继承克里希纳迪瓦拉亚国王的是其同父异母弟弟阿奇尤塔德瓦拉亚（Achyutadevaraya）国王（1529—1542年在位）。如下文所述，葡萄牙商人佩斯（Paes）记载了前者在位时期的情况，另一位葡萄牙商人努尼兹（Nuniz）则记载了后者的情况。

但王国的鼎盛期持续时间并不长。阿奇尤塔德瓦拉亚在位时，王朝内部各势力相持不下，原本配置在地方上的军事领主纳亚克逐渐发展起来，其独立性日益增强，王国衰退的趋势开始明朗。一系列事件又进一步加剧了这一趋势：国王去世；其子文卡塔（Venkata）一世（1542年在位）遭到暗杀；克里希纳迪瓦拉亚国王的女婿、因王位问题与阿奇尤塔德瓦拉亚处于对立状态的罗摩拉雅（Ramaraya）控制实权，软禁了萨达西瓦（Sadasiva）国王（1542—1570年在位），却在1565年于塔利科塔（Talikota）之战败给了五个穆斯林王国的联军，年过八旬的罗摩拉雅也在这次战事中阵亡。萨达西瓦国王虽仍在世，罗摩拉雅之弟蒂鲁马拉（Tirumala，1570—1572年在位）却在事实上继承了王位，开创了毗奢耶那伽罗王国最后的王朝——阿拉维杜（Aravidu）王朝（1570—1649）。但在各地方势力的反抗以及与穆斯林诸王国的对峙下，该王朝已无法恢复往日的荣光，只能在南印度各地逃窜，并于17世纪中叶实质性灭亡。

至于如何理解这个建立于14世纪中叶，延续了3个世纪的毗奢耶那伽罗王国的性质，与朱罗时代的情况一样，研究者之间依旧争论不休。问题的焦点在于如何理解名为纳亚克的家臣们与王国统治体系之间的关系，前者将在第二幕十胜节祭祀［Dussehra，又称为马哈纳瓦米祭祀（Mahanavami）］的场景中频频登场。

说来该王国的存在并非自古以来就广为人知。除了19世纪初英国的殖民地官员会偶尔提及该王国，可以说直到1900

年休厄尔（Sewell）写下《被遗忘的帝国》[1]一书后，该王国才开始为世人所知。曾经极尽繁华的都城毗奢耶那伽罗，如今也只剩下废墟能让人追想其昔日荣光。近年来学界相继发表了关于该王国值得关注的一些研究，但仍有不少地方尚未辨明。

关于王国的性质，以辛岛昇为代表的一派认为毗奢耶那伽罗社会是以纳亚克为核心，具有封建性政治结构的国家。按照这一说法，可以将毗奢耶那伽罗时代大致分为14世纪的政治混乱时期、15世纪的统治强化时期和16世纪的安定时期。到15世纪为止，王国通过从中央向地方派遣官吏，力图实现对地方的直接统治。也就是说，该王国在较早时期颇具中央集权封建国家的特点。但到了16世纪，纳亚克们在地方上掌握、支配了称为西尔玛伊（Sirmai）或是纳亚卡塔纳姆（Nayakattanam）的个人领地，王国的分权式封建国家色彩由是增强。

与此相对，伯顿·斯坦（Burton Stein）则对该观点持反对意见。他认为，能支持纳亚克是封建领主的史料极为匮乏，有关纳亚克向皇帝纳贡以及尽其封建义务的史料也同样缺如。即便纳亚克很重要，也没有被纳入王国体系。而且就泰米尔地区而言，地方领主从毗奢耶那伽罗王国建国开始，就保持着自主支配的状态。不如说，朱罗王朝以来的分权国家形态——除了核心地区，王权统治基本上只具礼仪性的体系——仍在延续。地方社会同样也是自治的，财富流通和政令系统并未与中

---

[1] Robert Sewell, *A Forgotten Empire (Vijayanagar): A Contribution to the History of India*. London: Swan Sonnenschein & Co., Ltd., 1900.

央连接。也就是说，伯顿·斯坦认为毗奢耶那伽罗王国并非封建制，而是对朱罗时代分权国家的延续。

从根本上说，要深入了解这些争论，厘清国家结构，就必须具体阐明如下问题：地方社会依靠何种生产组织创造财富；根据何种原则、以何种方式分配这些财富；在财富分配中，国家或其代理人扮演了何种角色。试举一例：在毗奢耶那伽罗王国将其统治区域扩张到南方的泰米尔地区的过程中，泰卢固（今安得拉邦）和卡纳达［Kannada，今卡纳塔克（Karnataka）］地区有大量人口迁移到泰米尔地区，但他们在迁入过程中并未驱逐泰米尔土著，而是开垦了自己熟知但一直以来被泰米尔人忽视的黑土地，建造蓄水池，实行小规模灌溉，由此推进了农业开发。已有研究指出，作为军事领主的纳亚克正是在这一背景下，将朱罗王朝以来处于地方社会领导地位，称为纳塔尔（Nattar）的群体纳为从臣，以这种形式统辖该地区的生产活动。接下来要具体阐明的问题就是，王国疆域扩大带来的人口迁移给本地社会造成了何种影响，在地区整合方面产生了何种理念和制度，以神庙和要塞为核心的城市的发展使人民和国家的关系产生了何种变化，地方社会与中央依靠怎样的人员和财富网络相互连接，地方社会与国家以何种形式开展对抗或是相互融合，这些对抗或融合又体现在哪些权益上，国家或王权的存在及其权威又是以何种形式、在何种情境下展示在人们面前的，等等。

第二幕与上述问题的最后一个主题，即王权权威的展示及其情境的问题相关联。这里将重点描绘的是十胜节祭祀，其主持者则是毗奢耶那伽罗时代众多国王中被尊称为王中之王、印度最伟大国王以及三海与陆地之王的克里希纳迪瓦拉亚国王。时间是在16世纪初，即王国的鼎盛期，同时也是纳亚克渐渐加强分权的时期。各地的纳亚克受召参加祭祀，列席国王主持的大典。可以认为，祭祀就在这种意义上为扩大国王权威、收紧帝国每每松弛的控制提供了机会。

在以城市和王国为道具的十胜节祭祀舞台上，有摔跤手、舞女、宝石和马匹登场。他们体现了王权的力量和财富。当然，主角自始至终都是克里希纳迪瓦拉亚国王。正如对祭祀的描述中所示，借祭祀的机会，他不仅炫耀了国王的世俗权威，同时也表明了自己与神明关系之紧密。观众主体自然是从各地赶来的纳亚克。他们受召来到首都参加这个展示国王压倒性权威的祭祀，不仅是为了感受国王的威严，也是因为他们在祭祀期间负有向国王交纳贡赋的义务。现在，就让我们揭开第二幕的幕布。

第十一章　磨砺：毗奢耶那伽罗时代

第二幕最初的舞台是王宫的中庭。一个近乎裸体的男子立于中央，他的周围环绕着一群身强力壮的男人。

对力量的信仰

昏暗的舞台中出现了一个男人，他有着丰满的中等身材，身体白皙，脸上有得过天花后留下的几颗疤印，腰间围着一块布头，身上涂了芝麻油，双手挂着用作压物石的陶器。在他周围站立着好几个身强力壮的男人，看起来像是摔跤手。

男子饮尽一杯芝麻油，随意拿起一把重剑开始挥舞。挥舞到身上出了些汗之后，他从摔跤手中选出一人当作对手，全力扑向他以活动筋骨，但他似乎意犹未尽，又让人准备马匹，从中庭前往黎明前为晨雾所环绕的城市。

他在城市街道上纵横来回，终于在天色开始泛白的时候返回了王宫，随后让喜爱的婆罗门随从为自己清洗身体。

洗净身体后，男子走进设置在王宫中的宝塔（神庙），开始祈祷、举行日常仪式。等这一切都结束后，他终于开始了他的本职工作……

16 世纪是经好望角前往印度的航线已为人所知的时代，来自不同国家的商人和旅行者造访毗奢耶那伽罗王国，留下了文字记录。其中就有意大利人尼科洛·达·康提（Niccolò de' Conti），同是意大利人的瓦特玛（Varthema），俄罗斯人尼吉丁（Nikitin），葡萄牙人巴尔博萨（Barbosa）。而留下上述关于克里希纳迪瓦拉亚国王的记录的则是葡萄牙商人佩斯。

佩斯以及另一位葡萄牙人努尼兹留下了毗奢耶那伽罗王国的相关记录，为想要了解该王国的城市、国王及其统治情况的人们提供了大量重要的信息。

摔跤

上述简短引文表达出了毗奢耶那伽罗王国的标志性特点。这便是摔跤所代表的对力量的信仰。

在这个舞台场景中，国王以摔跤手为对手锻炼体魄。摔跤在南印度自古以来就是备受欢迎的竞技项目，今日尚可见到古代桑伽姆（Sangam）时期（3—4 世纪）有关摔跤的记录。朱罗时期也有相关内容的诗歌并保存至今（1057 年）：在摔跤比赛中杀死了国王亲属的人被判处死刑，他的妻子紧随其后践行了萨蒂。

时代下移,在20世纪初开展的种姓例行调查报告中,详细记录了以摔跤为传统职业的杰蒂(Jetti)种姓的情况,不过接下来要引述的则是18世纪末一个名为詹姆斯·斯库利(James Scurry)的英国人在迈索尔目击到的摔跤情景:

> 出现了一群男人,他们剃了头发,身上擦了油,只穿着短裤,手上戴着装有四个铁钩的铁爪,匍匐在蒂普苏丹面前施礼(salaam)数次,随后分成两队。
>
> 苏丹发出信号,战斗随即开始。对战者们从挂在脖子上的花饰扯下花朵扔到对方的脸上,等待时机。瞄准的目标只有头部。他们右手的铁爪一旦扣进肉中再将其扯出,就会造成大量流血。比赛开始后马上紧咬对方身体是常见的做法。将对手的手脚折断的事情也并不少见。即使其中有怯场者,苏丹也不会允许他们退缩。对战者身后都安排了身强力壮的男人,相互进行挑衅。能让对手无法动弹就算取得胜利。但只要身体还未被完全折断,那么直到苏丹叫停之前都不能停止战斗。之后,苏丹会将头巾和披肩赐给最英勇善战者。

此处描绘的摔跤场景凶残凄惨,而毗奢耶那伽罗时代的摔跤想必也同样如此。按照佩斯的说法,毗奢耶那伽罗国王拥有一千名摔跤手。这些身强力壮的摔跤手通常作为保镖拱卫在国王身旁,后者无疑是想要以此向参加祭祀的观众展示其力量。

在佩斯的记录中，还有一件引人注目的事。这便是国王自己在锻炼身体，看起来像是战士未曾懈怠为战斗做准备。根据其他记载，不仅是国王，贵族们每天也会靠摔跤锻炼身体，甚至有记载说，通过摔跤，"70岁的男人看起来像30岁的"。从国王到贵族，甚至可能还有王国的家臣们全都在锻炼身体。这表明该王国作为尚武之国，军事行动不断，经常处于临战状态。在对这一点展开详细介绍之前，下文将对佩斯的记录再稍作挖掘。毕竟，它描绘了国王对美（女）的占有情况，这可以说是国王权威的第二大要素。

舞女

国王正式的妻子共有十二人。其中三人是正室，一位是宿敌奥里萨为了缔结政治婚姻而送来的奥里萨国王之女，一位是塞林伽巴丹①国王之女，还有一位是国王年轻时结识、即位时承诺让其成为王后的原艺伎。妻子们被分到王宫中的不同房间，分别配备了大量的侍女、侍卫和仆人。她们住在后宫之中，随从全是女性，其总数可达12000人。在这些女性中，也包括大量能够自由使用剑和盾的女战士、女摔跤手、女乐师，等等。王后们乘坐轿子出行时，有300—400名宦官护卫，人们只能在远处观望。国王有事情找王后时会使唤宦官，但宦官

---

① 原注：在迈索尔近郊。

不能进入后宫，只能让女护卫代为传话。宦官中有些人特别受国王喜爱，他们与国王一同睡觉，能够得到很多赏赐……

这段记录中也涉及对王国尚武精神的展示，但更为引人注目的自然是点缀宫廷的大量女性。其中最为醒目的是三位正室中并非通过政治联姻而成婚的最后一位，毕竟其为艺伎出身。这表明了艺伎在南印度社会拥有很高的地位。

所谓艺伎，当与舞女同义。正如印度河文明的青铜舞女像所示，自古以来艺伎就在印度颇为知名。如据旅行者塔维涅的记录，在17世纪的戈尔康达（海得拉巴），艺伎的人数已超过2万。

舞女有宫廷所属、寺庙所属和站街卖淫者三种。最后一种中还包括操持乐器、集体四处流浪的人。在古代桑伽姆时期，流浪的舞女偶尔会被召到宫中表演。对此，有作者（很可能他自己就目睹过表演）以舞女自述的口吻写下了以下充满讽刺的记录（用到了《罗摩衍那》的故事情节），并流传至今：

国王赏赐了与我们的身份不相称、满到快要溢出来的种种宝石。我们剧团中〔对宝石之类的物什不熟悉〕[1]的人，或是将应当戴在手上的宝石戴在耳朵上，或是将应当挂在腰上的宝石挂在脖子上，或是把应该挂在脖子

---

[1] 六角括号内为作者对引文的补充说明，下同。

上的饰品挂在了腰上。然后，就像〔《罗摩衍那》里〕罗刹将罗摩的妻子拐走那天，一群红脸猴子发现悉多掉落地面的宝石后将其戴在身上一样，我们完全成了笑话。

这些成为"慰安者"的舞女属于舞女中的最底层。但实际上，大部分舞女在同时代的女性中属于出类拔萃、颇有教养的一类。这是因为女性中只有舞女享有学习读写和歌舞的特权。她们不仅能从王国或神庙那里得到赠地和津贴，而且似乎还拥有获得财宝奖赏的各种机会。据目前所知，向神庙捐赠的富裕舞女并不在少数。此外，舞女中还有德瓦达西——为了侍奉神而从属于神庙、向神及其信仰者献出身体的女性。17世纪末到18世纪初在马德拉斯停留的英国人托马斯·萨蒙（Thomas Salmon）对于黑城（Black Town，印度人居住区，见后述）神庙所属的妓女，留下了如下记录：

在黑城……有几座很小的印度神庙，里面有很多女歌手〔即舞女〕和僧人。歌手也会用别的方式〔即卖淫〕为人们服务，另外，当权贵出行时，她们还会组成一个团体。这是因为该国权贵出行时会让大量女歌手打头，连圣·乔治要塞〔马德拉斯〕的长官外出时，也会让乐队和50名歌手同行。

时代后移一个世纪，到18世纪末时，一位名为杜布瓦（Dubois）的罗马天主教传教士在以迈索尔为中心的南印度各地行走31年，留下了一些旅居记录。出于天生洁癖和对印度教的蔑视——18世纪下半叶对坦贾武尔宫廷有巨大影响力的德国传教士施瓦茨（Schwarz，1726—1798）也对印度教特别是对其守护者婆罗门同样抱有强烈反感，杜布瓦对神庙的德瓦达西，有如下记载：

> 舞女〔在神庙相关人员中〕占据着第二重要的位置。她们称为德瓦达西，但一般民众叫她们妓女。实际上，德瓦达西确实靠那些用金钱买她们欢心的人为生。最初，她们是专为取乐婆罗门而设置的。后来，这些淫荡的女人被按照特殊的方式献给印度神明作为祭品。只要是稍微大一点的神庙，每间神庙都拥有8人、12人乃至更多的德瓦达西。她们的正式工作则是在神庙中每天两次——早上和晚上以及举行正式仪式时表演歌舞……但她们的工作并不限于宗教仪式。在拥有一定地位的人打算正式访问别人时，作为日常礼仪的一环，他们会让这些舞女相伴而行。

萨蒙和杜布瓦的上述记载描绘了舞女的两个侧面。其一，是在神庙这个神明的居住空间中践行舞蹈以及用性服侍神明及其信奉者的一面；其二，是在列队行进的游行中通过舞蹈引导队伍以营造壮观景象，以便进一步夸示权威的一面。自古以来，人称迪格维贾亚（digvijaya）的"征服游行"就作为国王将权威和威胁铭刻于敌人和下属心中的手段而得到推崇，乃至军队行军时这些舞女也将跟随同行。如上述引文所示，就连马德拉斯的英国长官也采用了这种显示权威的方式，让舞女打头行进。

虽然杜布瓦对舞女和神庙的关系秉持如此严厉的态度，但他也对舞女的品格做出了如下描述：

> 虽然欧洲人可能不相信这些事情的真实性，但我必须报告如下内容。印度教的妓女靠其出色的本领在不知不觉中魅惑男人的形象，与我们在欧洲所知的操持同样职业的女人相似却又不尽相同。后者下流、莽撞，使用猥琐污秽语言进行诱惑，能让未曾堕落、尚有顾虑的男人感到恐惧连连退缩，而在印度的各类女性中，舞女，特别是神庙所属的舞女则会穿着最高档的服装。实际上，她们会特别注意不让身体的任何一个部分暴露出来。

就此而言，这些舞女和过去日本的艺伎非常相似，而其独特之处在于主要活动场所为神庙。正如第一幕中所指出的，这与印度的神与人类一样享受饮食歌舞、热衷性爱有关联。之后，在19世纪末开始的社会净化运动中，这些德瓦达西们遭遇了巨大变迁，最终随着1930年禁止卖淫法的制定和1947年德瓦达西制度的废除而尘埃落定。如杜布瓦的看法所示，这一处置方式体现的是西欧基督教观念对印度教习俗的单方面定罪和禁止，这是殖民统治方的一贯立场。

祭祀的舞台

全面展示国王权势的十胜节祭祀从9月12日开始，一直持续九天。王国境内的所有家臣和舞女都会被召集到祭祀中，国王也会从日常居住的城堡前往举行祭祀的地点，即王宫所在的首都。

关于首都毗奢耶那伽罗〔今亨比（Hampi）〕的起源，1336年碑铭中留下了下述传说：

> 从前，当哈里哈拉国王越过栋格珀德拉河前去捕猎时，碰巧看到有猎犬被兔子咬住。错愕之下，国王前往著名隐士吠德耶罗耶（Vidyaranya）——此人系智慧之化身，因其严格而备受尊敬，作为修行者堪称马达瓦查瑞亚（Madhavacharya）〔即湿婆〕第二——那里询问这一景象的意义。吠德耶罗耶此时正在自己的神庙〔毗楼拔叉（Virupaksa）神庙，后来成为毗奢耶那伽罗王国的主神庙〕中，他预言道："国王啊！那片土地适合伟大的王族居住，能成为伟大力量的唯一源泉。君上啊！您找到了名为维迪亚（Vidya）的城市。"听到这些后，哈里哈拉国王坐上了设有华丽白伞〔王权的象征之一〕的宝座，除了十六件礼物，他还施舍了别的精美礼物，国王的光辉照耀了维迪亚的巨大城市。

针对这个城市起源传说和碑文本身的年代，有人怀疑其内容为捏造，但从14世纪中叶开始，在哈里哈拉五兄弟缔造的王国里，毗奢耶那伽罗确实已作为首都发展起来。而且，到16世纪上半叶派斯来访时，这座首都已成长为巨大都市。正如其游记的开篇部分所述，城市规模很大，就连王宫内部都囊括34条街道。关于首都的总人口，有研究认为其数量已在50万以上。

在关于首都毗奢耶那伽罗的研究中，一般是将城市墙壁内侧分为"王域""圣域"和"城市核心区"三个区域进行分析。三个区域中，王域里包括王宫在内设有约60座神庙，用石材铺设的道路则呈放射状向外部延伸。圣域中则伫立着各种大型神庙——包括称为毗奢耶那伽罗式样的毗楼拔叉庙在内，组成神庙群。在城市核心区，设有市场以及无数商店，这些商店汇聚了宝石、布匹等，按派斯的说法就是"在这个世界上你所能想到、想要购买的各种物品"；而配备水井和蓄水池的住宅也林立其间。

从朱罗王朝开始，南印度王朝的首都大都建造了大型神庙，这些神庙可能用来充当国王的住所。但毗奢耶那伽罗的首都并非如此，圣域和王域是相分离的，王域各处散落着约30座宫殿，显示了王域的独立性。其中一处宫殿发掘出土了大量陶器，它们很可能来自西海岸的各个港口。另外，整个区域都设有围墙，总面积达到了25平方千米。

王宫

祭祀始于国王进入毗奢耶那伽罗城王宫中称为"胜利宫殿"的那座建筑。这座王宫是祭祀主会场，对于其布局，这里拟引用派斯的记述来予以还原：

在王宫内侧，国王和他的王后们以及王后的侍女共计12000人，住在34条街道上。将王宫团团围住的高耸院墙设有带游廊的高门，那里派驻着手握皮鞭和警棍的大量守卫。能够穿过这座门的只有首领〔纳亚克〕、重臣以及获得特别许可者。穿过门后便是中庭，此处又有一座类似的门，配有同样的守卫。

第二座门内有宽阔的中庭，这里便是十胜节祭祀的主会场。观众的安排如下：

一方面，有供首领和重臣们观看用的低矮游廊围绕中庭。此外，左侧还设有用大象形状的柱子支撑起来的双层建筑，通过石阶可以上到该建筑的第二层。这座建筑是为了纪念与奥里萨王国的战争取得胜利而修建的，被命名为"胜利宫殿"。在右侧，因为祭祀而特别搭建了11台狭长高耸的木质脚手架，用深红和绿色天鹅绒等布料覆盖其上。在大门旁边，专门为舞女们画出了两个装饰有黄金、钻石和珍珠的圆圈，门的对面则设有和胜利宫殿同样的两座建筑。在这些建筑中，奢华的布料挂满了墙壁、天井和柱子，一高一低的两处看台上坐着国王宠爱的儿子和宦官。

这些布局的中心，则是神座和用象征财富的宝石所装饰的宝座：

> 胜利宫殿中设有用布做成的房间，里面放置着安放神像的神龛。宫殿中央的高台上放置着装饰有红宝石、珍珠、各类宝石和黄金的宝座，宝座上则有以玫瑰和其他花卉相缀的黄金神像。宝座的一侧放着闪闪发光的王冠，同样布满宝石，最上方还嵌有坚果般大小的珍珠。另一侧放着和手腕一样厚的足饰，以红宝石、祖母绿和钻石相饰。宝座的前方还摆放着祭祀时国王落座的垫子。

以上便是祭祀主会场的布局。为了方便葡萄牙人观赏祭祀的场景，国王将身旁较高看台的席位赐给他们，而派斯正是当中一员。

马匹和印度洋贸易

在会场上，祭祀以如下顺序开始：

> 第一天早上，首先国王会进入"胜利宫殿"，与婆罗门一起向神像行礼。宫殿外侧的广场上，舞女们在不间断地跳舞，大批首领（capitan）和重臣开始在游廊内落席，宫殿下方则安排了装扮华美的 11 匹马和 4 头大象。国王走出宫殿后，用双手从一名婆罗门携带的装满白玫瑰的篮子中捧出玫瑰，撒到一匹马身上，随后又撒到大

象身上。携带篮子的婆罗门则将剩下的玫瑰撒到所有马匹身上，随后回到国王身边。

负责为祭祀垫场的是马匹和大象，尤其是马匹。马匹对于王国的运转而言是必不可少的。正如前文所述，克里希纳迪瓦拉亚国王在位的 16 世纪上半叶是王国的最鼎盛时期。这是因为宿敌巴赫曼尼王国在 1481 年马哈茂德·加万（Mahmud Gawan）被暗杀后开始急速衰落，到了 16 世纪初分裂为五个王国（艾哈迈德讷格尔、贝拉尔、比贾普尔、比德尔、戈尔康达）。1489 年，克里希纳迪瓦拉亚与从巴赫曼尼王国独立出来的比贾普尔开战并且扩大了领土，还打败了奥里萨的嘎贾帕提势力，将乌达亚吉里（Udayagiri）收入囊中。派斯到访时，正逢这些军事行动结出果实，毗奢耶那伽罗发展为南印度最强大势力的时期。而毗奢耶那伽罗的军事力量及其成功的核心正是马匹（军马）。派斯等葡萄牙商人以及当时的印度洋贸易则与马匹的获取息息相关。

自 1498 年瓦斯科·达·伽马第一次到访南印度西岸的卡利卡特以来，葡萄牙势力在印度洋开展了极为活跃的活动。就 15 世纪以降印度洋的整体状况而言，在其东部，中国明朝实施了由宦官郑和率领的被形容为"动用数百艘远洋船只、动员数万人员的令人惊叹的"大远航。远航从 1405 年开始，合计七次，历时约三十年。1414 年，孟加拉苏丹向中国的永乐皇帝赠送的非洲长颈鹿据说得到中国宫廷的异常重视，朝贡贸易在皇帝的主导下实现了积极的发展。但是，中国的海上贸易繁荣只是暂时性的，通往海上交流的道路在郑和的远航后无人承继。明廷在1421年将首都从南京迁到了北京，开始实行海禁和限制性的勘合贸易，远航也因为郑和在1434年去世而中止。中国仿佛缩回了大陆的躯壳之中，从此放弃了海上探索。据说1477年另一名宦官汪直出于对远洋航海的关心，曾申请阅览郑和的记录，但遭到了拒绝。最终，因为倭寇的影响，中国南方沿海城市的贸易活动也在15世纪后期归于停滞。

与中国的撤退相对，印度洋贸易本身仍继续保持着繁荣。例如，根据巴尔博萨的记载，在印度洋贸易中心之一的马六甲居住的摩尔人（来自阿拉伯、德干等地）以及仄迪人（Chitty）等科罗曼德尔[①]出身的外国人十分富有，拥有很多称为"junco"（即戎克船）的大型船只。

葡萄牙人就在这一形势下，积极策划向印度洋扩张。他们在1509年的第乌海战中，击败了埃及马穆鲁克王朝的船队，掌握了印度洋的制海权，并以此为契机，在接下来的数年间，占领了纳加帕蒂南和圣多美、达曼（Daman）、第乌、科钦，还进一步扩张至东南亚，占领了马六甲。葡萄牙人介入印度洋世界的目的在于直接获取欧洲上流社会有大量需求却一直由穆斯林商人转手的南亚物资，将其运至欧洲售卖以获得利润。葡萄牙人在印度沿海各处获得据点后，在1505年决定与毗奢耶那伽罗开展贸易。正是在此背景下，一队葡萄牙人造访毗奢耶那伽罗都城，当中就有派斯。

---

① 原注：相当于今泰米尔纳德邦，多数情况下泛指印度洋沿岸地区。

与之相对，接纳葡萄牙商人的毗奢耶那伽罗也对贸易颇为积极。15世纪初，与埃及马穆鲁克王朝比肩的西亚强大政治、军事力量帖木儿王朝在东伊斯兰地区和亚洲内陆地区建立了幅员辽阔的大帝国，并且煞费苦心地以霍尔木兹为据点，尝试与印度洋周边国家建立外交关系。1441年，帖木儿王朝向毗奢耶那伽罗派遣了阿布德·阿尔·拉扎克（Abd-al-Razzaq），王国由此与帖木儿王朝建立了外交关系。据说由克里希纳迪瓦拉亚国王本人于1515—1521年间写成的《阿姆克塔马尔亚达》（Amuktamalyada）一书就表示，积极促成贸易、优待带来大象和马匹的商人应是作为国王的义务。

在从西亚输往处于印度洋中心的印度次大陆的贸易品中，最重要的是马匹。据说西亚每年会向南印度的马拉巴尔各港、肯帕德（Khambhat）以及西印度其他港口出口10000匹马，葡萄牙商人每年则会从霍尔木兹运送3000—4000匹马到马拉巴尔，供给毗奢耶那伽罗王国。

马匹对于军事机动性是不可或缺的，而骑兵在毗奢耶那伽罗军队中占据的位置也极为重要。这可以说是德瓦拉亚二世以来的传统，他通过与巴赫曼尼王国的激烈竞争，深感伊斯兰势力骑兵之优秀后，在15世纪上半叶推行了军事改革。关于毗奢耶那伽罗的军队构成，来访的许多外国人提到了一些数字。例如，据俄罗斯人尼吉丁在15世纪下半叶的记载，毗奢耶那伽罗军队由300头象、100000步兵和50000匹马组成。其他记载也提到马的数量在20000—100000匹之间。考虑到马匹的重要性，国王会费尽心思获取马匹也是很自然的事。历代国王对获取马匹有多大执念呢？一则流传的逸闻提到，即使马匹在运输途中死亡，只要所有者能将马尾带来，萨卢瓦·那罗辛哈国王也一律会向其支付酬金。

克里希纳迪瓦拉亚国王也对获取马匹十分积极。例如，国王在1510年向占领了果阿的葡萄牙长官阿尔布克尔克派遣使者，与其约定次年优先将马匹卖给毗奢耶那伽罗，而不是敌国比贾普尔——虽然这种垄断特权在1514年以破坏贸易为由遭到废除。实际上，据说如果合计霍尔木兹出产与本地出产两项，克里希纳迪瓦拉亚国王购买的马匹数量每年能达到13000匹，他还会从中挑选最精良的马匹归为己有。到了两代之后的萨达西瓦在位时期，毗奢耶那伽罗与葡萄牙在1547年缔结了政治通商协议，约定互相协作以对抗共同敌人。协议内容包括：以毗奢耶那伽罗一方每年支付30000克鲁萨多（cruzado，货币单位）和运输费为条件，葡萄牙的阿拉伯种和波斯种马匹将只售卖给毗奢耶那伽罗王国；葡萄牙可垄断性采购毗奢耶那伽罗王国内的各类物产；毗奢耶那伽罗国王须禁止摩尔人的船只在两国内的港口靠港，万一出现了靠港的情况，须引渡给葡萄牙一方；等等。祭祀第一天最初的主角是马匹，可以说反映了马匹在当时这种军事、贸易活动中所具有的重要性。

与神并列的国王

祭祀以对马的祝福为垫场。这一环节结束后，祭祀的两大主角——国王和神——将登场，向观众象征性地展示他们之间的关系：

国王进入安放神像的房间，与此同时，房间内悬挂的所有帘子会被卷起，国王于是落座其间。紧接着，用作牺牲的24头水牛和150只羊会被带到神像面前按顺序宰杀。国王看完这一切后，走向有众多婆罗门等候的大型建筑物，在那里接受他们用玫瑰献上的祝福。国王登上建筑物顶部，脱去帽子，转向神像所在的方向，将身体匍匐在地上。起身之后，国王走入庭院，将红宝石、珍珠等各类宝石和香料制成的粉末撒入燃烧的火中。

正如此处所记，在让马负责垫场后，国王接下来会与神一起接受牺牲的供奉。然后他将离开神的领域，以世俗国王的身份接受婆罗门用玫瑰献上的祝福，并且为了表明国王相对于神所处的地位而匍匐在地。

之后，国王返回神庙中，在那里接受近臣们的致意，旋即返回之前向马抛撒玫瑰的地方，接受纳亚克和重臣们的致意和礼物。国王在结束这些午前礼仪后就会返回宫殿内部，舞女们则仍旧要在神庙和神像前继续漫长的舞蹈。据派斯记载，祭祀期间舞女们每天都会重复表演舞蹈。

宝石

以上所述是在密闭空间内举行的宗教色彩浓厚的仪式，到了午后，人们开始在更广阔的空间内聚集。但是，观众仍然仅限于内部人士，正如下文所述，这里准备好了供象征着王权的摔跤手和舞女们登场的舞台：

到了午后三点,人群集中到宫殿。但只有摔跤手、舞女以及大象进入了第二道门内侧。所有大象都装备齐全,上面坐着的士兵全都穿着短裙长袍(kilt tunic),手持盾牌和长矛。这些人进入中庭后便围成一圈站立。摔跤手们走向中部建筑物阶梯附近为摔跤设置的空地待命。婆罗门以及国王宠爱的子女和亲戚们则在入口大门附近就位。他们的座次安排由宫廷执事一手负责,观众席彼此之间有门隔开,无法往来。

一切准备就绪后,国王现身,在高台上落座。国王的装束是金色蔷薇镶边的白色衣服,身上还挂有宝石。全体列席者向国王致意后,只有摔跤手被允许直接坐在地面上。其他人,无论地位如何崇高,都不可以坐下。顺带一提,只有舞女们可以在国王面前嚼蒌叶。

国王落座后,命令他所宠信的王子和王后的父亲等三四人也落座。国王身旁站立着携有蒌叶、剑和国玺的侍童,而在安放有神像的王座周围,还有许多婆罗门手持用马尾制作的彩色扇子为神像和国王扇风。

直到国王落席后,首领们才被准许率领部下一个接一个地入场,分别向国王致意后,走向各自的观众席位。之后,近卫兵们携带长枪和弓箭出场,在大象前方就位。

就这样,等到摔跤手、舞女、国王、国王的近臣以及纳亚克等王国官员们入席完毕,在象征着王国财富的无数宝石的点缀下,奢华绚烂的盛会终于开始:

参加者各自就位后，舞女们开始舞蹈。她们身上佩戴的贵重金属是无与伦比的豪华之物，项链、手镯、脚镯和腰带等全都由镶有钻石、红宝石和珍珠的黄金制成。这些舞女能够获得如此巨大的财富令人惊讶，她们当中有人受赠土地，有人受赠轿子，有人拥有无数奴仆。

舞蹈结束后，开始摔跤。在搏斗中，很多人被打断牙齿，双目爆出，面部变形，分别被同伴抬出场外。首领们担任摔跤裁判，确定对战者的分组，向胜利者授予荣誉。

舞蹈和摔跤结束时，已经是薄暮时分，随后开始的则是在红色火光照耀下的游行：

点燃许多灯火后，竞技场如白昼般明亮。随着灯火燃起，身着各类服装的人们或是骑马或是举着渔网开始游行，游行结束后便一同燃放烟花。而烟花燃放完毕后，就轮到将军们的胜利之车渐次出场，紧接着是装饰华美的御马游行。打头的马上立着两把御伞，由驭者牵引前行。这匹马非比寻常，国王就是骑着这匹马即位的。这些马在场地上游行两周后，便以御马为首在国王面前排成五六列。随后，地位最高的婆罗门带领两名婆罗门走出宫殿，带着装有椰子、大米和花的罐子绕着马匹行走。紧接着，25—30名手持棍棒、背负鞭子的女侍卫走出宫殿。然后登场的是数量众多的宦官，携有喇叭、鼓、管弦乐器等乐器的女性，以及 60 名左右 16—20 岁的少女。这些少女佩戴着缝有珍珠的领巾，手腕、腰部和脚踝都装饰着各类宝石。由于身上所戴宝石太重，她们当中没有人能够靠自己的力量行走，因此有随行的人抱着她们前进。这些女性绕着排列整齐的马匹行走三周，然后返回宫殿。她们是王后们的侍女，在 9 天的祭祀过程中，各位王后将在不同的日子里让自己的宫女打扮出场，攀比财富和奢华。

开阔空间中的仪式结束后，女性、马匹和大象退场，国王也退回建筑物中，宗教仪式再次在封闭空间中举行：

婆罗门们将神像搬运至胜利宫殿中用布做成的房间，国王随后出现，对着神像举行仪式。数量众多的水牛和羊被带入房间，和先前一样作为牺牲供奉。专业舞女们的舞蹈也在此时开始。国王会在祭祀期间斋戒，只在全部事务结束后的午夜进食。在此期间，舞女们会在神像面前持续舞蹈。祭祀就将如此持续 9 天，而在最后一天，50 头水牛和 4500 只羊都会被献祭。

以上就是祭祀的情况。在此登场的，有主角国王、摔跤手、舞女、大象、马匹以及宝石。祭祀俨然是展示国王权威的最高级演出。通过主持这场表演，国王得以向四方昭示其权威。

首领

不过，在观众中，也有这一舞台的重要参与者。他们就是之前多次介绍过的在王国统治体系中起着重要作用、在祭祀时获准与重臣们共同列席的"首领"，即纳亚克。

正如前文所述，纳亚克出席十胜节祭祀，对于王国的统治体系来说还有另一个重要意义：纳亚克正是在该祭祀期间向国王纳贡的，王国的下一财政年度也是在该祭祀结束后才开始的。对纳贡情况做出描述的是另一名留下了毗奢耶那伽罗王国相关记录的葡萄牙人努尼兹。

努尼兹记录的是阿奇尤塔德瓦拉亚国王在位时期的情况。根据其记录，纳亚克们（努尼兹使用了"贵族"一词）首先有维持总计60万士兵、24000匹马的义务。他们就如同从国王那里获得土地的承包人，加上军队的维持费用，他们每年须向国王缴纳600万帕尔多（pardo，货币单位），该金额相当于全部土地收入1200万帕尔多的一半。而纳亚克们纳贡后剩下的金额，则必须用于维持既定数额的士兵和大象。当然，在祭祀期间前往宫殿也是义务。如果未能履行上述义务，就会被没收领地。关于纳亚克的人数，单是伴随国王左右的就超过了200人，同时也有纳亚克仅于受召时才前来效力或者仅负责从任职地上供贡赋。

努尼兹记录了其中若干人的收入额、纳贡额以及所负义务的情况。例如，阿奇尤塔德瓦拉亚国王的首席大臣萨尔瓦纳亚克（Sarvanayaka）统治着整个朱罗曼达尔（Cholamandal）

地区，拥有 110 万帕尔多的收入。收入的三分之一用于向国王纳贡，余下的三分之二虽然归自己所有，但依照国王要求，这些收入必须用来维持 3 万步兵、3000 匹马以及 30 头大象。当然，根据努尼兹的记录，该纳亚克维持的军队并没有达到这个数目，他也由此积攒了大量的财富。其他的纳亚克也大致要将收入的三分之一到二分之一纳贡。毗奢耶那伽罗王国析分出了 200 个以上这样的纳亚克，根据各纳亚克的土地和税额确定后者需要维持的军队规模和祭祀时需要支付的贡赋。

为期 9 天的祭祀结束后，国王在城外检阅纳亚克的全体军队。阅兵后，国王下马，射出 3 支箭，到达最远处的那支箭所指方向的敌人则成为开战的对象。锻炼体魄的国王、统治众多纳亚克的国王、时时寻找战斗对手的勇猛果敢的国王，这就是毗奢耶那伽罗统治者的形象，而十胜节祭祀便是象征性展示毗奢耶那伽罗帝国及其统治者状态的舞台。

幕间

在开始第三幕之前，让我们简单了解一下从克里希纳迪瓦拉亚国王到纳亚克时代的历史变迁。自克里希纳迪瓦拉亚国王的同父异母弟弟阿奇尤塔德瓦拉亚继位以来，同时也是在与各种势力（以比贾普尔为代表）相对抗的影响下，毗奢耶那伽罗王国开始出现了中央集权体制衰退的征兆，纳亚克们开始在地方上各自为政。克里希纳迪瓦拉亚国王晚年依恃麾下的四名将军才实现了对泰米尔地区的远征，据说此事正为分权的趋势奠定了基础。毕竟，国王的将军及其子孙们得以从王国独立了出来。例如，被克里希纳迪瓦拉亚国王派去征服朱罗的纳伽马·纳亚克（Nagama Nayaka）因为宣布马杜赖为自己所有，陷入了被自己的儿子维斯瓦纳坦（Viswanatha）引渡给国王的窘境，后者因而得到国王信任，被任命为南方大部分地区的长官（约1529—1564年在位），并与其子克里希纳帕（Krishnappa，1564—1572年在位）在1565年塔利科塔之战后，毗奢耶那伽罗王国向心力下降之时，将马杜赖转变成了独立王国。按照同样的方式，在16世纪后期，挑战中央集权的分权势力分别在卡纳塔克地区的伊克里（Ikkeri）和迈索尔，泰米尔地区的京吉、马杜赖以及成为第三幕舞台的坦贾武尔三个区域得到发展。到了17世纪，它们各自形成了纳亚克王国，南印度从此进入了纳亚克时代。

将纳亚克时代当作一个浑然一体的时代可能会产生异议。正如下文将要描述的年代起止和政治状况所示，我们未尝不可以将这段时期算作毗奢耶那伽罗帝国的衰落时期，或是进入南印度的马拉塔势力、伊斯兰势力以及西欧殖民势力的崛起时期，从而将它笼统划入殖民地化时代。首先，从时间上看，虽然一般认为纳亚克们是在1530年左右开始在地方实行分权统治的。但若以泰米尔地区为例，京吉在阿拉维杜（Aravidu）王朝仍然存在的17世纪40年代已落入比贾普尔王国之手。坦贾武尔的纳亚克政权也在1673年为同属纳亚克政权的马杜赖纳亚克政权所灭，而最终在此处建立政权的则是西印度的马拉塔势力。余下的马杜赖纳亚克政权一直存续到18世纪30年代，最后在穆斯林势力的压力下灭亡。如上所述，各政权兴亡时间差异很大，要总结出纳亚克时代何时开始、何时结束是很困难的。另一方面，南印度在失去毗奢耶那伽罗这个屏障之后，立即开始遭受马拉塔势力和穆斯林势力的南侵。上面提到马拉塔政权在坦贾武尔的成立。至于伊斯兰势力方面，此前已有比贾普尔和戈尔康达等德干势力，而莫卧儿皇帝奥朗则布在1681年亲自南下，吞并了比贾普尔和戈尔康达两国，并在1694年于阿尔果德设置了纳瓦布，意图支配整个南印度。更为重要的变化还有西欧各国的到来。荷兰、英国和法国等势力出于商业贸易或是传教活动目的（或是两者兼有），取代了此前的葡萄牙势力，相继介入南印度。由此可见，相较于将这一时期概括为纳亚克时代，将其称为从毗奢耶那伽罗时代到殖民地化时代的过渡期可能更为合适。

但笼统称为纳亚克时代也有其积极意义。首先，可以看到各纳亚克政权自始至终都将全部精力放在维持其统治区域的独立性上，致力于阻止类似毗奢耶那伽罗王国那样的集权政权再次出现。不过如第三幕所示，比起这种政治局面，更为重要的是当时创造出的独特时代特点：身处失去可靠权威的政治黑暗中，无法看清时代前行方向——生活在如此时代的人们于是开始追寻颓废的享乐生活，由此催生了新的文化。第三幕将要描述的纳亚克宫廷，以及纳亚克宫廷所创造出的世界，可以认为就是这一时代的表象，纳亚克时代自成一体的理由也正在于此。

第三幕的舞台是在毗奢耶那伽罗王国衰落时发展壮大起来的纳亚克王国之一坦贾武尔纳亚克的宫廷。相传坦贾武尔的纳亚克王国有如下起源：第一代统治者塞瓦帕（Sevappa）是农民出身的战士，后因战功成为毗奢耶那伽罗国王阿奇尤塔德瓦拉亚的亲信，娶其姨妹穆尔蒂曼巴（Murtimamba）为妻，并且在1544年得到了坦贾武尔。

坦贾武尔纳亚克政权的宿敌是相邻的马杜赖纳亚克政权。后者为了灭亡毗奢耶那伽罗，时而与比贾普尔派来的马拉塔的沙哈吉·邦斯勒联手，时而与戈尔康达的苏丹共谋。此外，为了压制坦贾武尔，马杜赖纳亚克政权甚至试图破坏位于坦贾武尔三角洲扇形圆点的大水坝。

第三幕的时间设定在坦贾武尔与宿敌马杜赖爆发决定性的、绝望的战争前夕。坦贾武尔的拉古纳塔（Raghunatha）不仅是勇敢的战士，还是以文人、音乐家、学者、数本著作的作者以及艺术、文化活动的保护者身份而知名的国王，而第三幕的主角维贾亚拉加瓦·纳亚克（Vijayaraghava Nayak，1634—1673在位）正是拉古纳塔国王的儿子，也是坦贾武尔纳亚克王国的最后一任国王。下面，就让我们将幕布——这次是一出悲剧——揭开吧！

第十二章　耽溺：纳亚克时代

第三幕的舞台，是17世纪60年代中期的坦贾武尔王宫。国王周围环绕着侍奉左右的婆罗门。

婴孩国王

因为吃了朱卡林伽（Chokkalingam）〔即马杜赖的纳亚克〕的败仗，国王再也不能享受快乐的时光了。跟随左右的婆罗门们于是进言，现在唯一的出路是重新转世，国王旋即开始做准备。人们铸造了无比巨大的雌牛，国王于是进入雌牛的子宫中。在数不清的仪式之后，奇迹出现了。黄金〔原文作青铜，此处意为黄金〕之牛产了一个活物〔即婴孩国王〕。担任纳亚克古鲁〔宗教导师〕的婆罗门的妻子则充当助产妇，将生出来的活物抱在手腕中，放在膝上逗弄他，让他含住乳房。然后，为了让这个荒唐的舞台更完美,这个巨大的幼儿还模仿刚刚降生的婴儿哭泣起来。在这场喜剧上演时不可笑出声来,因为演员们都非常认真。观众们忍住不笑,但远处的人则哈哈大笑起来。但从心底笑出声来的则是婆罗门。毕竟,托这场仪式的福,他们的怀里涌入了巨款。

在 17 世纪下半叶耶稣会传教士普罗恩萨(Proenza)所描绘的这个舞台上,扮演主角婴儿的就是本幕的主人公维贾亚拉加瓦·纳亚克。这场多少有些怪诞的演出体现了本时代的两个特征:首先,国王是从金牛中诞生的超自然亦即神性的存在;其次,这个时代是创造出色情、怪诞、荒谬、颓废,带有几分伤感但又新颖的文化潮流的时代。对纳亚克时代这一特征做了出色描述的研究著作有由 V. N. 拉奥等三人合著的《实在的表象:纳亚克时代泰米尔纳德的宫廷与国家》[①]。本幕就将依据他们的研究来讲述纳亚克时代。

背德

> 自己与妻子的性爱,是为了生育后代
> 与快乐无缘
> 买春则价格不菲
> 在巷子里寻找女人也是费尽辛劳
> 想一想吧

---

① Velcheru Narayana Rao, David Shulman, and Sanjay Subrahmanyam, Symbols of Substance: *Court and State in Nayaka Period Tamilnadu*, Oxford, 1992.

最好选择的还是

　　与邻人的妻子性爱

　　世间一切

　　都在歌唱这美妙

　　印度的种姓都有各自不同的种姓规则，在规则遭到破坏时，处罚、裁定机关和救济处置等方面的抉择则视各种姓情况而定。因为种姓是以由血缘关系组成的集团为基础的，婚姻规则十分重要，一旦有人有破坏这一基础的不忠行为——特别是女性，会为此受到严厉处罚。为人所熟知的处罚包括剃光头发、脱光衣服、在身上涂上黄油后跨在驴背上游街，或者驱逐出种姓，等等。考虑到这一情况，这首诗的内容便显得与众不同。这首诗积极鼓励与他人妻子发生性行为，这是在这个时代之前难以想象的内容。这表明此时出现了支持推翻各类道德、追寻快乐的风潮。因此，卫道士遭到了如下嘲笑：

　　性无能的男人们不能满足妻子

　　自作聪明地在棕榈叶〔椰树叶、贝叶〕上写上与别人的妻子性爱是犯罪

　　他们只是不愿自己的妻子被触碰

　　这种干枯的叶子

　　怎能被它阻挠

　　这首诗尤为引人注目的是其主体是女性，而且是已经结

婚的女性。这里描绘的不再是毗奢耶那伽罗时代广为流行的萨蒂所象征的与丈夫尸体一同自焚的贞洁顺从的妻子，而是拥有追求感官享受的肉体和欲望、独立于丈夫、作为人类个体存在的女性。相同的内容在以下这首创作于15世纪的诗歌中亦有体现：

> 他是完美的恋人吗？
> 特别棒呀
> 在床上感到无聊吗？
> 得到了各种享受呀
> 他英俊吗？
> 比爱神更美呀
> 你爱他吗？
> 比任何人都爱
> 那为什么总与别的男人周旋？
> 你经验丰富，却什么也不懂呢。他有一个令人厌烦的缺陷。那就是，他被称为我的丈夫

这里可以看到舍弃贞洁之妻的形象、嘲笑旧道德而自由飞翔的女性。这一女性形象上的大胆变化体现出了一种背德意向，在纳亚克时代一跃浮出水面。

对肉体的关心

对肉体欲望的肯定增强了对肉体本身及其感觉的关注。

这不仅体现在坦贾武尔出现了丰富的医学书与宫廷中也诞生了大量同样内容的诗歌上；也体现在仪式和诗歌中肉体开始作为超越现世的主要手段而登场——体现这一点的例子有妓女通过自己的肉体认知神明的诗歌主题，以及与位于卡拉哈斯蒂（Kalahasti）的湿婆神庙之起源相关的下述神话：

雅达瓦摩诃拉者（Yadavamaharaja）国王统治着通达伊（Thondai）地区的纳拉亚纳普拉姆（Narayanapuram）。为了让这位国王臣服，湿婆神用灰涂抹身体，垂下湿婆的林伽〔即男性生殖器，湿婆的象征，平时挺直向上，表示对尘世的拒绝〕，扮成放荡行者的迷人模样前往纳拉亚纳普拉姆。大路上的女人们无法抑制对这位行者身姿的热情，将他围住，唱起赞美的歌来。

在这群女人当中，有一位在宫廷负责为国王准备餐具的少女：

她的心已如燃烧的酥油（ghee）般融化，她在行者面前跪下，恳请他到自己家中进食、休息。行者告诉她："爱化作的肉身，美丽的女人哟，我已在与欲望的战斗中失败，如果我能逃进这细腰丰乳之中，那就让我去你家吧。"理解了话中之意的少女则回答道，"如果我这孱弱而注定死去的肉体能够为您拭去数不尽的悲伤，那么这将是我长久以来力行苦修得来的礼物。"将他带回了家中。然后，她用黄金做的器皿打水为他洗脚，让他在椅子上落座，献上食物，进食结束后又递上樟脑香味的蒌叶。再之后，隐藏了第三只眼睛的湿婆神将少女引入了激情之海。

第二天，少女没有到宫廷侍奉，愤怒的国王将她唤来，命令家臣剪去她的美丽长发。

少女受辱后哭泣着回到家中，行者轻拍了她一下，她的头发就立即恢复如初了。国王看到了再次出现在宫廷的少女，他看着她浓密的头发，震怒于他的命令没有被执行，质问少女原因。少女讲述了自己遇到的事情，国王深感后悔，急忙赶往少女家。行者接受了国王的祈祷，命令国王在凯拉萨（Kailasa）修建祭祀湿婆神的神庙。

正如这个传说所述，为了积极侍奉神、满足神、了解神的需求，少女孱弱、注定死去的肉体得到肯定而积极的利用。少女并不满足于只向神献上食物、崇拜神、成为其奴隶，还试图通过其肉体了解神、满足神，而神也是如此要求的。

该传说还表明了两件事。首先，女性性别被认为更有利于接近神。这也促成了该时代国王、宫廷乃至神本身的女性化倾向。与此同时，它也与前述舍弃旧道德独立的女性形象的确立相关联。其次值得注意的则是断发及其恢复所表示的主题——肉体的消解与再生——得到了普及。接下来将讨论的就是后者。

肉体的再生

积极肯定肉体作为接近神的手段或是奉行肉体快乐至上的主张，促成对肉体本身的关注异常高涨起来。其体现之一便是在该时代频繁登场的肉体消解和再生的主题。

肉体再生的主题首先表现为认为该再生部分具有特殊力量，并将其讲述为某个具有特定技能的种姓的起源。例如，20世纪初调查得到的下述传说便与以杂技为职业、称为顿巴尔（Donbar）的种姓集团有关：

> 一个男孩出生时没有手也没有脚，随后不幸接踵而来。被咨询的占卜师认定这个男孩是不幸的元凶，应当处理掉。他的母亲可怜他，痛苦中将他藏在了牛棚的食槽中。这次轮到牛相继死去且原因不明。就这样，之后无论将孩子藏在哪里，哪里就会发生不幸。绝望的母亲最后将孩子交给了流浪的乞丐，求他将孩子带去别处处理掉。乞丐便将孩子投入了古井。

但这个被投入水井的男孩并没有死，而是继续大声哭泣叫唤。他的叫声传到了帕尔瓦蒂（Parvati）女神和帕拉梅施瓦拉（Parameshwara）神耳中：

得知了他的不幸经历后，神明展示奇迹，赐予他双手双脚。而且神明在获悉男孩的请求后，还授予他从制陶匠处获得土制大鼓和化缘时从到访人家获得大米施舍的特权。得到了手脚的男孩欣喜异常，从水井里一跃而出，拜服在神明的脚下。之后，男孩成了流浪乞丐的一员，开始以杂技为职业。顿巴尔一族便是该男子与他在流浪途中遇到的女子的子孙。

同样的主题也可见于坦贾武尔纳亚克宫廷诞生的一部宫廷作品《沙朗伽陀罗》(*Sarangadhara*)。该故事梗概如下：

罗阇罗阇·纳伦德拉（Rajaraja Narendra）国王和妻子拉特南吉（Ratnangi）有一个孩子——沙朗伽陀罗王子。一天，王子饲养的鸽子飞到了国王的后宫中。因为父王此时正外出打猎，王子便违反禁令进入后宫去取回鸽子。父王的爱妾奇特兰吉（Chitrangi）看到了王子的身影，并且只看了一眼就被他的美貌俘获，花言巧语向王子求爱。与之相对，王子也伶牙俐齿，努力不受诱惑。奇特兰吉向王子一幅接一幅地展示房间里描绘各种性行为的壁画，想要将王子引向性爱，但王子靠着能言善辩避开了诱惑。渐渐感到焦急的奇特兰吉放弃了语言诱惑，开始直接用肉体进行诱惑。她脱去肩上的纱丽，解开腰间的扣子，将王子抱住。但王子巧妙地逃走了……奇特兰吉手上只留下了一件披肩。

对王子的爱慕得不到回报，一变成为仇恨。国王被奇特兰吉的言辞轻易欺骗，对留下物证的王子进行了审判，命令家臣将王子带到森林砍去其手足，家臣于是照做了。路过的瑜伽行者发现了九死一生的王子。行者给了王子牛奶，并且传授他瑜伽和冥想的方法。行者将一块巨石悬空在王子头上，命令他不许转移视线也不许眨眼，让他以这种方式修行：

> 王子坚持修习行者传授给他的瑜伽，渐渐地奇迹发生了。被切断的四肢也像树木成长一样一点一点生长出来，最后恢复如初。

后来，继续修行并将名字改为萨朗吉（Sarangi）的王子摆脱了饥渴和色欲的束缚，他触碰过的东西都会成为黄金，甚至他走过的地方都会生出宝物来。最终，他和父王会面了。父亲恳求王子接手王国的统治，但王子已选择了瑜伽的道路，拒绝了这一请求，告诉父母让他们生育别的王子作为王国继承人后离去。

与前述内容相应，从该作品内容中可以看到近亲相奸的要素：居于母亲地位的父亲爱妾强迫发生关系。再加上强迫发生关系的主体是女性一方，肉体的消解和再生的主题已清晰可见。

成为神的国王

拉奥等人所论纳亚克时代的另一个特征是国王的神格化。

正如前述朱罗时代相关内容所示，神王即国王是神的概念在东南亚部分地区自古便已存在，朱罗王权自身也存在与神同一化的迹象。到了纳亚克时代，神格化的国王形象得到了更为明确的强调。这在称为雅克莎迦那（Yakshagana）的众多戏剧中有所表现，这些剧目似乎常在纳亚克宫廷上演。下面就让我们一窥其内容和特征。

金莲少女

此处要介绍的雅克莎迦那剧目是《金莲少女选夫婿》（Hemabjanayikasvayam-varamu）。作者马纳尔德瓦（Mannarudeva）是维贾亚拉加瓦·纳亚克之子，该剧正是儿子献给父亲的作品。

作品舞台是位于坦贾武尔以南约30千米的马纳尔古迪（Mannargudi）神庙。神庙的主神拉贾戈帕拉（Rajagopala）是坦贾武尔纳亚克的家族神，这座神庙也是该纳亚克举行主要仪式的地方。

戏剧按照惯例以对神的祈祷开始，中间还夹杂着一些意味重大的表述，如马纳尔德瓦是神的孙子，因此父王维贾亚拉加瓦是神的儿子等与国王的神格化相关的内容，然后戏剧的主演——作为神同时也是国王的拉贾戈帕拉神——登场。他的16000名妻子已经站满舞台周围，正满腔热情地表达着对拉贾戈帕拉的热切思念，后者则将视线一一投向她们每一个人，然后走进舞台中央。

接着，包括梵天在内的众多神祇来到舞台。他们向拉贾戈帕拉提出搅拌乳海、将阿密哩多（amrta，甘露）分给众神的请求。拉贾戈帕拉立即开始了这项任务。这时，在海底金莲中诞生的迷人少女卡纳卡布贾德维（Kanakabjadevi）出现了。众神和众魔看到卡纳卡布贾德维从海中走向海岸的身影，如同中了魔咒。但卡纳卡布贾德维自己已成为拉贾戈帕拉的俘虏，并不看其他神一眼。她的身体因为对拉贾戈帕拉的渴望已微微出汗，轻轻颤抖，乳头也变得坚硬。她问仆人这位神祇是谁，仆人则回答道："这位神祇，就是变身为鱼将吠陀送还给梵天，变身为龟襄助众神的神……是让 16000 名女性坠入爱河，得到维贾亚拉加瓦家族每天礼拜的神。"

与此同时，拉贾戈帕拉也已坠入了爱河。他的 16000 名妻子中没有一位能像这位大海中诞生的少女一样引起他的喜爱。想必她带来了超出性爱的喜悦。是否会有人能为自己和她牵线搭桥呢？

随着剧情推进，少女的父亲、海洋之主伐楼拿（Varuna）将女儿带回了海中的王宫。从此处开始，南印度戏剧中频繁得到运用的"分离的狂恋"桥段开始上演：那位神祇一定会来到我的身边，将我搂住吧。

闺密们来看望疯狂幻想与那位神祇性爱的卡纳卡布贾德维，答应担任爱的使者。迅速动身前去拜访拉贾戈帕拉的闺密被带到了他一边与妻子们性爱一边接受维贾亚拉加瓦·纳亚克礼拜的地方。场面非常露骨，不过闺密还是传达了少女的爱意。当然，拉贾戈帕拉早已坠入爱河，马上约定次日相会。像《罗摩衍那》中罗摩将戒指交给悉多的仆人一样，他也将戒指交给了闺密，作为约定的凭证。

当拉贾戈帕拉神沉醉于对金莲少女的爱恋，正处在度日如年的疯狂状态时，对此毫不知情的维贾亚拉加瓦国王像往常一样来登门礼拜了。维贾亚拉加瓦国王拜伏在拉贾戈帕拉神面前，献上贡品，唱起赞歌，感谢神对既是国王也是神子的自己一如既往的爱。但神思虑重重，没有做出任何回答。感到担心的国王细心询问后，拉贾戈帕拉神回答道："孩子啊，到我身旁来。你是我的幼子，总是为我效劳，建造寺塔，修筑围墙，打造带有柱子的门廊，向我献上饰品、大象和马匹，为我主持祭祀的孩子啊。你是我的孩子，我的臣属，我的将军，我的友人，我的信徒，可以信赖的同伴，最亲近的亲人，我生命的气息。"随后他羞涩地将心事告诉国王，嘱咐他去少女的父亲海洋之主处交涉与少女结婚的事宜。国王自然欣然接受了神的差遣，换上正式的服装，骑马前往海洋之主处，成功缔结了婚姻。

换装的神

此处要表明的不仅仅是维贾亚拉加瓦国王是神的儿子这一点，还表明了他是神所信赖之人，是蒙受神之恩惠者的事实。国王不仅是神的儿子、仆人和将军，他还被描述成代替神庙中烦闷却无法动弹的神而行动的拥有强大力量的存在。此外，他还是采取建造神庙等捐赠行为的施舍方，也是祭祀的主持人。从另一个角度来看，国王被刻画成了在自己所处的现实领域中近似于神的存在。

拉贾戈帕拉神获悉国王成功缔结婚姻的消息后，高兴地说道："像你这样才算得上是我的孩子，实现了我的所有愿望。"为了举行婚礼，神马上更换了衣服。此处值得注意的是，神换上的衣服与之前国王被派往海洋之主处时所穿的衣服完全一样。也就是说，神与国王几乎以相同的形象出现在舞台上，从视觉上确认了国王的神格化。

换了衣服的拉贾戈帕拉神在穿着同样衣服的国王的带领下抵达了少女父亲的海洋宫殿。在那里，毗湿奴神变作各种化身列席其中，但少女毫不犹豫地选择了拉贾戈帕拉，舞台转入结婚仪式。

婚礼结束后，拉贾戈帕拉神造访在坦贾武尔的维贾亚拉加瓦国王，向他祝福道："维贾亚拉加瓦啊，因为你帮助缔结了这场婚姻，我们感到内心安乐，只要月亮和群星还在，你将会健康且幸运！"对此，国王回答道："您将我称作您的孩子，这是我一世的光荣，请赐我战无不胜。"戏剧就此落幕。

如同该剧所示，神与国王的关系被描述为后者给予了前者压倒性的恩惠，国王是比神更为富有、更有力量、更具行动力的存在。这种国王与神的关系在其他的宫廷诗中也有例证：拉贾戈帕拉神因为得到了维贾亚拉加瓦国王赠送的不计其数的礼物，从普通的牧牛人成了神。所谓服务，其实是接受服务者依赖提供服务者的标志。于是，国王被刻画为不仅是神，同时还是比神更高的存在。

相较于着重描写国王与神的差异的古代南印度文学，这类雅克莎迦那在内容上与之大相径庭。可以认为，其特点在于表现了该时代国王与神关系的特殊性，即国王是神的化身、国王本人就是神圣存在。这种王权性质的变化也表明了刹帝利、婆罗门之间一直以来的双重王权形象的崩溃。此时的王权已舍弃传统的瓦尔那（varna，四种姓制）理念——在位于神圣地位的婆罗门辅佐下获取神恩——成为独立的、个性化的、自主的王权。

但这种神格化的王权在现实中则被局限在极为有限的空间里。雅克莎迦那宫廷剧所描绘的国王，也只是剧中的国王。王权的政治权威绝非稳固，国王即便成了神，为了巩固权威也不得不讨好已经衰落的更高一级权力，为了维持宫廷的运转不得不依赖家臣、包税人和商人。可以认为，成为神的国王所能掌控的王国仅限于宫廷这个空间。这部剧创作于坦贾武尔政权在现实世界中灭亡仅仅4年前（见下文），正是这种局限性的象征。现在，就让我们来见证成为神的国王所掌控的现实中的王国是如何走向终结的。

维贾亚拉加瓦国王的末日

长年宿敌马杜赖军开始攀登坦贾武尔的要塞城墙，维贾亚拉加瓦国王此时却还忙于向主神拉贾戈帕拉祈祷。陷入混乱的家臣们拼命向国王传报马杜赖军已经开始入侵要塞的消息，但国王并没有停止祈祷。到底是年逾八旬的国王了。

敌方将领文卡塔·克里斯纳帕·纳亚克（Venkata Krishnappa Nayak）是同样以诗人身份知名的将军。胜负已定，已无必要再流无益的血。于是将军向国王转达了如下口信："我军已进入要塞,阁下的军队和要塞都已归入我方。继续战斗已没有意义。现在还有和谈的余地,甚至撤军也不是不可能的事。阁下是伟大的战士,为何如此顽固?和平的条件并不新奇。①双方的宫廷在过去也缔结过婚姻。"

但国王对此充耳不闻。礼拜结束后,国王做了答复:"即使王国灭亡,一切消散,我也不会交出女儿。认为我们会屈服于恐惧的想法是荒谬的。尊严,是即使付出生命也需要捍卫的东西。来决战吧!"

敌军已经攻入宫殿,老国王身旁已经没有了卫兵。所剩下的只有与国王一直以来的戏剧性生涯十分相配的戏剧性结局的装扮。国王身挎宝刀,挂满宝石的衣服缠绕着他的高大身体,装束整齐。他首先命令释放被黄金锁链锁住的儿子马纳尔德瓦。之后他所考虑的,便是名誉了。不能将坦贾武尔的公主们交到敌人的手中。国王命令儿子前往后宫。那里有数百名妻子和舞女,她们手持刀和短剑,等待国王的命令。马纳尔德瓦传达了国王的命令。公主们或是自刎,或是用短剑互相刺杀,剩下的则在摧毁整个后宫的火药爆炸中消失殆尽。只有一人幸免于难:王后让仆人悄悄带出后宫的四岁王子(见下文)。

国王没有因为悲痛而动摇。战斗的时刻终于到来。国王和王子应该谁先上前呢?两人都声称有优先的特权。但还是儿子一方先留下这样一番话——"您是我的父亲,我是您的儿子。您是国王,我是国王的仆人。现在正是我偿还您生我养我

---

① 原注:战争的起因便是马杜赖一方向坦贾武尔求娶新娘,却遭到坦贾武尔一方的拒绝。

之恩的时刻",然后被敌军斩碎。

目睹儿子死去的国王先是心中悲切,随后怒火冲天:"撤去火枪吧。像这样被子弹击中,不名誉地死去,是没法上天堂的。"

敌方将领同意了这一请求。国王独自闯入了马杜赖军中,砍倒数人,但最后身中数刀,奄奄一息。最后,他叫喊着"朗迦难德(Ranganatha)①啊!拉贾戈帕拉啊!"据传说,这时在距离遥远的斯里兰格姆神庙中,僧侣们看到了维贾亚拉加瓦国王带着大量的贡品进入了神殿,消失在神像中。

18世纪初的王朝记事中对坦贾武尔纳亚克政权末日的这段描写,同样还可见于荷兰商馆在1673年10月(即维贾亚拉加瓦国王逝去的次月)所做的记录。根据其他记载,国王被自己的军队抛弃则是因为他掠夺了部下的妻子。这位国王催生了无数宫廷剧,他的死也充满戏剧性,足以映衬同一时代。

幕间

如上所述,维贾亚拉加瓦国王在1673年逝去。之后的两年间,坦贾武尔由马杜赖纳亚克政权所拥立的阿拉基利(Alagiri)统治。但是,坦贾武尔陷落前成功逃出宫殿的维贾亚拉加瓦国王之子钱加马拉达萨(Chengamaladasu)被维贾亚拉加瓦的旧臣,现在为阿拉基利效力的婆罗门拉亚萨姆·文坎纳(Rayasam Venkanna)带到了比贾普尔苏丹处,

---

① 原注:斯里兰格姆(Srirangam)神庙的主神。

为王国的复兴乞求援助。苏丹阿迪勒·沙（Adil Shah）于是命令马拉塔的沙哈吉·邦斯勒之子文科吉[Venkoji，别名艾科吉（Ekoji）]前去驱逐阿拉基利，让钱加马拉达萨即位。文科吉遵从命令，随即南下，推翻阿拉基利，让钱加马拉达萨登上了王位。但在1676年，部分出于主人阿迪勒·沙去世的原因，文科吉自己篡夺了王位。于是，坦贾武尔开始受到马拉塔的邦斯勒家族支配，其统治一直持续到1800年。

1800年，坦贾武尔将行政权转交给英国，马拉塔国王沦落到靠10万帕戈达年金和税收的五分之一生活的境地。冠有拉者（raja）之称的最后一位国王名字也是西瓦吉（1833—1855在位），他拥有20名妻子、两个女儿，但没有可以继位的儿子，因此当他在1855年去世后，英国人废除了拉者的称号。坦贾武尔的马拉塔王族从此在历史上消失了。

和纳亚克时代的宫廷一样，在国土的庇护下，艺术、文化活动在坦贾武尔的马拉塔宫廷中继续得到发展，特别是梵语和泰卢固语文学十分繁荣。这些活动讴歌国王是神的化身，创作了大量的舞蹈剧，舞女们歌唱祝福国王的歌曲，冲破旧道德、聚焦于肉体的情色作品也在此时诞生。而这一切都是在王朝财政陷入窘况时发生的。这正是颇具季世气息或者更准确地说是受到英国殖民地化之前的印度文化最后的时空，百花争艳、芳香四溢而奇妙地充满魅惑。

在实际统治权被殖民统治所剥夺后，人们将余下的精力注入到了艺术活动中。其中的著名例子是荷兰东印度公司建立统治权之后，爪哇的马塔兰（Mataram）王国分裂成两个宫廷，在其中之一的首都苏拉卡尔塔［Surakarta，今索罗（Solo）］，文学、艺术活动得到了蓬勃发展，当地作为艺术活动中心一直延续至今。这是在被西欧的殖民统治剥夺了全部世俗权力之后，致力于寻求自己存在意义的亚洲旧统治阶层可以采取的一种典型的生活方式。

纳亚克时代出现了肯定对旧道德的积极破坏并以此为乐的风潮，而这一风潮背后暗藏着这个时代在经济结构上的大变动。17—18世纪西欧势力对印度洋贸易特别是棉布交易的全面介入将大量金银带到了南印度，使得流动的财富急剧膨胀。这也导致了这个时代一系列相互连锁的社会变动，如以马德拉斯这类殖民地城市为代表的城市的成长、城市商业权益的增加、各职业阶层向城市的聚集、面向城市市场的农产品贸易的扩大、参与农产品交易的村庄统治阶层财富的增加与政治自主性的强化等。可以认为，这也极大动摇了旧有的秩序体系、价值体系、道德观等。接下来的第四幕所讨论的殖民地化过程便是这类经济结构的变化、价值体系的变化、政治体制的变化齐头并进的过程。

纳亚克时代以及从18世纪末开始到英国东印度公司建立殖民统治为止，是马拉塔、阿尔果德的纳瓦布、海得拉巴的尼扎姆（Nizam）、称为珀力加尔的各地小军阀以及英国和法国的东印度公司多足鼎立、争夺霸权的时代。在第四幕开场之前，让我们先对各方势力的来历做一个简单介绍。

在坦贾武尔建立地盘的马拉塔势力来自西印度，西瓦吉（1627—1680）在西印度建立了马拉塔王国，于1674年即位。

如前所述，他的父亲沙哈吉·邦斯勒本是比贾普尔王国的家臣，为入侵衰落的毗奢耶那伽罗帝国而率军南下，攻陷了迈索尔的一部分、韦洛尔（Vellore）和京吉，迫使它们向比贾普尔王国纳贡。作为对此功绩的奖赏，阿迪勒·沙将迈索尔的一部分赐给了他。父亲去世之后，西瓦吉的同父异母弟弟文科吉继承了迈索尔，后来又在1676年占领了坦贾武尔，并在那里建立了马拉塔政权。西瓦吉本人也在1676—1677年间南侵卡纳蒂克地区，占领了韦洛尔和京吉。成为坦贾武尔统治者的文科吉在西瓦吉死后与马拉塔大本营只保留了名义上的联系，维持着独立的政权。

这些马拉塔势力并不总是团结一致，也存在互相斗争的情况。例如，1740年从萨塔拉派出的马拉塔军队在拉戈吉（Raghoji）和法特·辛格（Fateh Singh）的率领下击败了阿尔果德的纳瓦布多斯特·阿里·汗（Dost Ali Khan），随后蒂鲁吉拉帕利被交由部将穆拉里·拉奥（Murari Rao）管理，而穆拉里·拉奥为了压制坦贾武尔的马拉塔政权，还策划对其发起攻击。以穆拉里·拉奥部为代表的马拉塔势力以骑兵为主力，在军事上十分强大，拥有充足的机动能力，并且为了换取巨额奖赏还频频更换支持对象，随时保持着掠夺的欲望，成为之后扰乱南印度的重要因素。

与此同时，伊斯兰势力也在深度介入南印度政治。首先，莫卧儿皇帝奥朗则布锐意于向南方扩张，在1694年任命部下佐勒菲卡尔·阿里·汗（Zulfiqar Ali Khan）为阿尔果德地区的纳瓦布，以征收南印度各地的贡赋。阿尔果德的纳瓦布历经达乌德·汗（Daud Khan）的统治，到了萨达特乌拉·汗（Saadatullah Khan，1710—1732年在位）治下，已成为整个卡纳蒂克地区（相当于今泰米尔纳德邦）的纳瓦布，之后更是占据了整个南印度政治霸权的中心位置。

萨达特乌拉·汗的继承者，是其养子多斯特·阿里·汗。后者在与1740年南侵的马拉塔人作战时战死，继任纳瓦布是萨夫达尔·阿里·汗（Safdar Ali Khan）。与萨夫达尔·阿里·汗同是多斯特·阿里·汗继子的昌达·萨希卜（Chanda Sahib，1752年战死）之后曾在法国人的支持下短暂登上过纳瓦布之位。萨夫达尔·阿里·汗在1742年被暗杀，其幼子赛义德·穆罕默德·汗继承了纳瓦布之位，但随后也遭到毒杀，尼扎姆（见下文）于是让自己的年迈家臣安瓦鲁丁（Anwaruddin）在1744年登上纳瓦布之位，后者出身于一直以来是纳瓦布家系［那瓦亚特（Nawayath）家族］以外的家系［瓦拉贾（Wallajah）家族］。围绕纳瓦布继承权而展开斗争的两个系统就此形成。安瓦鲁丁在1749年去世，纳瓦布继位者之争于是在安瓦鲁丁之子穆罕默德·阿里·汗和昌达·萨希卜之间展开。

但成为继承斗争对象的纳瓦布之位，本身并不能自动带来任何实质上的统治。马杜赖的纳亚克势力、坦贾武尔的马拉塔势力乃至拉姆纳德（Ramnad）的马拉瓦（Marava）势力、迈索尔的乌达亚尔（Udayar）势力等名义上接受了纳瓦布的支配，但其实都具有很强的独立性。没有强大军队，不以武力相胁，便无法获取统治的实质——贡赋。长期以来，为了征收贡赋而不断率领大军开展军事行动的模式也在这里不断上演。

与此相对，比纳瓦布更高一级的政治势力也混乱丛生。1707年奥朗则布皇帝死后，莫卧儿帝国在继承者之争以及阿富汗势力对德里的入侵等政治动荡中陷入疲敝，在此期间，尼扎姆穆勒克（Nizamulmulk，1671—1748）于1724年在德干的海得拉巴建立了半独立王国。德里的莫卧儿帝国因为1739年伊朗纳迪尔·沙（1736—1747年在位）的入侵遭受了决定性的打击，只在名义上维持着主权。尼扎姆穆勒克于是将以阿尔果德纳瓦布为首的三十名纳瓦布纳入麾下，确立霸权，取得了统辖整个南印度的地位。但在1748年尼扎姆穆勒克死后，同样出现继承者之争，英国和法国也乘机介入。

在比纳瓦布低一级的政治势力中，则有称为珀力加尔的小军事领主，这些人有着各种各样的出身背景。珀力加尔本来是负责维持地方治安的人，但随着社会混乱的加剧，其中部分人开始招募数十到数百人作为亲兵，参与这一时期各类军事行动，成为战斗的重要组成部分。作为地方社会的武装势力，他们为数甚众，其独立行动则成为南印度重要的不安定因素。来自西欧的各势力也介入上述各势力的行动中，开始对当地政治产生微妙的影响。其中葡萄牙最先退出，而自17世纪初设立东印度公司起开始向印度洋扩张的荷兰之后也因为在英荷战争（1652—1674）中战败，政治力量遭到削弱。到了18世纪初，仍在南印度积极开展着活动的是英国、法国的两个东印度公司势力。苏拉特、孟买、孟加拉等都是它们在南亚次大陆主要沿岸地区设置的据点，至于在南印度，英国设置了马德拉斯作为据点，法国则设置了本地治里作为据点。

东印度公司本来专注于通过贸易活动获取利润，单从公司经营的角度来看，军事开支完全是浪费。但随着纳瓦布被暗杀和继承者之争相继发生，并且马拉塔军队和尼扎姆军队南侵所象征的印度国内政治的混乱频频对英法的贸易据点构成威胁，双方被迫卷入当地各势力的政治斗争中，一直以来的商业势力开始作为重要的政治势力发挥作用。

英法势力跳出商业活动藩篱，作为军事实力直接登场，应当始于1746年法国对马德拉斯的占领。这次对抗是欧洲奥地利王位继承战争（1740—1748）中英法两国的对立在印度的延伸，不过由于占领马德拉斯的军事行动无视了纳瓦布的禁令，这次行动也成为直接开始以武力对抗印度各政治势力的契机。

接下来的事态发展导致印度国内势力与西欧势力之间的平衡发生了逆转。就其大体形势而言，法国及其印度同盟势力与英国及其印度同盟势力相互对立，亦即法国支持那瓦亚特家族的昌达·萨希卜出任纳瓦布，尼扎姆穆勒克之孙穆扎法尔·姜格（Muzaffar Jung）或萨拉巴特·姜格（Salabat Jung）出任尼扎姆，而英国则支持瓦拉贾家族的穆罕默德·阿里·汗出任纳瓦布，尼扎姆穆勒克之子纳西尔·姜格（Nasir Jung）出任尼扎姆。但形势总是瞬息万变的，一支舰队的到达或是某一势力的倒戈让形势逆转是常有之事。这是因为当时的军队是由领日薪的雇佣兵组成的，一旦进入持久战，战斗延长导致军饷迟发时，士兵们就会直接脱离战线，或是叛投敌方。这也不是印度士兵所特有的现象，法国士兵也经常会脱离战线。在欧洲，法国国王之所以依赖瑞士雇佣兵，就是因为法国步兵队素质恶劣，与下述讽刺性文字所描写的状况是相通的："法国只有临时凑成的军队，一旦危机结束就会被立即解散……就雇佣军之间的战争而言，静待时机的做法比真正交火更为有效。如果雇主资金耗尽，军饷迟发，雇佣军就会立即四散。对社会来说，只有采取这种作战方式才能将战争损害减少到最低……"

但过错并不只在雇佣兵一方。因为军费筹集困难，各势力都会向自己的士兵以及加入同盟的势力滥发债券，随后又让其成为废纸。战斗是只有取胜才能收回成本的行为。印度各势力因为向英国或法国滥发债券，欠下了巨额债务，债务的支付则只能靠战胜时获取对手的金库，让对手割让可征税的土地或是索性延期支付等手段应对。另外，各地小势力会加入军队，与其说是出于政治忠诚，不如说是为了获取军饷并参与伴随战斗而来的掠夺，或是为了获得某个地区的统治权（与征税权同义）。他们为了自己的目的加入适合的势力，一旦发现无法达到目的，就会立即改变合作对象。第四幕将描述的殖民地化时代仿佛就是以下克上的战国时代。

虽然战况发展令人眼花缭乱，但在1752年，法国的盟友昌达·萨希卜在蒂鲁吉拉帕利与闭城不出的穆罕默德·阿里汗交战时遭到俘虏，并被斩首，之后战局开始渐渐变得对英国一方有利。由于英国在孟加拉获得了征税权，从那里送来的资金也对英国一方产生了积极的作用。最后，本地治里在1761年落入英国之手，确定了英国对法国的胜利。英国随后与南印度唯一留存的政治势力迈索尔发生了四次战争，确立了自己在南印度的霸权，完成了对当地政治的殖民地化。

如前所述，这种政治上的殖民地化过程，伴随着社会、文化上向殖民地化状态转换的若干动向，与之并行、耗时漫长。这是印度文化与西欧文化的冲突、过去社会体制的转变、人与生存空间关系的变化等极广泛领域中的各种支流向殖民地化这一主流汇入的过程。这一时期产生的变化确实是缓慢的、一点点推进的，但从印度到此为止的历史进程来看，完全可以称之为激流。

第四幕描绘了这一转变的标志性片段。这一幕的主持人阿南达·兰加·皮莱，是18世纪中叶采取积极的领土扩张政策，对确定印度殖民地化命运起到决定性作用的东印度公司本地治里总督杜普莱克斯身旁的翻译官、顾问，他自己同时也是担任公司商人领袖的大商人，在本地治里的印度人社会中拥有最高地位，而且，在这个决定印度历史发展方向最重要的时期，他还记下了连续二十五年之久的私人日记。现在就让我们以他的日记为主要史料，开始讲述那个时代吧。

第十三章　崩塌：殖民地化时代

最初的舞台，是本地治里城中的天主教教堂。面朝信徒，法国神甫开始布道。

墙壁的拆除

卡维利河分为无数支流注入孟加拉湾，在其流经的土地中，有一个叫作开利开尔（Karaikal）的城市。从这里出发前往本地治里教堂赴任的一位法国神甫注意到，统称为帕莱雅尔（Paraiyar）的达利特出身的基督徒（即帕莱雅尔基督徒）和其余印度教各种姓出身的基督徒（即种姓基督徒[①]）在礼拜时，会在墙壁隔开的两侧进行礼拜。教堂中修建的墙壁将教堂一分为二，一侧聚集了帕莱雅尔，另一侧则是种姓基督徒、印度

[①] 达利特不被包括在种姓内。

人和欧洲人混血的亚欧混血者（Eurasian）以及欧洲人在进行礼拜。

对这一场景深感震惊的神甫开始呼吁居住在城市各个帕拉治里（Paracherry，帕莱雅尔居住区）的帕莱雅尔基督徒以及在村里负责跑腿，称为托蒂（Totti）的帕莱雅尔基督徒发起抗议。在神甫的鼓动下，帕莱雅尔基督徒聚集到主教身旁，要求道："如果我们真是您的弟子，那就应当平等地对待我们。主必定没有对信徒做任何区分。不过，种姓基督徒们认为最好将我们置于他们自己的领域之外，而您接受了这个要求。希望您能对我们解释清楚！"

听到这些话后，主教承认帕莱雅尔基督徒的要求是正当的，立即下令拆除教堂内的墙壁。他告诉聚集而来的帕莱雅尔基督徒："你们大家都是我的孩子。你们可以按照你们的心意和其他到会者一同出席对神的礼拜。"主教在为他们赐福后，宣布解散。

要有基督徒的样子

几天后，晚祷举行。此时教堂的墙壁已被拆除，不再区分种姓，帕莱雅尔、亚欧混血者、欧洲人以及泰米尔的种姓基督徒都混在一起出席礼拜。泰米尔的女性基督徒也参列其中。

出席的女性当中还有与本地治里东印度公司有往来的印度人公司商人领袖同时也是基督徒的卡纳卡拉亚·穆达利（Kanakaraya Mudali）的侄媳。她和她所属种姓的女性一样，在身上佩戴了大量饰品，身穿由洒有香水的平纹细布

(muslin)制作的薄纱,列席其中。

随后,主教在让她靠近举行礼拜的圣坛并跪下,对其讲述训诫时,注意到了她身上的香水味。主教中止了训诫,将手中的手杖插入她的发髻中,怒气冲冲地大声怒吼道:"你难道不是已婚妇女吗?莫非你是个舞女?你的丈夫不知道羞耻吗?贞洁的妇女会穿着平纹细布做的衣服出席教堂,卖弄脚、胸部和体毛吗?真是不可思议,这是得到了何种赐福的女人。你已经十二分地侍奉过神了。现在赶快回家吧。"

主教随即召集种姓基督徒们,要求他们中的女性今后不得穿着薄布料衣服,不能像其他泰米尔人那样在身上佩戴同样的饰品,今后必须像亚欧混血者那样扎起头发,不可使用香水。

恢复习惯

但种姓基督徒们并不认可这一指示,他们涌向教堂,开始质问主教。其中一人走上前,反对改变长久以来的习惯,表示不能接受主教的指示,主教于是命人将该男子追打出门。之后,当这个命令开始实施时,这名男子又扑向主教,抓住他的衣服,辱骂他,留下"以后再也不会来你的教堂"的话后离去。

基督徒们去找公司商人领袖卡纳卡拉亚·穆达利诉苦。卡纳卡拉亚·穆达利安抚他们,前去寻找主教,说明了解决这件事的难处。

主教向卡纳卡拉亚·穆达利表示同意认可长久以来的习

惯，但在卡纳卡拉亚·穆达利离去之后，主教找到总督，陈情自己遇到了基督徒们的反抗，遭受了蜂拥而来者的侮辱，恳请总督下令强制他们前来教堂。

总督唤出士兵（peon，低级士兵、巡逻兵）副队长克里马什·潘迪特（Klimash Pandit），命令他如果发现有四人以上的基督徒聚众议事，就立即将他们逮捕入狱。次日，教堂中再次建起墙壁，帕莱雅尔又像过去一样和其他基督徒分开了。

改宗的意义

阿南达·兰加·皮莱在1745年10月中旬的日记中记载了上述事件的始末，向我们传达了殖民地城市中印度与西欧文化相互碰撞、适应的一面。正如方济各·沙勿略（Francisco Xavier）到访日本的例子所示，西欧在亚洲的扩张总是伴随着许多以传教为目的的基督教相关人士的到来。传教士在印度的传教目标便是这些在当地统称为帕莱雅尔、受到印度教社会排挤的底层达利特。不过，南印度西海岸即喀拉拉地区的达利特并不是改宗者，他们从古代开始便是叙利亚派基督徒，传承了历史悠长的基督教传统。此外，在殖民地城市与公司关系较深的种姓印度教徒中也出现了改信基督教者，尽管人数较少。前文提到的卡纳卡拉亚·穆达利便是种姓印度教徒出身的基督徒，他凭借基督徒身份排挤了阿南达·兰加·皮莱，将阿南达·兰加·皮莱家族长期占据的公司商人领袖地位夺入手中。

前述事件及其背景对于帕莱雅尔基督徒和种姓基督徒双方来说具有如下意义。对于在印度教等级社会关系下受到压迫的帕莱雅尔来说，基督教宛如救星。不过他们在改宗时，并不期待得到与种姓印度教出身者同样的待遇。即使在教堂祈祷时被墙壁分隔，他们也不一定会感到不自然。最后能够注意到这种不自然，也是因为神甫对此提出异议，要求消除这种不自然。但在这项要求正要得到实现时，招来了墙壁另一侧的种姓基督徒的反对，后者在社会、经济上具有更大的影响力。于是，墙壁被恢复原样，旧习惯也被恢复。与帕莱雅尔基督徒相对，在种姓基督徒看来，基督教不过是新加入旧有印度教等级社会和众神神谱、可以皈依的又一个对象。对他们来说，到教堂出席礼拜无异于到印度教神庙参加祭祀，教堂像需要佩戴宝石、盛装、让身上香水气息四散的奢华场合一样。这无非是他们对旧有习惯的延续，而改信基督教或是参加基督教仪式绝不意味着要改变他们的发型、服饰，尤其不意味着要毁坏将他们与帕莱雅尔隔开的墙壁。这次事件反映了当时印度社会对西欧世界传入的思潮所做出的反应。

关于该事件的后续发展，阿南达·兰加·皮莱的日记中没有更多的记载。可以确定的是墙壁被复原了，旧有习惯也被原样接受。教会对种姓印度教徒出身和原达利特出身的两类基督徒的区别对待一直持续到了今天。但同样可以确定的是，基督教并不是完全没有对印度社会留下影响。神面前人人平等的传统在一部分巴克提运动中得到强烈反映，并且悄悄地传承了下来，在是否拆除教堂内墙壁的问题上与主张维持旧有习惯一方势均力敌。随着新统治者主导的新权威体系——殖民地——的建立，这种平衡产生了微妙变化，墙壁开始崩塌。关于这点，让我们将舞台转到马德拉斯，以18世纪初马德拉斯爆发的右手种姓集团对左手种姓集团的暴动为题材，稍做一番考察。

右手、左手暴动

1707年6月，与黑城相邻的佩达纳伊肯佩特（Peddanaick-enpet）区发生了暴乱。起因是一支左手种姓的婚礼队伍经过了城市中的某条大道。为了镇压叛乱，总督派出卫队进驻城市，同时派公司内的英国人率领火枪兵、右手种姓集团和左手种姓集团首领各两名前往现场。

黑城是马德拉斯的印度人居住区，今天已是遍布无数商店、批发店和仓库的嘈杂之地，但在当时，黑城与称为白城的白人居住区相对，用来称呼棉布生产工匠、商人居住的印度人居住区。在黑城的西北和东北两面则发展出了称为佩达纳伊肯佩特（警长之城）和穆提亚尔佩特（Muttiyarpet，珍珠之城）的区域，这些区域的印度人住户也在急速增加。

殖民地城市中白人和本地人分隔居住的现象也见于新加坡等其余殖民地城市，但它们并不一定都像新加坡那样是政策规划的结果，也存在自然出现的分隔居住。在印度，一座村庄中常常住有二十几个不同种姓，各种姓之间一般会分别栖居在特定区域。在马德拉斯和本地治里等城市的印度人居住区中，不同种姓也住在各自不同的街道上。但与村庄中的分隔居住颇为不同的是，这些城市中的不同种姓街道大体上可以划入被称为右手种姓和左手种姓、各自由大量不同种姓组成的两个集团的居住区，彼此之间形成了不到对方领域居住的习惯。该习惯很可能就是在左右手种姓产生冲突、殖民地政府采取措施介入前后确立起来的。

区别的出现

关于右手、左手的区别何时在南印度出现的问题，现在还不能给出准确答案。流传至今的相关传说中，有一则提到在朱罗时代，当朱罗国王调停纠纷时，站在其两侧的种姓分别称为右手和左手；另一则则表示右手种姓是古代为婆罗门运送拖鞋和伞而进入南印度的那批人。两者的对立似乎在那时就已存在，像右手、左手之间的对抗所导致的火烧村庄事件，宣扬右手团结精神的记载，还有称为"左手军"的国王军队，都是比较有名的。另外，毗奢耶那伽罗时代也存在右手、左手的对立，已知1383年铭文中记载了一起事件，当时双方都有人死亡，斗争持续了四年之久；而1438年也缔结过一次协议，约定在祭祀期间如果某一方成员发动骚乱便可用长枪将其当场击毙。

具体到每个种姓属于左手还是右手集团，则因时代和地点的差别而有所不同，根据史料可以列出种种名单。甚至有时会出现同一种姓的夫妻分属不同种姓集团的情况。此外，不属于任一集团的种姓也并不少见。不妨认为，在不同地点与状况下，会存在各种各样的集团组合方式。

但是到了17—18世纪，右手、左手种姓集团的对立呈现出极为严重的事态，每隔几年就会爆发有人死亡的激烈暴动。

暴动发生的直接原因对现代的我们来说都是一些极为琐碎的问题：红白事的场所，结婚仪式上所用柱子的数目，白马和伞、特定颜色或者绘有迦楼罗（据说是毗湿奴神坐骑的鸟）等特定形象的旗帜的使用方法等。但对当时的印度社会来说，这一切都是重要的象征，是值得冒生命危险去守护的重大权益。

暴动原因

1707年马德拉斯这场暴动之所以会爆发，是因为在本来各自分开的区域中，有一部分街道因为战乱暂时出现了混居现象，其中一方的种姓就认为另一方侵犯了自己的权益。关于这一点，可见于事件结束后当局发布的《金奈帕塔姆①所属十八种右手种姓成员请愿书》的下述记载：

> 英国人自抵达该地以来，就已分别授予右手种姓从汤姆·克拉克门（Tom Clarke Gate）到桥门（Bridge Gate）之间的土地，授予左手种姓泥尖门（Mud Point Gate）的土地。直到法国人在圣多美制造骚乱之前，这种划分得到了所有种姓的遵守。但是，随着骚乱出现，很多人逃到对方的地域避难，在没有总督许可的情况下建造了房屋。
>
> 向威廉·兰霍恩（William Langhorne）长官汇报了人们对该状况的不满后，长官下令让所有种姓返回各

---

① 原注：Chennapatnam，马德拉斯别名。

自所属的区域。右手种姓遵从了这一命令，左手种姓则在接受指示后，以种种理由拖延撤出，其人数反而有所增加。

因为法国制造的骚乱，右手种姓认为本属于自己专用的街道出现了左右手种姓混居的情况，而这次暴动的起因正是左手种姓的一队婚礼游行经过了该街道。

右手种姓的退出

之前提到总督派了一行人去调查骚乱，他们在调查现场后制作了地图，并汇报了发生骚乱的桥门街道和士兵大街是主要由左手种姓居住的区域，只有极少数右手种姓的人住在这里。为防止今后左右手种姓之间再次发生对抗，公司当局在收到报告后采取了如下措施：命令该区域的右手种姓变卖家产，搬去自己种姓居住的区域，将这两条街道专门留给左手种姓举行婚礼和祭祀，右手种姓不得阻碍。然后，为了确保措施得到实施，由左手种姓出资，公司当局在该区域四周竖起了刻有该命令的基石。

但问题并没有就此解决。基石竖立约一个月之后，8月12日，写有如下内容的告示贴在了这些基石上："自这座城市建立以来，从未听说过这种事情。政府用权威和金钱建起了这些基石，但这是对右手种姓的污蔑和嘲笑，如果不把那些家伙①像狗一样扑杀，进行彻底反击，右手种姓的权利就会受到剥夺……"

根据告示的内容判断，公司当局认为是某个与公司有关的英国人唆使张贴了这些告示（副总督弗雷泽被怀疑是幕后主使，之后他被总督解除职务），于是在城市各处贴出告示，悬赏寻找张贴告示者的相关情报。

但在三天后，事件再次爆发。右手种姓违抗命令，浩浩荡荡地穿过总督下令由左手种姓专用的两条街道，开展婚礼游行。得到通知的总督派兵逮捕了19人，将其投入监狱，为了警诫旁人，对他们施加了严厉处罚。

反抗

总督的处罚自然会引起右手种姓的激烈反抗。许多抗议处罚行为的右手种姓出身者离开了马德拉斯城，划船手、漂白工、渔夫以及以手工业者为核心的属于右手种姓的其他家庭也纷纷关闭门户。

逃离城市的抗议行动是当时社会频繁可见的抗议方式。无论是英国还是法国，为了让自己的殖民地贸易城市成为棉布交易中心，吸引南印度各地商人和从事棉布生产的各类工匠前来，采取了各种各样的诱导措施。因此，逃离城市的行为对东印度当局来说是极为严重的打击。

又过了两天，大量右手种姓的人涌向圣乔治要塞，提交

---

① 原注：指左手种姓。

了之前简要介绍过的《金奈帕塔姆所属十八种右手种姓成员请愿书》。右手种姓成员主张他们受命撤出的两条街道本来就是右手种姓居住区的一部分，还表示："现在设置基石的街道上住有右手种姓一百家，还有水井、教堂、庭院和海关（choultry）……我们有二十一个种姓，无法悉数传达各自的想法……我们都在阁下的保护之下，违背阁下的命令并不是我们的意愿，我们只想过安稳的生活。但自古以来，任何政府都没有从我们手中收走街道，交给左手种姓。左手种姓做了虚伪的陈情，造成了这些混乱。别处的人来访时都会认出，阁下划给左手种姓的设置了基石的街道，其实最早是右手种姓的街道……"

撤回

公司当局在接到这一陈情，从右手种姓领袖们那里了解情况后，撤回了之前关于将两条街道划给左手种姓专用的决定，认可了右手种姓的主张。一周后，总督在1707年8月25日召集了主要的种姓首领，做出了以下决定：佩达纳伊肯佩特区域内只允许右手种姓居住；穆提亚尔佩特区域内只允许左手种姓居住；住在对方区域者需在12月1日到次年6月1日之间离开；争端源头的街道在成为右手专用之前，任何种姓不得在该处举行婚礼；在穆提亚尔佩特区域，左手种姓可以在右手种姓撤出之前按照习惯继续举行婚礼；划分后各区域房屋只得售予同种姓者；在穆提亚尔佩特区域海岸居住的右手种姓划船手、船夫和渔夫可以在不妨碍左手种姓的情况下继续原来的生活；等等。

但这些决定没有起到任何效果。各区域的居民都不想迁居。尤其是属于右手种姓的人数最多的达利特帕莱雅尔提出抗议，要求获得1000帕戈达补偿，否则不会搬迁；划船手、渔夫和印染工也同样表示抗议，要求获得补偿。

印度教等级秩序中最受压迫的帕莱雅尔作为左右手种姓之间对抗的尖兵，开展了令人瞩目的活动。城市的发展促进了各行业阶层的形成，涌入了大量从村庄严格的种姓等级关系的桎梏中解放出来的统称为帕莱雅尔的达利特，他们在城市种姓对抗中作为先锋所开展的活动，着重揭示了种姓体系与城市、与殖民地社会体系的关系。顺带一提，左手种姓中作为先锋开展活动的则是同为达利特的皮革工种姓萨基里（Sakkili）的成员。

当局接受了帕莱雅尔和渔夫们的要求，为了吸引已经离开城市的人回归，还在城中贴出了布告。布告表示，离开城市的人如在9月10日前返回城市，就可赦免其擅自离城之罪，如果到时未归，其房屋、土地将会被没收，如在该日期之后被捕，将会受到严厉处置。但到了最后期限9月10日，又有事件发生了：标明界限的基石在夜间被盗。

与此同时，一部分右手种姓成员逃往位于马德拉斯以南，从17世纪开始置于阿尔果德纳瓦布管辖下的圣多美，与纳瓦布领地的右手种姓首领们商议，向公司致信，声称公司听信左手种姓的花言巧语，未开展调查就做出了处置，对右手种姓的权益造成了巨大损害，公司已不再是正义和公平的存在，所以自己才会出走至圣多美。事态完全没有好转。

调停

四天后，轮到了不属于右手种姓也不属于左手种姓的亚美尼亚人、波斯人和帕坦（Pathan）人审时度势，出面调停，决定在数日内前往圣多美游说右手种姓的领袖们。

提出调停的人全都属于自古以来就在印度活动的商人集团。他们或是在殖民地生活的商人，或是为印度各地宫廷服务的人，这说明这个时代活跃着出身于印度以外地区的各种人物。在意识到左右手之间的对抗会给城市和公司的经济活动带来严重的影响后，这些外国商人们决定介入调停。

次日，纳瓦布的使者从圣多美赶来，向总督传达了圣多美的情况。传达的内容包括：同样的种姓对抗在纳瓦布领地也时有发生；圣多美的右手种姓成员得到了马德拉斯同种姓成员的支援；总督及其参事会中有支持右手种姓的英国人（暗示弗雷泽副总督）存在，圣多美的右手种姓成员一波接一波来到城里，高呼着"副总督！副总督！"来回游行；等等。

在所传达的上述内容中，有两个问题稍微需要探讨。第一，左右手之间的对抗并不一定只发生在殖民地城市。诚然，左右手之间的对抗频频在殖民地城市发生，而殖民地城市也确实存在着特殊的财富分配体系、政治体系，与以往农村地区土地产出的分配方式以及以婆罗门为顶点的印度教等级体系相异，可以认为既存社会、宗教权威体系平衡崩溃所导致的巨大混乱，是左右手之间发生对抗的根本原因。但是，这些纷争并不只是受西欧人统治的殖民城市特有的问题，印度城市中素来就频频出现对抗。因此应该说，17—18世纪南印度社会普遍存在的城市化问题，或是从纳亚克时代延续下来，破坏了既存价值和权威体系的时代思潮的问题（第三幕对此已有讲述），是左右手之间对抗纷争的背后原因。

第二，作为本次纷争的原因之一，公司商业活动相关者也有利益裹挟其中。公司中相关的英国人士之间存在利益上的不一致，这与公司应当和哪一个商人集团进行合作的问题有关。这里提到的"副总督"，便是指此时与总督存在激烈对立的弗雷泽。弗雷泽因为唆使包括在基石上张贴布告在内的一系列右手种姓的反抗行动，被总督解除职务，遭受软禁，而他与身居右手种姓集团领袖地位的商人集团相勾结的事实也广为人知。另一方面，总督一方则与左手种姓的商人集团关系较近。弗雷泽不满于自己受到的处置，上诉到伦敦总部，总部于是恢复了他的职位，但也认识到总督、副总督之所以会牵涉到左右手之间的对抗，是由于他们围绕公司棉布收购合同，各自与某一方种姓集团建立了深厚的关系。当时在商馆中工作的大部分英国人都会很自然地利用公司船只的船舱进行走私，给予公司的印度商人方便的同时也填饱了私囊。商馆成员与东印度公司能够带来大量金银的特权紧密相连，他们与印度商人集团的关系由此成为这些种姓纷争的原因之一，这是当时左右手种姓对抗频发的重要缘由。

强硬政策

不过,到圣多美调停的亚美尼亚商人一行在抵达圣多美城门时被人群拦阻,甚至未能进入城中。在这种混乱状况中难免会发生意外,城中的圣大卫要塞就发生了暴动,有四五名英国士兵被杀害的谣言也开始四处流传。

八天后,在 8 月 23 日,事态终于有了进展。波斯商人和亚美尼亚商人在英国医生和神父的陪同下再次前往圣多美,出示了将划给左手种姓的街道归还右手种姓以及任何人都不会受到惩罚的总督保证书,终于成功将右手种姓带出了圣多美城。不过,这一过程并不顺利。快抵达马德拉斯城时,他们突然被拒绝入城,只能再次返回圣多美。而且,帕莱雅尔们将亚美尼亚商人一行围住,想要强行将他们带回圣多美。为了阻止这一切发生,一行人中与公司相关的一名有权势的印度婆罗门同意前往圣多美,但帕莱雅尔没有给他好脸色看,而是把他关押在圣多美。

事态的发展终于激怒了总督,在次日即 8 月 24 日的会议上,他决定在两天后派出 250 名士兵、200 名塔莱雅尔(Talaiyal,低级警卫)、200 名土兵以及左手种姓引起纷争后雇佣的 1800 名士兵,对圣多美发起攻击。当然,这一举动无疑是下策。25 日,得知总督准备出兵的马德拉斯居民在亚美尼亚商人和穆斯林商人的带领下苦苦劝阻总督。他们指出,靠这种手段解决不了问题,帕莱雅尔肯定会逃入纳瓦布领地。此外,马德拉斯的警长佩达·奈克(Pedda Naik)也劝说总督,称自己熟识圣多美的新任长官,可以要求长官将他们逐出圣多美城，不然也可以自己去斩下 20—30 个帕莱雅尔的人头，不需要出兵。总督接受了这些劝说，将出兵日期延后数日。随后，他派遣使节前往圣多美，下达最后通牒。

两天后，事态终于平息。右手种姓成员在圣多美长官带领下返回了马德拉斯。

以上便是 18 世纪初以马德拉斯为舞台发生的左右手种姓暴动的经过。此外，在 1652 年的马德拉斯，一些微不足道的言语冲突也曾成为导火索，突然引爆了骚乱，400—500 人的武装集团发生冲突，最终右手种姓分到了佩达纳伊肯佩特区域，左手种姓分到了穆提亚尔佩特区域；1686 年，黑城爆发了反对增加市场关税和开征房屋税等举措的事件；1717 年，围绕钦塔德里·皮莱雅尔（Chittadil Piraiyal）神庙和金奈·马列斯瓦兰（Chennai Malleswaram）神庙，也出现过纷争。可见，同样的事件曾几度上演。

婆罗门的绞刑

正如撤除隔开达利特的墙壁以及频发的左右手种姓对抗事件所示，可以说当时的状况就是价值体系出现动摇，人们开始倾向于诉诸外来权威。促成这种现状的一个重要经济原因在于，随着这些外来权力对棉布生产的引入，巨大财富得以流入，形成了一定的分配体系。

正如前文所述，南印度生产的棉布自古以来就远销海外。但是，西欧各国在亚洲的扩张以及伴生的世界市场一体化仍然给印度带来了前所未有的财富。据说，17 世纪下半叶英国每年会向科罗曼德尔投资100万卢比（银币）以上，而17世纪80年代英国和荷兰每年也会投资棉布40万卢比。从数量来看，英国东印度公司向西方出口的棉布，1658年为15万反，70年代年平均54.5万反，1680年到1700年代长期保持在30万反的水平，1720年代接近50万反。对于这个问题，K. N. 乔杜里（K. N. Chaudhuri）的研究最为重要，他认为1664—1760年约100年间，马德拉斯出口了总计2153万帕戈达的商品。当然，荷兰、法国等国的东印度公司也收购了大量棉布，因此总额会更为庞大。顺带一提，18世纪中叶马德拉斯苦力的日薪是1天1法南（fanam，36法南为1帕戈达，1帕戈达为3.2—3.7卢比）。

各国为收购棉布而携入南印度的通货主要是金银，作为这些金银的等价物而出口的棉布，其流通网络开始全面扩张。根据某项研究，此时商业运作的普遍方式是首先向特产地的小生产者小额购入产品，产品来自不同地区、不同生产者，品质则多种多样。这些从各地慢慢收集起来的棉布随后被运往殖民地城市。当时还确立了全国性票据交易网络，在金融上为这种商品贸易提供了支持。例如，本地治里城中常驻有包括马尔瓦尔人在内的金融从业者，他们甚至还承担起筹集巨额军费的任务。阿南达·兰加·皮莱自己也曾向阿尔果德、拉拉佩特（Lalapettai）、坦贾武尔、波多诺伏（Porto Novo）等地派驻代表，处理棉布、棉线、鸦片等相关事务。当然，流通的商品不只限于棉制品。有记载显示曾有10000—12000头耕牛牵引的拖车运送盐、米、豆类、玉米等食品到内地。但棉布的重要性是无与伦比的，毕竟棉布贸易的商业、金融网络已得到全面的拓宽。而以棉布为核心的国内商品、金融贸易网络与海外贸易路线之间，正以海岸线上的殖民地城市为接榫点，这就决定了这些殖民地城市在经济上的重要性。由此，为了分享涌入的大量金银，各个阶层的人聚集到殖民地城市，进一步加深了他们对城市的依赖。

基于殖民地城市而开展的棉布贸易为大量财富确立了一定的分配体系，与建立在土地之上的传统财富分配体系全然不同。考察在本地治里称为马哈纳塔尔（Mahanattar）的权势人物构成名单就可以发现，其中大多数都不是支配农村地区的维拉拉尔（Vellalar）、雷迪（Reddy）等农业种姓，而是切蒂（Chetti）、科马蒂（Komati）等商业种姓。此外，通过攀附殖民地权力发迹的例子也并不少见。殖民地城市里充满了机会。

达利特为脱离农村严格的种姓分隔而迁移到了城市，城市中也有不少职业阶层以他们为核心。殖民地城市的人口从17世纪后期开始急速增加，马德拉斯的人口就在17世纪80年代至90年代从20万增加到了40万。例如黑城的房屋数从1674年微不足道的75座增加到了1750年的8700座。本地治里的人口在18世纪中叶也达到了5万人左右。急速增加的城市人口中有相当一部分无疑就是从农村迁移而来的社会底层。这些达利特成为左右手对抗先锋一事颇具象征意义，为种姓等级秩序的崩溃打下了坚实的基础。

战乱频仍导致的政治疲敝进一步推动了这一进程。"因为这座城市的恶政，出身士兵、帕里（Palli）①和摔跤手的人，还有清洁工、帕莱雅尔都开始坐着轿子（特别是得到许可后才可乘坐的轿子）招摇过市。这么做的话，这座城市怎么可能维持繁荣与和平？"这句话是阿南达·兰加·皮莱在日记中对某位婆罗门的话的引用，正好传达了旧统治阶层目睹当前混乱现状后发出的感慨。当然，阿南达·兰加·皮莱自己也是这个旧统治阶层的一员，因此他在得知清洁工和帕莱雅尔骑马穿过本地治里城门时，也颇受震动，大为叹息。更不用说本地治里总督拉利（Lally）还曾在1760年8月的某一天，割去某婆罗门的耳朵和鼻子，最后将其处以绞刑。阿南达·兰加·皮莱本来在法国处于压倒性劣势下，已知晓迄今为止建立起来的一切将全面崩塌，而且自己久卧病榻，大概命不久矣，前所未有的婆罗门绞刑事件现在更是几乎断了他对尘世的念想。他留下了这样的独白："因为局势混乱，城市和乡下都美景不再。没有雨，饥荒像石臼捣碎手指一样袭来……神啊，把我们从这受诅咒的日子里解救出来吧！""这片土地曾有两百户人家居住，现在已不到二十户。曾经有一百头家畜的人，现在连四头也没有。人们放弃了耕种，四处逃散。有人开始做苦力，有人扛起了枪。大部分都已经逃走，剩下的少数人也因为没有劳动力无法耕种土地。即使耕种了小块土地，也经常会因为军队的入侵受到干扰。"这些独白如实地反映了南印度社会在一片政治混乱中陷入了疲敝状态。每个人都在等待没有

---

① 原注：底层农民种姓。

战争、和平而安定的日子到来。

幕间

在英军长达数月的围攻下，本地治里城中的食物已消耗殆尽，无法再坚守下去了。但是，如果商船队或是舰队从遥远的欧洲运送金银前来，与敌人联手的印度人势力将倒戈到己方，这样就能瞬间扭转军事形势。迄今已多次发生这样的事情。现在的情况不过是波动起伏的一部分，繁荣必定会再次到来。

在本地治里的城中一角，炮弹不断倾泻而下，已是重病弥留之际的阿南达·兰加·皮莱必定是抱着上述愿望在病床上祈祷的。这位将一生献给了本地治里城及其支配者法国东印度公司、见证过其鼎盛时期的男人，却再也没有实现愿望的可能了。仿佛是在与他的人生同步，在他去世后（51岁）的第4天，即1761年1月16日，本地治里投降。

本地治里的陷落，宣告了英法争霸的结束，之后法国再也未能东山再起。英法势力过去介入本地各政权的相互斗争，主角与配角几度易位，敌友阵营也曾眼花缭乱般变来换去，这一切如今就此告终。为了确定南印度最后的政治归属，在竞争中获胜的英国与南印度仅存的政治势力——迈索尔的海德尔·阿里（Hyder Ali）、蒂普苏丹父子开展了4次迈索尔战争。英国人在获得孟加拉这个万宝槌后，掌握了压倒性的财政优势，虽然有时也会陷入恶劣的战况，但还是在18世纪末降伏了迈索尔。由此，南印度进入了长达150年的殖民地时代。

对于英国的殖民统治，印度人最初可能以为不过是又来了一个外部势力，南印度此前已多次经历类似的情况。东印度公司最初也确实只是以商业利润为目标的经营实体。因此，不管是强化要塞，还是雇佣土兵，都是侵蚀商业利润的不必要开支，本来就不该涉足这类无益的活动。

但是，在不情愿地卷入18世纪的政治斗争后，公司反而在此过程中获得土地，尝到了土地税收的甜头，确切认识到统治也是可以盈利的行为。因此，随着统治区域的扩大，庞大、稳定的收入得到了保证，利润也随之增加。公司相关人员开始将重心放在获取国家权力和成为统治主体上，而所耗费的时间并没有预想中那么久。在政治斗争中取得胜利，掌握了权力之后，公司立即着手征税事务。"欧洲人不过是得到默许才住在亚洲"的阶段现已基本告终。

当时国家岁入的大半无疑是土地税。因此，如何有效（即减少成本）、大量地征收土地税，以何种方式征税，便成为着手殖民统治的公司当局的紧要课题。

但这个课题并不是那么容易推进的。因为向谁征收、征收多少和如何征收最佳完全是未知的。要解决这个问题，最重要的是确定土地的权益关系，亦即建立土地制度，以及明晰地划定纳税主体。但是，南印度的既存社会体系根本不同于英国的社会体系，英国负责人很难理解当地的土地权益。虽说如此，既然征税是殖民统治的基础，就必须掌握当地的传统，并予以体系化，开展实际的征税工作。由此一来，这一过程中自然会与既存社会发生冲突或分歧，结果诞生了理念和现实之间存在奇妙偏差的土地制度。

担任第五幕主持人的普莱斯便是英国开始在环绕马德拉斯，称为札吉尔的地区（今琴格阿尔帕图）实行土地税政策时负责该地税收的征税官。下面就让我们通过他所经历的混乱和气馁，一窥南印度社会的发展进程。

第十四章　剖解：殖民地时代

札吉尔

东印度公司开始控制札吉尔地区是在本地治里陷落、英法对抗终止之时。由于得到英国东印度公司的支持，阿尔果德的纳瓦布穆罕默德·阿里·汗向前者转让了这片土地，因此这个地区最开始被称为札吉尔（即"转让地区"之意）。从村庄数目来看，这是一片约有2200座村庄的地区。

1780年之前的二十年间，东印度公司一直在将札吉尔地区转手承包给穆罕默德·阿里·汗，因此东印度公司真正开始直接统治是在1780年。东印度公司在当年与迈索尔的海德尔·阿里重启第二次迈索尔战争，由于尚未完全做好征收土地税的准备，因而将札吉尔地区置于委托税务委员会的管理下，分为十五个区域，签订契约，从1784年起将其外包八年。

包税制的方式在17—18世纪极为常见。这种方式首先确定某一地区的税额，然后将该地区承包给能向当局支付该税额的有实力者，当局完全无需介入该地区内部的问题。这种方式单纯以税收为目的，甚至都称不上是间接统治。

但该承包制在不到预定时间的一半即四年之内就基本归于失败。税款拖欠之事频频发生。立即对征税制度做出真正改革的必要性日趋明朗，公司因而在实施承包制次年，即1785年设置了税务部，启动了全面掌管税务的体制。委托税务委员会也在1786年被废除。按照新体制，管理税务的职责将由税务部任命的管辖官肩负。

由于包税制方式在八年间逐渐走向破产，札吉尔地区从1788年起先后被二分、三分，到1790年形成了南北两个征税区。各征税区分别设置征税官，并在征税官的主导下引入了取代承包制的"新方式"。按照"新方式"，札吉尔地区将分割为尽可能小的区域，然后向称为米拉斯达尔（见后述）的"重要居民"签订短期承包契约，交给他们承包。正当这种方式在税收增加方面取得一定成功时，莱昂内尔·普莱斯（Lionel Place）受命出任征税官，登上了舞台。

村庄承包制

征税官（collector）一职顾名思义，其使命在于如何高效、大量地征收税款。普莱斯为此采用了村庄承包制，即以单个村庄为单位将村庄承包给承包人。这种方式虽然看似简单，但实施起来并不容易。毕竟税额如何确定便是最先要解决的问题。因为谁也不愿意支付高税额，对当局来说，确定"合适"

的额度（能够征收的最大值）便是问题的关键所在。

而且，以单个村庄为单位的征税方法在南印度社会并非惯例。村庄中存在着不少由称为米拉斯达尔的上层土地拥有者组成的集团，他们宣称拥有村庄的所有权，但村庄中通常并没有相当于村长的人。米拉斯达尔一般也不会住在各自拥有的村庄中，而是在多个村庄之间巡回，以宣示自己的所有权。这是因为自古以来印度农村社会就不是以村庄为单位，而是以数个乃至数十个村庄为单位来组织再生产的。对此，下面将就其特点做简单介绍。

米拉斯体系

在印度农村，很多人都在从事一代代传下来的某一职业。理发师、铁匠、制陶匠、金银工匠、洗衣工、寺僧、书记、测量员、警卫、牧牛者等，都是如此。他们的职业通过继承而来，具有排外性，因此单是心灵手巧，还不足以成为金银工匠。各个村庄便是像这样以农民为核心，以这类代代相传的特定职业者为补充，来实现村庄生活的再生产的。

检视18世纪的农村记录可以发现，这些特定职业者可以获得一定比例的村庄总产出，并且占有一定的免税地，这显然成了一种配套的权益。例如，洗衣工可以获得该地区附近农村总产出的数分之一以及免税地英亩数的数分之一；作为回报，洗衣工则要完成洗衣的工作。这种与职业配套的分成配额与免税地，甚至作为可以买卖、继承和抵押的物权成了交易的对象。例如，某个担任村书记的人可以购买多个地区村书记的职务和权益，在大范围内履行村书记的职责。

对于该权益，不同地域之间有若干种称呼，在泰米尔地区称为卡尼（kani），而在英属时代，则按照17—18世纪税务工作中普遍使用的波斯语称为米拉斯（mirasi）。米拉斯不仅与个人有关，也包含整备蓄水池和维持神庙的费用等。

此处的要点在于，这些职业并不是以单个村庄为单位而设置的。例如，无论是金匠还是占星术师，从其工作内容来看，并不需要在每个村庄都配备，考虑到当时村庄的平均户数在30户以下，显然不可能让每一座村庄都容纳下所有从事这些职业的家庭。实际上，一名金匠是在若干个村庄之间巡回以履行他的职责的。

当时的南印度社会就是这样以包含数个乃至数十个村庄，可称为地方社会的地区为单位来组织再生产活动的。为了维持再生产，人们设定好不同人群对地方社会全部村庄的产出各自享有的分成权，以维持整个地方社会以及在此生活、负责各类职务者的再生产。这里姑且将这种以地方社会为单位进行再生产的体系称为米拉斯体系。

在米拉斯体系之下，拥有权益的不只是地方社会再生产的相关者，也包括若干横跨地方社会空间的主体。例如，住在城中的高僧以及知名寺庙，郡一级的政府官员和长官，乃至国家也享有应得的份额，即与税收相当的权益。米拉斯体系俨然就是为了支持整个社会的再生产而存在的体系。

纳塔尔

米拉斯体系的重要特征在于，作为一种生产关系，它并不以如上所述的村庄为单位，而是以整个地方社会为单位。因此，普莱斯意图推广以村庄为单位的村庄承包制，无异于缘木求鱼。假设要将村庄承包给住在村里的人，由于不存在村长，但又必须选出一个承包人，这就很有可能侵犯到村内外某些人的权益。而且，如果交由村庄无关者承包，村庄权益者与承包人也自然会围绕税收对立起来。

实际上，普莱斯在推进以村庄承包制为主体的税制时，就遇到了居民逃出各个村庄、拒绝耕种之类的强硬反抗运动，极难开展工作。在这种情况下，普莱斯所想到的最有效的方式是任命、利用地方社会中称为纳塔尔的豪强，试图在他们的协助下推进征税工作。

关于纳塔尔，前文在介绍朱罗王国政治体制时已稍有谈及。在朱罗时代的地方社会，存在着称为纳德的由数个乃至数十个村庄组成的地区单位，纳塔尔便是这些地区单位居民的领导阶层，是负责履行地方社会、国家或是神庙相关职责的骨干力量。之后，经历了毗奢耶那伽罗时代和纳亚克时代，并且随着称为纳亚克和米拉斯达尔的阶层的出现，纳塔尔的作用和地位相对下降，但在18世纪英国开始直接征税时，他们在各地的存在和影响力再次得到强化。札吉尔地区的情况也是如此，因此普莱斯打算有效利用地方社会中的这类豪强以推进税收工作，向税务部申请任命纳塔尔为税务官员。

与税务部的对立

但是,税务部反对任命纳塔尔,因为他们在坦贾武尔就已吃过苦头:介于政府和农民之间,称为帕塔库达尔(Patakkudar)的人运用其影响力做出了种种不法行为,使得当地的税收工作无法顺利开展。所谓帕塔库,是从农民中选出称为帕塔库达尔的富农,让其管辖村庄(最多不超过128座)并负责纳税的制度。坦贾武尔的马拉塔政权为了扩大农耕,在1781年导入了该制度。1798年英国派出委员会开展调查发现,当时总计有225名帕塔库达尔,他们的地位已经世袭化,拥有巨大的影响力。当局对这类豪强的存在感到厌恶,他们奉行的方针是全力阻止征税官和作为纳税主体的居民之间出现像帕塔库达尔和纳塔尔这样的中间人。

不过,总督和参事会仍然按照普莱斯的请求同意了对纳塔尔的任命。这是因为他们认为在纳塔尔这样的税收助手的协助下,对当地情况不了解,两三年后就会从任职地调走的新任征税官也可以顺利开展税收工作,至于中间人的不法行为则可以通过严格的监督来加以防范。税务部不得不遵从该意向,以不认可任命后新获取的权益为条件,向普莱斯下达了勉强同意的通知。

普莱斯在得知附加条件后很失望。因为普莱斯不仅期待纳塔尔去承包没有承包人的各个村庄,还指望他们在积极参与扩大耕地之类的地区开发活动中发挥指导作用,以此作为激励来争取纳塔尔的协助。因此,既然税务部附加了这一条件,他便撤销了纳塔尔的任命申请以示抗议。

为了调和普莱斯和税务部的对立，总督和参事会明确了纳塔尔在任命时的权益，出台了阻止在任期间不法行为的办法，终于在1797年10月任命了纳塔尔。

米拉斯达尔

但普莱斯烦恼的并不只是纳塔尔的问题。他之所以急需纳塔尔的协助，本来就是出于米拉斯达尔的激烈抵抗。要如何应对后者，现在仍是棘手之事。普莱斯所遭遇的难题，可举例如下。

东印度公司出资修复了马德拉斯北部波内里（Ponneri）县某村的蓄水池，结果村民们需要缴纳比以前更高的税额。村民们做出抵抗，拒绝缴纳土地税和亲自耕种土地，同时也反对引入村外的耕作者。震怒的普莱斯于是逮捕了村民领袖。

该事件需要从两个方面来看待。第一个方面不难推想，是村民对增税的抵抗。第二个方面则是围绕土地产权问题所产生的分歧。

这一时期殖民地行政官员基本是以土地的国有为前提来看待土地制度的。据此，国家对土地拥有最终所有权，在国家拥有土地的前提下，农民需要完成纳税的义务，如此才获准持有土地。因此，拒绝履行纳税义务的农民理应丧失持有土地的权利，重新向该土地引入别处的农民也是不成问题的。

但是，这种做法遭到了激烈的抵抗。该事件中提到的村民，就是米拉斯达尔。他们在农村社会中拥有强大的影响力，如果排除他们引入别人，他们就会采用向税务部上诉或集体逃亡等手段来予以抵抗。正如介绍米拉斯体系时已经提到过的，这是因为他们对村庄所拥有的权利并不会因为不纳税就能轻易剥夺，这种权利甚至能够买卖、继承和抵押，可以说极为稳固。

相应地，税务部在接到投诉后，表示当以无混乱、稳定地开展税收工作为优先，不支持颠覆传统习惯的做法。在这一点上，普莱斯也与税务部产生了对立。

柴明达尔制

为了推广村庄承包制，应普莱斯请求，琴格阿尔帕图（Chengalpattu）各县分别有数名纳塔尔得到任命，负责扩大和改良耕地、收集地区情报、协助商定收税额等工作，纳塔尔还作为正式官职加入了殖民地行政体系。但是，它的地位转瞬即逝。首先，随着帕塔库达尔恶行的暴露，不仅税务部，连总督和参事会也对纳塔尔之流的中层官吏产生了坏印象。普莱斯渐渐遭到孤立，最后提出辞呈，失意归国。

比起围绕普莱斯发生的种种事情，更具决定性的是1799年从英国发出的强制要求：引入柴明达尔制，犹豫不决的负责官员将面临免职处分。柴明达尔制是1793年在孟加拉实施的制度，根据该制度，一定地区的税额将通过投标或其他方法予以永久固定，然后由柴明达尔收缴，后者被认定为该地区的所有者。采用该制度的最大好处是公司可以悉数摆脱烦琐的核定土地税、任命税收负责人乃至任命纳塔尔之类的税务官吏等麻烦。但是，在南印度税收工作中艰苦奋战的税收官员们没有一个人赞成柴明达尔制。这是因为该方式在过去曾经遇到了失败，而且更重要的是，他们长久以来寻找更可行方案的试错努力将会化为泡沫。

不过柴明达尔相关条例仍在1802年获得通过，将札吉尔地区总计2243个村庄分为60个柴明达尔地区［称为"米塔"（mitta）］，并任命了相应的柴明达尔。但柴明达尔制也以惨淡失败告终。大部分契约在两三年内遭到撕毁，最后作为柴明达尔地区一直保留到20世纪的只有琴格阿尔帕图的两成土地。

柴明达尔制遭遇失败的地区则暂时相继引入了村庄承包制和下面要讲到的莱特瓦尔制。

莱特瓦尔制

在早期土地制度陷入极度混乱后，英国在1810年代初最终决定引入莱特瓦尔制。这是因为，在南印度内陆干燥地区从事税收工作的芒罗自信于在该地税收工作中取得的"成功"，于是返回本国，依靠他在议会的影响力让人们相信了莱特瓦尔制是印度土地制度的唯一选择。

所谓莱特瓦尔制，是将村庄土地划分为数百到数千地块，参考土地肥力、灌溉条件、与城市市场的距离等核定各个地块的税额，并将缴纳该税额的负责人认定为莱亚特（意为"农民"）的制度。这里所谓莱亚特给人的印象是他们基本是自己种地的自耕农。由此，在国家拥有土地的前提下，亲自从事耕种的农民缴纳土地税并以此为条件获准持有土地，国家和自耕农之间没有中间阶层。维持国家与自耕农之间关系纯粹、简单的土地制度结构，这便是莱特瓦尔制所追求的理想。

但采用该制度的农村社会的实际情况并没有那么简单。芒罗负责的内陆干燥地区的确维持着相对简单的村庄结构。该地区降水极为稀少，几乎没有灌溉的土地，生产力低下到农民甚至没有贫富阶层分化的余地，而且生产力也不稳定，因此，该地农民大部分是自耕农，正好与莱亚特的形象一致。但是，琴格阿尔帕图自不用说，其他大部分拥有更高生产力地区的农村社会已经形成了阶层高度分化的结构。反映相关阶层属性的，首先是土地收益分成权的份额差别和免税地的多寡，其次是如达利特歧视所示的种姓结构，其三是如广泛存在的米拉斯达尔所示，村庄中对特权及其所拥有的分成权的主张。因此，在莱特瓦尔制的落实上，例如在琴格阿尔帕图，征税官就不得不追认米拉斯达尔对村庄的所有权，采用了让该所有权之下持有土地的莱亚特向米拉斯达尔支付地租的扭曲方式，直到19世纪下半叶，当地才步入莱特瓦尔制的正轨。而且，在琴格阿尔帕图以外的地区，以莱亚特身份获得土地的也常常是以米拉斯达尔为核心的村庄统治阶层。大多数村庄中，只有属于村庄统治阶层的种姓成员才获得了排他性的土地持有权，占压倒性多数的其他村民则被排除在外。理想和现实是以极为扭曲的形式来实现契合的。

被剖解的空间

莱特瓦尔制的异质性并不仅限于此。不如说，它的异质性还在于，正是在该制度下，当地发生了一些更为根本的变化：人与人之间的关系转变为以单个地块为单位的相互关系。

如前所述，在米拉斯体系下，以地方社会为单位的对产出的分成权维持了地方社会和在其中从事各种职业的人们的再生产。但在莱特瓦尔制下，对产出设定的各种分成权，除了留给村书记的极小一部分分成，其余已全部遭到废除而统合为土地税。免税地虽有大量保留，但被合并、废除的也不在少数。米拉斯体系于是被切断了手足。

更为关键的是，因为地方社会被切割为无数地块，单个地块上建立的生产关系成了社会关系的基础，结果地方社会自身陷于崩溃。当然，不仅是地方社会。以米拉斯达尔的一部分精英为核心，17—18世纪涌现出来的村庄共同体也因为莱特瓦尔制而惨遭破坏。地方社会和村庄就此消失，人们的生活空间变为由无数单个地块组成的集合体，殖民地化的南印度于是成为这样一个原子化的世界。

殖民统治的归宿

南印度社会原本存在着若干支柱，包括政治和宗教权威所主导的调解、印度教的等级秩序、与米拉斯权益存在密切联系的种姓体系以及维持地方社会再生产的米拉斯体系等。在英国的殖民统治下，这些支柱被替换为靠法律和审判来解决问题的制度、基于西欧伦理的平等观与个体独立思想、地主与佃户以及农业劳动者相互之间所体现的基于单个地块权利关系的阶级关系。这里的人们在种姓、阶级、教育、性别等各种表象的裹挟下，相互隔离地独自生活着。村庄——他们大部分人生活的空间，已成为针对各个地块的权益关系的简单堆积。由此一来，人们不得不在这种被迫原子化的状态下与占压倒性优势的殖民地权力相对抗。面对这种状况，他们不得不以自己的表象为线索，努力与其他个体——建立关系。也正因此，仅仅是为了摆脱殖民地状态，人们就被迫花费了长达150年的时间。

闭幕之前

1995年年初，舞台是古都坦贾武尔的特设运动场。虽说是在南印度，但1月的日照还没有晒伤皮肤的威力。

望向四周，专为这天搭建的由木质高台组成的巨大运动场挤满了来自全世界的数万名观众。在运动场周围，还聚集着没能进场的数十万名群众，等待即将举行的泰米尔民族庆典——世界泰米尔大会开幕。

在经久不息的鼓掌和欢呼声中走上运动场讲台中央开始演讲的，则是过去的电影明星贾亚拉利塔（Jayalalithaa）。她在离开银幕后就任邦首席部长，掌握巨大权力。群众对她的一言一语报以欢呼，十分欢喜。

笔者在漫长的典礼结束后坐上返程巴士。归途中，杂乱街道前方有一座贾亚拉利塔的塑像映入眼中，高度可能有20米，绚丽发光。这座光彩夺目的塑像双手合十、眺望远方，或许是在模仿过去罗阇罗阇向湿婆祈祷的身姿。也有可能，这是在向南印度史舞台上诞生和死去的泰米尔昔日英雄们祈祷。但在更前方，则笼罩着无形的黑暗，由消散于历史、没有留下任何痕迹的人们的念想组成。黑暗穿过令人窒息的闷热，变成风流入车中，最后被人们吸入体内。

参考文献

全书

岛田虔次等编:《アジア歴史研究入門》,第五卷,京都:同朋舍,1984年。

荒松雄:《ヒンドゥー教とイスラム教 南アジア史における宗教と社会》,东京:岩波书店,1977年。

荒松雄:《インドとまじわる》,东京:中央公论新社,1992年。

荒松雄:《わが内なるインド》,东京:岩波书店,1986年。

近藤治编:《インド世界 その歴史と文化》,京都:世界思想社,1984年。

近藤治:《インドの歴史》,收入《新書東洋史》,东京:讲谈社,1977年。

近藤治:《インド史研究序説》,京都:世界思想社,1996年。

山本达郎编：《世界各国史 10　インド史》，东京：山川出版社，1960 年。

山崎利男：《世界の宗教 6　神秘と現実　ヒンドゥー教》，京都：淡交社，1969 年。

山崎利男：《世界の歴史 4　悠久のインド》（ビジュアル版），东京：講談社，1985 年。

神谷武夫：《インド建築案内》，东京：TOTO 出版，1997 年。

松井透、山崎利男编：《インド史における土地制度と権力構造》，东京：东京大学出版会，1969 年。

田中于菟弥、荒松雄、中村平治、小谷汪之：《世界の歴史 24　変貌のインド亜大陸》，东京：講談社，1978 年。

辛岛昇编：《民族の世界史 7　インド世界の歴史像》，东京：山川出版社，1985 年。

辛岛昇、奈良康明：《生活の世界歴史 5　インドの顔》，东京：河出书房新社，1991 年。

辛岛昇：《地域からの世界史 5　南アジア》，东京：朝日新闻社，1992 年。

辛岛昇编：《南アジア史》，收入《世界各国史（新版）》，第 7 卷，东京：山川出版社，2004 年。

辛岛昇编：《南アジア史》，第 1—3 卷，收入《世界歴史大系》，东京：山川出版社，2007 年。

中村元、笠原一男、金冈秀友监修・编：《アジア仏教史・インド編 V インドの諸宗教》，东京：佼正出版社，1973 年。

竺沙雅章监修，近藤治编：《アジアの歴史と文化 10　南アジア史》，京都：同朋舍，1997年。

サティーシュ・チャンドラ（Satish Chandra）著，小名康之、长岛弘译：《中世インドの歴史》，东京：山川出版社，1999年。

モンセラーテ（A. Montserrat）、パイス（D. Paes）、ヌーネス（F. Nunes）原著，清水广一郎、池上岑夫、滨口乃二雄等译，小谷汪之、重松伸司注・解说：《ムガル帝国誌・ヴィジャヤナガル王国誌》，收入《大航海時代叢書》，第2期第5卷，东京：岩波书店，1984年。

パーシヴァル・スピィア（T. G. Percival Spear）著，大内穗、李素玲、笠原立晃译：《インド史》，第三卷，东京：みすず书房，1975年。

ロミラ・ターパル（Romila Thapar）著，辛岛昇、小西正捷、山崎元一译：《インド史》，第二卷，东京：みすず书房，1972年。

Basham, A. L. ed., *A Cultural History of India*, Oxford, 1975.

Cohn, Bernard S., *India: The Social Anthropology of Civilization*, Englewood Cliffs (NJ), 1971.

Dodwell, H. H. ed., *The Cambridge History of India*, Volume V: British India 1497–1858, Cambridge, 1929; Indian reprint, n.d.

Dodwell, H. H. ed., *The Cambridge History of India*, Volume VI: The Indian Empire 1858–1918, Cambridge, 1932; Indian 2nd ed., Delhi, n.d.

Kumar, Dharma, ed., *The Cambridge Economic History of*

India, Volume II: c. 1750–c.1970, Cambridge, 1982.

Majumdar, R. C., Raychaudhuri, H. C., and Datta, K., *An Advanced History of India*, Lodon, 1950.

Raychaudhuri, Tapan, and Irfan Habib (eds.), *The Cambridge Economic History of India*, Volume I: c. 1200–c.1750, Cambridge, 1982.

Rothermund, Dietmar, *An Economic History of India: From Pre-colonial Times to 1991*, 2nd ed., London, 1993.

Smith, Vincent A., *The Oxford History of India*, ed. by Spear Percival, 4th edition, Delhi, 1958.

第一部

保坂俊司:《シク教の教えと文化》,东京:平河出版社,1992年。

板垣雄三、佐藤次高:《概説イスラーム史》,东京:有斐阁,1986年。

荒松雄:《ムスリム支配体制とインド社会》,收入《世界の歴史13 南アジア世界の展開》,东京:筑摩书房,1961年。

荒松雄:《内陸アジア世界の展開 II 南アジア世界の展開》,收入《岩波講座 世界歴史(旧版)》,第13卷,东京:岩波书店,1971年。

荒松雄:《多重都市デリー 民族、宗教と政治権力》,东京:中央公论新社,1993年。

间野英二:《中央アジアの歴史》,收入《新書東洋史》,

东京：讲谈社，1977年。

江上波夫编:《中央アジア史》，收入《世界各国史》，第16卷，东京：山川出版社，1987年。

前岛信次编:《西アジア史》，收入《世界各国史（新版）》，第11卷，东京：山川出版社，1972年。

中村元著:《ヒンドゥー教史》，收入《世界宗教史叢書》，第6卷，东京：山川出版社，1979年。

N. C. チョウドリー（Choudhury）著，森本达雄译:《ヒンドゥー教》，东京：みすず书房，1996年。

オールダス・ハックスリィ（Aldous Huxley）著，上田保译:《東方紀行》，东京：生活社，1941年。

W. O. コウル（Cole）、P. S. サンビー（Sambhi）著，沟上富夫译:《シク教 教義と歴史》，东京：筑摩书房，1986年。

コウル・シング（Kaur Singh）著，高桥尧英译:《シク教》，东京：青土社，1994年。

Ferishta, Mahomed Kasim, *History of the Rise of the Mahomedan Power in India*, tr. by John Briggs, 4 vols., 1st ed. London, 1829, rep. Calcutta, 1966–71.

Habib, Irfan, *Essays in Indian History*, New Delhi, 1995.

Qureshi, I. H., *The Muslim Community of the Indo-Pakistan Subcontinent (610–1947)*, 1st Indian, rep. Delhi, 1985.

Tod, James, *Annals and Antiquities of Rajasthan*, edited with an introduction and notes by William Crookes, 3 vols., London, 1920, rep. Delhi, 1971.

第一部・第1章

荒松雄:《デリー・サルタナット初期におけるスルターンの継承》,《東洋文化研究所紀要》,第 8 册,1956 年。

荒松雄:《"奴隷王朝"の君主権と貴族勢力　デリー・サルタナット初期における支配の構造》,《東洋文化研究所紀要》,第 11 册,1956 年。

荒松雄:《"奴隷王朝"前期の"奴隷貴族"について》,《東洋学報》,第 40 卷第 34 号,1958 年。

荒松雄:《インド史におけるイスラム聖廟　宗教権威と支配権力》,东京:东京大学出版会,1977 年。

荒松雄:《世界歴史叢書　中世インドの権力と宗教　ムスリム遺跡は物語る》,东京:岩波书店,1989 年。

荒松雄:《インド・イスラム遺跡研究　中世デリーの"壁モスク"群》,东京:未来社,1997 年。

山崎利男:《インドにおける中世世界の成立》,收入《中世史講座》,第 1 卷,东京:学生社,1982 年。

佐藤次高:《マムルーク》,东京:东京大学出版会,1991 年。

イブン・バットゥータ(Ibn Battuta)著,前島信次译:《三大陸周遊記》,东京:角川书店,1961 年。

フィルドゥスィー(Ferdowsi)著,黒柳恒男译:《王書ペルシア英雄叙事詩》,东京:平凡社,1969 年。

ラクシュミーダル・マーラヴィーヤ(Lakshmidhar Malaviya)著,田中敏雄译:《インドのバクティ》,收入《中世史講座》,第 8 卷,东京:学生社,1993 年。

マルコ・ポーロ（Marco Polo）著，爱宕松男译注：《東方見聞録》，第 2 卷，东京：平凡社，1971 年。

Ahluwalia, M. S., *Muslim Expansion in Rajasthan: The Relations of Delhi Sultanate with Rajasthan 1206–1526*, Delhi, 1978.

Barani, Zia-ud-Din, *The Reign of 'Alauddin Khilji*, tr. from Z. Barani's Tarikh-i-Firuz Shahi, by A. R. Fuller, and A. Khallaque, Calcutta, 1967.

Elliot, H. M., and Dowson, J., *The History of India, as told by its own historians*, 8 vols., Allahabad, 1964, rep. 1969–75.

Habib, Mohammad, *Politics and Society during the Early Medieval India,* in Collected Works of Professor Mohammad Habib (edited by K. A. Nizami), 2 vols., Delhi, 1967.

Habib, Mohammad, and Khan, A. U. S., *The Political Theory of the Delhi Sultanate* (Including a translation of Ziauddin Barani's *Fatawa-i Jahandari*, Circa, 1358–9 A. D.), Allahabad, n.d.

Habib, Mohammad, and Nizami, K. A. (eds.), *The Delhi Sultanat (A. D. 1206–1526)*, in A Comprehensive History of India, vol. 5, Delhi, 1970.

Husain, A. Mahdi, *Tughluq Dynasty*, Calcutta, 1963.

Husain, Yusuf, *Indo-Muslim Polity: Turko-Afghan Period*, Simla, 1971.

Lal, K. S., *History of the Khiljis, A. D. 1290–1320,* London, 1967.

Majumdar, R. C., Pusalker, A. D., and Majumdar, A. K., *The Delhi Sultanate*, in The History and Culture of the Indian

People, vol. 6, Bombay, 2nd ed., 1967.

Nigam, S. B. P., *Nobility under the Sultans of Delhi, A. D. 1206–1398*, Delhi, 1968.

Pande, Susmita, *Medieval Bhakti Movement: Its History and Philosophy*, Meerut, 1993.

Qureshi, I. H., *The Administration of the Sultanate of Delhi*, 5th rev. ed., New Delhi, 1971.

Sinh, Mahavir, and Manoriya, P. L., *A Muslim Princess Becomes Sati: A Historical Romance of Hindu-Muslims Unity*, Jalor, 1981.

Zakaria, Rafiq, *Razia: Queen of India*, Bombay, 1966.

第一部·第2—3章

长岛弘:《ムスリム支配期北インドの下層カースト民》,收入山崎元一、佐藤正哲编:《歷史·思想·構造》,东京:明石书店,1994年。

渡边建夫:《タージ·マハル物語》,东京:朝日新闻社,1988年。

肥塚隆编:《インド宮廷文化の華:細密画とデザインの世界:ヴィクトリア&アルバート美術館展》(会展目录),大阪:日本放送协会近畿媒体计划公司,1993年。

近藤治:《ムガル朝インドの商品流通》,收入《中世史講座》,第3卷,东京:学生社,1982年。

山田笃美:《ムガル美術の旅》,东京:朝日新闻社,1997年。

深泽宏：《インド社会経済史研究》，东京：东洋经济新报社，1972年。

深泽宏：《インド農村社会経済史の研究》，东京：东洋经济新报社，1987年。

石田保昭：《ムガル帝国》，东京：吉川弘文館，1965年。

石田保昭：《アクバル大帝　ムガル帝国の建設者》，东京：清水书院，1972年。

小谷汪之：《インドの中世社会》，东京：岩波书店，1989年。

小名康之：《ムガル帝国の支配体制》，收入《中世史講座》，第4卷，东京：学生社，1985年。

佐藤正哲：《ムガル期インドの国家と社会》，东京：春秋社，1982年。

佐藤正哲：《ムガル帝国とラージプート》，收入《中世史講座》，第6卷，东京：学生社，1992年。

佐藤正哲：《ムガル時代北インドのチャマール社会集団》，收入山崎元一、佐藤正哲編：《歴史・思想・構造》，东京：明石书店，1994年。

佐藤正哲：《村・カースト・ヒンドゥー教》，收入《シリーズ世界史への問い5　規範と統合》，东京：岩波书店，1990年。

ベルニエ（F. Bernier）著，关美奈子、仓田信子译，小名康之注，赤木昭三解说：《ムガル帝国誌》，东京：岩波书店，1993年。

M. ヘーダエートゥッラ(Hedayetullah)著，宫元启一译：《中世インドの神秘思想　ヒンドゥー・ムスリム交流史》，东京：刀水书房，1981 年。

A. J. カイサル（Qaisar）著，多田博一、篠田隆、片冈弘次译:《インドの伝統技術と西欧文明》，东京：平凡社，1998 年。

Abu-l-Fazl, *Akbar-Nama*, tr. by H. Beveridge, 3 vols., 1st Ind. ed., Delhi, 1972.

Abu'l-Fazl Allami, *The Ain-i Akbari*, 3 vols., Engl. tr. rep. of 2nd ed., New Delhi, 1978.

Ali, M. Athar, *The Mughal Nobility under Aurangzeb*, New rev. ed., Delhi, 1997.

Aurangzeb, *Ruka'at-i-Alamgiri or Letters of Aurangzebe (with Historical and Explanatory Notes)*, tr. From the original Persian into English by Jamshid H. Bilimoria, Delhi, 1972.

Babur, Z. Muhammad, *Babur-Nama,* tr. by A. S. Beveridge, vol. 1 and 2 in one format, 1922, rep. New Delhi, 1970.

Begam, Gul-Badan, *The History of Humayun (Humanyun-Nama),* Delhi, 1972.

Habib, Irfan. *The Agrarian System of Mughal India (1556–1707)*, Bombay, 1963.

Jahangir, *The Tuzuk-i-Jahangiri or Memoirs of Jahangir,* Engl. tr. by Alexander Rogers, ed. by Henry Beveridge, 2 vols., 1904–1914, rep. Delhi, 1968.

Majumdar, R. C., Chauduri, J. N., and Chauduri, S. (eds.), *The Mughal Empire*, in The History and Culture of the Indian People, vol. 7, Bombay, 1974.

Manucci, Niccolao, *Storia do Mogor or Mogul India 1653–1708*, translated with introduction and notes by William Irvine, 4 vols., 1st ed., London, 1907, rep. Calcutta, 1965–67.

Nizami, K. A., *Akbar and Religion*, Delhi, 1989.

Qanungo, K. R., *Dara Shukoh*, vol. 1, 2nd ed., Calcutta, 1952.

Sarkar, Jadunath, *History of Aurangzib*, 5 vols. in 4 books, Calcutta, 1924–30.

Sarkar, Jadunath, *Studies in Aurangzib's Reign,* Calcutta, rep. of 1933 edition, 1989.

Sarkar, Jadunath, *Studies in Mughal India*, London, 1920.

Sharma, G. D., *Rajput Polity: A Study of Politics and Administration of the State of Marwar,* 1638–1749, Delhi, 1977.

Smith, V. A., *Akbar The Great Mogul 1542–1605*, 3rd Ind. rep. New Delhi, 1966.

第二部·第4—5章

长岛弘:《海上の道》,收入历史学研究会编:《講座世界史1 世界史とは何か》,东京:东京大学出版会,1995年。

川北稔:《工業化の歴史的前提》,东京:岩波书店,1983年。

川北稔:《ヨーロッパの商業的進出》,收入《岩波講座·世界歷史16 近代世界の形成》,东京:岩波书店,1970年。

大冢久雄:《株式会社発生史論》,东京:有斐阁,1938年;后收入《大冢久雄著作集》,第一卷,东京:岩波书店,1969年。

饭冢浩二等编:《大航海時代:概説·年表·索引》,收入

《大航海時代叢書》，第一期別卷，东京：岩波书店，1970年。

高畠稔：《インドにおける植民地支配体制の成立》，收入《岩波講座・世界歴史21 近代世界の展開》，东京：岩波书店，1970年。

加藤祐三：《イギリスとアジア》，东京：岩波书店，1980年。

今田秀作：《産業革命期イギリスのアジア進出と東インド会社の位置》，《経済論叢》（京都大学），第143卷2—3、6号，1989年。

毛利健三：《自由貿易帝国主義 イギリス産業資本の世界展開》，东京：东京大学出版会，1978年。

浅田实：《商業革命と東インド貿易》，京都：法律文化社，1983年。

松本睦树：《イギリスのインド統治 イギリス東インド会社と"国富流出"》，京都：阿吽社，1996年。

松井透：《インドの植民地化》，收入《岩波講座・世界歴史16 近代世界の形成》，东京：岩波书店，1970年。

松井透：《近世英印関係小論》，《史学雑誌》，第62卷第7号，1953年。

松井透：《世界市場の形成》，东京：岩波书店，1991年。

梶谷素久：《大英帝国とインド》，东京：第三文明社，1981年。

西村孝夫：《インド木綿工業史》，东京：未来社，1966年。

真下裕之：《一六世紀前半のグジャラートとポルトガ

ル》,《東洋史研究》, 第 53 卷第 4 号, 1995 年。

コロンブス（C. Columbus）等著, 林屋永吉等译注:《航海の記録》, 收入《大航海時代叢書》, 第一期第 1 卷, 东京: 岩波书店, 1965 年。

I. ウォーラーステイン（Wallerstein）著, 川北稔译:《近代世界システム》, 东京: 岩波书店, 1981 年。

M. N. ピアスン（Pearson）著, 生田滋译:《ポルトガルとインド　中世グジャラート商人と支配者》, 东京: 岩波书店, 1984 年。

S. B. ソウル（Saul）著, 堀晋作等译:《世界経済の構造とイギリス経済: 1870—1914》, 东京: 法政大学出版局, 1974 年。

Alam, Muzaffar, *The Crisis of Empire in Mughal North India: Awadh and the Punjab 1707–1748*, Delhi, 1986.

Chaudhuri, K. N., *The trading World of Asia and the English East India Company, 1660–1760,* Cambridge, 1978.

Chaudhuri, K. N.,*The Portuguese in India*（The New Cambridge History of India I. 1, Cambridge，1987

Gordon, Stewart, *The Marathas 1600–1818 (The New Cambridge History of India II. 4),* Cambridge, 1993.

Grewal, J. S., *The Sikhs of the Punjab (The New Cambridge History of India II. 3)*, Cambridge, 1990.

Karim, Abdul, *Murshid Quli Khan and His Times,* Dacca, 1963.

Marshall, P. J., *East Indian Fortunes: The British in Bengal in the Eighteenth Century,* Oxford, 1976.

Marshall, P. J., *Bengal: The British Bridgehead, Eastern India 1740–1828 (The New Cambridge History of India II. 2),* Cambridge, 1987.

Pearson, M. N., *The Portuguese in India* (The New Cambridge History of India I. 1), Cambridge, 1987.

Singh, Khushwant, *A History of the Sikhs,* 2 vols., Princeton, 1963–66.

Wallerstein, Immanuel, *The Modern World-System III: The Second Era of Great Expansion of the Capitalist World-Economy, 1730–1840s,* San Diego, 1974.

第二部·第6—9章

坂田贞二、田中多佳子、桥本泰元、福永正明:《地上の天界をあるく人びと 北インドにおけるクリシュナ信仰と集団巡礼》,《アジア·アフリカ言語文化研究》(东京外国语大学),第37号,1989年。

本田毅彦:《一八八〇年代英領インドにおける植民地官僚制改革について》,《史林》,第73卷第1号,1990年。

滨涡哲雄:《英国紳士の植民地統治》,东京:中央公论新社,1991年。

长崎畅子:《インド大反乱一八五七年》,东京:中央公论新社,1981年。

川岛耕司：《一九世紀インド・トランヴァンコールにおけるヒンドゥー王権と国家儀礼》，《東洋学報》，第 77 卷第 3—4 号，1996 年。

东田雅博：《大英帝国のアジア・イメージ》，ミネルヴァ書房，1996 年。

渡边昭一：《一九世紀中葉期イギリスの対インド鉄道投資政策》，《土地制度史学》，第 106 号，1985 年。

多田博一：《インドの大地と水》，东京：日本経済評論社，1992 年。

饭冢キヨ：《植民都市の空間形成》，东京：大明堂，1985 年。

谷口晋吉：《一八世紀後半北部ベンガルの農業社会構造》，《一橋大学研究年報：経済学研究》，第 31、33、35 卷，1990、1992、1994 年。

荒松雄：《多重都市デリー》，东京：中央公论新社，1993 年。

荒松雄：《十九世紀におけるインドの改革運動》，收入《岩波講座・世界歴史 21 近代世界の展開》，东京：岩波書店，1971 年。

加贺谷宽：《一九世紀初頭南アジアから海路による集団的メッカ巡礼》，《大阪外国語大学学報（文化編）》，第 76 卷第 3 号，1988 年。

今田秀作：《一九世紀中葉ボンベイ管区における地税制度改革とその理念》，《経済理論》（和歌山大学経済学会），第 264 号, 1995 年。

臼田雅之:《ベンガルの民衆文化》,《シリーズ世界史への問い 6 民衆文化》, 东京: 岩波书店, 1990 年。

孟加拉研究会(日本)合译:《〈コナの格言〉: ベンガルの農事諺》,《コッラニ》, 第 9 号, 1984 年。

木本浩一:《植民地期インドにおける"王侯"都市の形成: マイソールを事例として》,《人文地理》, 第 47 卷第 4 号, 1995 年。

木村雅昭:《インド史の社会構造: カースト制度をめぐる歴史社会学》, 东京: 創文社, 1981 年。

山崎利男:《ラームモーハン・ローイの司法制度論》,《東洋文化研究所紀要》, 第 64、66 号, 1974、1975 年。

山崎利男:《イギリス支配とヒンドゥー法》, 收入《シリーズ世界史への問い 7 権威と権力》, 东京: 岩波书店, 1990 年。

山下博司:《ヒンドゥー教とインド社会》, 东京: 山川出版社, 1997 年。

深泽宏:《インド社会経済史研究》, 东京: 东洋经济新报社, 1972 年。

深泽宏:《インド農村社会経済史の研究》, 东京: 东洋经济新报社, 1987 年。

石原润:《定期市の研究: 機能と構造》, 名古屋: 名古屋大学出版会, 1987 年。

水岛司:《一八一二〇世紀南インド在地社会の研究》, 东京: 东京外国语大学亚非语言文化研究所, 1990 年。

水岛司:《地域社会の統合原理: ミーラース体制》, 收入辛岛昇编:《ドラヴィダの世界》，东京：东京大学出版会，1994年。

松井透:《近代西欧のアジア観と植民地支配論》,《思想》，第530号，1968年。

粟屋利江:《イギリス支配とインド社会》，东京：山川出版社，1998年。

粟屋利江:《"狂信的"マーピラ：十九世紀英領マラバール社会とムスリム暴動》,《東洋学報》，第68卷第3—4号，1987年。

田边明生:《共生のしくみ：クルダ国マニトリ城塞の事例から》，收入木村靖二、上田信编:《地域の世界史10 人と人の地域史》，东京：山川出版社，1997年。

外川昌彦:《宮廷儀礼から民衆儀礼へ：ベンガルのドゥルガ女神祭祀における動態的記述の試み》,《民族学研究》，第57卷第2号，1992年。

小池贤治:《経営代理制度論》，千叶：亚洲经济研究所，1979年。

小谷汪之:《インドの中世社会》，东京：岩波书店，1989年。

小谷汪之:《大地の子：インドの近代における抵抗と背理》，收入《新しい世界史》，第1卷，东京：东京大学出版会，1986年。

小谷汪之编:《西欧近代との出会い》，东京：明石书店，1994年。

小西正捷：《ベンガル歴史風土記》，东京：法政大学出版局，1986年。

小西正捷：《インド民衆の文化誌》，东京：法政大学出版局，1986年。

小西正捷：《インド伝統製紙業の興亡：ムガル朝の確立より一九世紀末まで》，《史苑》，第44卷第1号，1985年。

応地利明：《カルカッタの建設と都市形成》，《史林》，第60卷第6号，1977年。

応地利明：《インド村落研究ノート：とくに一九世紀における孤立・小宇宙的村落觀の形成とその崩壊をめぐって》，《人文地理》，第29卷第5号，1977年。

永之尾信悟：《プラーナ文献が記述する秋の女神の大祭》，《東洋文化》（东京大学东洋文化研究所），第73号，1993年。

中村尚司：《スリランカ：水利研究序説灌漑農業の史的考察》，东京：论创社，1988年。

中里成章：《一八世紀後半のベンガルの村落における土地保有とカースト》，收入柳泽悠编：《暮らしと経済》，东京：明石书店，1995年。

中里成章：《ベンガルにおける土地所有権の展開》，《歴史と地理》，第402号，1989年。

中里成章：《藍と植民地支配》，收入《週刊朝日百科 世界の歴史87》，东京：朝日新闻社，1990年。

重松伸司：《マドラス物語》，东京：中央公论新社，

1993年。

竹内启二：《近代インド思想の源流：ラムモホン・ライの宗教・社会改革》，东京：新评论，1991年。

佐藤正哲：《村・カースト・ヒンドゥー教》，收入《シリーズ世界史への問い5 規範と統合》，东京：岩波书店，1990年。

クリパラーニ（Kripalani）著，森本达雄译：《タゴールの生涯》，东京：第三文明社，1978年。

バーバ・パトマンジー（Baba Padmanji）、パンディター・ラマーバーイー（Pandita Ramabai）著，小谷汪之、押川文子译：《ヒンドゥー社会と女性解放：ヤムナーの旅・高位カーストのヒンドゥー婦人》，收入《インド 解放の思想と文学》东京：明石书店，1996年。

Bayly, C. A., *Rulers, Townsmen and Bazaars: North Indian Society in the Age of British Expansion, 1770–1870*, Cambridge, 1983.

Bayly, C. A., *Indian Society and the Making of the British Empire (The New Cambridge History of India II, 1)*, Cambridge, 1988.

Datta, Rajat, "Merchants and Peasants: A Study of the Structure of Local Trade in Grain in Late Eighteenth Century Bengal," in *Indian Economic and Social History Review* 23 (4), 1986.

Mayer, Peter, "Inventing Village Tradition: The Late 19th Century Origins of the North Indian 'Jajmani System'," in *Modern Asian Studies* 27 (2), 1993.

Perlin, Frank, "Of White Whale and Countrymen in the

Eighteenth-century Maratha Deccan. Extended Class Relations, Rights, and the Problem of Rural Autonomy under the Old Regime," in *Journal of Peasant Studies 5 (2)*, 1978.

Perlin, Frank, "State Formation Reconsidered, Part Two," in *Modern Asian Studies* 19 (3), 1985.

Subrahmanyam, Sanjay (ed.), *Merchants, Markets and the State in Early Modern India,* Delhi, 1990.

文库版补遗

阿部尚史:《ナーディル・シャーとアフガン軍団》,《東洋学報》,第85卷第4号,2004年。

本田彦毅:《インド植民地官僚:大英帝国の超エリートたち》,东京:讲谈社,2008年。

长尾明日香:《イギリス東インド会社の綿花買付・開発政策の転換 一八〇三——一八五八年》,《社会経済史学》,第70卷第5号,2004年。

和田郁子:《インド・ゴールコンダ王国の港市マスリパトナム》,历史学研究会编:《シリーズ港町の世界史3:港町に生きる》,东京:青木书店,2006年。

今田秀作:《パクス・ブリタニカと植民地インド:イギリス・インド経済史の"相関把握"》,京都:京都大学学術出版局,2000年。

神田さやこ:《ベンガル塩商人の活動とイギリス東インド会社の塩独占体制(一七八八~一八三六年)》,《社会経済

史学》，第 68 卷第 2 号，2002 年。

水岛司：《前近代南インドの社会構造と社会空間》，东京：东京大学出版会，2008 年。

藤井毅：《歴史のなかのカースト：近代インドの"自画像"》，东京：岩波书店，2003 年。

藤井毅：《インド社会とカースト》，东京：山川出版社，2007 年。

外川昌彦：《ヒンドゥー女神と村落社会：インド・ベンガル地方の宗教民俗誌》，东京：风响社，2003 年。

外川昌彦：《聖者たちの国へ：ベンガルの宗教文化誌》，东京：日本放送出版协会，2008 年。

小谷汪之编：《世界歴史大系：南アジア史 二 中世・近世》，东京：山川出版社，2007 年。

胁村孝平：《飢饉・疫病・植民地統治：開発の中の英領インド》，名古屋：名古屋大学出版会，2002 年。

野村亲义：《十九世紀インドにおける労働市場と商人》，《社会経済史学》，第 65 卷第 1 号，1999 年。

野村亲义：《新しい制度派経済史研究と近・現代インド経済史：工業化論に焦点をあてて》，《経済貿易研究》（神奈川大学），第 29 号，2003 年。

中里成章：《インドの植民地化問題・再考》，收入《岩波講座世界歴史 23：アジアとヨーロッパ 一九〇〇年代—二〇年代》，东京：岩波书店，1999 年。

中里成章：《インドのヒンドゥーとムスリム》，东京：

山川出版社，2008年。

ディヴィッド・アーノルド（David Arnold）著，饭岛昇藏、川岛耕司译：《環境と人間の歴史：自然、文化、ヨーロッパの世界的拡張》，东京：新评论，1999年。

ヌール・アフマド・チシュティー（Nur Ahmad Cisti）著，麻田丰校译，露口哲也译注：《パンジャーブ生活文化誌：チシュティーの形見》，东京：平凡社，2002年。

J. A. デュボア（Dubois）、H. K. ビーチャム（Beauchamp）编，重松伸司译注：《カーストの民：ヒンドゥーの習俗と儀礼》，东京：平凡社，1988年。

R. グハ（Guha）等著，竹中千春译：《サバルタンの歴史：インド史の脱構築》，东京：岩波书店，1998年。

Adachi, Kyosuke, "Locality and Universality of Vernaculars," in *Marga*, eds. by H. Kotagi, et al., New Delhi, 2007.

Datta, Rajat, *Society, Economy and the Market: Commercialization in Rural Bengal c. 1760–1800*, New Delhi, 2000.

Marshall, P. J. (ed.), *The Eighteenth Century in Indian History: Evolution or Revolution?*, New Delhi, 2003.

Metcalf, Thomas R., *Ideologies of the Raj*, Cambridge, 1997.

Nakazato, Nariaki, "Harish Chandra Mukherjee: Profile of a 'Patriotic' Journalist in an Age of Social Transition," in *South Asia* 31 (2), 2008.

Perlin, Frank, *The Invisible City: Monetary, Administrative and Popular Infrastructures in Asia and Europe, 1500–1900*,

Aldershot, 1993.

Ray, Rajat Kanta, *The Felt Community: Commonalty and Mentality before the Emergence of Indian Nationalism,* New Delhi, 2003.

Travers, Robert, *Ideology and Empire in Eighteenth-Century India: The British in Bengal,* Cambridge, 2007.

第三部

村川坚太郎译注：《エリュトゥラー海案内記》，东京：中央公论新社，1993年。

家岛彦一：《海が創る文明》，东京：朝日新闻社，1993年。

浅田实：《東インド会社》，东京：讲谈社，1989年。

水岛司：《一八～二〇世紀南インド在地社会の研究》，东京：东京外国语大学亚非语言文化研究所，1990年。

水岛司：《18世紀末チングルプット地域のポリガールに関する一考察》，《アジア・アフリカ言語文化研究》，第48、49合并号，1995年。

水岛司：《空間の切片》，收入杉岛敬志编：《土地所有の政治史》，东京：风响社，1999年。

水岛司：《インド近世をどう理解するか》，《歴史学研究》，第821号，2006年。

水岛司：《都市の成長と右手・左手の抗争》，收入《南アジア史3 南インド》，东京：山川出版社，2007年。

水岛司：《植民地支配下の社会》，收入《南アジア史3

南インド》，东京：山川出版社，2007年。

水岛司：《イギリス東インド会社のインド支配》，收入《南アジア史2 中世・近世》，东京：山川出版社，2007年。

水岛司：《前近代南インドの社会空間と社会構造》，东京：东京大学出版会，2008年。

斯波义信：《問い直される一六～一八世紀の世界状況》，收入滨下武志、川胜平太编：《アジア交易圏と日本工業化一五〇〇～一九〇〇》，1991年。

松井透：《世界市場の形成》，东京：岩波书店，1991年。

藤井毅：《歴史のなかのカースト：近代インドの"自画像"》，东京：岩波书店，2003年。

小谷汪之、三田昌彦、水岛司：《中世的世界から近世・近代へ》，收入《南アジア史2 中世・近世》，东京：山川出版社，2007年。

辛岛昇编：《ドラヴィダの世界》，东京：东京大学出版会，1994年。

重松伸司：《マドラス物語：海道のインド文化誌》，东京：中央公论新社，1993年。

リンスホーテン（Linschoten）著，岩生成一等译：《東方案内記》，收入《大航海时代丛书》，第1期第8卷，东京：岩波书店，1966年。

トメ・ピレス著，生田滋、池上岑夫等译：《東方諸国記》，收入《大航海时代丛书》，第1期第5卷，东京：岩波书店，1966年。

I. ウォーラーステイン（Wallerstein）著，川北稔译：《近代世界システム》，东京：岩波书店，1981 年。

Aiyangar, S. Krishnaswami, South India and Her *Muhammadan Invaders*, New Delhi, no date (1921?).

Aiyar, R. Sathyanatha, *History of the Nayaks of Madura*, Madras, 1980.

Ananthakrishna Iyer, L., et al., *The Mysore Tribes and Castes*, 4 vols., Mysore, 1928–35.

Appadurai, Arjun, *Worship and Conflict under Colonial Rule: A South Indian Case,* Cambridge, 1981.

Banerji, R. N., *Economic Progress of the East India Company on the Coromandel Coast* (1702–1746), Nagpur, 1974.

Chaudhuri, K. N., *The Trading World of Asia and the English East India Company 1660–1760,* Cambridge, 1978.

Chaudhuri, K. N., *Asia Before Europe: Economy and Civilization of the Indian Ocean from the Rise of Islam to 1750,* Cambridge, 1990.

Coedès, G., *The Indianized States of Southeast Asia,* Hawaii, 1968.

Deloche, Jean, *Transport and Communications in India prior to Steam Locomotion*, 2 vols., Oxford, 1994.

Dubois, Abbé J. A., *Hindu Manners, Customs and Ceremonies,* 3rd edition. Delhi, 1906.

Das Gupta, Ashin, and Pearson, M. N. (eds.), *India and the Indian Ocean 1500–1800*, Oxford, 1987.

Hemingway, F. R., *Madras District Gazetteers: Tanjore*, Madras, 1906.

Karashima, Noboru, *South Indian History and Society: Studies from Inscriptions A. D. 850–1800*, Delhi, 1984.

Karashima, Noboru, *Towards a New Formation: South Indian Society under Vijayanagar Rule,* Delhi, 1992.

Love, Henry Davison, *Vestiges of Old Madras 1640–1800,* 2 vols., London, 1913, rep. New York, 1968.

Mahalingam, T. V., *Administration and Social Life under Vijayanagar, Part-I Administration, Part-II, Social Life,* Madras, 1940, rep. 1975.

Major, R. H. (ed.), *India in the Fifteenth Century being a Collection of Narratives of Voyages to India, London,* 1857, rep. Gurgaon, 1974.

Michell, George, *Architecture and Art of Southern India,* Cambridge, 1995.

Moreland, W. H., *India at the Death of Akbar*, London, 1920, rep. Delhi, 1974.

Murali, Atluri, "Whose Trees? Forest Practices and Local Communities in Andhra," in David Arnold, and Ramachandra Guha (eds.), *Nature, Culture, Imperialism: Essays on the Environmental History of South Asia,* Delhi, 1995.

Paes, Domingos, et al., *The Vijayanagar Empire as seen by Domingos Paes and Fernao Nuniz, Two 16th Century Portuguese*

Chroniclers, tr. by Robert Sewell, ed. by Vasundhara Filliozat, New Delhi, 1977.

Pillai, Ananda Ranga, *The Private Diary of Ananda Ranga Pillai 1736–1761*, 12 vols., 1904, rep. Delhi, 1985.

Ramanayya, N. Ventaka, *Vijayanagara, Origin of the City and the Empire,* 1933 (?), rep. New Delhi, 1990.

Ramaswamy, Vijaya, *Textiles and Weavers in Medieval South India,* Delhi, 1985.

Rao, Velcheru Narayana, Shulman, David, and Subrahmanyam, Sanjay, *Symbols of Substance: Court and State in Nayak Period Tamilnadu,* Oxford, 1992.

Row, B. Suryanarain, A History *of Vijayanagar: The Never to be Forgotten Empire,* 1905, rep. New Delhi, 1993.

Sastri, K. A. Nilakanta, *The Colas*, Madras, 1935–37, revised 1955, rep. 1975.

Sastri, K. A. Nilakanta, *A History of South India,* Oxford, 1955, 3rd ed. 1966.

Sastri, K. A. Nilakanta, *South India and South-east Asia: Studies in their History and Culture,* Mysore, 1978.

Sewell, Robert, *The Historical Inscriptions of Southern India (collected till 1923) and Outlines of Political History,* 1932, rep. New Delhi, 1983.

Spencer, G. W., *The Politics of Expansion: The Chola Conquests of Sri Lanka and Sri Vijaya,* Madras, 1983.

Stein, Burton, "Vijayanagar c. 1350–1564," in Tapan Raychaudhuri and Irfan Habib (eds.), *The Cambridge Economic History of India,* vol. 1, c. 1200–1750, Cambridge, 1989.

Stein, Burton, *Vijayanagara (The New Cambridge History of India, I-2)*, Cambridge, 1989.

Stein, Burton, *Peasant State and Society in Medieval South India,* Delhi, 1980.

Subramanian, K. R., *The Maratha Rajas of Tanjore*, 1928, rep. New Delhi, 1988.

Tavernier, Jean-Baptiste, *Travels in India,* translated from the original French edition of 1676 by V. Ball, 2 vols., New Delhi, 1977.

Wheeler, J. Talboys (ed.), Early *Travels in India (16th and 17th Centuries),* Delhi, 1974.

Wheeler, J. Talboys, *Madras in the Olden Time: being a History of the Presidency from the First Foundation of Fort St. George to the Occupations of Madras by the French 1639–1748,* Madras, 1882.

大事记年表

★表示大概的年份。

印度次大陆		世界其他地区		日本
1世纪	朱罗王朝、潘地亚王朝、哲罗王朝（—3世纪）；泰米尔桑伽姆文学出现，《厄立特里亚海航行记》			
3世纪	帕拉瓦王朝建立，定都甘吉布勒姆（3世纪下半叶）	395	罗马帝国东西分裂	
543	遮娄其王朝[巴达米（Badami）]建立（—753），与帕拉瓦王朝敌对			
6世纪	喀东冈（Kadungon）在马杜赖重建潘地亚王朝	★570	先知穆罕默德诞生	
★574—600	帕拉瓦王朝在辛哈毗湿奴（Simhavishnu）治下迎来繁荣	589	隋朝统一中国	

(续表)

印度次大陆		世界其他地区		日本	
606	戒日王统治北印度（—647）				
624	东遮娄其王朝［文者（Vengi）］建立（—1070）	622	先知穆罕默德前往麦地那		
7世纪	巴克提信仰流行			645	大化革新
7—8世纪	建造马马拉普拉姆神庙群	661	倭马亚王朝建立（—750）		
8世纪	商羯罗提出不二一元论，组织玛塔（寺院）			720	《日本书纪》
711	穆罕默德·本·卡西姆（Muhammad bin Qasim）率领的阿拉伯军队入侵信德地区（—713）	732	图尔战役		
				752	东大寺大佛开眼供养
753	罗湿陀罗拘陀王朝建立，定都纳西克（Nashik，—973）	751	怛罗斯河畔之战，阿拔斯王朝军队击败唐军		
				794	迁都平安京
9世纪中叶	韦迦亚刺雅（850年前后—871年在位）重建朱罗王朝	800	查理曼大帝加冕为西罗马皇帝	816	空海在高野山建立金刚峰寺
*897	朱罗王朝的阿迭多一世（871—907年在位）灭亡帕拉瓦王朝	843	根据《凡尔登条约》法兰克王国被三分		
9—10世纪	纳姆比编纂湿婆派根本经典《蒂鲁古拉尔》	875	唐黄巢之乱（—884）		
		882	奥列格建立基辅大公国	894	遣唐使停止
910	朱罗王朝的婆兰多迦一世（907—955年在位）侵入马杜赖，短暂征服潘地亚			905	《古今集》

(续表)

印度次大陆		世界其他地区		日本	
		936	高丽统一朝鲜		
		937	大理在云南建立政权		
962	阿尔普特勤从萨曼王朝（875—999）独立，建立加兹尼王朝	962	神圣罗马帝国建立		
973	遮娄其王朝［卡利亚尼（Kalyani）］建立（—1190）				
985	朱罗王朝的罗阇罗阇一世即位（—1016）				
998	"加兹尼的马哈茂德"即位（—1030）				
10世纪下半叶	朱罗王朝势力减弱				
1003	坦贾武尔建造布里哈迪希瓦拉神庙（—1010）	1004	宋辽"澶渊之盟"		
1005	罗阇罗阇一世应室利佛逝国王请求在纳加帕蒂南修建佛教寺庙				
1012	朱罗王朝的拉真陀罗一世即位（—1044），远征斯里兰卡	1010	越南李朝建立（—1225）		
1015	朱罗王朝使者抵达中国			1016	藤原道长摄政
1018	马哈茂德攻占普腊蒂哈腊王朝（730—11世纪上半叶），都城卡瑙季	1018	诺曼人入侵南意大利		
1020	柬埔寨国王为得到朱罗国王援助献上战车				

(续表)

	印度次大陆		世界其他地区		日本
1023	朱罗王朝在该时期向恒河派出远征军				
1024	马哈茂德侵袭索姆纳特（1025）等地（—1026）				
1026	拉真陀罗一世在该时期向马来半岛和室利佛逝派出远征军				
1042—1068	朱罗王朝与遮娄其王朝的娑密室伐罗（Somesvara）一世持续对抗	1054	东西教会分裂	1051	前九年之役
1070	朱罗王朝被驱逐出斯里兰卡	1071	塞尔柱王朝在曼齐刻尔特战役中击败拜占庭军队	1086	院政期开始
*1110—1152	曷萨拉王朝在迈索尔地区崛起	1096	第一次十字军东征		
		1126	靖康之变，北宋被金朝灭亡		
1133	朱罗王朝的维罗摩·朱罗（Vikrama Chola，1118—1135年在位）击败遮娄其王朝和恒伽（Ganga）王朝联军				
		1169	萨拉丁在埃及建立阿尤布王朝（—1250）	1167	平清盛就任太政大臣
1173	吉亚斯丁·穆罕默德占领加兹尼，任命其弟希哈布丁（"古尔的穆罕默德"）为加兹尼统治者	1174	阿尤布王朝在也门建立统治		
1186	希哈布丁吞并加兹尼王朝的据点拉合尔，加兹尼王朝灭亡				

(续表)

	印度次大陆		世界其他地区		日本
1192	乔汉王朝国王普里特维拉贾三世在第二次塔兰之战中败于希哈布丁,阵亡			1192	镰仓幕府建立
1202—1203	艾巴克占领昌德拉王朝都城卡林贾尔、马霍巴和克久拉霍				
1203	吉亚斯丁·穆罕默德去世,穆伊兹丁(希哈布丁)成为古尔王朝苏丹	1204	第四次十字军东征,拉丁帝国建立		
1206	穆伊兹丁被暗杀,其侄子吉亚斯丁·马哈茂德成为苏丹。艾巴克被推举为古尔王朝印度属地苏丹(—1210),"奴隶王朝"建立	1206	成吉思汗即位		
		1215	英格兰大宪章(Magna Carta)	1212	《方丈记》
13世纪	朱罗王朝势力因遭受潘地亚王朝和卡卡提亚王朝进攻,开始衰退	1219	成吉思汗开始西征		
1221	伊勒杜迷失苏丹拒绝了花剌子模王朝太子的避难请求			1221	承久之乱
1231	建造库特布塔(—1232)				
1236	伊勒杜迷失去世,鲁肯丁·菲鲁兹即位。菲鲁兹去世后,拉齐娅即位(—1240)	1241	列格尼卡战役		
1251	后期潘地亚王朝迎来鼎盛时期(—1268)	1257	伊尔汗国建立;素可泰王朝在泰国建立(—1350)		

(续表)

印度次大陆		世界其他地区		日本	
1279	后期潘地亚王朝在该时期击败曷萨拉王朝与朱罗王朝联军，朱罗王朝灭亡	1258	旭烈兀率领的蒙古军队攻陷巴格达	1274	文永之战
13世纪末	马可·波罗前往南印度	1284	马可·波罗开始东方旅行（—1295）；英格兰吞并威尔士	1281	弘安之战
1290	苏丹穆伊兹丁·凯·库巴德被害，贾拉鲁丁·菲鲁兹·卡尔吉成为苏丹（"卡尔吉革命"）				
1296	阿拉丁·卡尔吉占领雅达瓦王朝的都城德瓦吉里。回国后杀害苏丹·贾拉鲁丁·菲鲁兹，自立为苏丹			1297	永仁德政令
1299	蒙古军侵入德里近郊，被击退（—1300）	1299	奥斯曼帝国建立（—1922）		
1307	卡尔吉王朝宰相马利克·卡富尔使雅达瓦王朝再次成为朝贡国				
1310	马利克·卡富尔使卡卡提亚王朝成为朝贡国，次年使曷萨拉王朝成为朝贡国，并入侵潘地亚王朝				
1310—1311	阿拉丁攻陷贾洛尔城。拉贾斯坦地区的征服战争结束				

(续表)

	印度次大陆		世界其他地区		日本
1320	卡尔吉王朝宰相库斯洛杀害苏丹穆巴拉克等人，篡夺苏丹之位，但败给加齐·马利克·图格鲁克，图格鲁克王朝开始				
1323	图格鲁克王朝的乌鲁格·汗（后来的苏丹穆罕默德·本·图格鲁克）灭亡卡卡提亚王朝、潘地亚王朝	1325	伊本·白图泰从丹吉尔出发开始世界旅行（—1349）		
1327	图格鲁克王朝的苏丹穆罕默德·本·图格鲁克从德里迁都道拉塔巴德				
1333	伊本·白图泰在德里停留（—1342）				
1334	马杜赖总督发动叛乱，建立马杜赖苏丹国（—1370）			1334	"建武中兴"
1336	哈里哈拉建立毗奢耶那伽罗第一王朝（桑伽马王朝）（—1484）			1338	室町幕府建立
1339	克什米尔王朝建立（—1386）	1339	英法百年战争开始（—1453）		
1341	元顺帝向图格鲁克王朝派出使节				
1342	苏丹穆罕默德·本·图格鲁克委托伊本·白图泰向元朝皇帝转送信件				
1346	毗奢耶那伽罗吞并曷萨拉王朝				

(续表)

	印度次大陆		世界其他地区		日本
1347	阿拉丁·哈桑·巴赫曼·沙建立巴赫曼尼王国，定都古尔伯加	1368	朱元璋建立明朝	1350	倭寇活动开始猖獗；吉田兼好去世
1380	毗奢耶那伽罗吞并果阿和康坎	1370	帖木儿王朝建立（—1507），帖木儿开始西征		
1382	坎德什王国（法鲁基王朝）在坎德什地区建立（—1601）	1388	元朝灭亡		
1394	江布尔王国（沙尔吉王朝）在江布尔建立（—1479）	1392	朝鲜李氏王朝建立	1392	南北朝合并
1398	帖木儿入侵德里			1397	建造金阁寺
14世纪末	泰米尔人在斯里兰卡北部建立贾夫纳（Jaffna）王国			1400	世阿弥《花传书》
15世纪上半叶	毗奢耶那伽罗的德瓦拉亚二世（1422—1446年在位）在整个南印度确立霸权				
1401	迪拉瓦尔·汗在达尔建立马尔瓦的古尔王朝（—1436）	1402	奥斯曼帝国在安卡拉战役中败于帖木儿军		
1407	古吉拉特王朝建立（—1573）	1405	明朝郑和南海远航（—1433）；帖木儿在远征明朝途中去世	1404	勘合贸易开始
1414	希兹里·汗攻陷德里，建立赛义德王朝（—1451）				
1420	尼科洛·达·康提访问毗奢耶那伽罗			1419	应永外寇

(续表)

	印度次大陆		世界其他地区		日本
1423	该时期巴赫曼尼王国将首都迁往比达尔			1428	正长的土一揆
1435	卡皮伦德拉（Kapilendra）篡夺恒伽王朝（奥里萨地区）王位，建立嘎贾帕提王朝（—1541）				
1436	马哈茂德·卡尔吉建立马尔瓦的卡尔吉王朝（—1531）				
1441	帖木儿王朝的阿布德·阿尔·拉扎克访问毗奢耶那伽罗（—1444）	1446	朝鲜颁布《训民正音》		
1451	巴赫鲁尔·洛迪建立洛迪王朝（—1526）	1453	君士坦丁堡陷落		
1474	康提（Kandy）王国在斯里兰卡建立	1462	俄罗斯的伊凡三世（大帝）即位	1467	应仁之乱（—1477）
1479	苏丹巴赫鲁尔·洛迪吞并江布尔王国	1488	巴尔托洛梅乌·迪亚士抵达好望角		
1490	巴赫曼尼王国的久纳尔（Junnar）总督建立尼扎姆·沙希王朝（艾哈迈德讷格尔王国），比贾普尔总督建立阿迪勒·沙希王朝（比贾普尔王国），贝拉尔总督建立伊马德·沙希王朝（贝拉尔王国）	1492	哥伦布到达新大陆	1489	东山山庄银阁寺完工
1498	瓦斯科·达·伽马抵达卡利卡特	1494	西班牙、葡萄牙缔结《托尔德西里亚斯条约》，平分世界		

(续表)

印度次大陆		世界其他地区		日本	
1500	卡布拉尔在卡利卡特、果阿登陆,在科钦设置商馆	1500	帖木儿帝国灭亡		
1504	巴布尔占领喀布尔	1501	伊朗萨法维王朝建立(—1736)		
1509	毗奢耶那伽罗的克里希纳迪瓦拉亚国王即位(—1529),毗奢耶那伽罗进入鼎盛期;葡萄牙印度总督德·阿尔梅达在第乌海面击败古吉拉特王朝和埃及马穆鲁克王朝的联合舰队;葡萄牙第二任印度总督阿尔布克尔克到任(—1515)			1506	雪舟去世(1420—)
1510	葡萄牙占领果阿	1510	昔班尼·汗在谋夫战役中败于萨法维军,阵亡		
1512	巴赫曼尼王国的特伦甘纳总督建立库特布·沙希王朝(戈尔康达王国)	1511	葡萄牙征服马六甲		
1513	毗奢耶那伽罗进攻奥里萨(—1516)	1514	查尔迪兰战役		
		1515	葡萄牙占领霍尔木兹		
		1517	葡萄牙使节抵达中国		
1520	葡萄牙商人佩斯在该时期留下了到访毗奢耶那伽罗的记录	1519	科尔特斯开始征服阿兹特克帝国(—1521)		

（续表）

	印度次大陆		世界其他地区		日本
1524	巴布尔占领拉合尔	1522	麦哲伦船队成功环游世界		
1526	巴布尔在帕尼帕特之战中击败苏丹易卜拉欣·洛迪，建立莫卧儿王朝			1526	石见大森银矿山开始采掘
1527	巴布尔在坎瓦战役中击败梅瓦尔国王拉纳·桑伽； 巴赫曼尼王国最后的苏丹卡利姆拉从比达尔逃亡，巴赫曼尼王国灭亡	1529	奥斯曼帝国第一次围攻维也纳		
1530	巴布尔去世，胡马雍即位； 果阿成为葡萄牙东方帝国首都； 维斯瓦纳坦（约1529—1564年在位）在马杜赖的纳亚克政权开始奠定基础	1530	萨法维王朝的塔赫玛斯普远征呼罗珊		
1535	葡萄牙占领第乌； 葡萄牙商人努尼兹在该时期留下了到访毗奢耶那伽罗的记录				
1539	舍尔·汗（沙）在焦萨之战中击败胡马雍，建立苏尔王朝				
1540	胡马雍在比尔格拉姆（恒河）之战败给舍尔·汗，逃往信德	1540	罗马教皇批准成立耶稣会		
1541	方济各·沙勿略抵达印度	1541	加尔文在日内瓦开展宗教改革		

(续表)

	印度次大陆		世界其他地区		日本
1542	阿克巴出生于信德的欧迈尔果德；罗摩拉雅掌握毗奢耶那伽罗实权（—1564）				
1544	塞瓦帕（1549—1572年在位）得到坦贾武尔，奠定纳亚克政权基础			1543	葡萄牙船只漂至种子岛，火枪传入
1545	舍尔·汗围攻加林杰尔城时因火药事故去世；胡马雍得到波斯军队支持，从弟弟阿斯卡里手中夺回坎大哈	1545	特利腾大公会议（—1563）		
1551	胡马雍最终收回喀布尔			1549	方济各·沙勿略传布基督教
1555	胡马雍在锡尔欣迪击败苏尔王朝的西坎达尔沙，进入德里	1552	俄罗斯吞并喀山汗国		
1556	胡马雍去世，阿克巴即位；阿克巴在帕尼帕特击败苏尔王朝宰相希穆	1557	葡萄牙人获准在中国澳门居住		
1562	阿克巴与安梅尔国王的公主结婚；阿克巴废除强制改变俘虏信仰和将其变为奴隶的做法	1558	英国伊丽莎白一世即位	1560	桶狭间之战
1563	阿克巴废除印度教徒的朝圣税				
1564	阿克巴废除吉兹亚				

（续表）

	印度次大陆		世界其他地区		日本
1565	毗奢耶那伽罗军队在塔利科塔之战中败于穆斯林联军，首都被毁				
1567—1568	阿克巴攻陷梅瓦尔王国的奇陶尔城				
1569	本迪王国的苏尔江·哈达向阿克巴投降，伦滕波尔开启城门	1571	西班牙征服菲律宾，建造马尼拉市；勒班托之战		
1573	阿克巴开始改革统治制度			1573	室町幕府灭亡
1574	艾哈迈德讷格尔王国吞并贝拉尔王国				
1575	阿克巴建造"信仰之家"			1575	长篠之战
1576	阿克巴在哈尔迪加特之战中击败梅瓦尔国王普拉塔普·辛格；莫卧儿军队征服孟加拉地区				
1580	穆斯林贵族阶层在比哈尔省和孟加拉省发动"大叛乱"（—1583）	1580	西班牙国王兼任葡萄牙国王，两国合并（—1640）		
1582	阿克巴创立"神之宗教"	1581	尼德兰发布独立宣言	1582	天正少年使节赴欧（—1590）
1595	阿克巴吞并俾路支，完成对北部印度（除去阿萨姆）的征服	1588	英国击败西班牙无敌舰队	1590	丰臣秀吉统一日本
1596	艾哈迈德讷格尔王国将贝拉尔地区割让给莫卧儿帝国				

(续表)

印度次大陆		世界其他地区		日本	
1600	皇子萨利姆反叛阿克巴，但未能成功占领阿格拉，次年发动叛乱	1600	英国东印度公司成立	1600	关原之战
1601	阿克巴吞并坎德什王国	1602	荷兰联合东印度公司成立		
1604	皇子达尼亚勒去世；皇子萨利姆的妃子曼·拜自杀；锡克教教主阿周那编纂锡克教圣书《阿底·格兰特》			1603	江户幕府建立
1604或1605	葡萄牙人引入烟草	1604	法国成立东印度公司（—1609）		
1605	阿克巴去世，萨利姆即位为贾汉吉尔皇帝				
1606	皇子胡斯劳逃出阿格拉，发动叛乱。阿周那因协助胡斯劳叛乱和逃亡被杀	1607	英国在北美海岸建造詹姆斯镇		
1609	英国使节霍金斯会见贾汉吉尔皇帝；荷兰在布利格德设立商馆			1609	荷兰在平户开设商馆
1611	英国在默苏利珀德姆设立商馆				
1612	英国在苏拉特设置商馆				
1614	梅瓦尔国王阿玛尔·辛格向莫卧儿帝国投降				
1615	英国派遣罗伊前往莫卧儿帝国（—1619）	1616	后金（即之后的清）建立；丹麦成立东印度公司	1615	大阪夏之阵，丰臣氏灭亡

(续表)

	印度次大陆		世界其他地区		日本
1618	贾汉吉尔下令禁止吸烟	1618	三十年战争		
1619	比贾普尔王国吞并比达尔王国	1619	荷兰在爪哇建造巴达维亚		
1622	皇子胡拉姆反叛贾汉吉尔				
1623	首次在印度得到种植的烟草经由苏拉特出口	1623	安汶大屠杀	1623	英国关闭平户的商馆
1627	贾汉吉尔去世。次年胡拉姆即位为沙贾汉皇帝				
1632	沙贾汉毁坏胡格利的葡萄牙人居留地			1630	阿瑜陀耶重臣山田长政被暗杀
1633	莫卧儿帝国吞并艾哈迈德讷格尔王国				
1636	比贾普尔和戈尔康达两王国承认莫卧儿帝国的宗主权				
1639	英国获得在马德拉斯建造圣乔治要塞的许可	1641	英国清教徒革命；荷兰从葡萄牙手中夺取马六甲	1641	荷兰人被迁移至出岛
1648	莫卧儿帝国将首都从阿格拉迁至沙贾汉纳巴德（德里）	1644	明朝灭亡，清朝建立		
1649	斯里兰伽（Sriranga）国王战败于比贾普尔军，毗奢耶那伽罗王国彻底灭亡	1648	萨法维王朝从莫卧儿帝国手中夺回坎大哈		
1651	英国在胡格利建造商馆，获得自由通关特权	1652	第一次英荷战争（—1654）		

(续表)

印度次大陆		世界其他地区		日本	
1657	沙贾汉皇帝病重，帝位继承战争开始			1657	明历大火
1658	奥朗则布即位为莫卧儿皇帝				
1660	葡萄牙人被逐出锡兰	1660	英国王政复辟		
1661	葡萄牙将孟买割让给英国	1661	康熙皇帝即位		
1664	奥朗则布禁止修复印度教神庙	1664	法国再次成立东印度公司		
1665	奥朗则布向印度教徒征收歧视性关税	1665	第二次英荷战争（—1667）		
1666	被监禁在阿格拉的西瓦吉与儿子桑巴吉出逃				
1668	奥朗则布授予西瓦吉国王称号				
1669	高库拉领导的贾特农民为反抗针对印度教徒的宗教迫害发动叛乱				
1672	萨特纳米叛乱	1672	第三次英荷战争（—1674）		
1673	坦贾武尔的纳亚克政权被马杜赖的纳亚克政权灭亡；法国获得金德讷格尔				
1674	法国建造本地治里；西瓦吉在赖加尔即位，马拉塔王国建立				
1675	奥朗则布处死锡克教教主特格·巴哈杜尔				
1677	西瓦吉远征南印度				

(续表)

	印度次大陆		世界其他地区		日本
1678	奥朗则布将马尔瓦尔王国并入帝国				
1679	奥朗则布重新征收吉兹亚；"拉吉普特战争"爆发，梅瓦尔国王拉杰·辛格参战				
1680	西瓦吉（1627/1630—）去世，桑巴吉夺取王位（—1689）				
1681	皇子阿克巴叛乱，为获得马拉塔支援进入德干；奥朗则布远征德干，1686年吞并比贾普尔王国，次年吞并戈尔康达王国；梅瓦尔国王贾伊·辛格割让三个县给莫卧儿帝国，恢复梅瓦尔王国	1683	奥斯曼帝国第二次围攻维也纳		
1686	英国与莫卧儿帝国交战，战败	1685	英国提高棉布进口关税	1685	首次发布生类怜悯令
1687	孟买成为西部印度管区城市	1688	英国光荣革命		
1689	桑巴吉被莫卧儿军捕获处死，拉贾拉姆即位马拉塔国王	1689	奥格斯堡同盟战争（—1697）		
1690	建造加尔各答			1690	创建昌平坂学问所
1698	英国东印度公司分裂				
1699	古鲁戈宾德·辛格改革锡克教	1700	英国发布印度棉布禁令		

(续表)

印度次大陆		世界其他地区		日本	
1702	英国新旧东印度公司合并	1701	西班牙王位继承战争（—1714）		
1707	奥朗则布去世，皇子穆阿扎姆赢得帝位继承战争，即位为巴哈杜尔·沙一世（—1712）；阿吉特·辛格夺回马尔瓦尔王国，进入都城焦特普尔	1713	《乌得勒支条约》缔结	1709	新井白石得到起用
1720	巴吉·拉奥一世成为马拉塔联盟宰相（—1740）	1722	奥地利成立东印度公司	1716	享保改革
1724	海得拉巴的尼扎姆穆勒克从莫卧儿独立				
1727	阿瓦德从莫卧儿帝国事实独立；加尔各答成立自治体				
1739	纳迪尔·沙远征印度，占领德里	1731	瑞典成立东印度公司	1732	享保大饥荒
1740	此时孟加拉已从莫卧儿帝国事实独立；马拉塔军远征阿尔果德	1740	奥地利王位继承战争（—1748）		
1742	杜普莱克斯成为本地治里总督				
1746	第一次卡纳蒂克战争（—1748）				
1748	海得拉巴的尼扎姆去世			1748	竹田出云《假名手本忠臣藏》初演
1749	第二次卡纳蒂克战争（—1754），杜普莱克斯被召回国				

(续表)

	印度次大陆		世界其他地区		日本
1752	马拉塔联盟军进入德里，将莫卧儿皇帝置于保护之下				
1755	丹麦获得塞兰坡（Serampore）				
1756	西拉杰·达乌拉攻占加尔各答	1756	七年战争（—1763）		
1757	普拉西战，克莱武就任孟加拉长官；艾哈迈德·沙·杜兰尼入侵德里；第三次卡纳蒂克战争（—1761）				
1758	法国失去本地治里，失去在南印度的影响力				
1760	海德尔·阿里掌握迈索尔王国实权				
1761	帕尼帕特战役，马拉塔联盟军惨败于阿富汗军				
1763	伊斯兰思想家沙·瓦利乌拉去世	1763	英法签订《巴黎条约》		
1764	布克萨尔战役，英国确立在印度的霸权				
1765	英国获得孟加拉、比哈尔和奥里萨的迪瓦尼，印度开始殖民地化				
1766	英国迫使尼扎姆割让北萨尔卡尔；英国人被禁止在印度持有土地				
1767	第一次迈索尔战争（—1769）	1768	阿克莱特发明水力纺织机；库克探索澳大利亚		

(续表)

	印度次大陆		世界其他地区		日本
1772	黑斯廷斯到任孟加拉长官，黑斯廷斯时代开始	1772	第一次瓜分波兰	1772	田沼意次成为老中
1773	《诺斯管理法案》制定；英国、阿瓦德缔结军事保护条约				
1774	罗希拉战争；加尔各答最高法院设立				
1775	第一次马拉塔战争（—1782）	1775	美国独立战争（—1783）		
1780	第二次迈索尔战争（—1784）	1779	伊朗卡扎尔王朝建立		
1781	加尔各答马德拉萨设立				
1782	迈索尔的蒂普苏丹即位（—1798）	1783	《巴黎条约》缔结，美国独立	1783	天明大饥荒
1784	《皮特印度法案》制定；亚洲协会创建	1785	卡特莱特发明动力纺织机		
1786	康沃利斯着手改革（—1793）	1788	黑斯廷斯弹劾案（—1795）	1787	宽政改革（—1793）
1790	第三次迈索尔战争（—1792）	1789	法国大革命爆发；边沁《道德与立法原理导论》出版		
1792	贝拿勒斯设立梵文学院	1791	托马斯·潘恩《人权论》出版		
1793	东印度公司特许状更新；孟加拉实施永久柴明达尔制	1794	阿加·穆罕默德统一伊朗		

(续表)

	印度次大陆		世界其他地区		日本
1794	普莱斯成为扎吉尔地区征税官	1796	清朝禁止鸦片进口		
1798	扎曼·沙任命兰吉特·辛格为拉合尔总督；第四次迈索尔战争（—1799）；韦尔斯利到任孟加拉总督（—1805）；英国与海得拉巴缔结军事保护条约	1798	拿破仑远征埃及		
1799	蒂普在第四次迈索尔战争中战死，英国将海得拉巴置于保护下，确立在南印度的霸权；马杜赖爆发珀力加尔战争（—1805）；兰吉特·辛格占领拉合尔，将其作为锡克王国首都	1799	荷兰东印度公司解散		
1801	英国吞并卡纳蒂克和阿瓦德部分领土			1800	伊能忠敬开始测绘虾夷地
1802	马拉塔联盟宰相巴吉·拉奥二世与英国签订《伯塞恩条约》；斯里兰卡被英国控制；札吉尔地区开始实施柴明达尔制	1802	越南阮朝建立（—1945）	1802	十返舍一九《东海道徒步旅行记》
1803	第二次马拉塔战争（—1805），英国占领德里；沙·阿卜杜勒·阿齐兹发布教令	1804	海地独立；法兰西第一帝国建立	1804	俄国使节列扎诺夫抵达长崎

(续表)

	印度次大陆		世界其他地区		日本
1805	英国取得第二次马拉塔战争胜利,获得德里、阿格拉、河间地带	1805	特拉法尔加海战、奥斯特利茨会战		
1806	韦洛尔叛乱；盗贼集团平达里(Pindari)在中央印度活动(—1815)				
1808	古吉拉特马赫迪运动				
1809	兰吉特·辛格与英国签订《阿姆利则条约》				
1813	东印度公司特许状法修订,印度贸易开放,传教得到许可				
1814	廓尔喀战争(—1816)	1814	维也纳会议		
1815	拉姆莫洪·拉伊在加尔各答成立友好协会；斯里兰卡康提王国置于英国控制下,斯里兰卡全境殖民地化	1815	滑铁卢战役	1815	杉田玄白《兰学事始》
1816	加尔各答成立印度学院(次年开学)				
1817	第三次马拉塔战争(—1818),英国吞并宰相领地；平达里战争(—1818)	1817	李嘉图《政治经济学及赋税原理》		
1819	埃尔芬斯通成为孟买管区长官(—1827)				
1810年代末	马德拉斯管区多数地区最终引入莱特瓦尔制				
1820	芒罗成为马德拉斯管区长官(—1827)				

（续表）

	印度次大陆		世界其他地区		日本
1821	该时期沙里亚图拉开始在东孟加拉发起法拉伊兹运动	1821	墨西哥、秘鲁、中美洲联邦独立		
1824	第一次缅甸战争（—1826）	1823	美国发表《门罗宣言》	1823	德国人西博尔德抵达长崎
1826	赛义德·艾哈迈德·巴雷尔维发起圣战者运动			1825	《外国船驱逐令》发布
1828	本廷克成为孟加拉总督，从1834年开始为第一代印度总督（—1835）；拉姆莫洪·拉伊成立梵社	1828	俄土战争（—1829）		
1829	寡妇殉死遭禁止；镇压图基教（—1837）				
1830	加尔各答成立法社	1830	法国七月革命		
1831	科尔叛乱（—1832）	1832	边沁去世		
1833	东印度公司特许状法修订。东印度公司停止商业活动。对其他国家开放与中国的贸易、茶叶贸易资格	1833	德意志关税同盟成立		
1834	英国吞并古尔格（Coorg）				
1835	梅特卡夫（Metcalfe）撤销出版限制；麦考利《教育备忘录》发表；英语取代波斯语成为法庭通用语；孟买管区开始正式实施莱特瓦尔制；英国发行"公司卢比"，开始通货统一				

（续表）

	印度次大陆		世界其他地区		日本
1836	开始废除国内关税（—1844）				
1837	英国人可自由到访印度、在内地居住、拥有土地				
1838	地主协会成立				
1839	兰吉特·辛格去世；第一次阿富汗战争（—1842）爆发	1839	土耳其开始坦志麦特改革	1839	蛮社之狱
1840	法拉伊兹运动开始兴盛	1840	第一次鸦片战争（—1842）		
1843	英国征服信德，吞并瓜廖尔；废除奴隶制	1842	清朝与英国签订《南京条约》	1842	《外国船驱逐令》缓和
1845	第一次锡克战争（—1846）				
1848	第二次锡克战争（—1849），英国吞并旁遮普；达尔豪西成为印度总督（—1856）；英国吞并萨塔拉	1848	密尔《政治经济学原理》；法国二月革命		
1849	贝休恩（Bethune）在加尔各答设立女子学校				
1851	加尔各答成立英属印度协会；电报线铺设开始，1855年建成全国网络	1850	清朝爆发太平天国运动		
1852	孟买协会成立；坎德什发生反对土地调查的运动	1852	法兰西第二帝国建立		

(续表)

	印度次大陆		世界其他地区		日本
1853	东印度公司特许状法修订； 孟买—塔纳铁路开通； 英国吞并那格浦尔、詹西； 英国迫使尼扎姆割让贝拉尔； 约翰·劳伦斯成为旁遮普行政长官			1853	美国使节佩里抵达浦贺
1854	《伍德教育书简》； 恒河运河开通； 孟买建立纺织工厂（1856年开工）	1854	克里米亚战争	1854	《日美亲善条约》签订
1855	桑塔尔叛乱（—1856）； 加尔各答建立黄麻工厂				
1856	英国吞并阿瓦德； 寡妇再婚得到认可	1856	亚罗号战争（—1860）		
1857	土兵叛乱（—1858）； 加尔各答、孟买、马德拉斯开设大学				
1858	《印度统治改善法》公布，印度开始受英国直接统治； 巴哈杜尔·沙二世退位，莫卧儿帝国灭亡； 维多利亚女王发表宣言			1858	《日美友好通商条约》签订

莫卧儿时代晚期喀布尔省后续情况

佐藤正哲

该文库本源于《世界历史》第十四卷（中央公论社，1998年）探讨莫卧儿时代阿富汗的部分，其记述止步于以下内容，即莫卧儿帝国和萨法维王朝围绕坎大哈开展对抗，最后基本以后者的胜利告终，喀布尔省渐渐脱离前者控制。毕竟，这一部分的主题是"莫卧儿时代的印度"，不宜"越界"。但考虑到阿富汗国家的形成、阿富汗在地缘政治上的重要性对英属印度及后来包括巴基斯坦在内地区的近现代史产生了重大影响，以及最近的阿富汗战争[①]正在迎来巨大转机，似有必要对本"世界历史"系列中缺席的该地区"后续"历史稍作"越界"简述。

幸运的是，这次笔者受中央公论新社委托，为同书文库

---

① 这里是指以美国为首的联军在2001年10月7日起对阿富汗基地组织和塔利班的一场战争。

本撰写"后记",因而借此机会,斗胆"越界",拟追加一篇《喀布尔省后续情况》。另外,关于原本较少论及的莫卧儿时代城市生活的部分,笔者在1999年、2003年"比较城市史之旅"调查研究过程中见到了比卡内尔(Bikaner)市内依旧固守传统的居住形态、职业及其社会关系的工匠、和过去一样在各地巡回的手工业者、谷物运输商人,文库本补充了相关描述,并记录了拉姆德夫寺庙的祭祀及其朝圣者的现状。

且说取得帝位继承战争胜利后成为皇帝的奥朗则布,没有向敌对的马尔瓦尔王国贾斯万特·辛格国王问罪,而是将这位难相处的猛将派往远离中央的边境贾姆鲁德(Jamrud),到1678年则以该国王去世和领地没收为导火索爆发了正文已有提及、持续了三十年之久的"拉吉普特战争"。贾姆鲁德位于白沙瓦以西20千米、开伯尔(Khyber)山口东侧出入口,处在扼守从喀布尔出发经由拉合尔(旁遮普)到达德里(河间地带)的商业、军事路线的重要位置上,到了今天,这里也设有巴基斯坦的检查站。

当时的莫卧儿帝国不断扩张,几乎达到了印度史上最大版图,帝国内部却变得千疮百孔,喀布尔省的防线也大幅度后退到贾姆鲁德,处于勉强维持住点和线的状况。贾斯万特·辛格国王的任命正是为了防卫如今已渐渐变为"边境"的帝国"国境",负责镇压阿富汗系民族频频爆发的叛乱,阻止各类穆斯林军事集团的涌入,而后者则意图成为帝国各地国王和地方官的雇佣兵,准备大干一番。

坎大哈阿富汗系民族的叛乱渐渐朝着建立王国的趋势发展。

1709年，普什图人的吉尔扎伊族族长米尔·瓦伊斯（Mir Wais）建立了坎大哈王国，一度将统治延伸到波斯，但因为内乱而衰落，坎大哈和喀布尔于是在1738年被波斯的纳迪尔沙占领。纳迪尔沙在次年入侵印度，洗劫了德里，但在1747年遭到暗杀。以此为契机，与波斯军联盟的阿富汗军指挥官艾哈迈德·阿卜达里（Ahmed Abdali，即杜兰尼）自立门户，在坎大哈即位为阿富汗人的国王，自称艾哈迈德沙。由普什图人的杜兰尼家族建立的阿富汗国家——杜兰尼王朝一直延续到1973年。据说阿布达里曾八次入侵印度，其中1761年的帕尼帕特战役因为粉碎了马拉塔军事力量统治北印度的野心而在印度史上闻名。

19世纪到20世纪初，英国为了保卫印度殖民地免受俄罗斯南下政策的威胁，试图让阿富汗成为缓冲国，打响了介入阿富汗内乱的三次英阿战争（1838—1842年、1878—1880年、1919年）。在第一次战争中，阿富汗人依靠狭隘山谷和险峻山岳的战术和攻击让英国远征军尝到了全灭的大败仗。虽然英国最终取得了胜利，使阿富汗成为保护国，但即使获得了胜利，也一直有英国使节和派驻官员遭到暗杀，阿富汗部落和士兵无休止的叛乱以及民众仇恨外国人的危险举动使英国不得不放弃对这里的直接统治。凭借围绕独立和国境线变更而展开的第三次对英战争，阿富汗赢得了独立，作为条件阿富汗则承认了1893年与英国政府商定的国界线——杜兰德线（Durand Line），这条线成为阿富汗与印度殖民地的国界线。

杜兰德线位于开伯尔山口以东的阿富汗领土内，今天是阿富汗与巴基斯坦的国界线。但是，这条线是由当事国的力量对比决定的，在阿富汗属多数派的普什图系民族的居住地即"部落地带"被分划到两国，催生了国境问题和普什图斯坦运动（要求普什图人的统一与民族自决权）。

就其历史而言，这些"部落地带"可以追溯到莫卧儿时代初期阿克巴皇帝的时代，当时的史料提到了盘踞在阿富汗和北印度各地的豪族阶层以及作为其权力基础的部落、氏族聚落。英国的殖民统治将该地区划为幅员辽阔的西北边境省，继承了该地区的巴基斯坦还在其中特别设置了"部落地带"，允许当地人实行自治。他们经营的社会生活、维持的社会关系与邻国阿富汗的同胞通过各种渠道联系在一起，对于他们来说"国界线"等同于不存在。

最近阿富汗战争陷入泥沼，特别是美军认为基地组织领导人奥萨马·本·拉登及其主要成员潜伏在这一"部落地带"，固执地对该地带反复进行攻击，结果频频发生"误炸"和"越境攻击"，引发了当地人的反美情绪以及对阿富汗和巴基斯坦两国政府的不信任，导致塔利班势力以"国界线"地区阿富汗难民为基本盘发展壮大起来。而且这一事态使得两国以及美国三者之间的关系出现裂痕，特别是处于"反恐战争最前线"的巴基斯坦政府被迫对外采取极为暧昧且严格的外交策略，对内则处于极不安定的状态。

顺带一提，笔者方才提到1999年和2003年两次与当时任职大学经济史部门的同事及研究生一同参与"比较城市史之旅"的调查研究，历时各两周，而其中一个环节，就是对北方邦（Uttar Pradesh）以及拉贾斯坦的城市、城堡的访问。两次访问的间隔只有四年，但网络普及带来的飞机、火车、酒店的预订功能，景区道路的整修状况，对饮食卫生的注意措施等方面都出现进步，不难感受到印度的面貌一新，不过地方城市中也能见到与这种进步相反，基本没有变化的一面。

由于人口增加和职业多样化等原因，在城墙环绕的城市中，城墙内生活空间拥挤，需要在城墙外新建居住空间，1999年调查旅行的重要目的之一便是考察新旧两种城市生活。在这方面，拉贾斯坦比卡内尔市由城墙围起来的旧街区就完全保留了过去的样貌，原本位于城墙内的城堡以及新居住区则坐落在城市城墙之外，堪称新旧对照居住形态的典型表现。城堡早在16世纪末已移建到城墙之外，新街区则是在晚近的英国统治时代特别是具有启蒙思想的国王甘加·辛格（Ganga Singh，1880—1943）在位期间（1888—1943）得到大规模发展的。

旧街区中有些地方不再经营传统营生，人去楼空，同时也能看到不同种姓、职业之间界限分明的居住区和生活景象。其中笔者所见颇具冲击性的一幕是十余人在金匠居住区的水沟中像淘沙金一般用笊篱捞起极小金银碎片的场景。他们是人称尼亚里亚（Niyariya）的种姓阶层，拥有捡拾金匠加工项链、戒指等装饰品时不慎（有时则是故意）掉入水沟中的金银碎片的排他性特权，早在17世纪下半叶的史料中就已出现他们的相关记载。这种特权自然来自金匠种姓集团的授予，但只有他们被授权拥有这一排他性特权，这应当是当初"城市"（诸种姓）共同体的一致意见，随后成为传统。要确定金匠与尼亚里亚的关系是一方提供恩惠（利益）、一方寄生（即从属）的单向关系，还是互惠关系，不仅要考察两者之间的关系，还要考察更大的共同体中是否存在某种相互依存的关系。

另外，笔者一行还发现了在城市、街道的城墙外以及郊外为制作、修理农具而利用雨季农闲期四处巡游的铁匠种姓加德里亚·洛哈（Gadoriya Lohar）和曾经的谷物运输商人种姓班加拉（Banjara）。后者从德里诸王朝时代到英国殖民地时代早期一直从事谷物的长距离运输和买卖，如今其中一部分人靠饲养狩猎用、畜牧用犬类为生，或是以自己共同体传承的歌舞为生业，在城市中穿行。他们与城市的联系，以及居住在不同职业居住区，至今仍从事着往昔职业的比卡内尔工匠种姓人群的存在，都能让人一窥过去"城市"生活的一面。

因为笔者一行的调查旅行都是在8月末到9月初之间开展的，正好处于拉姆德夫寺庙举行祭祀的时期，比卡内尔等地方城市中准备前去祭祀的朝圣者在路上联欢的场景比比皆是。特别是2003年的调查旅行，因为选了拉姆德夫寺庙附近的路线，遇到了众多前来该寺参拜、参加年度集市的人们——他们或是步行，或是坐牛车、吉普或巴士往来。各种各样的集团像是要展示自己的村庄或种姓一般，扯起五颜六色的旗杆，大声呼喊，相互追赶，向擦肩而过的我们问好，他们灿烂的笑容让人印象深刻，我们也得以见证聚集此地的印度教徒和穆斯林的共生、共存以及他们的信仰之心。

最后，由于退休、搬家以及整理藏书等导致记录丢失，部分记忆不尽准确，笔者于是向挚友亚细亚大学经济学部教授须永隆氏借阅了大量资料，在此向他表示深深的谢意。

近世印度的历史叙述

中里成章

在本书第二部中，笔者在概述印度洋贸易的历史后，以18世纪到19世纪中叶的时代为对象，介绍了英国对印度的殖民地化、殖民地社会的形成及其发展过程。印度的历史教科书通常以18世纪中叶即普拉西战役为近代史的开端。如果遵循这种广泛得到接受的观点，那么这里相当于快速回顾了印度近代史的前半部分。

与之相对，从20世纪80年代开始，印度和欧美的不少专家锐意于重新审视18世纪的历史，肯定性的观点成为大势所趋：不再将18世纪看作殖民地化加剧的黑暗时代，而是将其看作各地出现了区域性发展、充满活力的时代。如果将该立场推而广之，那么大致可以得出的结论是：从莫卧儿帝国晚期（17世纪下半叶）到殖民地化完成（19世纪上半叶）的印度不仅并未停滞和没落，反而实现了近代化的发展。本书第二部正是基于这种新的研究动向，从重视近代化发展的角度写就的。也就是说，可以将第二部看作是书写印度近世史的一次尝试。

近世的概念，正如"early modern"一词所示，一般是在以下意义上使用的：表示中世纪世界业已崩溃，出现了近代化的兆头，但尚未使人感到与我们生活的现代世界有直接关联的时代。例如，日本史通常认为的近世是指从织田信长活跃的时期开始一直到大政奉还、德川幕府覆灭为止的时代。

近世一词还具备哪些更为深刻的意义，则因国别、研究者的不同而各有差异。就印度史而言，如果要总结近世这个时代的特征，似乎不妨将其概括为"货币与纸"渗透的时代。在当时，地方政权纷纷兴起，出现了群雄割据的格局，商业蓬勃发展，商人的势力甚至深入政权中枢，各地的地方政权则致力于富国强兵。支撑这一体系的中产阶级由此崛起，他们由地方城市官员、军人、商人等组成，在这些人中开始普及商业交易、金融、土地管理、家政、地方行政等活动的知识和技能，即记账、文书记录及管理的方法。为了支持这些知识和技能的储备，财产权得到了完善，出现了近似于所有权的概念。[1]

但无论是"近代"还是"近世"，都只是我们通过回溯过往，站在我们自己的立场上重构历史图景，然后将这一图景纳

---

[1] 原注：笔者对这部分内容的思考在完成本书后写作的《岩波讲座世界历史23 亚洲与欧洲》(《岩波講座世界歷史23 アジアとヨーロッパ》，岩波书店，1999) 的《印度的殖民地化问题和再考》一文中有详细叙述。关于印度近世的界定，目前众说纷纭，也存在其开端是在16世纪的看法。

入19世纪以来发展起来的现代历史学的时代区分理论后所展开的议论而已。至于当时的印度人如何看待自己的历史，就完全是另一回事了。在殖民统治下，称为"中产阶级"的阶层成长起来，开始在文化活动和政治活动中发挥重要作用。那么，生活在近世印度的"中产阶级"知识分子是怎样描绘印度历史的呢？

以最早被殖民地化、西欧化程度最深的孟加拉地区为例，"中产阶级"知识分子最早在1808年对印度历史做出了系统性的叙述。一位名叫穆里吞乔伊·沙玛〔Mrittunjoy Sharma，号维迪亚兰卡尔（Vidyalankar）〕的作者，在当年出版了名为《拉贾波利》（*Rajaboli*，意为"列王"）的著作。这本书似乎很受欢迎，在1838年出到了第五版。

作者穆里吞乔伊是印度教徒，婆罗门出身，是威廉堡学院（Fort William College）的班智达。该学院由东印度公司设立，是为了向从英国到印度就职的新职员提供印度语言、文化、法律制度等教学的教育机构。在学院担任孟加拉语课主任的人中，有一位名叫威廉·克理（William Carey）的英国人。穆里吞乔伊作为克理的班智达即合作者，为学院编写了教科书《拉贾波利》。

《拉贾波利》是最早用孟加拉语散文体写作的印度通史（即使算上印度其他现代语言和英语，它可能也是最早刊行的印度通史）。因为当时的孟加拉语散文体尚不完善，该书词语生硬，整体上给人留下了单调的印象。不仅如此，这本书还是用活字印刷术印刷的。当时用活字印刷术印刷孟加拉语书籍尚处于萌芽阶段，所用活字也与现在通用的器具迥异。而且，这本书足足有295页，却几乎没有分章节。然而就是这样的书在19世纪初的30年间一直不乏读者。

在《拉贾波利》中，穆里吞乔伊探讨了从神话时代到自己所属时代的历史。用他的说法，该书讲述了从印度教神话（往世书，Purana）中称为末世（迦梨时代）的时代开始到公元1805年（或作1806年）为止，总计4919年（或作4905年）之间统治印度的国王、皇帝和省督的事迹。叙述的方式一以贯之，采用了某种帝王谱系的方法，按照时间顺序列出国王（或皇帝、省督）的名字，详细记录了在位的年数、月数甚至日数，对于重要的国王（或皇帝、省督），还补充即位过程、人物评价、在位期间发生的主要事件和逸闻等。

从叙述的方法来看，穆里吞乔伊在写作《拉贾波利》时显然存在某种王朝意识。但他没有采用按照王朝划分历史、用王朝更替史讲述历史的方法。阅读他的书，会感受到各位国王个人的事迹本身成了历史，如画卷一般无缝连接起来。

对穆里吞乔伊来说，比起王朝的区别，印度教国王的统治与穆斯林国王的统治之间的区别似乎更为重要。尽管如此，《拉贾波利》也没有在讲述穆斯林政权建立的部分另立章节。只是在阅读的过程中，还是会感觉到这里是一个单独的段落。因此，可以将《拉贾波利》这本书划分为两部分：前半部分讲述穆斯林势力到来前的历史（第一部），后半部分讲述伊斯兰统治时期的历史（第二部）。穆里吞乔伊还在第二部结尾处提到莫卧儿皇帝沙·阿拉姆二世（1759—1806年在位）的去世，明确表示国王与皇帝的历史至此已写完。但有意思的是，他没有就此停笔，而是依请求继续写了孟加拉省督的事迹和东印度公司获得孟加拉的经过。穆里吞乔伊很可能是应英国人要求续写了这一部分（附录），那么《拉贾波利》应当说是由三部分组成。从分量上来看，第一部（到 11 世纪左右为止）约有 90 页，第二部（到 1806 年为止）约有 150 页，附录（16 世纪末到 18 世纪末）有 50 余页。

这部印度通史是以独特的空间意识和时间意识为背景而创作的。在空间上，它将德里历代国王的历史视为印度的历史。这可能是因为对穆里吞乔伊来说，只有成为德里统治者的人才是正统的君主。当然，我们现在知道这种观点即使可以适用于《拉贾波利》的第二部，也无法适用于第一部。只是在穆里吞乔伊的时代，阿育王的碑文尚未破解，古代史的相关知识极为有限，而且最重要的是，人们对以德里为首都的莫卧儿帝国的统治仍然记忆深刻。可以认为这催生了德里在任何时代都是印度政治中心的观念。

时间意识方面则主要体现在历法的使用方式上。《拉贾波利》虽然是通史，但在叙述中并没有使用统一的历法。第一部主要使用的是萨维塔（Samvat）历[①]，第二部则主要使用希吉拉历（伊斯兰历）。有趣的是，有东印度公司出场的附录中，使用的也是希吉拉历，基本没有用到公历。

这里无法对《拉贾波利》的内容做详细介绍，但笔者想

---

① 原注：印度传统历法之一，相传由印度教国王超日王（Vikramaditya）制定。

要举出其中两个最重要的特征。

其一,该书虽然对印度教国王和穆斯林国王的统治做了严格区分,但并没有认为两者存在对立、对抗的关系。情况恰恰相反,例如书中对莫卧儿帝国的巴布尔和阿克巴有极为正面的描写,令人印象深刻。不仅如此,有关阿克巴的部分还提到阿克巴记得前世的事情,说自己是梵志转世。这无疑显示了印度中世纪形成的宗教融合(印度教与伊斯兰的融合)潮流对19世纪初历史意识的巨大影响。

其二,则是对英国东印度公司和殖民地化的叙述方式。附录部分的写作本可以以东印度公司为中心展开。但穆里吞乔伊选择以孟加拉统治阶层的动向为中心来叙述孟加拉的历史,公司只得到配角的位置。例如克莱武的名字只出现了两次。因为采取这种视角,书中写的是公司对孟加拉、比哈尔、奥里萨的占领,而不是统治,这也与使用希吉拉历,不用公历的基本态度相应。穆里吞乔伊为公司工作,很可能是应公司的要求增加了附录,但他并不打算承认公司统治的正统性。对他来说,印度的正统统治者必须在德里,除了莫卧儿皇帝别无他人,哪怕后者现在只具有名义上的地位。考虑到穆里吞乔伊是一名婆罗门,他的做法可以说非常引人注目。

在某种意义上,《拉贾波利》是近代化的产物。毕竟,作者是在殖民地政府工作的"中产阶级"知识分子,该书通过活字印刷出版,并且是在学校里使用的教科书,从中不难推知上述观点。不过更为重要的是,在印度写作从古代到当代的概括性通史本身已是在西欧影响下的近代式行为。但与此同时,因为现代孟加拉语尚未成形，该书叙事风格尚不成熟。中世纪的政治正统观念在书中占据着统治地位，还主要采用了两种历法，表明该书未能综合过去书写的种种历史。而且，该书甚至算不上王朝更替史，这也表明它未能从结构上把握历史，显示出很多过渡性特征。此外，与宗教民族主义勃兴的19世纪下半叶以降不同，该书对印度教徒和穆斯林的关系采取了灵活、自由的立场，这是该书的一大特征。《拉贾波利》可以说是与印度近世这一时代相称的历史叙述试验。

这种近世的智识图景到19世纪中叶为止，出现了巨大变化，印度的近代随之开始。关于如何考察近世与近代的联系，笔者在《印度的印度教徒与穆斯林》这本小册子中尝试做了概述。[1] 如果读者不吝垂阅，将是笔者的荣幸。

---

[1] 原注：参见拙著《インドのヒンドゥーとムスリム》，东京：山川出版社，2008年，第二章。

后记

水岛司

笔者受委托负责撰写本书的第三部——从朱罗王朝到19世纪中叶约一千年间的南印度历史，旨在兼顾宏大历史潮流与其中的琐细片段，对这段历史予以描述。作为以18—20世纪南印度经济史为研究方向的学者，笔者一直在历史研究中摸索方法，希望从人们的生计和生活入手，来探寻、描述整个社会的动向。但一直到18世纪为止，几乎没有与印度史相关的可靠史料。我们只能对捐赠文书等刻在神庙墙壁上被称为铭文的资料以及宗教相关资料加以整合，来重构历史。虽然的确有大量铭文本身存世，但它们大部分只记载了捐赠的内容，想从中描绘出与其他地方相异，看得到"人"的历史则相当困难。最终笔者也只能以政治史或经济史为主来组织叙述。经过种种苦恼思虑后，这里采取的方式是将整个部分分为五幕剧，将重大政治、经济动向以幕间概述的方式嵌入其中，而像在外国人的记载中可以见到的那种琐细历史片段则放在幕中予以讲述。这是一种非常冒险的做法，读者的反应必定有贬有褒，对印度史已有一定了解的读者可能会给予好评，但没有相关知识的读者可能会有痛苦的感受。因为出场的人物都有特别长的名字，不免会出现难以记住这些人物的情况，想必这也是造成阅读困难的原因之一。在此笔者要就这一点再次向读者表示歉意。

进入18世纪后，包括荷兰和英国在内的欧洲势力开始扩张，商业交易的扩大留下了各种各样的文书，信息来源也不断增多。当然，它们的内容并未覆盖整个社会，而是仅限于商业交易、与各地政治势力的交涉等方面。这与能有各种记载保存至今的日本史或西洋史有所不同。

时代下移，到18世纪结束时，英国开始在广袤地域内搜集各地的情报，落实殖民统治。因为统治本身以收取更多税金为目的，因而显得枯燥无味，但派到各处的英国人历尽千辛万苦履行了他们的职务，有大量记载详细报告了相关工作情况，我们也由此对实际情况有了清晰的掌握。进入19世纪后，类似的记载更是大为增加。对于这样的时代，应当放置在更大的空间下对其加以描述。

如何书写印度史，与书写者的关怀息息相关。如果通过这本书能将生活在南印度的人们的欢乐与悲伤——即使挂一漏万——传递给读者，笔者将喜不自胜。